JN444493

녹문집

한국고전번역원 한국문집번역총서

녹문집 2

鹿門集

임성주 지음
任聖周

이상현 옮김

일러두기

1. 이 책의 번역 대본은 한국고전번역원에서 간행한 한국문집총간 228집 소재《녹문집(鹿門集)》으로 하였다. 번역 대본의 원문 텍스트와 원문 이미지는 한국고전종합DB(http://db.itkc.or.kr)에서 확인할 수 있다.
2. 내용이 간단한 역주는 간주(間註)로, 긴 역주는 각주(脚註)로 처리하였다.
3. 한자는 필요한 경우 이해를 돕기 위하여 넣었으며, 운문(韻文)은 원문을 병기하였다.
4. 맞춤법과 띄어쓰기는 한글 맞춤법과 표준어 규정을 따랐다.
5. 이 책에서 사용한 부호는 다음과 같다.
   ( ) : 번역문과 음이 같은 한자를 묶는다.
   〔 〕: 번역문과 뜻은 같으나 음이 다른 한자를 묶는다.
   " " : 대화 등의 인용문을 묶는다.
   ' ' : " " 안의 재인용 또는 강조 부분을 묶는다.
   「 」: ' ' 안의 재인용을 묶는다.
   『 』: 「 」 안의 재인용을 묶는다.
   《 》: 책명 및 각주의 전거(典據)를 묶는다.
   〈 〉: 책의 편명 및 운문·산문의 제목을 묶는다.

차례

녹문집 제6권

서 書

녹문집 제7권

서 書

녹문집 제8권

서 書

녹문집

제5권

書서

이백눌[1]에게 답하는 글 을사년(1785, 정조9) 4월

答李伯訥 乙巳四月

자식 아이가 돌아와서 기거와 언동에 대해 상세히 말해 주고, 또 소매 속에서 종이 몇 장의 긴 서독(書牘)을 꺼내 전해 주었습니다. 그 글을 보건대 높고 묘한 논의가 다양하게 거듭해서 출현하여, 누추하고 졸렬한 나로 하여금 응접하느라 겨를이 없게 하였으니, 이것만으로도 이미 벅찬 희열을 금할 수 없었습니다. 그런데 또 이를 계기로 과거에 빠뜨리고 잊어버렸던 것에 대한 단서를 찾아내고, 낡고 무딘 재질을 연마하며 반복해서 탐구할 즈음에, 왕왕 전일에는 보이지 않던 것들을 꿰뚫어 볼 수 있었으니, 다 죽어 가는 오늘날에 이처럼 이택(麗澤)[2]의 도움을 받을 줄은 생각지도 못하였습니다. 이는 옛사람이 말한 "아침저녁 사이에 만난다.〔朝暮遇〕"[3]라고 하는 것을 나도 당면(當面)하여 얻게 된 것이니, 다행으로 여기는 마음이 또 응당 어떠하겠습니까.

1 이백눌(李伯訥) : 이민보(李敏輔, 1720~1799)이다. 백눌은 그의 자이다. 정조(正祖) 때의 문신으로, 녹문보다 9년 연하이다.

2 이택(麗澤) : 붕우가 서로 뜻을 같이하여 절차탁마(切磋琢磨)하는 것을 말한다. 《주역(周易)》〈태괘(兌卦) 상(象)〉의 "두 개의 못이 서로 이어져 있는 것이 태이니, 군자는 이를 보고서 붕우와 함께 강습한다.〔麗澤兌 君子以朋友講習〕"라는 말에서 유래한 것이다.

3 아침저녁 사이에 만난다 : 오랜만에 자기를 이해해 주는 사람을 만나게 된 기쁨을 비유하는 말이다. 《장자(莊子)》〈제물론(齊物論)〉의 "만세의 뒤에라도 이 해답을 아는 대성인을 만나게 된다면, 이것도 아침저녁 사이에 만나는 것이라고 할 것이다.〔萬世之後 而一遇大聖人知其解者 是朝暮遇之也〕"라는 말에서 나온 것이다.

해수(咳嗽) 증상은 요즘 다행히 조금 가라앉았습니다마는, 근육과 뼈의 힘이 갈수록 없어져서 걷는 것도 매우 힘들고 음식도 맛이 없는데, 남은 날이 점점 짧아져서 어떻게 해 볼 수가 없다는 것을 스스로 느끼고 있습니다. 그래도 다행인 것은 정신만은 그다지 감퇴하지 않아서 글을 보고 이치를 완미하는 것이 소싯적보다 오히려 더 낫기도 하다는 것입니다. 그래서 아직 죽지 않고 살아 있는 동안에 그런대로 혼자 즐길 수가 있으니, 어쩌면 하늘이 곤궁한 목숨을 애달프게 여겨서 이렇게 은혜를 베풀어 주는 것인지도 모르겠습니다.

보여 주신 가르침은 잘 알아들었습니다. 그러나 성인(聖人)의 글은 바로 천지(天地)의 글과 원래 차별이 없는데, 특히 《역경(易經)》의 경우는 곧장 하늘을 대신하여 말한 것이니 더욱 분리할 수가 없습니다. 험난함과 평이함〔險易〕은 작고 큰 것〔小大〕에 따르고,[4] 영예와 위구(危懼)는 가깝고 먼 것〔近遠〕에 유래합니다.[5] 그리하여 형용에 모의하고〔擬形〕 물건으로 상징하여〔象物〕[6], 신덕(神德)을 이어서 밝혔으니, 이

4 험난함과……따르고 : 《주역》 〈계사전 상(繫辭傳上)〉 3장에 "괘에는 소와 대가 있고, 사에는 험난함과 평이함이 있는데, 사는 각기 사람이 가는 바를 가리킨 것이다.〔卦有小大 辭有險易 辭也者 各指其所之〕"라는 말이 나온다. 소와 대는 예컨대 건곤감리(乾坤坎離)의 괘에 천지수화(天地水火)의 상(象)이 있는 것을 말한다.

5 영예와……유래합니다 : 《주역》 〈계사전 하(繫辭傳下)〉 마지막 12장에 "사랑과 미움이 서로 부딪쳐서 길과 흉이 생기고, 멀고 가까움이 서로 취하여 회와 인이 생기고, 진정과 허위가 서로 감촉하여 이와 해가 생긴다.〔愛惡相攻而吉凶生 遠近相取而悔吝生 情僞相感而利害生〕"라는 말이 나온다.

6 형용에……상징하여 : 《주역》 〈계사전 상〉 8장에 "성인이 천하의 복잡한 현상을 보고는, 그 형용에 모의(模擬)하면서 물건 중에 적당한 것으로 상징하였다. 그래서 이를 상이라고 일렀다.〔聖人有以見天下之賾 而擬諸其形容 象其物宜 是故 謂之象〕"라는 말이 나온다.

것이 어찌 후생 말학이 문장의 상법(常法)을 기준으로 그 공졸(工拙)과 장단(長短)을 의논할 수 있는 것이겠습니까.

오직 지혜와 역량을 다하여 종신토록 연찬(硏鑽)함으로써 만분의 일이라도 엿볼 수 있도록 기약해야 할 것입니다. 공자(孔子)와 같은 성인도 절위절과(絶韋折撾)하면서 오히려 "나에게 몇 년의 세월을 더 허락해 준다면〔假我數年〕"이라고 말씀하였고 보면,[7] 나머지 사람들이야 더 말할 나위가 있겠습니까. 어렵다고 핑계 대고 싫어한다면 그것은 나약한 것이요, 좋지 않다고 하면서 버린다면 그것은 잘못된 것입니다.

"시(詩)는 능해도 문(文)은 뒤떨어진다.……"라고 하는 것은 더더욱 성인을 논하는 말이 아닙니다. 《의례(儀禮)》와 《주관(周官)》은 유독 주공(周公)의 문장이 아니던가요. 그 문장이 찬란하게 빛나서 물이 넘쳐흐르듯 만물을 발육시킨 공이 하늘에까지 닿은 것을 사람이라면 모두 볼 수 있습니다. 의아하게 여기는 것은 〈대고(大誥)〉의 글 하나인데, 이것이 비록 주공이 직접 쓴 것은 아니라고 하더라도 너무 천박하고 비속하니 과연 어떻게 된 것인지 모르겠습니다.

7 공자(孔子)와……보면 : 공자가 《역(易)》의 연구에 매진한 것을 말한다. 절위절과(絶韋折撾)는 "공자가 만년에 《역》을 좋아하여, 가죽끈이 세 번 끊어지고 쇠바늘이 세 번 끊어지고 옻칠한 글자가 세 번 지워졌다.〔孔子晩善易 韋編三絶 鐵撾三折 漆書三滅〕"라는 고사를 인용한 것이다. 이 말은 《태평어람(太平御覽)》 권616에 《사기(史記)》를 인용한 말로 나오는데, 현행 《사기》의 〈공자세가(孔子世家)〉에는 뒤의 두 구절이 빠져 있다. 철과(鐵撾)는 죽간(竹簡)에 구멍을 내어 책을 엮을 때 쓰는 철침(鐵針)인데, 철적(鐵擿) 혹은 철적(鐵摘)이라고도 한다. 또 《논어(論語)》 〈술이(述而)〉에 "하늘이 나에게 몇 년의 세월을 더 살도록 허락하여 역에 대한 공부를 마치게 해 주신다면, 큰 허물이 없게 될 수 있으련만.〔假我數年 卒以學易 可以無大過矣〕"이라는 공자의 말이 실려 있다.

정전(程傳 정이(程頤)의 《주역》 해설)이 번잡한 것은 참으로 내유(來諭 보내온 글)와 같은데, 이는 문체가 그러할 뿐입니다. 그리고 본의(本義 주희(朱熹)의 《주역》 해설)가 간략한 것은 주석의 체제가 본래 그러한 것이니, 한유(漢儒)가 예(禮)에 대해서 주석한 것을 살펴보면 알 수 있습니다. 또 의리의 대체는 정전을 그대로 따랐다고 하는 것은 선생[8] 자신도 이미 말한 바 있습니다.

부디 바라건대 쓸데없는 생각은 버리시고 고개 숙여 겸손한 자세로 읽고 또 읽고 우유(優遊)하게 갈고 닦으며 조급하게 하지도 말고 느슨하게 하지도 마십시오. 그리하여 두 분 선생이 이미 말한 것을 근거로 해서 그들이 미처 말하지 못한 부분까지 탐구해 나가다가, 혹 하루아침에 문득 깨달아 복희씨 · 문왕 · 주공 · 공자와 만날 수만 있다면, 이 어찌 인생의 일대 통쾌한 일이 되지 않겠습니까. 아무렇게나 뇌까리다가 여기에까지 이르렀으니, 보시는 즉시 없애 버리고 남겨 두지 마십시오.

8 선생 : 주희(朱熹)를 가리킨다.

이백눌에게 답하는 글 5월

答李伯訥 五月

〔문〕 지난번에 포론(浦論)의 삼위(三位)의 성(性)에 대하여 '방촌(方寸)의 사이에 머리를 나란히 하고 다리를 함께 뻗고 있는 격〔齊頭竝足〕'이라면서 배척하셨습니다.[9] 그렇다면 본연(本然)과 기질(氣質)의 설을 장차 이성(二性)과 연관시켜야 할 텐데 그래도 되겠습니까? 예로부터 이기(理氣)에 단지(單指)와 겸지(兼指)의 다름이 있었습니다만, 그 기(氣)의 이(理)를 각지(各指)하여 선악을 섞지 않고 말하는 것이 없으면, 새는 날고 물고기는 뛰어오르며〔飛躍〕 소는 밭을 갈고 말은 짐을 싣는〔耕載〕 편자(偏者)에 대해서 본연을 간취

9 지난번에……배척하셨습니다 : 녹문이 남당(南塘) 한원진(韓元震)의 이른바 각지(各指)의 설을 비판한 것을 말한다. 포론(浦論)은 내포(內浦) 즉 호서(湖西)의 홍성(洪城) 출신인 한원진의 주장이라는 말이다. 《녹문집》 권26에 〈차미호신기음삼편……(次渼湖神氣吟三篇……)〉의 내용이 나오는데, 독자의 이해를 돕기 위하여 관련 부분을 소개하면 다음과 같다. "남당의 삼층설은 예로부터 이런 말이 없었다. 분수(分殊)라고 하고 이일(理一)이라고 하는 것 모두가 전지이니, 이 분수와 이일에 즉하는 이외에는 다시 층위가 없는데도 불구하고, 지금 전지 이외에 다시 각지의 일위를 설정하였다. 그리하여 오상을 각지로 하여 그것을 인물부동지성이라고 하였고, 태극을 전지로 하여 그것을 인물개동지성이라고 하였으며, 다시 기질지성을 겸지로 하여 그것을 인인물물부동지성이라고 하였다. 이는 일물의 안에 삼위의 성이 방촌 사이에서 제두병족하는 것과 같으니, 정말 가소롭기 짝이 없다.〔南塘三層說 古無是語矣 曰殊曰一 皆是專指 卽殊卽一 更無層位 今於專指之外 更設各指一位 以五常爲各指而謂之人物不同之性 太極爲專指而謂之人物皆同之性 又以氣質之性爲兼指 而謂之人人物物不同之性 是一物之中三位之性 齊頭竝足於方寸之間矣 誠堪好笑〕"

하려 해도 안 되었습니다. 그래서 금인(今人)이 '오상(五常)은 물(物)이 인(人)과 같지 않은 곳'을 논할 적에 일체 기질(氣質)이라는 두 글자로 싸잡아서 말하게 되었는데, 그런 까닭에 솔성(率性)의 도(道)는 설명할 수 없게 되었으니, 그러고 보면 각지(各指)의 일구(一句)야말로 전인(前人)이 드러내지 못했던 것을 드러냈다고 해도 무방할 것입니다. 정자(程子)의 이일분수(理一分殊)[10]나 주자(朱子)의 통체각구(統體各具)[11]가 일찍이 이러한 뜻 아님이 없다고 하더라도, 곧바로 "벌써 그 속에 각지의 뜻을 토로했다."라고 말씀하신 것에 대해서는 제가 이해하지 못하겠습니다.

〔답〕 일단 분수(分殊)라고 말하고 각구(各具)라고 말했다면, 물물(物物)이 구비한 이(理)가 각기 다르다〔各異〕고 말한 뜻이 분명합니다. 그리고 일단 물물이 구비한 이가 각기 다르다고 말했다면, 비록 각지의 두 글자를 말하지 않았다 하더라도, 가령 물은 내려가고 불은 올라가는 것〔水下火上〕이나 소는 밭을 갈고 말은 짐을 싣는 것〔牛耕馬載〕처럼, 각기 물물 상에 나아가 형기(形氣)를 뒤섞지 않고서 구비한 이(理)를 가리켜 말한 것이〔指言〕 어찌 약여(躍如)하지 않습니까. 그렇다면 각

10 이일분수(理一分殊) : 이치는 하나인데 나뉨은 다양하다는 뜻으로, 현상계(現象界)를 이법(理法)의 구현으로 보는 불교의 화엄(華嚴) 사상에서 기인한 성리학의 핵심 명제 중 하나인데, 예컨대 월인천강(月印千江)에서 월(月)이 이일이라면 천강(千江)의 달빛은 분수라고 할 수 있다.

11 통체각구(統體各具) : 통체는 총체 혹은 전체라는 말과 같고, 각구는 만물 속에 각기 하나의 태극이 갖추어져 있음을 말한다. 《근사록(近思錄)》 권1 〈도체(道體)〉에 "대개 합해서 말하면 만물 전체가 하나의 태극이요, 나누어 말하면 일물이 각기 하나의 태극을 갖추고 있다.〔蓋合而言之 萬物統體一太極也 分而言之 一物各具一太極也〕"라는 주희의 말이 나온다.

지(各指)라는 두 글자야말로 병무(駢拇 군더더기)와 비슷한 점이 없겠습니까.

그리고 소위 각지라고 말하는 것은, 대개 단지(單指)와 겸지(兼指)의 설을 인하여, 단지와 겸지 사이에 각지라는 한 항목을 별도로 세워서 분수(分殊)와 각구(各具)의 일위(一位)를 안배한 것인데, 이는 단지의 한 항목이 이미 이일통체(理一統體)와 분수각구(分殊各具) 이자를 포괄하여 부족함이 없다는 것을 전혀 모른 것입니다.-단지는 전지(專指)라고 말하는 것과 같으니, 기(氣) 중에 나아가 기를 섞지 않고 그 이(理)를 전적으로 가리키는 것을 말하는데, 그렇다고 해서 형기(形氣)를 초탈하여 동떨어지게 그것 하나만 말하는 것도 아니고, 또 모두 합쳐서 그것을 요약하여 말하는 것도 아닙니다.-

지금 만약 각지의 한 항목을 다시 설정하여, 단지를 이일통체에 소속시키고, 각지를 분수각구에 소속시킨다면, 이는 소위 분수각구라는 것이 단지에 끼일 수 없는 것처럼 되니, 이(理)에 방애되는 점이 있을 듯합니다.-각지가 형적(形跡)에 떨어지지 않으면, 단지가 허공(虛空)에 빠지고 말 것입니다.-

더군다나 그가 "인과 물이 모두 같은 성〔人物皆同之性〕이 있고, 인과 인이 같고 물과 물이 같은 성〔人與人同物與物同之性〕이 있고, 인과 인, 물과 물이 같지 않은 성〔人人物物不同之性〕이 있다.……" 한 것으로 말하면, 명위(名位)가 어지럽게 중첩되고 용어의 사용이 산만해서 걸맞지 않으니, 도를 아는 자의 말은 정녕코 이와 같지 않을 것입니다. 그러니 내가 전서(前書)에서 "정말로 본 것에 착오가 없다고 한다면, 어찌 크게 어병을 빚은 것이 아니겠는가.〔正使見處無錯 豈不大爲語病〕"라고 말한 것도 과하지는 않을 듯싶습니다.

만약 실리(實理)를 가지고 말한다면, 소위 인과 인이 같고 물과 물이 같은 것〔人與人同物與物同〕이 바로 성(性) 자의 본위(本位)인 것이고, 소위 인과 물이 모두 같은 것〔人物皆同〕은 바로 여기에 즉(卽)하여 있는 것인데,-이 두 가지가 바로 단지(單指)입니다.- 비록 여기에 즉하여 있다고 하더라도, 일단 이 형기가 없으면 운용하는 것이 불가능하니, 이것을 '이 물이 얻은 성〔此物所得之性〕'이라고 말할 수는 없습니다. 그리고 가령 인과 인, 물과 물이 같지 않다〔人人物物不同〕고 하는 것은 기(氣)를 뒤섞어 말하는 것인데,-이것이 바로 겸지(兼指)입니다.- 비록 이 성(性)의 밖에 있지는 않다고 하더라도, 결단코 미발(未發)의 본체(本體)상에 뒤섞어서 말할 수는 없는 것입니다. 따라서 제두병족(齊頭竝足)이라는 비판에 대해서도 다시 생각해 보고 논의하지 않으면 안 될 듯싶은데, 모르겠습니다만 어떻게 생각하십니까?

이백눌에게 답하는 글
答李伯訥

〔문〕 담일(湛一)이라는 두 글자가 물론 본체이긴 합니다만, 기(氣)라는 물건이 방소(方所)도 없고 형체도 없는 이 이(理)와는 다르고 보면, 인(人)과 물(物)이 품부받을 적에 '그 담일이 각각이라서〔各其湛一〕' 다과(多寡)와 천심(淺深)의 차이가 있을 수 있습니다. 이를 비유하건대, 물은 똑같이 차고 맑지만 강약·대소 등 그 품질은 또한 달라서, 진흙과 모래가 뒤섞여 말류에 찌꺼기〔渣滓〕가 떠오르기를 기다리지 않고도 그 본색(本色)을 벗어나지 못하는 걱정이 있는 것과 같습니다. 거울에 물건이 비칠 때에도 밝게 빛나는 것은 마찬가지이지만 끝내 구분해야 할 점이 없지 않고 보면, "경철(鏡鐵)에 정추(精粗)가 있다."라는 논도 석담(石潭 율곡(栗谷))의 "허령(虛靈)에 우열(優劣)이 있다."라는 설과 흡사하니, 일률적으로 배척하기는 어려운 점이 있습니다.

〔답〕 하늘이 물(物)을 낼 적에 그 물로 하여금 하나에 근본하게 하였는데, 근본이 하나라는 것은 이(理)가 하나일 뿐만 아니라 기(氣)도 하나인 것을 의미하니, 이른바 "담일이 기의 본체이다."[12]라고 한 것이 이것입니다. 이미 하나라고 말했고 보면 어찌 또 둘이나 셋이 있겠습니까. 둘이나 셋이 있게 되면 그것은 이미 하나가 아닌 것입니다.-이 한 구절에 착안해야 합니다.-

12 담일이 기의 본체이다 : 장재(張載)의 《정몽(正蒙)》 〈성명(誠明)〉에 "담일이 기의 본체이고, 공취가 기의 충동이다.〔湛一氣之本 攻取氣之欲〕"라는 유명한 명제가 나온다.

사람은 이오(二五 음양오행)의 빼어난 기운을 받고 태어나기 때문에 방촌(方寸)이 텅 비고 통명(通明)한 것이니, 바로 이렇게 텅 비고 통명해서 담일의 전체가 밝게 드러나 천지(天地)와 통하게 되는 것입니다. 여기에 강약(强弱)·혼명(昏明)·다과(多寡)·후박(厚薄)의 차이가 있게 되는 것은 모두 기질의 사재(渣滓)가 그렇게 만드는 것일 뿐, 담일의 본색이 그래서 그런 것은 아니니, 담일의 본색은 응당 미발(未發)의 시점에서 인식해야 합니다. 따라서 지금 내유(來諭)에서 "담일의 본색 역시 차별이 없을 수 없다."라고 한 것은 매우 타당하지 못할 듯합니다.-담일의 기(氣)는 바로 호연지기(浩然之氣)요, 바로 하늘입니다. 지금 하늘에도 차별이 있고 호연지기에도 차별이 있다고 한다면 어찌 말이 되겠습니까.- 이는 대개 이기(理氣)의 원두(源頭)에 대해서 완전히 꿰뚫어 보지 못한 점이 아직 남아 있어서 그런 것입니다.

경철에 정추가 있다는 것은 바로 "명덕(明德)에도 분수(分數)가 있다."라고 하는 설이니, 이는 천부당만부당한 말입니다. 허령에도 우열이 있다는 말은 결단코 기록이 잘못된 것인데, 어찌 이것을 가지고 시비를 변론할 적에 둘러대며 망설여서야 되겠습니까.

〔문〕 "기(氣)가 본연(本然)에서 순수하지 못하고서, 이(理)가 본연에서 순수할 수는 없다."라는 외암(巍巖)의 말이야말로 제대로 끝까지 살펴본 것 같은데, 남당(南塘)은 이를 반박하면서 "기(氣)를 대본(大本)으로 삼은 것은 노장(老莊)에 근원한 것이다.……" 하였으니,[13] 이 말이 어떠합니까?

13 기(氣)가……하였으니 : 외암(巍巖)은 이간(李柬, 1677~1727)의 호이다. 그의 문집에 "기가 본연에서 순수하지 못하고서, 이만 홀로 본연에서 순수한 경우는 있지

〔답〕 노장의 대본은 기(氣)에서 그쳤지만, 외암의 대본은 기 위에 다시 물(物)이 있어서 본(本)의 본이 되고 있으니, 해로울 것이 뭐가 있겠습니까.-다만 원두(源頭)의 대목에 대해서는 아직도 투철하지 못한 점이 있는 듯합니다.- 그런데 남당이 이(理)를 대본으로 여긴 것이 참으로 고명하기는 합니다만, 방촌 사이를 탁기(濁氣)가 가득 메워 막아 버린 상태에서는, 비록 저 공중에 매달린 태극(太極)이 상면(上面)에서 배회하더라도, 올라탈 기(氣)도 없고 우거할 집도 없을 것이니, 한갓 허명(虛名)만 안고 있는 목천자(穆天子)로서는 서방(徐方)이 천자 자리를 차지한다 하더라도 어떻게 손을 쓰겠습니까.[14]

않다.〔未有氣未純於本然 而理獨純於本然〕"라는 그의 말과 덕소(德昭)가 이를 반박하며 "고명이 어떻게 기를 대본으로 삼을 수 있단 말인가.〔高明安得以氣爲大本乎〕"라고 말한 내용이 실려 있다.《巍巖遺稿 卷12 未發辨》 덕소는 남당 한원진(韓元震)의 자이다. 그리고 남당의 문집에도, 노장(老莊)의 기에 대한 설을 남당이 비평한 뒤에 "지금 공거의 설을 보건대, 미발의 기질을 순선이라고 하고, 오히려 성의 순선을 기가 그렇게 만드는 것이라고 한다.……이는 그 견해가 노장과 지극히 흡사한 것이다.〔今公擧之說 以未發氣質爲純善 而反以性之純善 爲氣之使然者……此其見極似於老莊〕"라고 논한 대목이 나온다.《南塘集 卷7 上師門》 공거(公擧)는 이간의 자이다.

14 한갓……쓰겠습니까 : 주변의 나라가 중원을 침범하여 제위(帝位)를 찬탈한다 해도, 믿고 기댈 곳이 없는 중국 황제로서는 어떻게 해 볼 수 없는 것처럼, 이(理) 역시 기(氣)의 도움을 받지 않으면 혼자서 아무 역할도 수행하지 못할 것이라는 뜻의 해학적인 표현이다. 서방(徐方)은 고대 국가인 서국(徐國)으로 서방(徐邦)이라고도 하는데, 목천자(穆天子) 즉 주 목왕(周穆王)이 부왕인 소왕(昭王)의 뒤를 이어 즉위하자마자 팔준마(八駿馬)가 모는 수레를 타고 서정(西征)하여 방탕하게 노닐기만 할 뿐 돌아올 줄을 몰랐기 때문에 이 나라에 조회하는 제후가 많았다고 한다.《史記 卷4 周本紀》 주희의 시에 "그대여 목천자를 한번 보게나, 만 리 끝까지 수레바퀴 치달렸나니, 〈기초〉 시가 있지 않았더라면, 서방이 천자 자리 차지했으리.〔君看穆天子 萬里窮轍迹 不有祈招詩 徐方御宸極〕"라는 구절이 있다.《晦菴集 卷4 齋居感興》〈기초(祈招)〉는 채공(祭

〔문〕 최근에 성(性)이 선(善)한 것은 기(氣)가 선하기 때문이라는 설을 내어서, 보고 듣는 이들로 하여금 크게는 경악하고 작게는 괴이하게 여기게 하였습니다. 어쩌면 자신의 학설을 이론화할 즈음에 어세(語勢) 사이에서 주객(主客)이 뒤바뀌게 하거나 잘못을 바로잡으려다가 너무 곧게 한 결과를 자초한 것은 아닌지요. 김 직장 관추(金直長觀秋)가 몸에 탈이 없을 때 나에게 와서 말하기를 "일찍이 모공(某公)의 문자를 보았더니 완전히 기자학(氣字學)이더라."라고 하기에 그 말을 듣고는 그만 웃고 말았습니다. 한 세상이 혼몽(昏蒙)하니 언어로 깨우치기는 어렵겠습니다만, 우리 쪽에서 의사를 표현할 적에 조금이라도 한쪽에 치우치는 잘못을 범한다면 관계되는 바가 적지 않겠기에 매우 우려되기도 합니다.

〔답〕 만약 이 구절 하나만 말했다면 참으로 미진하다고도 하겠습니다만, 내가 본래 말한 내용은 "이(理)를 위주로 말한다면 이가 본래 순일하기 때문에 기도 자연히 순일하게 되는 것이지만,-미연(未然)의 근원을 궁구하여 말한다면 이 생생순일(生生純一)한 이(理)가 있은 뒤에야 비로소 이 생생순일한 기(氣)가 있게 되는 것입니다.- 기(氣)의 측면에서 말한다면 기가 순일한 것이 바로 이가 순일한 것이 되는 것이다.-이연(已然)한 이후의 측면에서 말하면 이것은 곧 기(氣)가 생생순일한 것으로서 이(理)의 생생순일한 것이 이 속에서 행해지는 것입니다. 그렇게 되는 것은 기(氣)이고, 그렇게 되게 하는 것은 이(理)이니, 명도(明道)가 '기도 도이고 도도 기이다.〔器亦道道亦器〕'라고 한 것과 '원래 오직 이것

公) 모보(謀父)가 지은 시라고 하는데, 내용은 전하지 않는다. 그가 이 시를 지어서 주 목왕의 방탕한 유람을 저지하였으므로, 왕이 돌아와서 지궁(祗宮)이라는 별궁에서 죽을 수 있었다는 기록이 전한다. 《春秋左氏傳 昭公12年》

이 바로 도이다.〔元來只此是道〕'라고 한 것[15]이 이것입니다.- 이(理)가 순일하지 않으면 기(氣)도 물론 혼자서 순일해질 수 없지만,-생생순일하는 이 이(理)가 없으면 애당초 생생순일하는 이 기(氣)가 없어서 도무지 물(物)이 없게 되는 것입니다.- 기(氣)가 순일하지 않다면 이(理)가 허공에 매달려서 홀로 순수해지겠는가."라는 것이었습니다.-기(氣)가 만약 생생순일하지 않다면, 이(理)의 생생순일한 것을 어느 곳을 통해서 볼 수 있겠습니까.-

이 몇 마디는 내가 생각해도 본말이 완전해서 아무리 박살을 내려해도 깨지지 않을 것이니, 비록 성인(聖人)이 다시 일어나시더라도 내 말을 바꾸지는 않으리라 확신합니다. 따라서 사람들이 나의 말을 주기(主氣)라고 하여 병통으로 여기는 것은 아마도 언의(言議)의 곡절을 아직 자세히 알지 못해서 그런 것이 아닐까 합니다. 그리고 주기를 병통으로 여기는 것은, 혹 작용을 성(性)으로 여겨 선가(禪家)의 본심지설(本心之說)에 떨어지는 것이거나, 혹 기질을 심(心)에 해당시켜 순양(荀揚 순경(荀卿)과 양웅(揚雄))의 성악지론(性惡之論)에 빠지는 것인데, 내가 비록 매우 혼류(昏謬)하긴 하지만 반복해서 점검해 보아도 이 두 가지 병통이 있는 것을 깨닫지 못하겠습니다.

명덕(明德)을 논할 때에는 반드시 먼저 '지선에 그치는 것〔止於至

15 명도(明道)가……것 : 두 인용문 모두 《주역》〈계사전 상(繫辭傳上)〉의 "형이상의 것을 도라고 하고 형이하의 것을 기라고 한다.〔形而上者謂之道 形而下者謂之器〕"라는 말을 해설한 것인데, 앞의 인용문은 《이정유서(二程遺書)》 권11에 나오고, 뒤의 인용문은 권1에 나온다. 도(道)는 무형(無形)의 추상적인 도리를 뜻하고 기(器)는 유형(有形)의 구체적인 사물을 뜻하는 중국 철학 용어인데, 여기서는 도와 기 즉 이(理)와 기(氣)가 서로 분리되지 않는다는 뜻으로 정호(程顥)가 해석한 것이다.

善〕'[16]을 목표로 하고, 반드시 먼저 이른바 '모든 이치를 모두 구비한 것'[17]에 나아가서, 이론을 끝까지 궁구하고 행동으로 실증하여 문왕(文王)의 오지(五止)[18]처럼 된 뒤에야 비로소 명덕을 밝히는〔明明德〕 최고의 공이라고 말할 수 있게 하였으니, 그렇다면 이것이 과연 작용본심(作用本心)의 뜻과 비슷한 것이겠습니까. 그리고 이기(理氣)를 논할 적에는 반드시 '이와 기는 실을 같이하고, 심과 성은 일치한다.〔理氣同實 心性一致〕'는 것을 종지(宗旨)로 삼아서, 심(心)의 허령통철(虛靈洞徹)한 것이 기(氣)의 담일(湛一)을 연유하여 나타나고, 성(性)의 인의중정(仁義中正)이 심(心)의 허명(虛明)을 통해 드러나서, 내외가 소융(昭融)하고 본말이 통연(洞然)하게 함으로써, 맹자(孟子)의 성선(性善)의 뜻이 이와 같이 해가 중천에 떠서 팔창(八窓)이 영롱한 것[19]처럼

16 지선(至善)에 그치는 것 : 《대학(大學)》 삼강령(三綱領)의 세 번째에 해당하는 항목이다.

17 모든……것 : 명덕(明德)을 해석한 내용이다. 주희가 삼강령의 첫 번째인 명명덕(明明德)의 명덕을 풀이하면서 "명덕은 사람이 하늘에서 얻은 것으로, 텅 비고 신령스럽고 어둡지 않아, 모든 이치를 구비하여 온갖 일에 대응하는 것이다.〔人之所得乎天 而虛靈不昧 以具衆理 應萬事者也〕"라고 하였다.

18 문왕(文王)의 오지(五止) : 《대학장구(大學章句)》 전 3장에서 주 문왕(周文王)의 덕을 찬미하며 "임금이 되어서는 인에 그치고, 신하가 되어서는 경에 그치고, 자식이 되어서는 효에 그치고, 부친이 되어서는 자에 그치고, 국인과 사귐에는 신에 그쳤다.〔爲人君止於仁 爲人臣止於敬 爲人子止於孝 爲人父止於慈 與國人交止於信〕"라고 한 말을 압축한 것이다.

19 팔창(八窓)이 영롱한 것 : 사리에 통달하여 식견이 명철하게 된 것을 비유하는 말이다. 《주자어류(朱子語類)》 권120에 "허정해도 이 물사가 무엇인지 알아야 하고, 허정하지 않아도 이 물사가 무엇인지 알아야 한다. 만약 무엇인지 모를 때에는 소위 허정이라는 것도 가짜 허정이지 진짜 허정이 아니다. 따라서 이제 모름지기 저 가짜 허정을 타파하여 진짜 허정으로 바꿔야 할 것이니, 그렇게 하면 팔창이 영롱하여 융통하

되었으니, 이것이 과연 성악설(性惡說)이나 선악혼재설(善惡混在說)[20]과 비슷한 것이겠습니까.

무릇 사람들과 변론할 적에 걱정이 있다면, 그것은 단지 내성불구(內省不疚)[21]를 제대로 하지 못할까 하는 점입니다. 과연 내성불구만 제대로 할 수 있다면, 비록 온 세상과 맞지 않는다고 하더라도 또 어떻게 하겠습니까. 백세(百世)의 뒤에라도 다행히 공맹정주(孔孟程朱)와 같은 분이 출현한다면, 아침저녁 사이에 만나는 것〔朝暮遇〕[22]과 절로 다름이 없게 될 것이고, 또 설령 그렇게 되지 않는다고 하더라도 우리 부자(夫子)의 "나를 알아주는 분은 하느님이다.〔知我者天〕"[23]라는 말이

지 않음이 없게 될 것이다. 반면에 그렇게 하지 않으면 저 가짜 허정을 고수하여 종신토록 깜깜한 어둠 속에서 통효하지 못하게 될 것이다.〔虛靜也要識得這物事 不虛靜也要識得這物事 如未識得這物事時 則所謂虛靜亦是箇黑底虛靜 不是白底虛靜 而今須是要打破那黑底虛靜 換做箇白底虛靜 則八窓玲瓏 無不融通 不然則守定那裏底虛靜 終身黑淬淬地莫之通曉也〕"라는 말이 나온다.

20 성악설(性惡說)이나 선악혼재설(善惡混在說) : 순경(荀卿)의 성악설은 《순자(荀子)》 〈성악편(性惡篇)〉에 나오고, 양웅(揚雄)의 이른바 선악혼재설은 《법언(法言)》 〈수신편(修身篇)〉에 나온다. 사람이 노력에 의해서 선인, 나아가서는 성인이 될 수도 있다고 주장하는 것은 양자 모두 동일하다.

21 내성불구(內省不疚) : 자기의 내면을 살펴 흠이 없게 하는 것을 말한다. 《논어》 〈안연(顔淵)〉에 "내성불구하다면 걱정하고 두려워할 것이 뭐가 있겠는가.〔內省不疚 夫何憂何懼〕"라는 공자의 말이 나오고, 《중용장구》 제33장에 "《시경》에 '물에 잠겨 숨어 있어도 그것 역시 잘 보이기만 한다.'라고 하였다. 그러므로 군자는 내성불구를 함으로써 양심에 거리낌이 없게 하는 것이다.〔詩云 潛雖伏矣 亦孔之昭 故君子內省不疚 無惡於志〕"라는 말이 나온다.

22 아침저녁……것 : 시간을 초월하여 지기(知己)를 만나는 기쁨을 비유하는 말이다. 13쪽 주3 참조.

23 나를……하느님이다 : 《논어》 〈헌문(憲問)〉에 "나는 하늘을 원망하지도 않고 사

있으니, 무엇을 걱정하고 무엇을 두려워하겠습니까.

김 직장이 지난 임인년(1782, 정조6) 봄에 산호(山湖)로 찾아와서 주기(主氣) 운운하는 말을 대략 언급하기에, 그가 돌아가고 나서 글을 왕복해야겠다고 생각하였습니다. 그런데 미처 그렇게 하기도 전에 그가 느닷없이 고인(古人)이 되고 말았으므로, 마음속으로 항상 비통하고 애석하게 여겼는데, 지금 그에 대한 말을 듣고 보니 사람의 마음을 또 매우 슬프게 합니다.

그때 김우(金友)가 또 지하(地下) 세계가 있다는 설을 가지고 질문하기에-그는 대개 의소(儀韶)[24]를 따라 노닐었던 사람입니다.- 내가 즉시 주자(朱子)가 채백정(蔡伯靜)에게 답한 글 중에 나오는 "북극(北極)이 남극보다 더 높다.……"라는 내용[25]을 거론하여 응답하였습니다. 그리고 또 말하기를 "백여 년 사이에 이적(夷狄)이 중국과 헷갈리게 하고 소인(小人)이 군자(君子)와 헷갈리게 하는 등, 음양(陰陽)에 정체(定體)가 없고 상하에 정위(定位)가 없어져서, 천하가 날로 어두워지며 혼란 속으로 빠져들게 된 것은 이 설이 빌미가 된 것이다."라고 하였더니,

람을 탓하지도 않는다. 아래로는 인간의 일을 배우고 위로는 하늘의 이치를 터득하려고 노력할 따름인데, 나를 알아주는 분은 아마도 하느님뿐일 것이다.〔不怨天 不尤人 下學而上達 知我者 其天乎〕"라는 공자의 말이 나온다.

24 의소(儀韶) : 이봉상(李鳳祥, 1707~1772)의 자이다.

25 주자(朱子)가……내용 : 주희가 "남북의 고하는 절로 정해진 위치가 있다. 가령 사람으로 하여금 둥근 탄환(彈丸) 같은 땅덩어리 아래로 들어가서 바라보게 할 수 있다면, 남극이 비록 높아도 북극이 북방에 있어서 그래도 남극보다는 더 높을 것이니, 결단코 지하로 거꾸로 내려가 남방으로 이동하는 지경에는 이르지 않을 것이다.〔其南北高下自有定位 政使人能入于彈圓之下以望之 南極雖高 而北極之在北方 只有更高於南極 決不至反入地下 而移過南方也〕"라고 대답한 것을 말한다. 《朱子全書 卷50 理氣2 天度》

그가 자못 눈을 휘둥그레 뜨고 놀라는 눈치였는데, 그가 끝내 어떻게 생각했는지는 모르겠습니다. 그 사람이 기력이 있어서 기대할 수 있을 듯도 하였는데, 이 정도로 끝나고 말 줄은 생각하지 못하였습니다.

이백눌에게 보내는 글 6월

與李伯訥 六月

작일(昨日)에 서한을 보내고 나서 우연히 전에 보내온 별지를 검토해 보건대, 담일(湛一)을 논한 부분에 '그 담일이 각각 다르다.〔各其湛一〕' 라는 말이 있었고, 그 아래에 물〔水〕을 가지고 비유한 것 역시 그 뜻이 또한 같았으므로, 이를 통해서 오장(吾丈)의 상면(上面)에 한 꺼풀 막힌 그 병근이 바로 여기에 있다는 것을 알았습니다.

이 부분이 바로 의리의 대두뇌(大頭腦)이고 대근본(大根本)에 해당하는데, 이를 알기 위해서는 먼저 대원(大原)으로부터 이해해 들어가야 할 것입니다. 대원이라는 것은 무엇이겠습니까? 그것은 바로 천(天)입니다. 가령 이 세상에 두 개의 천지(天地)가 있다면 모르겠습니다만, 지금 구해(九垓 구주(九州))·팔굉(八紘 팔방의 극지(極地))과 만겁(萬刦) 전이나 만겁 후에도 단지 이 천지가 있을 뿐 다시 다른 천지는 있지 않습니다. 그리고 그 상하를 가득 채우고 고금에 걸쳐 유행하는 것으로 말하면, 온통 한 덩어리〔一團〕의 원기(元氣)가 끝없이 낳고 낳으며〔生生不窮〕 순일하여 잡스럽지 않은 것〔純一無雜〕일 뿐입니다.

그러니 인(人)과 물(物)이 그 속에서 나올 적에 어찌 한 개나 반개라도 이 원기를 품부받지 않은 것이 있겠습니까. 가령 바닷속의 물고기를 예로 들면, 잉어 배 속에 들어 있는 것도 이 바닷물이요 방어(魴魚) 배 속에 들어 있는 것도 이 바닷물이니, 맑으면 모두 맑고 짜면 모두 짤 뿐이지 어찌 각각 다를 리가 있겠습니까. 우물물도 마찬가지입니다. 똑같이 한 우물의 물이면 비록 천 개 만 개의 그릇에 떠서 담는다고 해도 강약(强弱)과 청탁(淸濁)이 하나일 뿐이지 어떻게 다를 수가 있겠습니까.

다만 이 기(氣)는 유행하며 등도(騰倒 동요)하는 만큼, 일원(一原)으로부터 만수(萬殊)로 흩어지고 무형으로부터 유형으로 흘러가는 과정에서-유기설(游氣說)을 가리키는데, 아래에 보입니다.- 만나는 데에 따라 대소(大小)·편정(偏正)·통색(通塞)의 차이가 없을 수 없습니다. 그런데 기(氣)를 점유한 것이 편소(偏小)하고 형(形)을 품부받은 것이 옹색한 경우에는 비록 똑같이 이 기를 품부받았더라도 참으로 그 전체를 관통할 수 없지만, 사람의 경우는 바르고 통하는 것을 품부받아 태어났기 때문에 방촌(方寸)이 텅 비고 통명한 것이니, 바로 이렇게 텅 비고 통명함으로 인하여 이 기(氣)의 전체가 활연(豁然)히 드러나 차폐(遮蔽)하는 것이 없어서 천지의 본기(本氣)와 더불어 관통하여 하나가 되는 것입니다.

그러므로 맹자(孟子)가 곧장 호연지기(浩然之氣)를 자신의 기로 삼은 것인데,[26] 주부자(朱夫子 주희(朱熹))가 이를 해석하여 "지극히 크다는 것은 애당초 한량이 없는 것이요, 지극히 강하다는 것은 굽히고 흔들릴 수 없는 것이다. 이는 천지의 정기로서 사람이 이를 얻어 태어나는 것이니 그 체성(體性)이 본래 이와 같다.〔至大則初無限量 至剛則不可屈撓 天地正氣 人得以生者 其體段本如是也〕"라고 하였고, 정자(程子 정이(程頤))도 "하늘과 사람은 똑같아서 다시 분별할 것이 없으니, 호연지기는 바로 나의 기이다. 따라서 이를 길러서 해침이 없게 하면

26 맹자(孟子)가……것인데 : 《맹자》 〈공손추 상(公孫丑上)〉 호연장(浩然章)에 "나는 나의 호연지기를 잘 기른다.〔我養吾浩然之氣〕"라는 맹자의 말이 나온다.

천지에 가득 차게 된다.〔天人一也 更不分別 浩然之氣乃吾氣也 養而無害則塞于天地〕"라고 한 것입니다.

장자(張子)가 "담일이 기의 본체이다.〔湛一氣之本〕"라고 한 것도 바로 이것을 가리켜서 말한 것인데,[27] 요(堯)도 이 담일이고 걸(桀)도 이 담일이며, 옛날도 이 담일이고 지금도 이 담일이니, 어떻게 '각각 다르다.'라는 말을 할 수 있겠습니까.

맹자의 말에 "그 기의 됨됨이가 의와 도에 배합된다.〔其爲氣也 配義與道〕"[28]라고 하였으니, 이는 대개 이 기가 원래 도의와 배합하여 하나가 되어서, 유행하고 발육하며 끝없이 낳고 낳기 때문입니다. 공자(孔子)가 건원(乾元)과 곤원(坤元)을 말한 것[29]-원(元)은 바로 원기(元氣)인데 이(理)가 주(主)가 되니, 혼륜(渾淪)으로 보아야 합니다.-과 "각각 성명(性命)을 바르게 하여 큰 화기를 보전케 한다."[30]라고 한 것-큰 화기는 바로 원기이고, 성명은 도의입니다.-과 "큰 것이 바른 것이다."[31]라고 한 것-큰 것은 형체(形

27 장자(張子)가……것인데 : 21쪽 주12 참조. 장자는 장재(張載)에 대한 존칭이다.

28 그 기의……배합된다 : 호연지기의 속성을 말한 것인데, 《맹자》 〈공손추 상〉 호연장에 나온다.

29 공자(孔子)가……것 : 《주역》 〈건괘(乾卦) 단(彖)〉에 "위대하도다 건원이여, 만물이 여기에서 나오나니, 이에 하늘의 일을 총괄하도다.〔大哉乾元 萬物資始 乃統天〕"라는 말이 있고, 〈곤괘(坤卦) 단〉에 "지극하도다 곤원이여, 만물이 여기에서 생장하나니, 이에 하늘의 뜻을 받들어 따르도다.〔至哉坤元 萬物資生 乃順承天〕"라는 말이 나온다. 괘사(卦辭)를 해설한 단전(彖傳)은 십익(十翼)의 하나로 공자가 지었다고 전해진다.

30 각각……한다 : 《주역》 〈건괘 단〉에 "하늘의 도가 변화함에 각각 성명을 바르게 하여 큰 화기를 보전하게 해 준다.〔乾道變化 各正性命 保合大和〕"라는 말이 나온다.

31 큰 것이……것이다 : 《주역》 〈대장괘(大壯卦) 단(彖)〉에 "큰 것이 바른 것이다. 그 정대함 속에서 천지의 실정을 볼 수 있다.〔大者 正也 正大而天地之情 可見矣〕"라는 말이 나온다.

體)를 가리키고, 바른 것은 성정(性情)을 가리킵니다.-이 모두 이것을 의미하는 것입니다. 그러고 보면 굳이 성선(性善)을 말하지 않아도 성선의 뜻이 이미 공손추(公孫丑)에게 답한 한마디 말 속에 영롱하게 비치고 있는 것입니다.

그런데 지금 설하는 자는 말하기를 "담일의 이면에는 또한 영핍(贏乏)과 강약의 차이가 있다."라고 하니, 이는 아마도 '떠돌아다니는 기운이 어지러이 뒤섞이는 것〔游氣紛擾〕'을 보고는 그것을 본체로 오인해서 그럴 것입니다. 대개 기(氣)의 본체는 담일할 뿐이지만, 그것이 음양으로 나뉘고 오행으로 나뉘어 승강(升降)하고 비양(飛揚)하며 감우(感遇)하여 응취(凝聚)할 즈음에 자연히 천차만별이 되지 않을 수 없으니, 이것이 바로 장자(張子)가 말한 "떠돌아다니는 기운이 어지러이 뒤섞이며 합쳐서 형질(形質)을 이루는데, 이것이 만 가지로 다른 인과 물을 나오게 한다.〔游氣紛擾 合而成質者 生人物之萬殊〕"[32]라는 것입니다.

그러나 천차만별이라고는 해도 이 기의 본체는 이(理)에 뿌리를 두고서 날마다 생(生)하는 것이니, 본래 호연(浩然)하여 담(湛)하면서 일(一) 아닌 적이 없는 것입니다. 그러니 유행하여 응결하는 것이 혹 편(偏)하고 혹 정(正)하는 것이 본체의 일(一)에 무슨 해가 될 것이며, 말류의 사재(渣滓)가 혹 박(駁)하고 혹 탁(濁)한 것이 원초(元初)의

32 떠돌아다니는……한다 : 《정몽(正蒙)》 〈태화(太和)〉에 나온다. 《근사록(近思錄)》 〈도체(道體)〉에도 소개되어 있다. 대본에는 '游氣紛擾 合而成質 生人物之萬殊'로 되어 있으나, 《장자전서(張子全書)》에 의거하여 '合而成質'을 '合而成質者'로 바로잡아 번역하였다.

담(湛)에 무슨 누를 끼치겠습니까.

대저 형체가 없어도 주재(主宰)함이 있는 것이 이(理)입니다. 그래서 내가 말하기를 "기(氣)의 본체에 진정 영핍과 강약이 있다고 한다면, 그것은 이(理)의 본체가 원래 순일하지 못해서 그러한 것이니, 반드시 성선(性善)이라는 두 글자까지 합쳐서 그에 대한 단안을 뒤집어엎은 뒤에야 가능할 것이다."라고 한 것입니다.-아마 호연지기(浩然之氣)라는 네 글자도 끝내 처리할 수 없을 것입니다.-

또 한 가지 말씀드릴 것이 있습니다. '기를 잘 기른다.〔善養氣〕'라고 하고 '기질을 변화시킨다.〔變化氣質〕'라고 하는 것도 그 기의 본체를 회복하는 것을 말할 뿐입니다. 그래서 주자(朱子)가 양기(養氣)를 해석할 때에도 반드시 "처음의 상태를 회복한 것이다.〔復其初〕"[33]라고 말한 것입니다. 가령 기에 본래 차별이 있다고 한다면, 아무리 세상에서 기를 잘 기르고 기질을 잘 변화시키는 사람이라고 할지라도, 어떻게 본래 차별이 있는 기를 변화시켜서 성인(聖人)과 하나가 되게 할 수 있겠습니까. 분명히 그렇게 하지 못할 것입니다.

33 처음의……것이다 : 주희가 맹자의 "나는 나의 호연지기를 잘 기른다.〔我養吾浩然之氣〕"라는 대목을 해설하는 부분에 나온다. 《孟子 公孫丑上 註》

이백눌에게 답하는 글 7월

答李伯訥 七月

떨어지지 않으면서〔不離〕 뒤섞이지 않는 것〔不雜〕이니, 이것은 나누어서 둘로 할 수가 없습니다. 각구(各具)[34]의 곳이야 물론 불리(不離)하면서 부잡(不雜)하지만, 통체(統體)의 곳 역시 불리하면서 부잡하기는 마찬가지입니다. 그런데 포론(浦論 한원진(韓元震)의 주장)은 오상(五常)을 불리하는 것으로 여기면서 기질에 연유한다고 하여 각지(各指)에 소속시켰고, 태극(太極)을 부잡하는 것으로 여기면서 형기(形氣)를 초월한다고 하여 단지(單指)에 소속시켰습니다. 이는 불리와 부잡을 나누어 둘로 한 것으로서, 불리하면 바로 잡(雜)을 이루고 부잡하면 바로 이(離)를 이루는 것입니다. 이것이 바로 내가 각지라고 하는 한마디가 이(理)를 해치는 점이 별로 없는 것 같아도, 마음속으로 끝내 수긍이 가지 않아서, 감히 사람들을 따라 그 이론을 떠받들지 못하는 이유입니다.

질간(質幹)이 어떠한 것인지 그것만 보면 됩니다. 담일(湛一)이 질간이 되면 이는 "내외가 밝게 융통하여 팔창이 영롱하다.〔內外昭融 八窓玲瓏〕"[35]라는 것이고, 탁박(濁駁)이 질간이 되면 이는 "거울〔鏡〕이 밝은 것은 같지만 시우쇠〔鐵〕의 정추(精粗)는 같지 않다."라는 것입니

34 각구(各具) : 만물이 각각 하나의 태극을 갖추고 있다는 말인데, 통체(統體)와 함께 18쪽 주11 참조.

35 내외가……영롱하다 : 26쪽 주19 참조.

다. 이것이 바로 맹자(孟子)와 양웅(揚雄)이 나뉘는 부분인데, 내유(來諭)에서는 이를 나란히 하여 동일시하였으니, 잘못된 것이 아니겠습니까. 만약 말류의 사재(渣滓)가 신명(神明)의 본체에 악영향을 미친다고 말한다면, 또한 장차 성(性)의 본체도 사재의 영향을 받아서 순선(純善)이 될 수 없다고 말하시렵니까?

《격몽요결(擊蒙要訣)》에 "심의 허령은 품수에 구애받지 않는다.〔心之虛靈 不拘稟受〕"라는 한 구절의 말이 있는데, 이것은 바로 선생[36]이 직접 쓴 글입니다. 이를 통해서 어록(語錄)의 내용이 잘못되었음을 알 수 있으니, 어찌 이것을 가지고 포설(浦說 한원진(韓元震)의 설)의 시비에 대한 단안을 내려서야 되겠습니까. "허령과 품질(稟質)은 가리키는 바가 각각 다르다.……"라고 한 이것도 귀를 가리고 방울을 훔치는 것과 같은 소견입니다. 무딘 쇠〔麤鐵〕로 만든 명경(明鏡)도 비춰 주긴 하겠지만 정련된 쇠〔精鐵〕로 만든 명경처럼 제대로 비춰 줄 수가 있겠습니까.[37] 허명(虛明)은 기상(氣象)이니 그림자이고, 심기(心氣)는 본색(本色)이니 실물입니다. 실물이 발하여 그림자가 되고 그림자는 실물에 근본을 두니, 실물이 같지 않고서 그림자가 같은 경우는 원래 있지 않고 보면, 분수(分數)의 주장을 극력 배척한다고 하더라도 누가 믿기나 하겠습니까.

36 선생 : 이이(李珥)를 가리킨다.

37 무딘……있겠습니까 : 마음속의 차원이 서로 달라서 내놓는 주장도 각기 다른 것이니, "명덕(明德)에도 분수(分數)가 있다."라는 등의 설이 잘못되었다고 녹문이 애써 알려 주어도 알아듣지 못한다는 뜻의 해학적인 표현이다.

기억하건대 옛날 비암(飛庵)의 모임에서 송사능(宋士能 송능상(宋能相))과 이 점을 논하였는데, 사능이 며칠 동안 깊이 생각하더니 곧바로 과감하게 의견을 고쳤습니다. 그런데 그 뒤에 듣건대 사문(師門)에 다시 품(稟)하여 예전의 의견을 도로 고수하였다고 하니 애석한 일입니다.-가령 그가 지금 살아 있어서 재차 변론할 수 있다면 귀일(歸一)될 희망이 없지도 않으니, 돌이켜 생각하면 마음이 아프기만 합니다.- 그러나 사능 정도 되는 사람도 끝내 회통(會通)하지 못하여 내렸던 깃발을 다시 세웠고 보면, 지금 아무리 온갖 방법을 동원하여 찬찬히 살펴보게 한다 해도, 어찌 또 회통할 리가 있겠습니까. 바라건대 다시는 이런 무익한 생각을 하지 마십시오.

대저 기질지성(氣質之性)이라는 네 글자는 정장(程張 정호(程顥)와 장재(張載))으로부터 시작되었는데, 본래 모두 이발(已發)한 데에 나아가서 말한 것입니다. 예컨대《근사록(近思錄)》에 실려 있는 명도(明道 정호(程顥))의 논성설(論性說)-생지위성(生之謂性)의 한 조목을 말합니다.-만 보더라도 위아래의 말뜻이 더욱 명백해서 의심할 것이 없습니다.-"흐린 것도 물이 아니라고 할 수 없다.〔不可以濁者不爲水〕"라는 말은 위에 나오는 "악 또한 성이라고 이르지 않을 수 없다.〔惡亦不可不謂之性〕"라는 말에 응하고, "선과 악이 성 가운데에서 두 물건으로 있으면서 상대하여 각자 나오는 것이 아니다.〔不是善與惡在性中爲兩物相對 各自出來〕"[38]라는 말은 위에 나오는 "성 가운데에 원래 선과 악이라는 이 두 물건이 상대하여 나온 것이 아니다.〔不是性中元有此兩物相對而生〕"라는 말에 응하는데, 이는 모두 물이 흘러나오는 것을 가지고 비유한 것입니다.- 그래서 주자

38 선과……아니다 : 대본에는 '不是善與惡在性中相對 各自出來'로 되어 있으나,《근사록》〈도체(道體)〉에 의거하여 '不是善與惡在性中爲兩物相對 各自出來'로 바로잡아 번역하였다.

(朱子)도 "악 또한 성이라고 이르지 않을 수 없다.〔惡亦不可不謂之性〕"라는 말을 주석하여 "본래는 모두 선한데 악으로 흘러갔을 뿐이다.〔本皆善而流於惡〕"라고 하였으니, 그 뜻을 알 수 있습니다.

그런데 "단지(單指)와 겸지(兼指)는 단지 한곳에 있다.……"라는 것과 같은 설은 바로 정자(程子)가 말한 '성 가운데에 원래 선과 악이라는 이 두 물건이 상대하여 나온 것〔性中元有此兩物相對而生〕'에 해당하니, 우리 성문(聖門)에는 원래 이런 설이 없습니다. 그리고 심지어는 "유구(由求)[39]도 미발(未發)에 이미……"라고 하였는데, 유구뿐만 아니라 이혜(夷惠)의 청화(淸和)[40]나 안맹(顔孟)의 추영(麤英)[41] 같은 것도 모두 사재(渣滓)로 귀결돼야 하니, 본체의 일과는 상관이 없는 것입니다.

이미 "몸을 채우고 있다.〔體之充〕"[42]라고 말했고 보면, 호기(浩氣)가

39 유구(由求) : 자로(子路)와 염유(冉有)의 병칭인데, 보통 적극적인 성격과 소극적인 성격의 소유자를 비유하는 말로 쓰인다. 《논어》 〈선진(先進)〉에 "구는 뒤로 물러나기 때문에 앞으로 나아가게 한 것이요, 유는 남보다 앞서기 때문에 뒤로 물러나게 한 것이다.〔求也退 故進之 由也兼人 故退之〕"라는 공자의 말이 나온다.

40 이혜(夷惠)의 청화(淸和) : 백이(伯夷)의 청(淸)과 유하혜(柳下惠)의 화(和)라는 말인데, 《맹자》 〈만장 하(萬章下)〉에 "백이는 성인 중의 맑은 분이요, 유하혜는 성인 중의 화한 분이다.〔伯夷 聖之淸者也 柳下惠 聖之和者也〕"라는 말이 나온다.

41 안맹(顔孟)의 추영(麤英) : 안자(顔子)의 거친 것〔麤〕과 맹자의 영기(英氣)라는 말인데, 《근사록》 권3 〈치지(致知)〉에 "학문을 함에 사리를 미루어 연구하지 못하는 것은 단지 마음이 거칠어서 그렇다. 안자가 성인의 경지에 이르지 못한 것도 마음이 거칠어서이다.〔學不能推究事理 只是心麤 至如顔子未至於聖人處 猶是心麤〕"라는 장재(張載)의 말이 실려 있고, 《맹자집주》 서설(序說)에 맹자의 영기를 논한 정자(程子)의 말이 실려 있다.

42 몸을 채우고 있다 : 《맹자》 〈공손추 상(公孫丑上)〉 호연장(浩然章)의 주희의 주석에 나오는 말이다.

어찌 혈기의 밖에 있겠습니까. 단지 혈기는 사재와 함께 그 안에 있는 것이고, 호기는 그 본체와 이일(理一)을 가리켜 말한 것일 뿐입니다. 만약 '의리를 많이 축적하여 생겨나는 것〔集義所生〕'[43]이니 백체(百體)와는 상관이 없다고 말한다면, 문왕(文王)의 노(怒)[44]와 공자(孔子)의 사(思)[45]는 유독 간비(肝脾)에서 나오지 않았겠으며, 원후(元后)가 진실로 총명한 것[46]이 유독 이목(耳目)에 연유하지 않았겠습니까. 유추하여 궁구하면 자연히 알 수 있는 일입니다.

호기와 정상(精爽)은 같지 않습니다. 호기는 기(氣)이고 정상은 영(靈)과 관련이 있으니 혼백(魂魄)과 같은 것이 그것입니다. 심(心)은 바로 그 신명(神明)이요 지각(知覺)으로서 기(氣)의 장수(將帥)가 되는 만큼 혼백과는 또 같지 않은데, 어떻게 호기를 곧장 심(心)이라고 말할 수 있겠습니까.

43 의리를……것 : 맹자가 호연지기를 설명한 말 중의 하나이다.

44 문왕(文王)의 노(怒) : 《맹자》〈양혜왕 하(梁惠王下)〉에 "왕이 크게 노하여 곧 군병을 정돈하고는 완(阮)을 치러 가는 밀인(密人)의 군사를 막아 내어 주나라의 복을 두텁게 함으로써 천하가 바라는 마음에 보답하였다.〔王赫斯怒 爰整其旅 以遏徂莒 以篤周祜 以對于天下〕"라는 《시경(詩經)》〈대아(大雅) 황의(皇矣)〉의 말을 인용하면서, 주(周)나라의 문왕이 "한번 노하여 천하의 백성들을 안정시켰다.〔一怒而安天下之民〕"라고 찬양한 말이 나온다.

45 공자(孔子)의 사(思) : 공자가 일러 준 군자의 구사(九思)를 말한다. 구사에 대한 내용은 《논어》〈계씨(季氏)〉에 자세히 나온다.

46 원후(元后)가……것 : 원후는 임금을 말한다. 《서경》〈태서 상(泰誓上)〉에 "천지는 만물의 부모요, 사람은 만물의 영장이다. 이 가운데에서 진실로 총명한 사람이 임금이 되니, 임금은 곧 백성의 부모가 되는 것이다.〔惟天地萬物父母 惟人萬物之靈 亶聰明作元后 元后作民父母〕"라는 말이 나온다.

역설(易說)에 대해서는 으레 인가(印可)를 받았고, 또 주공(周公)의 뜻에 묘하게 계합된다는 말씀을 듣기도 하였습니다. 지금 이 문제로 말하면 어찌 감히 질언(質言)이야 하겠습니까마는, 소과(小過) 및 분약(紛若)과 분궤(奔机)[47]의 경우처럼, 비록 주공을 친견(親見)하고 왔다고 해도 안 될 것은 없을 것입니다. 껄껄껄.

47 소과(小過)……분궤(奔机) : 《주역》 〈소과괘(小過卦)〉 전체와 〈손괘(巽卦) 구이(九二)〉의 '용사무분약(用史巫紛若)'과 〈환괘(渙卦) 구이〉의 '분기궤(奔其机)'에 대한 녹문의 해석을 말하는데, 각각 《녹문집》1 469쪽 주188, 472쪽 주190, 480쪽 주203 및 그 본문 참조.

이백눌에게 답하는 글 7월

答李伯訥 七月

저번에 글 한 통을 영하(營下)에 부쳤는데 도착하기도 전에 답장을 먼저 내려 주셔서 요즘 장마철의 무더위 속에서도 기거가 청강(淸康)하심을 알고 기뻤습니다. 글이 오고 가면서 강설(講說)을 빈번히 하게 된 이 일이야말로 평생에 없던 일이니 그 기쁨이 당연히 어떠하겠습니까. 그럼에도 내교(來敎 상대가 보내온 글)에는 오히려 답장을 기다리는 것이 괴롭다고 하시니, 사람의 욕심은 실로 이처럼 한이 없습니다.

그러나 어떤 일이든지 너무 난만(爛漫)해서는 안 될 것이니, 이것이 바로 안락옹(安樂翁)이 '음주명정(飮酒酩酊) 개화이피(開花離披)'의 경계를 매양 보인 까닭입니다.[48] 왜냐하면 일용(日用)의 사물은 크든 작든 어느 상황에서나 역(易) 아닌 것이 없기 때문입니다.

48 안락옹(安樂翁)이……까닭입니다 : 아무리 좋은 것이라도 극단에 이르면 변고가 생기는 만큼 항상 절제해서 중도(中道)를 지켜야 함을 강조한 말이다. 안락옹은 소옹(邵雍)을 말한다. 그는 자신의 오두막을 안락와(安樂窩)라고 명명하고, 자신의 호를 안락선생(安樂先生)이라고 하였으며, 평생 쾌활하고 명랑하게 안락한 생활을 추구하였다. '음주명정(飮酒酩酊) 개화이피(開花離披)'는 술에 흠뻑 취하는 것과 꽃이 만발한 것을 말하는데, 소옹의 "술을 마셔도 곤드레만드레 취하지는 말 것, 꽃을 보아도 흐드러져 뚝뚝 질 때는 피할 것.〔飮酒莫敎成酩酊 賞花愼勿至離披〕"이라는 시구에서 나온 것이다. 《擊壤集 卷10 安樂窩中吟》《주자어류(朱子語類)》 권73 〈역(易) 9 기제괘(旣濟卦)〉에도 "시운이 여기에 와서는 모두 지나가 버려, 강절이 '음주명정 개화이피'라고 말한 시절이 되었으므로, 이와 같이 좋지 않은 의사가 나오게 된 것이다.〔時運到那裏都過了 康節所謂 飮酒酩酊開花離披時節 所以有這樣不好底意思出來〕"라는 말이 실려 있다. 강절(康節)은 소옹의 시호이다.

우리들이 글을 읽을 때에는 참으로 체험하는 것을 가장 중요하게 여겨야 하니, 입으로 외우기만 해서는 안 될 것입니다. "《역(易)》을 읽는 이외에도 일과로 독송하는 것들이 매우 많아서 배 속과 가슴 사이에 서늘한 기운이 돋기까지 하니 무더위를 모르고 지낸다."라는 말씀을 받들고 풍송(諷誦)한 이후로, 사람의 뜻과 생각이 유연(悠然)해져서 찌는 듯한 무더위의 고통을 금세 잊게 되었습니다.

나의 과업이라면 단지 날마다 《역》 4괘와 《노론(魯論 논어)》 1편을 독송하는 것인데, 계속해서 돌려 가며 읽은 것이 지금 벌써 7, 8년이나 되었습니다. 그런데 근래에는 또 아침마다 《역》 1괘를 보면서 전의(傳義 정전(程傳)과 본의(本義))와 소주(小註)-내주(來註), 즉 내지덕(來知德)의 역 해설 중에 참고할 만한 것들도 이것과 병행합니다.-까지 한 번 다 읽으면 다시 시작하곤 하는데 지금 겨우 세 번쯤 돌았습니다. 그런데 매번 볼 때마다 새로운 뜻을 느끼곤 하니 이는 바로 오장(吾丈)의 은혜라고 할 것입니다.

이 밖에 시서(詩書)와 《맹자》도 다시 독송하고 싶은데 그럴 겨를이 없고, 또 성독(聲讀)을 하지 못한 채 그냥 눈으로만 보고 마음으로만 생각할 따름이니 탄식할 만합니다.

보낼 글을 다 작성하였을 때, 또 영하에서 이달 초5일에 부친 편지를 받았는데, 종이 가득 도도(滔滔)히 논리를 전개한 것이 서로 마주 보고 토론하는 것과 다름없게 하였습니다. 다만 담일(湛一)과 기질(氣質)의 설에 대해서 번번이 마려(磨驢)[49]만 할 뿐 결말을 지을 기약이 없으니,

49 마려(磨驢) : 빙글빙글 돌면서 연자매를 끄는 나귀라는 뜻으로, 새롭게 발전하지 못한 채 쳇바퀴 돌듯 계속해서 똑같은 일만 반복하는 것을 비유하는 말이다. 소식(蘇軾)

얼굴을 맞대고 상세히 논의하지 않으면 쉽게 타결(妥結)되지 않을 듯 합니다.

내서(來書) 중에서 "본체가 하나이기 때문에 변화에 도(道)가 있는 것이다."라고 말씀하신 한 구절의 말이 참으로 그 요체를 얻었으니, 이에 의거하여 확대해서 추리한다면 시원하게 풀릴 것인데, 또다시 "허령(虛靈)에도 우열이 있다."라는 설을 가지고 혼란스럽게 하는 것은 어찌된 일입니까?

기(氣)가 둘이라고 하는 것은 음(陰)과 양(陽)을 가지고 말한 것입니다. 그러나 "천지 사이에는 본래 하나의 기가 유행하면서 동(動)하고 정(靜)하는 것이 있을 뿐이다."[50]라는 것이 주자(朱子)의 가르침이 아닙니까. 이(理)가 이미 하나라면 기가 어떻게 하나가 되지 않겠습니까. 그리고 기가 하나가 아니라면 이(理)가 어떻게 혼자서만 하나가 되겠습니까.

마음속의 생각을 입으로 내놓을 수 없고, 입으로 내놓은 것을 붓으로 표현할 수 없는데, 의심의 실마리가 마치 삼대처럼 갈수록 쑥쑥 새로

의 시에 "나의 생계가 졸렬하기 그지없어서, 연자매 끄는 나귀처럼 돌기만 하는 것을 비웃겠지.〔應笑謀生拙 團團如磨驢〕"라는 말과 "돌고 도는 것이 연자매 끄는 소와 같아서, 걸음걸음마다 묵은 자국만 밟아 가노라.〔團團如磨牛 步步踏陳跡〕"라는 말이 나온다.《蘇東坡詩集 卷21 伯父送先人下第歸蜀詩云, 卷35 送芝上人游廬山》

50 천지……뿐이다 :《주역》〈건괘(乾卦) 문언(文言)〉 중 "위대하다 건이여, 강건하고 중정함이 순수하여 정하고〔大哉乾乎 剛健中正純粹精也〕"의 본의(本義)에 "천지 사이에는 본래 하나의 기가 유행하면서 동하고 정하는 것이 있을 뿐이니, 유행하는 통체를 가지고 말하면 건이라고만 말을 하더라도 포함하지 않는 것이 없지만, 동하고 정하는 것을 가지고 나눈다면 그 뒤에 음과 양, 강과 유의 구별이 있게 되는 것이다.〔天地之間 本一氣之流行 而有動靜爾 以其流行之統體而言 則但謂之乾而无所不包矣 以其動靜分之 然後有陰陽剛柔之別也〕"라는 주희의 해설이 보인다.

나오니, 나의 짧고 졸렬한 정신으로 어떻게 고명(高明)의 뒤엉긴 의문점들을 짐작하여 중리(衆理)의 갈등을 제거해 드릴 수 있겠습니까.

기질에 만품(萬品)이 있는 것은 말류의 사재(渣滓)인 것이요, 담일(湛一)에 성범(聖凡)이 없는 것은 태허(太虛)의 본체인 것입니다. 그런데 심(心)은 담일의 신명(神明)이고 성(性)은 그 덕(德)이니, 담일이나 심이나 성은 하나입니다만, 그중에도 원래 구별이 있습니다. 이것이 바로 바로 정자(程子)가 "형체를 가지고 말할 때에는 하늘이라 하고, 주재(主宰)하는 입장에서 말할 때에는 상제(上帝)라 하고, 묘용(妙用)의 시각에서 말할 때에는 신(神)이라 하고, 성정(性情)을 가리켜 말할 때에는 건(乾)이라 한다."[51]라고 한 것이니, 어떻게 담일을 곧장 심이라고 말할 수 있겠습니까.

사재가 작용하면 담일이 그 영향을 받고, 담일이 영향을 받으면 심과 성도 모두 그 영향을 받는데, 비록 영향을 받는다고 말하더라도 그것은 일시적으로 영향을 받는 데에 불과합니다. 예컨대 맑은 물이 진흙과 모래 때문에 흐려지는 것과 같을 뿐이니, 그 진흙과 모래를 제거하면 물이 맑은 것이 원래 그대로인 것처럼, 그 사재를 맑게 하면 담일과

51 형체를……한다 : 《주역》 〈건괘 괘사(卦辭)〉의 정전(程傳)에 "대저 천은 전지(專指)하여 말하면 도이니, 하늘도 어기지 못한다는 것이 이것이다. 그러나 나누어 말한다면, 형체를 가지고 말할 때에는 하늘이라 하고, 주재하는 입장에서 말할 때에는 상제(上帝)라 하고, 공용의 측면에서 말할 때에는 귀신이라 하고, 묘용의 시각에서 말할 때에는 신이라 하고, 성정을 가리켜 말할 때에는 건이라 한다.〔夫天 專言之則道也 天且弗違是也 分而言之 則以形體謂之天 以主宰謂之帝 以功用謂之鬼神 以妙用謂之神 以性情謂之乾〕"라는 정이(程頤)의 해설이 나온다. 녹문은 '以功用謂之鬼神'과 '以妙用謂之神'의 내용이 겹친다고 생각하여, '以功用謂之鬼神'은 아예 생략하고 인용한 것으로 보인다.

심과 성이 또한 모두 예전과 같이 순일(純一)하게 되는 것입니다.

무릇 사리를 논할 때에는 먼저 그 대체를 정해야 하니, 대체가 정해지고 나면 작은 문제에 혹 막히는 점이 있더라도 시간이 가면 응당 자명해질 것입니다. 그러나 만약 대체에 확실한 소견이 없이 먼저 작은 문제에 걸려 구애된다면, 어떻게 얼음이 풀어져 녹듯 쇄락(灑落)한 경지에 이를 수 있겠습니까.

예컨대 위에서 말한 담일과 심과 성과 사재와 같은 것들이 바로 대강(大綱)과 대목(大目)이 되니, 이에 대해서 다시 한번 크게 정신을 기울여 보시기 바랍니다. 만약 실제로 대원(大原)의 대목에 나아가서 우뚝 견득(見得)하는 것이 있게 되면, 지금 조목별로 나열한 허다한 각종 의논들도 일시에 모두 해결될 것이니, 나의 지사(知思)를 어지럽히지 말고서[52] 이와 같이 오래오래 해 나가다 보면 자연히 툭 트이는 날이 올 것입니다. 그쪽으로 가는 인편이 있다고 들었기에, 해가 저물기 전에 얼른 몇 자 적었습니다.

52 나의……말고서 : 마음을 엄숙히 하여 연구에 전념해 보라는 말이다. 주희의 글에 "대저 그 마음을 엄연하고 숙연하게 하여 항상 일삼는 것이 있는 것처럼 하면, 비록 사물이 몰려와서 북적북적하더라도, 어찌 나의 지사를 어지럽힐 수 있겠는가.〔夫其心儼然肅然 常若有所事 則雖事物紛至而沓來 豈足以亂吾之知思〕"라는 내용이 있다. 《晦菴集 卷40 答何叔京 第6》

이백눌에게 답하는 글

答李伯訥

〔문〕 오늘날 사람들이 성(性)을 논할 적에, 오상(五常)이 갖추어지지 않은 것을 기질(氣質)의 편(偏)에 소속시켜 본연(本然)이 아니라고 하기 때문에, 당옹(塘翁 남당(南塘) 한원진(韓元震))이 이에 1위(位)를 새로 세워서 각지(各指)의 주장을 내놓았으니, 그 공은 성선론(性善論)을 발표한 것에 버금간다고 말할 만합니다. 그런데 집사(執事)는 애오(愛惡)에 균형을 잃고 선입견을 위주로 한 나머지, 순양(荀揚 순자(荀子)와 양웅(揚雄))과 같다고 배척하는가 하면, 머리를 나란히 하고 다리를 함께 뻗고 있는 격〔齊頭竝足〕이라고 기롱하였습니다. 그리하여 심각하게 비평을 가하고 혹독하게 법문(法文)을 적용하였으니, 이는 사의(私意)가 작용하지 않았다면 고명(高明)의 소견에 미흡한 점이 있어서 그런 것일 듯합니다.

〔답〕 순양 운운한 것은 바로 단지(單指)와 겸지(兼指)를 일시일처(一時一處)에서 구한 그의 설 때문에 그렇게 말한 것입니다.

이른바 일시일처라고 하는 것은 미발(未發)의 시(時)와 대본(大本)의 처(處)를 말하는 것이 아닙니까? 단지의 성(性)이야 물론 미발과 대본에서 구해야 하겠지만, 겸지의 성(性)까지 미발과 대본에서 구하려 한다면, 이른바 겸지의 성이라는 것이 바로 기질선악(氣質善惡)의 성(性)인 이상에는, 이 어찌 대본에 선악이 있는 것이 되지 않겠습니까.

우리 유가(儒家)는 단지 자사자(子思子)의 "중은 천하의 대본이다.

〔中也者 天下之大本〕"[53]라는 한 구절의 말만 들었을 뿐이고 "선악을 겸한 것 역시 천하의 대본이다.〔兼善惡者 亦爲天下之大本〕"라는 말은 듣지 못하였습니다. 그리고 제갈무후(諸葛武侯 제갈량(諸葛亮))의 말 중에 "나의 마음은 저울과 같아서 사람에 따라 이랬다저랬다 할 수 없다.〔我心如衡 不能爲人作輕重〕"[54]라는 내용이 있습니다. 무릇 의리에 대한 논쟁은 비록 동료 간이라도 사의를 개입시켜서는 안 되는 법인데, 더군다나 선배인 대유(大儒)에 대해서야 더 말할 나위가 있겠습니까. 고명이 의심하는 것이 지나치십니다.

고명이 만약 이에 대해서 명백히 변론하고 분석하여, 우매한 나로 하여금 일시일처라는 네 글자가 대본과 아무 상관이 없다는 것을 분명히 알게 해 주신다면, 사의가 작용했다거나 소견이 미흡했다거나 하는 것을 따질 것 없이, 삼가 현인을 무함하고 붓을 함부로 놀려 법문을 농락한 죄를 자복하겠습니다.

〔문〕 고명이 사재(渣滓)를 논할 때면 매양 말류가 등도 동요한다는 것을 화두(話頭)로 삼곤 하는데, 이것을 가지고 발(發)·미발(未發)에 대해서는 논할 수 있겠습니다마는, 인생이 도시 기질을 받고 태어

53 중은 천하의 대본이다 : 《중용장구》 제1장에 나오는 말이다.

54 나의……없다 : 《정관정요(貞觀政要)》 권5 〈공평(公平)〉에 "옛날 제갈공명은 소국의 재상이었는데도 '나의 마음은 저울과 같아서 사람에 따라 이랬다저랬다 할 수 없다.'라고 하였는데, 더구나 지금 나는 대국을 다스리고 있는 데야 더 말할 나위가 있겠는가.〔昔諸葛孔明小國之相 猶曰吾心如秤 不能爲人作輕重 況我今理大國乎〕"라는 당 태종(唐太宗)의 말이 나온다.

날 적에 잡박한 자는 많고 순수한 자는 적은 현실에서, 어찌 상면(上面)에 담일(湛一)의 본원이 있다고 하여, 버러지와 도깨비 같은 부류까지 싸잡아서 말류가 해친 결과라고 말할 수 있겠습니까. 이렇게 보면 고명의 설이 통하지 않을 듯싶습니다.

〔답〕 담일이 질간(質榦)이 될 수 없으면 사재가 질간이 될 것이고, 사재가 질간이 되면 허령(虛靈)에 우열이 없을 수 없을 것이고, 허령에 우열이 있으면 명덕(明德)에 분수(分數)가 없을 수 없을 것이고, 명덕에 분수가 있으면 단지와 겸지 모두 일시일처가 되지 않을 수 없습니다. 그렇다면 전유(前諭 전에 보내온 글)에서 "인성(人性)이 가장 귀한 것은 다름이 아니라, 단지 정통(正通)한 기(氣)를 품부받아서 명덕을 온전히 할 수 있기 때문에 그런 것이다."라고 말한 것은 또 무슨 뜻입니까? 나의 입장에서 살펴보건대, 정통이라는 두 글자야말로 담일이 질간이 되는 소이이니, 대개 이 두 글자로 표현한 것이 절묘하다고 하겠습니다. 정(正)은 중정(中正)의 뜻이요, 통(通)은 공통(空通)의 뜻으로, 정은 질(質)을 말하고 통은 기(氣)를 말합니다. 응취(凝聚)할 적에 기의 통과 질의 정을 얻어서 특별히 빼어나고 최고로 영특하게 되었고 보면, 담일의 전체가 곧 방촌(方寸)을 통해 뚫고 나와 그 크기가 천지와 더불어 한량이 없으니, 이것이 바로 삼재(三才)에 참여하여 천지의 마음이 되는 소이인 것입니다.

내서(來書)를 자세히 음미해 보건대 "비록 담일의 본체가 있다고 하더라도 기질에 국한이 된다면 본령(本領)의 주재(主宰)가 될 수 없으니 그렇다면 저 사재가 질간이 될 수밖에 없다. 그러므로 소위 담일이라고 하는 것이 비록 간간이 출현한다고 하더라도, 그것은 물이 적셔주고 불이 타오르는 것이나 호랑부자(虎狼父子)[55]와 같은 종류에 불과할 뿐이다."라고 말씀하시는 것 같습니다. 정말 이와 같다면, 정통을 귀하게 여길 것이 무엇이며, 저 담일의 본체를 또 어디에다 쓰겠습니까. 바라건대 정통이라는 두 글자에 대해서 다시 주목해 주셨으면 합니다.

담일이 비록 질간이 된다고 하더라도, 엎치락뒤치락 동요하는 것이 오래가다 보면 사재가 중해지고, 사재가 중해지면 담일이 매번 거기에 압도되는 것은 이치로 보나 형세로 보나 당연한 일이니, 이것이 바로 맑은 자가 항상 적고 탁한 자가 항상 많은 소이입니다. 그러나 사재가 비록 중해져서 7, 8분에 이른다고 하더라도, 일단 정통이라고 말한 이상에는 결국 담일이 본령의 주재가 되는 것입니다. 그러므로 그것이 드러남에 따라서 마침내 그것을 밝힌다면, 모두 처음의 상태를 회복하여〔復其初〕 요순(堯舜)이 될 수 있는 것입니다.

전서(前書)에서 성인(聖人) 이외에는 처음의 상태를 회복하는 자가 절대로 없을 것이라고 의심하셨습니다마는, 절대로 없다면 정말 절대로 없다고도 하겠지만, 그렇다고 해서 그런 이치까지 없다고 끝내 말할 수는 없는 것입니다. 여기에 나아가서 살펴본다면 질간은 담일이지 사재가 아니라는 사실을 또한 알 수 있을 것입니다.

정통한 중에도 심하게 질색(窒塞)하는 점이 있는 것은, 주자(朱子)가 "사람에게도 다른 생물과 비슷한 성이 있다."[56]라고 말한 것과 같은데,

55 호랑부자(虎狼父子) : 짐승에게도 서로 친애하는 정이 있다는 말이다. 《장자(莊子)》〈천운(天運)〉에 "호랑이와 이리도 인하다.……부자간에 서로 친애하니 어찌 인이 되지 않겠는가.〔虎狼 仁也……父子相親 何爲不仁〕"라는 말이 나온다.

56 사람에게도……있다 : 《주자어류(朱子語類)》 권4에서 주희가 "다른 생물에도 사람과 비슷한 성이 있고, 사람에게도 다른 생물과 비슷한 성이 있다.〔物有近人之性 人有近物之性〕"라는 여대림(呂大臨)의 말을 인용하였다. 《회암집(晦菴集)》 속집(續集) 권5에도 실려 있는데, 거기에서는 장재(張載)의 말이라고 하였다.

이것은 이(理)의 변(變)과 관계되니 또 별도로 논해야 할 것입니다.

〔문〕 호연(浩然)과 담일(湛一)은 체양(體樣)이 조금 다르지만 기(氣)인 것은 똑같으니 차이가 없다고 해도 좋을 것입니다. 《농암잡지(農巖雜識)》를 숙독하다가, 농암(農巖 김창협(金昌協))이 기(氣)에 나아가 이(理)를 인식하는 것을 좋아하였는데, 막상 사칠변론(四七辨論)을 보건대 이(理)와 기(氣)를 분류한 것이 너무 심하였으니 괴이합니다.

〔답〕 그것이 청허(淸虛)하고 순일(純一)한 측면에서는 담일이라고 말하고, 강직하고 성대한 측면에서는 호연이라고 말하니, 사실은 하나입니다. 맹자(孟子)가 호기(浩氣)를 자신의 기(氣)라고 했고 보면 담일이 또한 자신의 기가 된다는 것을 알 수 있습니다. 이 기는 본래 도의(道義)와 하나이니, 지언(知言)[57]을 하고 집의(集義)[58]를 하여 기른 뒤에야 비로소 도의와 하나가 되는 것이 아닙니다. 지언과 집의는 바로 처음의 상태를 회복하기 위한〔復其初〕 공부일 뿐입니다. 농암의 사칠설(四七說)을 살아 있는 눈으로 살펴본다면 그 설도 자연히 해가 없을 것입니다.

57 지언(知言) : 남이 하는 말의 속뜻을 정확하게 파악하는 것을 말한다. 맹자가 자신의 장점을 묻는 제자의 질문에 대해서 "나는 말을 제대로 판단할 줄 안다. 그리고 나는 나의 호연지기를 잘 기른다.〔我知言 我善養吾浩然之氣〕"라고 대답한 뒤에, 편파적인 말〔詖辭〕과 방탕한 말〔淫辭〕과 삿된 말〔邪辭〕과 도망쳐 숨는 말〔遁辭〕에 대해서 자세히 설명해 준 내용이 《맹자》 〈공손추 상(公孫丑上)〉에 나온다.

58 집의(集義) : 의(義)가 많이 축적된 것을 말한다. 《맹자》 〈공손추 상〉에 "호연지기는 의로운 언행이 많이 모인 속에서 나오는 것이다.〔是集義所生者〕"라고 설명한 말이 나온다.

이백눌에게 답하는 글 8월

答李伯訥 八月

두 번 서한을 받고는 내용을 펼쳐 보며 장엄하게 독송하였습니다. 단지 팔뚝의 혹이 점점 커지는 것이 깊이 우려됩니다만, 우리가 이 세상에 얹혀살면서 정기(鼎器)가 이미 절반도 넘게 훼손되어, 먹지도 못하고 매달려 있는 뒤웅박〔匏繫不食〕[59] 신세라서 사체(四體)를 쓸 곳도 없게 되었으니, 눈이 혹 멀지 않고 정신이 혹 흐리지만 않다면, 비록 온몸을 마음대로 쓰지 못한다 하더라도 무슨 해가 되겠습니까.

여러 편지에서 논한 것을 보면 여전히 쳇바퀴 돌듯 같은 말만 되풀이하고 있습니다. 고명(高明)이 만약 나로 하여금 포론(浦論 한원진(韓元震)의 주장)을 애써 따르게 하고자 한다면, 나의 입장에서는 그야말로 주자(朱子)가 말한 대로 "우소(迂疏)한 나의 학문은 이미 오래도록 힘을 써서 스스로 믿는 것이 독실하니, 차마 나의 황금을 남의 몽당빗자루와 바꾸지 못하겠다."[60]라고 하는 것입니다.

59 먹지도……뒤웅박 : 무용지물(無用之物)을 비유하는 말이다. 《논어》 〈양화(陽貨)〉의 "내가 어찌 뒤웅박처럼 한 곳에 매달린 채 먹지 못하는 그런 사람이 되어야 하겠는가.〔吾豈匏瓜也哉 焉能繫而不食〕"라는 공자의 말에서 유래한 것이다.

60 우소(迂疏)한……못하겠다 : 《회암집(晦菴集)》 권25 〈답한상서서(答韓尙書書)〉에 "우소한 나의 학문은 이미 깊이 힘을 써서 스스로 믿는 것이 더욱 독실합니다. 그래서 세상에 휩쓸려 공명의 길로 결단코 나아갈 수 없다는 것을 스스로 알았기 때문에, 지난 20년 동안 혼자 느끼며 물러나 보관하고서 나의 뜻을 구하고 있을 뿐이니, 내가 원하는 것은 몸을 닦고 도를 지키며 여생을 마치는 것입니다.〔迂疏之學 用力既深 而自信愈篤 以此自知決不能與世俯仰 以就功名 以故二十年來 自感退藏 以求己志 所願欲者 不過修

그리고 나의 입장에서도 만약 깜짝 놀랄 만한 새로운 말들을 다시 찾아내어 고명을 계오(契悟)케 하고자 한다면, 이기(理氣)와 심성(心性)이나 담일(湛一)과 기질(氣質)에 대해 논한 한우충동(汗牛充棟)의 설들을 고명이 이미 소릉(昭陵)을 보듯 모두 보셨을 것이고,[61] 또 내가 전후에 걸쳐 글로 써서 보내 드린 것으로 말하더라도, 은미하게는 심오하고 현묘한 도리를 궁구한 것으로부터 드러나게는 조공헌주(祖孔憲朱)[62]하는 데에 이르기까지, 몇 권의 두루마리가 될 정도로 극진하게

身守道 以終餘年]"라는 주희의 말이 나오고, 권55 〈답조연도(答趙然道)〉에 "대개 노졸한 나의 학문은, 비록 천근하기 그지없다 하더라도, 매우 어렵게 연구하고 매우 자세히 관찰한 것이다. 그래서 세상에서 불로의 찌꺼기를 도청도설하며 무턱대고 얻은 것이 있다고 말하는 자들을 보면, 그 비루함을 비웃고 그 참람함을 기롱하였으니, 어떻게 지금 늙어 가는 마당에 나의 천금을 가지고 남의 몽당빗자루와 바꾸려 하겠는가.〔蓋老拙之學 雖極淺近 然求之甚艱而察之甚審 視世之道聽塗說於佛老之餘而遽自謂有得者 蓋嘗笑其陋而譏其僭 豈今垂老而肯以其千金易人之弊箒者哉〕"라는 주희의 말이 나온다.

61 소릉(昭陵)을……것이고 : 이에 대한 수많은 학설을 모두 애모하는 마음으로 벌써 모조리 독파했을 것이라는 말이다. 당 태종(唐太宗)이 문덕황후(文德皇后)를 그리워한 나머지 그녀가 묻힌 소릉을 바라보려고 원중(苑中)에 층관(層觀)을 지어 놓고는 때때로 관망하다가 하루는 위징(魏徵)과 함께 올라갔는데, 위징이 "신은 눈이 어두워서 볼 수가 없습니다."라고 하였다. 이에 태종이 손으로 소릉을 가리켜 보여 주자, 위징이 "이 소릉 말입니까?"라고 반문하기에 태종이 그렇다고 대답하니, 위징이 "신은 폐하께서 멀리 있는 헌릉을 바라보시는 줄 알았습니다. 소릉과 같은 것은 신이 벌써 보았습니다.〔臣以爲陛下望獻陵 若昭陵 臣固見之〕"라고 답하였는데, 태종이 그 말을 듣고는 눈물을 흘리며 층관을 헐어 버린 고사가 전한다.《新唐書 卷97 魏徵列傳》 헌릉(獻陵)은 태종의 부친인 당 고조(唐高祖)의 능호이다.

62 조공헌주(祖孔憲朱) : 공자를 조술(祖述)하고 주자를 헌장(憲章)했다는 말인데, 《중용장구》 제30장의 "공자는 멀리 요 임금과 순 임금을 조종으로 받들어 계승하고, 가까이로는 문왕과 무왕의 법도를 드러내 밝혔다.〔仲尼 祖述堯舜 憲章文武〕"라는 말을 전용(轉用)한 것이다.

설명하지 않은 것이 없습니다. 그리하여 입술이 이미 부르트고 붓의 터럭도 모지라졌는데, 한결같이 물을 돌에 붓는 것〔以水投石〕[63]처럼 막연하여 반응이 없으니, 다시 어느 곳에서 몇 구절의 신통한 게송(偈頌)을 찾아내어 고명한 분으로 하여금 언하(言下)에 머리를 끄덕이게 하고 온몸에 땀이 흥건히 흐르도록 할 수 있겠습니까.

더군다나 내유(來諭)를 보면, 겉으로는 나의 설에 추장(推奬)을 가하여 말하기를 "하나하나가 모두 합하고, 굽이굽이 모두 통한다."라고 하고, 또 겉으로는 포론(逋論)을 배제(排擠)하여 말하기를 "이(理)와 기(氣)가 난잡하여 어긋나고, 원(源)과 파(派)가 엇갈려 상하게 한다."라고 하니, 어쩌면 나의 의견과 가깝게 될 듯도 합니다만, 막상 고명이 안신입명(安身立命)하며 진심으로 떠받드는 것을 보면, 오직 귀 막고 방울을 훔치는 격인 경철정추(鏡鐵精粗)의 설과 순양(荀揚 순자와 양웅)에게 엎드려 기어가는 격인 일시일처(一時一處)의 설에 관심을 두고서, 그 고지를 굳건히 지키며 절대로 깨뜨릴 수 없게 하고 있습니다. 그리고 심지어 "본래는 선한데 악으로 흐른다.〔本善流惡〕"라는 나의 정정당당하고 생기발랄한 설을 가지고 얼토당토않게 "낫으로 눈을 가린다.〔以鎌遮眼〕"라는 속담에 비유하여, 귀 막고 방울을 훔친다는 기롱에 앙갚음을 하는 등 그 칼끝이 매우 사납고 그 기세가 무섭기만 합니다.

63 물을……것 : 자신의 말을 상대방이 잘 알아듣지 못하는 것을 비유하는 말이다. 장량(張良)이 황석공(黃石公)의 병법을 터득하고 나서 군웅(群雄)에게 유세할 적에는 마치 물을 돌에 붓는 것처럼 받아들여지지 않았으나〔以水投石 莫之受〕, 한 고조(漢高祖)에게 유세를 하자 마치 돌을 물에 던지는 것처럼 모두 받아들여졌다〔以石投水 莫之逆〕는 이야기가, 삼국 시대 위(魏)나라 이강(李康)의 《운명론(運命論)》에 나온다.

이것을 가지고 살펴보건대, 저번에 현니(玄尼)[64]에 비의(比擬)한 것도 순양(荀揚)에게 엎드려 기어간다는 배척을 앙갚음하기 위한 것이었으니, 나처럼 두려움에 떨며 움츠려 엎드리고 있는 자로서는, 더욱 어떻게 감히 죽을힘을 억지로라도 짜내어, 전장에서 마구 죽이려는 고명의 계략에 맞설 수나 있겠습니까. 숨이 끊어지려 하는 마당에 애써 희극(戲劇)을 연출하여, 애오라지 졸음이나 쫓으시고 한번 웃으실 자료로 제공할 뿐입니다.

뜻은 길어도 정신이 짧아서 내지(來紙 보내온 편지)에 적힌 처음부터 끝까지의 내용을 아직도 제대로 파악하지 못했습니다만, 형세로 볼 때 나의 병세가 뜸해지기를 조금 기다려서 대략 답변할 만한 것들을 답변해 드리고, 문답편(問答編)은 삼가 찌를 붙여서 돌려드려야겠는데, 이렇게 하고서도 여전히 합치되지 않는다면, 이는 끝내 합치되지 않는 것이니, 단지 각자 들은 것만을 떠받들고 각자 아는 것만을 행할 따름이지 또 어떻게 하겠습니까.

계실(溪室)[65]의 신설(新說)에 대해서는 듣지 못하였습니다만, 비록 내유(來諭) 중에 거론한 것을 가지고 말하더라도, 오상(五常)과 일원(一原)을 둘로 나눈다면 그것이 과연 말이 되겠습니까. 내가 들은 바에 의하면 "텅 비어〔冲漠〕 조짐이 없을 적에 만상(萬象)이 삼연(森然)히

64 현니(玄尼) : 현풍(玄風)이나 이성(尼城) 등 지명의 병칭으로, 그곳 출신의 인물을 병칭한 것으로 보이는데, 미상이다.

65 계실(溪室) : 김지행(金砥行, 1716~1774)을 말한다. 자는 유도(幼道)이고, 호는 밀암(密庵)이며, 윤봉구(尹鳳九)의 문인이다. 과거를 보지 않고 공주(公州) 계실곡(溪室谷)에 은거하여 학문을 닦았으며, 50세에 감역(監役)에 임명되었지만 나아가지 않았다. 저서에 《밀암집(密庵集)》이 있다.

이미 갖추어졌다."[66]라고 하는 것이 바로 정자(程子)의 분명한 가르침인데, 여기에서 말하는 충막(冲漠)이 바로 일원이 아니겠으며, 만상이 바로 오상이 아니겠습니까.

그럼에도 이것을 둘로 나누어서 무망지선(無妄至善)을 본연(本然)으로 하여 인(人)과 물(物)이 모두 똑같다고 하고,-이것이 일원(一原)입니다.- 인의예지(仁義禮智)를 본부(本賦)로 하여 인과 물이 각기 다르다고 하는 등,-이것이 오상(五常)입니다.- 하나는 묘망(杳茫)으로 확대하고 하나는 형기(形器)로 국한하였습니다. 이것은 남당(南塘 한원진(韓元震))의 단지(單指)・각지(各指)의 설과 한입에서 나온 것과 같은데, 단지 그 성(性)이라는 글자가 차지하는 지위에 고저의 차이가 있을 뿐이니, 전서(前書)에서 "외당(巍塘 이간(李柬)과 한원진)과 반절은 같고 반절은 다르다."라고 말한 것이 바로 이것입니다.

전후가 단지 똑같은 설일 뿐 초년과 만년의 설에 차이가 보이지 않는데, 다만 그가 미호(渼湖)[67]에게 준 글을 나에게 편지를 보내는 기회에

66 텅 비어……갖추어졌다 : 《이정유서(二程遺書)》 권15에 "텅 비어 조짐이 없을 적에 만상이 삼연히 이미 갖추어져 있으니, 미응이 먼저가 아니고 이응이 뒤가 아니다. 이는 100척의 나무가 근본으로부터 지엽에 이르기까지 모두 일관된 것과 같다.〔沖漠無朕 萬象森然已具 未應不是先 已應不是後 如百尺之木 自根本至枝葉 皆是一貫〕"라는 정이(程頤)의 말이 나온다. 미응은 미발(未發) 즉 고요하여 발동하지 않는 때를 말하고, 이응은 이발(已發) 즉 감응하여 마침내 발동하는 때를 말한다. 《근사록(近思錄)》 〈도체(道體)〉에도 소개되어 있다.

67 미호(渼湖) : 영조 때의 학자 김원행(金元行, 1702~1772)의 호이다. 김창협(金昌協)의 손자로, 자는 백춘(伯春)이고, 운루(雲樓)라는 다른 호가 있다. 시호는 문경(文敬)이다. 1722년(경종2) 신임사화(辛壬士禍)에 종조(從祖)인 김창집(金昌集)이 노론사대신(老論四大臣)의 한 사람으로 사사(賜死)되고 일가가 모두 유배될 적에 모친의

한번 보여 주시면 내가 살펴보고는 곧바로 돌려드리겠습니다.

나는 달리 잘하는 것은 없고 그저 공맹정주(孔孟程朱)를 독실하게 믿을 따름입니다. 그래서 지금 이렇게 충막의 말도 인용하였는데, 또 분명히 시축(尸祝)[68]의 조롱을 불러올 것이니, 부끄럽기만 합니다. 그냥 한번 웃어 주십시오.

배소(配所)에서 공부하였으며, 1725년(영조1)에 부조(父祖)가 신원(伸寃)된 뒤에도 벼슬길에 나아가지 않고 학문에만 힘썼다. 당시 호락(湖洛)의 학파 중에서 인물성동론(人物性同論)을 주장하는 낙론(洛論)을 지지하였으며, 그의 학풍은 주리(主理)와 주기(主氣)를 절충하는 경향을 보였다. 저서에 《미호집(渼湖集)》이 있다.

68 시축(尸祝) : 시축월준(尸祝越樽)의 준말로, 자기 분수를 모르고 주제넘게 행동하는 것을 비유하는 말이다. 《장자(莊子)》〈소요유(逍遙遊)〉의 "요리하는 사람이 주방에서 일을 잘 처리하지 못한다고 해서, 시동이나 축관이 제기를 뛰어넘어 와서 그 일을 대신할 수는 없는 일이다.〔庖人雖不治庖 尸祝不越樽俎而代之矣〕"라는 말에서 나온 것이다.

이백눌에게 답하는 글 12월
答李伯訥 十二月

별지에서 말씀하신 것이 더욱 완강하여 나의 기대에 크게 어긋났으니, 옛사람이 말한 "옛것을 씻고 새것을 맞았다.〔濯舊來新〕"[69]라거나 "처음에는 들쭉날쭉 의견을 달리하다가, 나중에는 질펀하게 흐름을 같이했네.〔始參差卒瀾漫〕"[70]라는 등의 말이 모두 종이 위의 공언(空言)이 되고 말았습니다. 이것이 사람마다 실천할 수 있는 것은 아니라고 하더라도, 주자(朱子)가 남헌(南軒 장식(張栻))을 따르고 퇴도(退陶 이황(李滉))가 고봉(高峯 기대승(奇大升))을 따르고 우계(牛溪 성혼(成渾))가 율옹(栗翁 이이(李珥))을 따른 고사를 지금은 다시 볼 수 없게 되었단 말입니까.

도술(道術)이 분열하여 사람마다 의견을 달리하고 있기 때문에,[71]

69 옛것을……맞았다 : 송나라 진저(陳著)의 글에 "지애의 시는 옛것을 씻고 새것을 맞았나니, 가까우면서도 멀고, 얕으면서도 깊고, 화락하면서도 감개함이 많다.〔芝崖之詩 濯舊來新 近中遠 淺中深 和樂中多有感慨〕"라는 구절이 나온다. 지애(芝崖)는 사하손(史賀孫)의 호로, 지애(芝厓)라고도 한다.《本堂集 卷45 跋史芝崖詩》

70 처음에는……같이했네 : 한유(韓愈)가 양의지(楊儀之)를 보내며 지은 시부(詩賦)에 "처음에는 들쭉날쭉 의견을 달리하다가, 나중에는 질펀하게 흐름을 같이했네.〔始參差以異序 卒瀾漫而同流〕"라는 구절이 나온다.《昌黎文集 卷1 別知賦》 대본에는 '卒爛漫'으로 되어 있는데,《창려문집》에 의거하여 '爛'을 '瀾'으로 바로잡아 번역하였다.

71 도술(道術)이……때문에 :《장자(莊子)》〈천하(天下)〉에 "후세의 학자들은 불행히도 천지의 순수함과 옛사람의 대체를 보지 못하고 있다. 이제 도술도 천하의 학자들에 의해 분열되려 하고 있는 것이다.〔後世之學者 不幸不見天地之純 古人之大體 道術將爲天下裂〕"라는 말이 나온다. 도술은 완전한 학문을 말한다. 부분적인 학술은 방술(方術)이라고 한다.

나의 일득(一得)의 우견(愚見)[72]에 대해서 나 자신은 "천지에 세워 놓고 귀신에게 물어보고 성인(聖人)을 기다려도 어긋나거나 의혹되는 일이 없다."[73]라고 생각하지만, 내 마음속으로만 혼자서 자신하고 있을 뿐이요 서로 계합(契合)하는 사람은 없는 형편입니다.

그래서 미력(渼櫟)[74]과 같은 두 분 공(公)처럼 서로 믿고 지내는 사이라 하더라도 귀를 기울여 들어 주려고 하지 않는 상황에서,-인물(人物) 오상(五常)의 주장을 가리킵니다.- 유독 좌하(座下)가 담일(湛一)의 일의(一義)에 대해서 깊이 계합하는 모습을 보여 주어 아침저녁으로 자운(子雲)[75]을 만날 수 있으리라는 기대를 갖게끔 되었으니, 다행스럽게 여기는 심정이 응당 어떠하였겠습니까. 그런데 그만 그사이에 다시 이렇게 크게 어긋나며 크게 다투는 실마리가 생긴 나머지, 반절은 같고 반절은 다르며 쪼개지는 듯 합쳐지는 듯한 양상을 보이게 되었으니, 이는 참으로 범인으로서는 생각하기 어려운 일입니다.

72 일득(一得)의 우견(愚見) : "어리석은 자도 생각을 많이 하다 보면 한 가지쯤 좋은 꾀를 낼 수 있다.〔愚者千慮 必有一得〕"라는 말을 요약한 것으로, 보통 겸사로 쓰인다.

73 천지에……없다 : 《중용장구》 제29장의 "통치자의 도는 자신이 지닌 덕을 근본으로 하여 일반 백성에게 징험을 하는 것이요, 삼왕에게 상고해도 오류가 없는 것이요, 천지에 세워 놓아도 어긋나지 않는 것이요, 귀신에게 물어보아도 의심이 없는 것이요, 백세토록 성인을 기다려도 의혹되는 일이 없는 것이다.〔君子之道 本諸身 徵諸庶民 考諸三王而不謬 建諸天地而不悖 質諸鬼神而無疑 百世以俟聖人而不惑〕"라는 말을 발췌한 것이다.

74 미력(渼櫟) : 미호(渼湖) 김원행(金元行)과 역천(櫟泉) 송명흠(宋明欽)의 병칭이다.

75 자운(子雲) : 한(漢)나라 양웅(揚雄)의 자이다. 보통 당대에는 알아줄 사람이 없어서 후세에 제대로 평가해 줄 만한 식견이 높은 사람을 기다린다고 할 때 요부(堯夫) 즉 송나라 소옹(邵雍)과 함께 거론되는 인물이다.

그러나 나의 망녕된 생각으로는, 대체에 관하여 일단 합치한 만큼 지금 비록 잠깐 동안 집체(執滯)되어 있다고 하더라도, 끝내는 반드시 얼음 녹듯 풀리며 개오(開悟)하리라고 여기기에, 못내 잊지 못하는 이 한 생각을 차마 곧바로 떨쳐 버릴 수는 없었습니다. 그래서 마려(磨驢)[76]의 사안에 나아가 다시 가옥(架屋)[77]의 설을 올리게 되었으니, 즉시 계합하지는 못하더라도 굳이 반박하면서 힐난하려 하지 말고 우선 좌측(座側)에 놔두고서 때때로 눈길을 주셨으면 합니다.

그리하여 가뿐하게 머리로 이해도 해 보고 치밀하게 몸으로 징험해 보기도 하면서, 오래오래 그만두지 않고 마음을 가라앉혀 생각을 쌓아 가다가, 고요한 밤이나 맑은 아침 무렵에 혹 신명이 나에게 고해 주는 기쁨을 맞게 된다면, 서로 바라보면서 활짝 웃게 될 그날이 어찌 없겠습니까. 이렇게 되기만을 간절히 기다릴 따름입니다.

편지 말미에 운운하신 것을 요즈음 다시 생각해 보고는 '그대가 참으로 제(齊)나라 사람이기 때문에 그렇다.'라는 것을 알았습니다.[78] 내가

76 마려(磨驢) : 계속해서 같은 일을 반복하는 것을 비유하는 말이다. 42쪽 주49 참조.

77 가옥(架屋) : 지붕 위에 지붕을 또 얹는다는 뜻으로, 부질없이 일을 거듭하는 어리석음을 비유하는 말이다. 옥상옥(屋上屋)이라고도 한다.

78 편지……알았습니다 : 이백눌이 남당(南塘) 한원진(韓元震)을 옹호하면서 녹문이 그를 따르기를 기대하는 것은, 마치 관중(管仲)과 안자(晏子)만 알 뿐 성현(聖賢)의 일은 모르는 제(齊)나라 사람과 같다는 것을 근래에 비로소 알았다는 뜻의 해학적인 말이다. 맹자의 제자 공손추(公孫丑)가 "선생님이 제나라에서 정권을 잡으신다면, 관중과 안자의 공적을 다시 기대할 수 있겠습니까.〔夫子當路於齊 管仲晏子之功復許乎〕"라고 묻자, 맹자가 "그대는 참으로 제나라 사람이로구나. 관중과 안자만을 알고 있으니.〔子誠齊人也 知管仲晏子而已矣〕"라고 대답하였는데, 이에 대해서 주희가 "제나라 사람은 단지 그 나라에 두 사람이 있는 것만을 알았지, 다시 성현의 일이 있는 것은 알지 못하였다."라고 해설하였다. 《孟子 公孫丑上》 안자는 안영(晏嬰)에 대한 존칭이다.

그동안 사정(私情)에 가려진 나머지 남을 싫어할 줄을 몰랐는데, 그런 자세로 남을 대하다가 남이 받아들이지 않으면, 내가 그를 대우한 것이 박정(薄情)하지 않았다고 말하곤 했습니다마는, 실은 박정하지 않았다고 하는 그것이 바로 너무 박정했다는 사실을 알지 못하였습니다.[79]

고명(高明)이 고금의 문장을 평론하기를 좋아하십니다만, 그는 둘러대고 얼버무리며 무엇을 말하는 듯하지만 말하는 것이 없어서, 하루 종일 말을 해도 그 뜻이 어디에 있는지 이해할 수가 없고,-우옹(尤翁)의 글 중에 이런 말이 나옵니다.- 한 해 내내 글을 써도 종류별로 모아 놓은〔類聚〕 용언(冗言 잡언(雜言))을 짜깁기한 것일 뿐입니다.-우옹이 화숙(和叔)의 학문은 유취(類聚)의 학문이라고 말한 적이 있습니다.- 그래서 경(經)을 이야기할 때면 피부처럼 옅고 거칠며 저속하기만 할 뿐 스스로 터득한 맛이 없고, 예(禮)를 설명할 때면 주저하고 망설이면서 오락가락할 뿐 세밀하게 분석하여 판정하는 말이 없으니, 어찌 일찍이 털끝만큼이라도 옛 성현의 명백 정심(明白精深)하고 뇌락 통달(磊落洞達)한 글과 근사한 것이 있었겠습니까.

그리고 "자신을 너무 높게 여긴다.〔自視太高〕"라고 비평하신 것으로 말하면 더욱 이해가 가지 않습니다. 맹자(孟子)의 '고사시(姑捨是)'[80]

79 내가 그동안……못하였습니다 : 지금까지는 남당 등이 주장하는 학설의 오류에 대해서 부드럽고 완곡하게 지적하였지만, 앞으로는 사정을 봐주지 않고 숨김없이 단호하게 대응하려고 하는데, 이것이 결과적으로는 바르게 인도하여 온정을 베푸는 길이 될 수도 있을 것이라는 말이다.

80 고사시(姑捨是) : '우선 이들은 거론하지 말고 그냥 놔두어라.'라는 뜻으로, 맹자가 자하(子夏)·자유(子游)·자장(子張), 그리고 염우(冉牛)·민자(閔子)·안연(顔淵) 등과 비교해서 그 경지가 어떠한지 질문을 받고 대답한 말인데, 《맹자》 〈공손추 상(公孫丑上)〉에 자세한 내용이 나온다. 《맹자》에는 '捨'가 '舍'로 되어 있다.

라는 세 글자를 한번 보면, 그 지원(志願)이 어떻다고 하겠으며 그 범위가 어떻다고 하겠습니까. 그밖에 가령 관안(管晏 관중(管仲)과 안영(晏嬰))으로 자기를 비교할 때에는 "그대는 참으로 제나라 사람이로구나.〔子誠齊人〕"라고 하였고, 자기를 위해서 생각해 주는 것이 자사(子思)에게 미치지 못할 때에는 "그대가 장자를 끊은 것이다.〔子絶長者〕"[81] 라고 하였으니, 군자가 자신을 대우하는 것이 본래 이와 같습니다.

군자의 글은 도(道)이지 예(藝)가 아니니, 도가 높아지면 글도 높아지는 것이고, 도가 낮아지면 글도 낮아지는 것입니다. 대장부가 문장을 지을 적에 스스로 기약하는 것을 어찌 사맹정주(思孟程朱 자사·맹자·정자·주자)의 아래에 두겠습니까. 큰소리를 치는 것이 여기에 이르고 보니, 마주 보면서 손뼉을 치지 못하는 것이 유감입니다.

백강(伯剛)[82]과 왕복한 글을 보여 주셔서 매우 다행입니다. 그가 한가한 중에 이런 일에 마음을 쓸 수 있으리라고는 생각하지 못하였으니, 전서(前書)에서 "우리 두 늙은이를 제외하면 천지간에 이렇게 왕복하는 자는 없을 것이다."라고 말한 것은 세상을 속인 것이라고 할 만합니다.

그런데 그가 인물지성(人物之性)을 논한 것을 보면, 그 가학(家學)을

81 그대가……것이다 : '그대가 어른을 대우하는 도리가 영 글렀다.'라는 뜻인데, 《맹자》〈공손추 하(公孫丑下)〉에 자세한 내용이 나온다.

82 백강(伯剛) : 김종정(金鍾正, 1722～1787)의 자이다. 호는 운계(雲溪), 시호는 청헌(淸獻), 본관은 청풍(淸風), 봉호(封號)는 청천군(淸川君)이다. 1757년(영조33) 문과에 급제하여, 주요 관직을 두루 지냈으며, 증조부인 후재(厚齋) 김간(金榦)의 가학을 이어받아 많은 저술을 남겼다. 부친은 대사간 김치후(金致垕)이다. 저서에 《운계집(雲溪集)》·《사례집요(四禮輯要)》·《문헌집략(文獻輯略)》·《중용기의(中庸記疑)》·《중용집설(中庸集說)》·《시차(詩箚)》·《서차(書箚)》·《예차(禮箚)》·《가범(家範)》·《낙민장보(洛閩狀譜)》 등이 있다.

너무 완고하게 지키고 있는 듯한 인상을 주는데, 가령 "하늘이 덮고 땅이 실어 주는 것〔天覆地載〕도 형기가 운용하는 것이니 본연지성(本然之性)이 될 수 없다."라고 말한 대목에 이르러서는 더 이상 할 말이 없습니다.

대개 그 뜻을 상세히 살펴보건대, 그는 본연(本然)의 본(本)을 궁극(窮極)의 본원(本源)이라고 할 때의 그 본으로 생각하기 때문에, 단지 일원(一原)만을 본연으로 여기고 만수(萬殊)는 이미 형기와 교섭하는 만큼 본연이 될 수 없다고 여길 뿐이요, 이른바 "만수도 일원 속에서 나오는 것인 만큼 '뿌리 없는 물건〔無根之物〕'이 허공에서 만들어져 나오는 것이 아니다."라고 하는 것은 전혀 모르고 있습니다.

일원이라는 것은 본연의 체(體)요, 만수라는 것은 본연의 용(用)입니다. 체와 용이 일원이고 본(本)과 말(末)이 일치하니, 일원이 없으면 만수도 물론 근본을 둘 곳이 없지만, 만수가 아니면 일원도 어떻게 행해질 수가 없는 것입니다.

정자(程子)는 말하기를 "만물은 각각 하나의 이를 갖추고 있고, 만리는 똑같이 하나의 근원에서 나온다.〔萬物各具一理 萬理同出一原〕"[83]라고 하였습니다. 이미 하나의 근원에서 나온다고 말했고 보면 이른바 만리라고 하는 것이 본연이 아니고 무엇이겠습니까. 또 말하기를 "텅 비어 조짐이 없을 적에 만상이 삼연히 이미 갖추어져 있으니, 미응이 먼저가 아니고 이응이 뒤가 아니다. 근본으로부터 지엽에 이르기까지 모두 하나로 꿰어져 있다.〔冲漠無眹 萬象森然已具 未應不是先 已應不是後 自根本至枝

83 만물은……나온다 : 《성리대전(性理大全)》 권34에 "만물은 각각 하나의 이를 갖추고 있고, 만리는 똑같이 하나의 근원에서 나온다. 그러므로 유추하여 통하지 못할 것이 없는 것이다.〔萬物各具一理 萬理同出一原 所以可推而無不通也〕"라는 정이(程頤)의 말이 나온다.

葉 都是一貫]"[84]라고 하였습니다. 이미 모두 하나로 꿰어져 있다고 말했고 보면 이른바 만상이라고 하는 것이 본연이 아니고 무엇이겠습니까.

만약 그의 주장대로 한다면, 돈화(敦化)만 덕(德)이 되지 천류(川流)는 덕이 될 수 없으며, 은(隱)만 도(道)가 되지 비(費)는 도가 될 수 없으며,[85] 통체(統體)만 태극(太極)이 되지 각구(各具)는 태극이 될 수 없으며,[86] 미발지중(未發之中)[87]만 중(中)이 되지 하나의 일과 하나의 물건〔一事一物〕 위에 천연(天然)으로 자연히 있는 것은 중(中)이 될 수 없으며, 노자(老子)의 허(虛)와 불교의 공(空)만이 참으로 천명(天命)의 본연을 얻은 것이지 《주관(周官)》의 주장(酒漿)과 변두(籩豆)의 일[88]이나 《춘추(春秋)》의 시조(時措)와 종의(從宜)[89]의 일은

84 텅 비어……있다 : 《이정유서(二程遺書)》 권15에 나오는 정이(程頤)의 말 중에서 중요한 부분만 인용하였다. 55쪽 주66 참조.

85 은(隱)만……없으며 : 비(費)와 은은 각각 도(道)의 용(用)과 체(體)를 말하는데, 형이하(形而下)와 형이상(形而上)을 대변하기도 한다. 《중용장구》 제12장에 "군자의 도는 비하고 은하다.〔君子之道 費而隱〕"라는 말이 나오는데, 그 주석에 "비는 용이 광대함을 말한 것이요, 은은 체가 은미함을 말한 것이다."라고 하였다.

86 통체(統體)만……없으며 : 통체는 총체(摠體) 혹은 전체라는 말과 같고, 각구(各具)는 만물 속에 각기 하나의 태극이 갖추어져 있음을 말한다. 18쪽 주11 참조.

87 미발지중(未發之中) : 《중용장구》 제1장의 "희로애락이 발하기 이전을 중이라고 한다.〔喜怒哀樂之未發 謂之中〕"라는 말을 줄인 것이다.

88 주장(酒漿)과 변두(籩豆)의 일 : 음식을 준비하고 제기(祭器)를 진설하는 일을 말한다. 주장은 원래 주인(酒人)과 장인(漿人)의 병칭이나, 여기서는 음료를 마련하는 일의 뜻으로 쓰였다. 변두는 죽기(竹器)와 목기(木器)로 된 제기를 말하는데, 안주는 변(籩)에 과일은 두(豆)에 담는다.

89 시조(時措)와 종의(從宜) : 때와 장소에 따라 그 상황에 알맞게 조처하는 것으로, 임기응변(臨機應變)과 같은 말이다.

난만하게 쓰이는 천리(天理)가 될 수 없으니, 이것이 어찌 사리에 맞는 말이겠습니까.

대저 지극히 드러난 것〔至顯〕이 도(道)이고, 지극히 충실한 것〔至實〕이 성(性)입니다. 음양오행이 나온 이후로부터 무릇 성색(聲色)과 모상(貌象)을 지니고서 한데 뒤섞여 천지를 가득 채우는 것치고 어느 것인들 형기 아닌 것이 있겠습니까. 도(道)는 기(氣)로써 행해지고-한 번 음이 되고 한 번 양이 되는 것을 도라고 합니다.〔一陰一陽之謂道〕-[90] 성(性)은 형(形)을 말미암아 성립하는 것입니다.-형(形)과 색(色)에 천성(天性)이 깃들어 있습니다.-[91] 따라서 형과 기가 없으면 도무지 물(物)이라는 것이 없게 되는데, 어떻게 도라는 것이 있을 수 있고, 어떻게 성이라는 것이 있을 수 있으며, 어떻게 본연이니 본연이 아니니 하는 것을 논할 수 있겠습니까.

본연의 의미는 '본래 그러하다.'라는 뜻으로, 기질과 선악의 성(性)에 상대해서 말하는 것입니다. 원두(源頭)에서부터 아래로 곧장 내려와 혼(混)이 되고 벽(闢)이 되며[92] 본(本)이 있고 말(末)이 있는 것이니, 형기를 여의지도 않지만 형기와 뒤섞이지도 않는 가운데, 처음부터 끝까지 일관되게 순선무악(純善無惡)하기 때문에 본연이라고 말하는 것입니다. 그러니 어찌 정결(淨潔)하디 정결하며 요명(窈冥)하디 요명

90 한 번……합니다 : 《주역》 〈계사전 상(繫辭傳上)〉에 나오는 말을 인용한 것이다.

91 형(形)과……있습니다 : 《맹자》 〈진심 상(盡心上)〉에 "형과 색에 천성이 깃들어 있나니, 오직 성인인 뒤에야 형색을 완전히 발휘할 수 있는 것이다.〔形色天性也 惟聖人然後可以踐形〕"라는 맹자의 말이 나온다.

92 혼(混)이……되며 : 혼벽(混闢)은 합벽(闔闢) 즉 닫히고 열리는 현상을 말한다.

한 것으로서, 가령 이른바 "천지보다 앞서는 물건이 있어서, 사시(四時)를 따라 시들지 않는다."[93]라는 것이나 '무위진인(無位眞人)의 번쩍번쩍하는 경지'[94]라는 것을 전지(專指)한 뒤에야 본연이라고 말하겠습니까.

그리고 분수(分殊)를 위주로 하여 "물물의 성이 다르다.〔物物之性異〕"라고 말한다면, 일원(一原)이 바로 그 안에 있는 만큼 이른바 다르다고 하는 것이 같은 것이 되어도 해가 되지 않으니 그 성(性)의 됨됨이가 실(實)하다고 할 것이요, 일원(一原)을 위주로 하여 "물물의 성이 같다.〔物物之性同〕"라고 말한다면, 분수가 바로 기(氣)에 귀속되는 만큼 이른바 같다고 하는 것이 마치 눈금 없는 저울〔無星之稱〕이나 치수 없는 자〔無寸之尺〕처럼 되어 그 성(性)의 됨됨이가 허(虛)하다고 할 것

93 천지보다……않는다 : 선혜 부흡(善慧傅翕)의 〈심왕명(心王銘)〉에 "천지보다 앞서는 물건이 있나니, 형체도 없이 본래 적요하다. 능히 만상의 주인이 되어, 사시를 따라 시들지 않는다.〔有物先天地 無形本寂寥 能爲萬象主 不逐四時凋〕"라는 말이 나온다. 선혜 부흡은 남조(南朝) 양 무제(梁武帝) 때 사람으로, 미륵(彌勒)의 화신으로 일컬어지는데, 부대사(傅大士)로 세상에 많이 알려져 있다. 《五燈會元 善慧大師》

94 무위진인(無位眞人)의 번쩍번쩍하는 경지 : 이황(李滉)이 기대승(奇大升)에게 보낸 글에 나오는 말인데, 관련 내용을 소개하면 다음과 같다. "공은 허자의 폐단이 장차 학자로 하여금 서로 허무의 설을 주장하다가 노불의 영역에 빠지게 할까 걱정합니다만, 나는 또한 허자를 쓰지 않고 실자만 고수하다 보면 또 장차 학자가 상상하고 억측하다가 실제로 무위진인의 번쩍번쩍하는 경지가 그 속에 있다고 생각할까 걱정됩니다.〔公慮虛字之弊 將使學者 胥爲虛無之論 而淪於老佛之域 滉亦慮不用虛字 膠守實字 又將使學者想像料度 以爲實有無位眞人閃閃爍爍地在那裏看也〕"《退溪集 卷16 答奇明彦》 무위진인은 중국 선종(禪宗) 오가(五家)의 하나인 임제종(臨濟宗)의 창시자 임제의현(臨濟義玄)이 애용한 말로, 사람마다 본래 갖추고 있는 진여(眞如) 불성(佛性)을 뜻하는 선림(禪林)의 용어인데 "고깃덩어리 속에 하나의 무위진인이 있어서, 항상 여러분의 감각기관을 통해 들락거리고 있다.〔赤肉團上有一無位眞人 常從汝等諸人面門出入〕"라는 임제의 말이 《임제록(臨濟錄)》에 실려 있다.

이니, 이 허실의 변론에서 바로 시비가 나뉘는 것입니다.

그리고 정자의 "내가 더하거나 줄일 수가 없다.〔我無加損〕"[95]라는 가르침이야말로 그 속에 오묘한 도(道)와 정미(精微)한 뜻이 들어 있는데, 이것도 소홀히 하여 생략해 버리고는 그만 말하기를 "'도를 닦는 교〔修道之教〕'는 물(物)이 끼어들 수 있는 것이 아니다."라고 하니, 그렇다면 소위 "물의 성을 극진히 한다.〔盡物之性〕"라는 것은 도대체 무슨 말이 되겠습니까.

내가 들은 바에 의하면, 명덕(明德)을 천하에 밝히는 것이 사람의 성(性)을 극진히 하는 것이요, 소의 코를 뚫고 말의 머리를 매는 것이 우마(牛馬)의 성을 극진히 하는 것이요, 우(禹)가 물을 흐르게 하고 익(益)이 산택(山澤)을 불태운 것이 수화(水火)의 성을 극진히 한 것이요, 부자(附子)로 한기(寒氣)를 다스리고 대황(大黃)으로 열기(熱氣)를 다스리는 것이 부자와 대황의 성을 극진히 하는 것입니다. 따라

95 내가……없다 : 정호(程顥)의 "생지위성……(生之謂性……)"이라는 유명한 글 속에 나오는 마지막 부분으로, 《이정유서(二程遺書)》 권1에 수록되어 있으며, 《근사록(近思錄)》 〈도체(道體)〉에도 소개되어 있는데, 관련 내용을 소개하면 다음과 같다. "이 이는 하늘이 명한 것이다. 이에 순응하여 따르는 것이 도이고, 이를 따라 닦아서 각각 자기 분수를 취하는 것이 교이다. 천명에서부터 교에 이르기까지 내가 더하거나 줄일 수가 없으니, 이것이 바로 순 임금이 천하를 소유하고도 간여하지 않은 이유이다.〔此理天命也 順而循之則道也 循此而修之 各得其分則教也 自天命以至於教 我無加損焉 此舜有天下而不與焉者也〕" 여기에서 순 임금이 간여하지 않았다는 것은 오직 본연(本然)을 따를 뿐 사지(私智)를 개입시키지 않았다는 뜻이다. 《논어》 〈태백(泰伯)〉에 "순 임금과 우 임금은 천하를 소유하고도 간여하지 않았다.〔舜禹之有天下也 而不與焉〕"라는 공자의 말이 나오는데, 집주(集註)에서는 '불예(不與)'를 "그 지위를 즐겁게 여기지 않았다.〔不以爲樂也〕"라고 풀었다.

서 인(人)과 물(物)의 성(性)을 극진히 하는 것이 바로 교(敎)라고 하는 것이니, 천명(天命)으로부터 교(敎)에 이르기까지 내가 더하거나 줄일 수 없는 것은 당연한 것입니다.

지금 만약 "인과 물의 성이 같다.〔人物之性同〕"라고 말을 하면 "물의 성을 극진히 한다.〔盡物之性〕"라는 구절은 말이 되지 않으니 어떡합니까? 고명이 변론한 것 중에는 그다지 명쾌하지 못한 곳도 있습니다만, 대체적으로는 정당(正當)하여 논의할 만한 것이 별로 없습니다. 그러나 그가 이미 자기 주장을 굳힌 이상에는, 졸지에 귀일(歸一)시키기 어렵다는 것을 또 알 수 있습니다. 따라서 시끄럽게 논쟁을 벌일 필요는 없으니, 일에는 아무 유익함도 없이 한갓 이야기만 길어질 것입니다.

유도(幼道 김지행(金砥行))의 문자는 분수(分殊)를 논한 곳에 친절한 말이 많아서 기쁩니다만, 요컨대 모두 기질지성(氣質之性)에 귀속시키면서, 인물성동론(人物性同論)을 말하면 일원(一原)을 안다고 하고 그렇지 않으면 모른다고 하니, 필경은 심성시설(心性詩說)과 그 의사(意思)가 동일합니다. 그렇긴 하지만 시설(詩說)을 다시 참고하여 시종 그의 의논이 귀결되는 바를 살펴보려 하기 때문에 우선은 유보해 두고 있을 뿐입니다.

이백눌에게 답하는 글

答李伯訥

〔문〕 허령(虛靈)은 심(心)의 체성(體性)을 형상한 것이고, 명덕(明德)은 성(性)의 명호(名號)를 포괄한 것이니, 대학(大學)의 도(道)를 명심(明心)이라고 하지 않고 명덕이라고 한 뜻이 분명히 있을 것입니다. 명덕에 분수(分數)가 있다고 한다면 결코 말이 되지 않겠지만, 허령과 기품(氣稟)은 가리키는 것이 같지 않으니, 허령에 우열이 있다고 논한 것은 기품의 청탁을 가리켜 말한 것에 지나지 않습니다. 그런데 고명(高明)은 지금 허령에 우열이 있다는 설을 반박하여 곧장 명덕을 깨부수는 죄과로 몰아가고 있으니 너무 지나치지 않습니까.

〔답〕 덕(德)이라는 것은 얻는 것〔得〕을 말합니다. 《대학장구(大學章句)》에서 "하늘에서 얻은 것이다.〔得乎天〕"[96]라고 한 것이 바로 덕이라는 글자를 해석한 것이니, 그렇다면 그 아래의 '허령불매(虛靈不昧)' 운운한 대목도 모두 덕이라고 할 것입니다. 만약 내유(來諭)와 같이 한다면, 성(性)만 덕이 되고 심(心)은 덕이 될 수 없을 것인데, 그래도 말이 되겠습니까.

"성(性)을 포괄한다."라고 말한 것[97]은 심(心)과 성(性)을 합한 것을

96 하늘에서 얻은 것이다 : 소위 삼강령(三綱領)에 대한 주희의 해설 중에 "명덕이라는 것은 사람이 하늘에서 얻은 것으로, 텅 비고 신령스럽고 어둡지 않아서, 중리를 구비하고 만사에 응하는 것이다.〔明德者 人之所得乎天而虛靈不昧 以具衆理而應萬事者也〕"라는 말이 나온다.

97 성(性)을……것 : 《성리대전(性理大全)》 권33에 "적연부동하는 것은 성이고, 감이수통하는 것은 정이다. 그래서 횡거가 '심은 성정을 포괄한다.'라고 말한 것이다.〔夫寂然不動是性 感而遂通是情 故橫渠云心包性情者也〕"라는 주희의 말이 나온다.

의미합니다. 일단 심과 성을 합한다고 말한 이상, 심은 혼(昏)하고 성은 명(明)하며 심은 악하고 성은 선하다면 장차 반편(半片)의 명덕이 되고 말 것입니다. 또 더군다나 심과 성이 일치하는 것이야말로 바뀔 수 없는 이치인 데야 더 말해 무엇하겠습니까. 심이 어두운데 성이 어떻게 혼자 밝을 수 있겠으며, 심이 악한데 성이 어떻게 혼자 선할 수 있겠습니까. 이렇게 되면 소위 반편의 명덕이라는 것조차 끝내는 전부 깜깜해지지 않을까 걱정되는데, 고명은 어찌하여 일찍이 논한 편전(偏全)의 설을 가지고 유추하여 숙고해 보지 않으십니까.-심(心)은 악하고 성(性)은 선하다는 것은, 심은 편(偏)하고 성은 전(全)하다는 것과 같습니다.-

〔문〕 하나의 성(性)에 대해서 단지(單指)와 겸지(兼指)로 설명해 온 것은 그 유래가 오래되었습니다. 그런데 고명(高明)은 "단지라는 것이 이미 방촌(方寸)에 갖추어져 있다면 겸지라는 것도 방촌에 갖추어져 있을 것이다."라고 하였습니다. 장자(長者)의 평일의 기상(氣像)이 그만 이렇게 분기(憤氣)에 편승하여〔乘憤〕 말씀을 하시다니, 그 글을 보는 동안 매우 애석하게 여겼습니다.

〔답〕 단지와 겸지라는 말은 물론 예전에 있었습니다만, 일시(一時)와 일처(一處)라는 말도 예전에 있었습니까?

일시라고 말하는 것을 보면 "기질지성(氣質之性)은 이발(已發)한 뒤에 나아가서 말하는 것이다."라고 사람들에게 보여 주기 때문에, 내가 "기질(氣質) 선악(善惡)의 성(性)은 본연(本然) 단지(單指)의 성과 똑같이 미발(未發)의 때에 있으니 이발한 뒤라고 말해선 안 된다."라고 변론한 것입니다. 그리고 일처라고 말하는 것을 보면 "기질지성은 심(心)의 체(體) 위에서 구할 수 없다."라고 사람들에게 보여 주기 때문에, 내가 "기질 선악의 성은 본연 단지의 성과 똑같이 대본(大本)의 안에 있으니 심(心)의 밖에서 구하면 안 된다."라고 변론한 것입니다. 반복해서 유추해 보아도 이 밖에는 다른 의례(義例)가 없으니, 설사 당로(塘老 한원진(韓元震)) 자신에게 해명하게 하더라도 이와 같이 하는 데에 불과할 것입니다.

그런데 지금 고명이 그만 "방촌에 갖추어졌다.……〔具於方寸……〕" 한 것을 문제 삼아서 승분(乘憤)한 설이라고 하였는데, 모르겠습니다만 평심(平心)으로 주석(註釋)한다면 그 의례가 과연 어떠한 것인지 들어 보고 싶습니다. 그리고 승분이라는 두 글자를 구사하시다니, 어쩌면 이렇게까지 고인(故人)을 알지 못한단 말입니까. 내가 전서(前書)에서 말씀드리지 않았습니까. "나의 마음은 저울과 같아서 사람에 따라 이랬다 저랬다 할 수 없다.〔我心如衡 不能爲人作輕重〕"[98]라고 말입니다. 다른 일은 몰라도, 붕우 간에 왕복하며 의리에 관해서 논쟁하는 일만은 감히 털끝만큼도 사의(私意)를 그 사이에 개입시킨 적이 없으니, 이것이 바로 하늘이 버릴 것〔天厭之〕이라고 맹세한 소이입니다.[99] 그러나 또한 스스로 반성할 따름이니, 또 뭐라고 말씀드리겠습니까.

98 나의……없다 : 제갈량(諸葛亮)의 말이다. 47쪽 주54 참조.

99 하늘이……소이입니다 : 녹문이 철학적 논쟁에 관한 한 하늘에 맹세코 정정당당하게 진행했다는 말이다. 공자가 위(衛)나라 영공(靈公)의 부인으로 음란한 행위가 있었던 남자(南子)를 만나자 자로(子路)가 기뻐하지 않으니, 공자가 "내가 만약 잘못된 짓을 하였다면 하늘이 나를 버리시리라, 하늘이 나를 버리시리라.〔予所否者 天厭之 天厭之〕"라고 맹세했던 고사가 있다. 《論語 雍也》

이백눌에게 답하는 글 병오년(1786, 정조10) 2월
答李伯訥 丙午二月

〔문〕 지극히 어리석은 자〔下愚〕의 허령(虛靈)이 태어나면서부터 아는〔生知〕 성인(聖人)과 동일하다는 설에 대해서 끝내 의혹을 깨뜨리기 어렵습니다.

〔답〕 내유(來諭)에서 '하우(下愚)가 허령을 품부받은 것이 생지(生知)의 성인과 동일하다는 것'에 대해서는 의심하면서, 정작 '하우가 성선(性善)을 품부받은 것이 생지의 성인과 동일하다는 것'에 대해서는 의심하지 않는 이유가 무엇입니까?

대개 심(心)과 성(性)은 하나입니다. 심의 체(體)가 바로 성의 체이고, 성의 용(用)이 바로 심의 용이니, 같으면 모두 같고 다르면 모두 달라서 둘을 분리할 수가 없습니다. 그러므로 말하기를 "인(仁)은 사람의 심(心)이다."[100]라고 하고, 또 말하기를 "자기의 심(心)을 다하면 자기의 성(性)을 알게 된다."[101]라고 하고, 또 말하기를 "군자의 본성은 인의예지가 마음속에 근원한다.〔君子所性 仁義禮智根於心〕"[102]라고 하

100 인(仁)은 사람의 심(心)이다 : 《맹자》 〈고자 상(告子上)〉에 맹자가 "인은 사람의 심이요, 의는 사람의 길이다.〔仁人心也 義人路也〕"라고 전제하고는, "학문의 도는 다른 것이 아니라 방심을 구하는 것일 뿐이다.〔學問之道無他 求其放心而已矣〕"라고 말한 대목이 나온다.

101 자기의……된다 : 《맹자》 〈진심 상(盡心上)〉 처음에 "자기의 심을 다하면 자기의 성을 알게 되고, 자기의 성을 알면 천을 알게 된다.〔盡其心者 知其性也 知其性 則知天矣〕"라는 말이 나온다.

102 군자의……근원한다 : 《맹자》 〈진심 상(盡心上)〉의 수면앙배장(睟面盎背章)에 나온다.

고, 또 말하기를 "심(心)은 태극(太極)이다."[103]라고 한 것입니다. 그리고 《대학혹문(大學或問)》에서도 심성(心性)을 논할 적에 심(心)과 성(性) 모두에 본체(本體)라는 문자를 뒤섞어 써서 다시 간별(揀別)하지 않았으니 그 뜻을 알 수 있습니다.

그런데 지금 말하기를 '성(性)은 같은데 심(心)은 다르다.'라고 하면, 이는 심과 성을 두 개의 물건으로 쪼개어, 심 자신에 심의 체(體)가 있고 성 자신에 성의 체가 있는 것이 되니, 어떻게 본체라는 문자를 뒤섞어 쓸 수가 있겠습니까. 이렇게 하면서도 여전히 "심성은 일치하고 이기(理氣)는 동실(同實)이다."라고 하는가 하면, 또 스스로 "심악지설(心惡之說)을 배척한 지 이미 오래되었다."라고 말을 하니, 나는 그것이 어떻게 된 설인지 알지 못하겠습니다.

전서(前書)에서 내가 '반쪽의 명덕〔半片明德〕'이라고 말한 것은 감히 우스갯소리를 한 것이 아니라, 바로 고명에게 친절하게 들려주어서 묵묵히 반성하게 하려고 한 것입니다. 대저 "말을 하다가 막혔을 경우에 그 원인을 마음속에서 찾지 말라."라고 한 것이 바로 고자(告子)가 고자밖에 될 수 없었던 소이입니다. 지금 내유(來諭)에서 고명 자신이 "스스로 군둔(窘遁)함을 알겠다."라고 말했고 보면 말을 하다가 막힌 것이 분명하니, 어찌 옛날의 견해를 씻어 버리고 마음속에 돌이켜 구해서 새로운 의견을 받아들이지 않아서야 되겠습니까.[104]

103 심(心)은 태극(太極)이다 : 소옹(邵雍)의 《황극경세서(皇極經世書)》 권14 〈관물 외편 하(觀物外篇下)〉에 나온다. 바로 그다음에 "도는 태극이다.〔道爲太極〕"라는 말이 이어진다.

104 대저……되겠습니까 : 《맹자》 〈공손추 상(公孫丑上)〉에서 맹자가 고자(告子)의 설을 반박한 논리를 녹문이 그대로 인용한 것인데, 관련 부분을 소개하면 다음과 같다. "고자

〔문〕 '경철에도 정추가 있다.〔鏡鐵精粗〕'는 설에 대해서

〔답〕 경철정추(鏡鐵精粗)의 설에 대해서는 전에 누차 말씀드렸으니, 다시 췌언(贅言)할 필요는 없을 것입니다. 그런데 지금 보내온 글의 끝 부분에 "비친 뒤에 흑백(黑白)의 바름이 왜곡된다고 한 것은 바로 고명(高明)이 본래 말한 바 기질이 발동한 뒤의 숙특(淑慝)일 것이다."[105] 라는 말이 있었는데, 이것이 바로 내가 듣고 싶었던 말입니다.

대저 영상〔影〕과 실물〔實〕은 하나이고, 체(體)와 용(用)은 하나입니다. 실물이 영상으로 드러나고 영상은 실물에 연유하는 것이니, 실물이 혼탁한데 영상이 청명한 경우도 없고 영상이 어두운데 실물이 밝은

는 말하기를 '말을 하다가 막혔을 경우에는 그 원인을 마음속에서 찾지 말고, 마음속으로 이해되지 않을 때에는 그 원인을 기의 발동에서 찾지 말라.'라고 하였는데, 후자의 말은 그래도 괜찮지만 전자의 말은 옳지 못하다. 대저 마음이 향하는 지는 기를 이끄는 장수요, 기는 몸을 꽉 채우고 있는 것이니, 지가 가장 중요하고 기가 다음으로 중요하다. 그래서 나는 말하기를 '심지를 확고히 견지하면서도 기의 발동인 언동 역시 함부로 해서는 안 된다.' 라고 하는 것이다.〔告子曰 不得於言勿求於心 不得於心勿求於氣 不得於心勿求於氣 可 不得於言勿求於心 不可 夫志 氣之帥也 氣 體之充也 夫志至焉 氣次焉 故曰 持其志無暴其氣〕"

105 비친……것이다 : 독자의 이해를 돕기 위하여 이백눌 즉 이민보(李敏輔)의 문집에서 해당 부분을 뽑아서 소개하면 다음과 같다. "전에 보내신 글에서 '스스로 무딘 쇠라고 말한 것은 바로 사재(渣滓)이다.'라고 말씀하셨는데, 지금 내가 다시 물을 가지고 비유해 볼까 합니다. 물이 거울처럼 비춰 주는 것은 똑같아도 못의 크기는 각기 다른 법입니다. 그래서 내 생각에 품질이라는 것은 작은 못이나 옅은 못과 같은 종류라고 여겨지기에, 이것을 가지고 사람의 기질을 비유한 것인데, 이것이 어째서 말이 되지 않는지 끝내 깨닫지 못하겠습니다. 그리고 비친 뒤에 흑백의 바름이 왜곡된다고 한 것도 바로 고명이 말하기 좋아하는 '기질이 발동한 뒤의 숙특'이라고 할 것인데, 여전히 왼쪽은 둥글고 오른쪽은 모나다라는 질책을 면하지 못하였습니다.〔前書有曰 自謂粗鐵卽査滓也 請復以水喩焉 水之鑑照均也 潭之大小各異 鄙則謂禀質小池淺沼之類也 以此喩人氣質 終未悟其不成說也 照後黑白歪正 是誠高明所樂言氣質發後之淑慝也 猶未免左圓右方之誚責〕" 숙특(淑慝)은 선악(善惡)과 같은 말이다. 《豐墅集 卷7 答鹿門任公書》

경우도 없습니다. 체가 발하여 용이 되고 용은 체에 근원하는 것이니, 체가 단정한데 용이 비뚤어진 경우도 없고 용이 밝은데 체가 어두운 경우도 없습니다.

예컨대 해와 달의 실체에 음(陰)과 양(陽)의 구분이 있으므로 그 빛에 유(幽)와 현(顯)의 차이가 있고, 기름〔油〕과 납촉〔蠟〕의 실체에 정(精)과 추(粗)의 구별이 있으므로 그 빛에 미(微)와 성(盛)의 다름이 있으니, 이는 영(影)과 실(實)이 하나인 증거입니다. 영과 실의 체가 이와 같으므로 그것이 용으로 나타나는 것을 보면, 주륜(朱輪)의 해가 올라오매 만상(萬象)이 모습을 죄다 드러내고 청휘(淸輝)의 달이 떠오르매 대지(大地)가 희미하게 보이며, 납촉(蠟燭)이 밝아지매 호(毫)와 리(釐)를 살필 수 있고 유등(油燈)이 비치매 주(朱)와 자(紫)를 구분하기 어려우니, 이는 체와 용이 하나인 증거입니다.

그런데 성의(盛意 상대방의 의견)를 살펴보면, 철(鐵)의 정과 추를 가지고 기질이 같지 않음을 비유하고, 허명(虛明)의 광영(光景)을 가지고 심체(心體)가 본래 밝음을 비유하는데, 이렇게 하면 영과 실이 나뉘어 두 물건이 되면서 하나는 혼탁하고 하나는 청명한 것이 되고 맙니다. 그리고 허명의 광영을 미발(未發)의 담적(湛寂)에 해당시키고, 흑백의 바름이 왜곡되는 것을 발후(發後)의 숙특으로 여기는데, 이렇게 하면 체와 용이 쪼개져 두 토막이 되면서 하나는 밝고 하나는 어두운 것이 되고 맙니다.-고요할 때〔靜時〕에는 볼 수 있는 자취가 없기 때문에 포설(浦說)[106]에서 허명기상(虛明氣象)이라는 네 글자를 가지고 정추본색(精粗本色)이라고

106 포설(浦說) : 내포(內浦) 즉 호서(湖西)의 홍성(洪城) 출신인 한원진(韓元震)의 설을 말한다.

얼버무립니다만, 비친 뒤에 진실을 왜곡하는 것으로 징험해 보면, 이른바 고요할 때에 허명(虛明)하다는 것도 허명한 것과 비슷할 뿐 사실은 허명하지 않다는 것을 알 수 있습니다. 그리고 허명이 용에 드러나는 것도 정욕(情欲)과 이해(利害)에 대해서만 밝을 뿐입니다.- 그러나 내가 그동안 주장해 온 것으로 말하면, 그 취지가 본래는 선한데 악으로 흘러갔다〔本善而流惡〕는 것이니,-본체는 담일(湛一)한데 발동할 때 사재(渣滓) 때문에 흐려질 뿐입니다.- 내유(來諭)와는 본래 같지 않습니다.

〔문〕 일시일처(一時一處)의 설과 관련하여, 시험 삼아 "이기(理氣)가 동실(同實)이라면 대본(大本)의 성(性)이 어느 곳에 붙어 있는가?"라고 묻는다면, 필시 "기질에 붙어 있다."라고 대답할 것이고, 또 "기질은 본래 선악을 겸하고 있지만 성인은 순선(純善)이시니, 공자의 미발을 논할 경우에 그때를 당하여 본연과 기질은 어느 곳에 갖추어져 있는가?"라고 묻는다면, 필시 "방촌(方寸)을 벗어나지 않는다."라고 대답할 것입니다. 그러면 또 묻기를…….

〔답〕 내유(來諭)의 하단에 있는 "또 묻기를……." 이하의 말뜻이 통창(通暢)하지 못한데, 내가 한번 그 질문을 이어 보겠습니다. 또 묻기를 "그렇다면 척교(跖蹻)[107]의 경우에는 미발할 때 본연과 기질이 응당 어떠한가?"라고 하면, 내가 장차 응답하기를 "척교의 기질이 흉악한 것은 사재가 중(重)해서 그런 것이다. 그도 미발할 때에는 사재가 물러나 순종하기〔退聽〕 때문에 담일의 본체가 성인과 다를 것이 없다."라고

107 척교(跖蹻) : 도척(盜跖)과 장교(莊蹻)의 병칭이다. 도척은 노(魯)나라의 도둑이고 장교는 초(楚)나라의 도둑이었다.

할 것입니다.

그리고 이를 인하여 내가 감히 다시 고명에게 묻기를 "척교가 미발할 때의 본연과 기질에 대해서 그대는 어떻게 생각하는가?"라고 물으면, 필시 "성(性)은 기(氣)를 떠나지 않으니, 비록 척교라고 하더라도 기질이 어찌 방촌의 밖에 있겠는가."라고 대답할 것이고, 내가 "그렇다면 심(心)은 악하고 성은 선하며 기는 어둡고 이(理)는 밝다고 주장할 경우에는, 이와 기, 심과 성이 쪼개져서 두 물건이 될 뿐만이 아니니, 선과 악이 상대하여 '머리를 나란히 하고 다리를 함께 뻗고 있는 격〔齊頭竝足〕'이라는 기롱을 어떻게 면할 수 있겠는가."라고 물으면, 필시 "미발할 때에는 심기(心氣)의 본색(本色)이 원래 그대로라고 하더라도 기(氣)가 용사(用事)하지 않아 일체 허명한 상태에 있으므로 본연지성(本然之性)이 여기에 나아가 존재하니, 심과 성이 일치하는 데에 무슨 방해가 되겠으며, 또 어떻게 선과 악이 상대한다고 말할 수 있겠는가."라고 대답할 것입니다.

대저 심기의 본색이 실체(實體)이고, 허명의 기상(氣象)은 영상(影象)입니다. 그렇다면 성이 방촌에 갖추어져 있는 것이 실체에 갖추어져 있겠습니까, 영상에 갖추어져 있겠습니까? 그리고 명덕(明德)이라는 것은 심과 성을 합한 것인데, 주자(朱子)가 이 명덕을 해석하여 말하기를 "허령(虛靈)하고 통철(通徹)하여 만 가지 이치가 모두 갖추어져 있다."라고 하였습니다.[108] 허령하고 통철하다는 것은 표리(表裏)

108 주자(朱子)가……하였습니다 : 인용문은 《대학혹문(大學或問)》에 나온다. 명덕(明德)의 해석과 관련하여 앞으로 주자의 이 말이 계속 거론되는 만큼, 독자의 이해를 돕기 위하여 관련 부분을 뽑아 소개하면 다음과 같다. "오직 사람의 삶만이 기의 정하고

가 통연(洞然)하여 팔창(八窓)이 영롱(玲瓏)한 것[109]을 의미하니, 외면으로 허명한 것 같아도 내면으로 흉악한 것을 포장(包藏)했다면 "허령하고 통철하여 만 가지 이치가 모두 여기에 갖추어져 있다."라고 말할 수 있겠습니까. 그리고 일단 흉악한 것을 포장했다고 한다면, 선과 악이 상대한 것이 아니고 무엇이겠습니까. 모르겠습니다만, 고명께서는 이에 대해서 뭐라고 대답하시겠습니까?

대저 나의 설에 따르면, 담일(湛一)의 체(體)가 확립되면서도 품부(稟賦)하여 만품(萬品)이 있게 되는 데에 방해가 되지 않고, 기질(氣質)의 이(理)가 분명해지면서도 본체에 성범(聖凡 성인과 범부)의 차이가 없는 도리를 상하지 않게 하기 때문에, 실리(實理)를 따져도 꼭 들어맞고 성훈(聖訓)에 맞춰 보아도 모두 부합하고 나의 마음에 돌이켜 보아도 모두 편안하니, 참으로 이른바 이리 보아도 합하고 저리 보아도 통한다고 하는 것입니다.

반면에 성론(盛論 상대방의 주장)을 따르면, 허령(虛靈)이 등품(等品)에 따라 만 가지로 작용해서 명덕이 깨어지고, 기질이 허령에 똬리를 틀어서 선과 악이 뒤섞여 있게 됩니다. 그리하여 대본(大本)을 세울

통한 것을 얻어서 그 성이 가장 귀한 것이다. 그러므로 방촌 사이가 허령하고 통철하여 만 가지 이치가 모두 갖추어져 있다. 대개 사람이 금수와 다른 소이는 바로 여기에 있으며, 사람이 요순이 될 수 있고 천지에 참여하여 화육을 도울 수 있는 소이도 이것 말고 다른 데에 있는 것이 아니다. 이것이 이른바 명덕이라고 하는 것이다.〔惟人之生得其氣之正且通者 而其性爲最貴 故其方寸之間 虛靈洞徹 萬理咸備 蓋其所以異於禽獸者正在於此 而其所以可爲堯舜 而能參天地以贊化育者亦不外焉 是則所謂明德者也〕"

109 팔창(八窓)이 영롱(玲瓏)한 것 : 막힘없이 통하는 것을 비유하는 말이다. 26쪽 주19 참조.

땅이 없어진 나머지 천명(天命)이 공중에 매달려 배회하게 되고, 담일(湛一)이 국한되어 통하지 않은 나머지 호기(浩氣 호연지기)를 나의 기(氣)로 삼을 수 없게 되는 등, 갖가지 병통이 생겨나서 접촉하는 곳마다 가로막히고 거치적거릴 것인데, 고명은 어찌하여 고달프게 이 주장을 묵수(墨守)하기만 할 뿐, 정견(正見)이 피해를 입게 되고 진퇴(進退)가 근거 없게 되는 것은 자각하지 못하십니까.

이백눌에게 답하는 글

答李伯訥

예변(禮辨)-남당(南塘)의 예설변(禮說辨)입니다.-은 우선 그냥 놔둔다 해도 무슨 상관이 있겠습니까. 그런데 괴이하게 여기는 것은 밝은 귀하의 소견으로 취사(取舍)하신 것에 이해할 수 없는 점이 많고, 대를 쪼개는 안목에 비추어 볼 때 더더욱 서로 걸맞지 않은 점이 있다는 것입니다. 내가 보기에는 수미(首尾)가 제멋대로 결렬되고 진퇴가 근거할 바를 잃었으니, 피이자(彼二字)와 비교해 본다면 그 뜻이 어찌 천 리만 떨어졌다고 하겠습니까.[110]

110 피이자(彼二字)와……하겠습니까 : 남당(南塘) 한원진(韓元震)의 예설(禮說)을 우암(尤菴) 송시열(宋時烈)의 당당한 고사와 비교해 보면, 존화양이(尊華攘夷)의 차원에서 볼 때 너무 격이 떨어져서 논할 가치조차 없다는 말이다. 피이자는 저쪽에서 보낸 두 글자라는 뜻으로, 청나라가 조선 국왕인 효종(孝宗)의 시호로 내려 준 두 글자를 우암이 폄하하여 표현한 말인데, 독자의 이해를 돕기 위하여 관련 내용을 소개하면 다음과 같다. 즉위한 지 10년이 되는 기해년(1659) 5월 4일에 효종이 승하하였다. 이에 우암이 동년 10월 임진일에 상차(上箚)하여 대행 대왕(大行大王)의 휘호(徽號)에 대한 일을 논하면서, 앞으로 본조(本朝)에서 직접 두 글자의 시호를 정해서 사용하자고 제안하였는데, 이는 그동안 왕들의 시호를 정할 적에 명나라에서 내려 준 두 글자를 합쳐서 10자(字)로 해 오다가, 인조(仁祖)의 대상(大喪) 때부터 본조에서 올린 8자만 썼기 때문에 우암이 이렇게 말한 것이었다. 그런데 동춘(同春) 송준길(宋浚吉)과 의논이 맞지 않아서 실행되지 않자, 그 이튿날 우암이 다시 회계(回啓)하였는데, 그중에 "신의 생각으로는 '저쪽에서 보낸 두 글자'는 결단코 사용하면 안 된다고 여겨집니다. 일단 '저쪽의 두 글자'를 쓰지 않게 되면 열성의 휘호와 비교해서 두 글자가 모자라게 되는데, 이 두 글자는 가장 중요하니 예컨대 인묘의 영정이나 선묘의 소경과 같은 것이 바로

우옹(尤翁 송시열)의 학문으로 말하면, 오로지 선(善)과 이(利)가 경계를 나누는 곳에 나아가 분석하고 알선(斡旋)하여, 이것을 임금에게 고하고 자기 몸에 행한 것인데, 이러한 사실이 모두 유문(遺文)에 들어 있으니 사실인지 아닌지 확인해 볼 수 있습니다. 이로써 정밀하게 살펴 터럭에까지 들어가고, 이것을 확충하여 우주를 가득 채웠으니,[111] 우옹이 우옹답게 된 소이가 전적으로 여기에 있다고 할 것입니다. 그런데 어찌된 연고로 겨우 1, 2대를 전하는 사이에 그만 이렇게 되었단 말입니까. 참으로 혀를 찰 일입니다.

이것입니다. 선문 이하 8자는 모두 열성이 관례에 따라 써 온 방식이기 때문에, 신이 은밀히 두 글자를 의논하여 유감이 없게 하려고 한 것입니다.……〔小臣愚意 彼中二字 決不可用 旣不用彼二字 則視列聖徽號 便缺二字 而此二字最爲緊重 如仁廟之榮靖 宣廟之昭敬是也 自宣文以下八字則皆是列聖循例行用之式 故臣意欲密議二字 俾無所憾耳 云云〕"라는 내용이 들어 있다.《宋子大全 附錄 卷3 年譜 上箚論大行大王徽號事》《현종실록(顯宗實錄)》 즉위년 10월 5일 기사에도, 좌참찬 송시열이 열성조의 휘호에 대해 상차한 내용이 수록되어 있다. 또 한원진의 문집에도 "피이자로 말하면, 바로 〈초산어록(楚山語錄)〉 중에 나오는 우옹의 설로서 선사가 기록한 것이니, 후인이 어떻게 감히 고쳐서 변동시킬 수 있겠는가.〔如彼二字 乃是楚山語錄中尤翁之說 先師之所記也 後人安敢改動〕"라는 기록이 보인다.《南塘集 卷18 答申明允》 선사(先師)는 남당의 스승인 권상하(權尚夏)를 가리킨다. 권상하는 송시열의 제자이다.

111 이로써……채웠으니 : 주희의 "맹자는 '순 임금과 도척(盜蹠)의 구분을 알고자 하는가? 그것은 다름이 아니라 이와 선의 차이일 뿐이다.'라고 하였고, 또 '삶도 내가 원하는 것이요, 의리도 내가 원하는 것이다. 그러나 두 가지를 동시에 얻을 수 없다면, 나는 삶을 버리고 의리를 택하겠다.'라고 하였는데, 진공의 학문은 대개 여기에서 얻은 것이다. 그리하여 오직 정밀하게 살펴 터럭에까지 들어가고, 이것을 확충하여 우주를 가득 채웠다.〔孟子曰 欲知舜與蹠之分 無他 利與善之間耳 又曰 生亦我所欲 義亦我所欲 二者不可得兼 舍生而取義也 陳公之學蓋得諸此 惟其察而精之也入毫芒 是以擴而充之也塞宇宙〕"라는 글에서 발췌한 것이다.《晦菴集 卷81 跋陳了翁與兄書》

《대전(大全)》의 첨호(籤號)[112]에 관한 일은 참으로 내유(來諭)와 같습니다만, 이미 칭호를 확정하여 판각하였고 위에서 윤음(綸音)도 이미 내려졌으니 어떻게 되돌릴 수가 없습니다. 하지만 거기에 쓰여 있는 그대로 간행을 하여 대일통(大一統)[113]의 의리를 분명히 보임으로써, 일국(一國)의 사람들이 회극귀극(會極歸極)[114]하게 해야 마땅할 것이니, 어찌 왕유지금(往遺之禽)을 그냥 돌려보내어 우리의 초라함을 내보이고 저쪽의 기세를 올려 줘서야 되겠습니까.[115] 이 일은

112 대전(大全)의 첨호(籤號) : 우암 송시열의 문집인 《송자대전(宋子大全)》의 내용 가운데 첨지(籤紙)에 붙인 명호(名號)라는 뜻으로, 우암이 효종의 휘호에 덧붙일 두 글자를 구상한 것이거나 아니면 소위 피이자(彼二字)에 관한 것으로 보이는데, 문맥상으로는 후자가 더 근사할 듯도 하나 미상이다. 참고로 당시에 확정된 효종의 휘호는 선문장무신성현인(宣文章武神聖顯仁)이라는 여덟 글자였다.

113 대일통(大一統) : 천하의 제후(諸侯)가 모두 주(周)나라 왕에게 귀의하여 이를 중심으로 통일되어야 한다는 말인데, 이 말 속에는 암암리에 중화(中華)인 명나라를 떠받들고 오랑캐인 청나라를 배척해야 한다는 뜻이 내포되어 있다. 대일통은 《춘추공양전(春秋公羊傳)》 은공(隱公) 원년의 "왜 왕정월이라고 하였는가. 대일통을 표시하기 위해서이다.〔何言乎王正月 大一統也〕"라는 말에서 유래한 것이다. 왕정월(王正月)은 '춘추 시대의 주(周)나라 왕이 쓰던 달력으로 정월'이라는 뜻으로, 《춘추》의 전형적인 연대 표기 방식이다.

114 회극귀극(會極歸極) : 《서경》 〈홍범(洪範)〉에 나오는 '회기유극 귀기유극(會其有極 歸其有極)'의 준말로, 그 극(極)이 있는 곳으로 모여들고, 그 극이 있는 곳으로 돌아온다는 뜻인데, 그 극이 있는 곳이란 "임금이 치우침 없는 바른 표준을 세상에 세운다.〔皇建其有極〕"라는 말에서 나온 것으로, 황극(皇極) 즉 중국의 진정한 제왕이 세상을 다스리는 준칙(準則)을 말한다.

115 어찌……되겠습니까 : 소위 피이자에 관한 내용을 삭제하고 간행한다면, 이는 마치 적국의 포로를 살려서 돌려보내는 것과 같으니, 조선의 체면을 손상하고 청나라의 위신만 세워 주는 결과가 될 것이라는 말이다. 왕유지금(往遺之禽)은 '적국에 가서 포로

결단코 그렇게 해서는 안 될 것인데, 과연 어떻게 마무리될지 모르겠습니다.

근래에 사계(沙溪 김장생(金長生))의 문집을 얻어서 《의례(儀禮)》의 소(疏)를 읽어 보건대, 칭호에는 약간 소홀한 듯해도 대체(大體)는 우뚝하게 뛰어났으니, 백세(百世)가 지난 뒤에라도 의혹하는 일이 없을 것입니다. 그중 하나의 예를 들어 본다면 "제왕의 자리를 서로 이으면 부자가 된다.〔相繼爲父子〕"[116]라는 일전어(一轉語)야말로 더욱 명백하고 쇄락(灑落)하니, 참으로 우옹의 스승이라고 하겠습니다.

이 일에 대한 당설(塘說 남당(南塘)의 설)을 보면 더욱 조리가 없어서 말도 되지 않습니다. 그러니 귀하가 갑자기 억지로 맞출 수는 없다고 하더라도, 널리 상고하고 정밀히 사색하면서 계속 침잠하고 함영(涵

로 남게 된 신세'라는 뜻으로, 원래 교만한 군주로 인하여 어쩔 수 없이 신하들이 포로로 붙잡히는 것을 말하는데, 여기서는 청나라 황제가 보낸 효종의 시호 두 글자가 조선에 와서 포로처럼 취급당하며 사용되지 않은 것을 비유하는 말로 쓰였다. 초왕(楚王)이 진(晉)나라 사신인 한기(韓起) 일행을 욕보이려 하자 원계강(薳啓彊)이 "임금님은 우호 관계를 적대 관계로 바꿔서, 실로 무례하게 행동하여 원수를 부르려 하면서 아무 대비책도 세우지 않고 계시니, 이는 신하들로 하여금 적국에 가서 포로로 남게 하여 임금님의 마음만 쾌하게 하려는 것입니다.〔君將以親易怨 實無禮以速寇 而未有其備 使羣臣往遺之禽 以逞君心 何不可之有〕"라고 간한 내용이 《춘추좌씨전(春秋左氏傳)》 소공(昭公) 2년에 나온다.

116 제왕의……된다 : 왕위를 계승한 자는 선왕(先王)을 부친으로 삼아야 한다는 뜻으로, 김장생(金長生)이 손자의 항렬에서 소제(昭帝)의 뒤를 이은 한(漢)나라 선제(宣帝)의 고사를 인용하여, 손자로서 선조(宣祖)의 뒤를 이은 인조(仁祖)의 사묘(私廟) 친제(親祭)에 대한 전례(典禮)를 논의하는 과정에서 이 말을 사용하였다. 여기에서 광해군(光海君)은 왕통을 이은 임금으로 대우하지 않고 무시하였다. 《沙溪先生遺稿 卷1 論私廟親祭時祝文屬號疏》

泳)하여 융합이 되도록 노력해야 옳지, 언제까지나 이쪽저쪽을 기웃거리고 왔다 갔다 하며 어슬렁거리는 것은 옳지 않을 듯합니다. 어떻게 생각하십니까?

〔문〕 "누구나 그렇게 되고 싶어 하는 사람을 선인(善人)이라고 한다.〔可欲之謂善〕"[117]에 대한 주석은 그 의례(義例)가 유독 다른 조목과 다릅니다.

〔답〕 화정(和靖)이 "상하가 하나의 이치이다.〔上下一理〕"라고 말한 것[118]이 지극히 좋습니다.

대개 선(善)을 본질로 삼고서 실제로 이 선을 자기 몸에 소유한 사람을 신인(信人)이라고 하고, 실제로 이 선을 소유하고서 확충하여 계속 채워 가는 사람을 미인(美人)이라고 하고, 이 선이 가득 찬 상태에서 영화(榮華)가 밖으로 드러나는 사람을 대인(大人)이라고 하는 것이니, 그 뒤에도 모두 이런 식으로 설명할 수가 있습니다.

하지만 이 선이라는 것은 형상(形狀)이 없기 때문에 어떻게 이름 하여

117 누구나……한다 : 선인(善人), 신인(信人), 미인(美人), 대인(大人), 성인(聖人), 신인(神人)에 대한 맹자의 언급 중에서 선인에 대한 그의 설명을 발췌한 것인데, 이에 대해 주희는 "천하의 이치로 말하면, 선한 것은 누구나 반드시 그렇게 되고 싶어 하고 악한 것은 반드시 가증스럽게 생각하는 법이니, 그 사람됨이 누구나 그렇게 되고 싶어 하고 가증스럽게 생각하지 않는다면 선인이라고 말할 수 있다.〔天下之理 其善者 必可欲 其惡者 必可惡 其爲人也 可欲而不可惡 則可謂善人矣〕"라고 해설하였다.《孟子 盡心下》

118 화정(和靖)이……것 : 화정은 정이(程頤)의 문인인 화정 윤씨 즉 윤돈(尹焞)을 말한다. '상하가 하나의 이치'라는 것은 선인에서부터 성인과 신인에 이르기까지 그 도리는 하나로 관통되어 있다는 말인데, 이 장의 말미에 그의 해설이 소개되어 있다.

말하기가 어렵습니다. 그런데 다만 인성(人性)은 본래 선하기 때문에 선하면 반드시 그렇게 되고 싶어 하고 악하면 반드시 미워하는 법이니, 이것이 바로 "사람들이 양심을 지녀서, 이와 같이 아름다운 덕을 좋아하는 것이다.〔民之秉彝 好是懿德〕"[119]라고 하는 것입니다. 그래서 이에 대해 특별히 언급하면서 '가욕지위선(可欲之謂善)'이라고 한 것이니, 이는 인정상 그렇게 되고 싶어 하는 것이 바로 선이라는 말입니다.

선(善)은 형상이 없지만 정(情)은 자취가 있기 때문에, 가욕(可欲)이라는 두 글자를 통해서 이 선의 실체가 얼굴 앞에 밝게 드러나 분명히 볼 수 있으니, 이치를 가지고 말을 해도 이와 같고 인정을 가지고 말을 해도 이와 같은 것입니다.

정자(程子)가 "원자선지장(元者善之長)이라는 말과 그 이치가 같다."라고 한 것[120]이 집주(集註)와 같지 않은 것 같아도, 요컨대 귀결하는 곳은 하나입니다. 선이라는 글자가 해명되지 않으면 하문(下文)의 여러 지위에 대한 설명도 모두 낙착되지 않을 것이니, 이 부분에 대한 의례가 유독 다른 것은 당연하다고 하겠습니다.

〔문〕 사설(邪說)과 음사(淫辭)[121]에 대해서

119 사람들이……것이다 : 《시경》〈대아(大雅) 증민(蒸民)〉의 "하늘이 사람을 낼 적에, 모두 법도가 있게 하였도다. 그래서 사람들이 양심을 지녀서, 이와 같이 아름다운 덕을 좋아하는 것이다.〔天生蒸民 有物有則 民之秉彝 好是懿德〕"라는 말을 발췌한 것이다.

120 정자(程子)가……것 : 정이가 "가욕지위선은 바로 원자선지장과 그 이치가 같다.〔可欲之謂善 便與元者善之長同理〕"라고 한 말을 가리킨다. 《二程遺書 卷2上》《주역》〈건괘(乾卦) 문언(文言)〉에 "원은 모든 선 중에서 으뜸이다.〔元者 善之長也〕"라는 말이 나온다.

〔답〕 사설은 대체(大體)를 가지고 말한 것이고, 음사는 그 이면(裏面)의 의의와 곡절로서 바로 사설이 사설이 되는 소이인 것입니다. 그래서 "양주(楊朱)와 묵적(墨翟)을 막고 부당한 말을 추방하여 삿된 주장이 일어나지 못하게 하는 것이다.〔距楊墨放淫辭 邪說者不得作〕"라고 하였으니, 이는 대개 그 음사를 변론하여 격파하는 것이 바로 사설을 없애는 방법이 되기 때문입니다. 하문에 "사설을 종식시키며 비뚤어진 행동을 막고 부당한 말을 추방한다.〔息邪說 距詖行 放淫辭〕"라고 한 것도 먼저 대체를 말하고 나서 그 방법을 구체적으로 언급한 것입니다.

〔문〕 습구(襲裘)와 석구(裼裘)[122]에 대해서

〔답〕 옛사람은 갖옷을 착용할 적에 털이 바깥에 있으므로-위 문후(魏文侯)의 반구부신(反裘負薪)의 설[123]을 살펴보면 알 수 있습니다.- 그 위에 웃옷을

121 사설(邪說)과 음사(淫辭) : 맹자가 "내가 이 때문에 두려워하여 선성의 도를 보호하면서, 양주(楊朱)와 묵적(墨翟)을 막고 부당한 말을 추방하여 삿된 주장이 일어나지 못하게 하는 것이다.〔吾爲此懼 閑先聖之道 距楊墨放淫辭 邪說者不得作〕"라고 하고, 또 "인심을 바로잡아 사설을 종식시키며 비뚤어진 행동을 막고 부당한 말을 추방함으로써 우(禹)와 주공(周公)과 공자(孔子)의 뜻을 계승하겠다.〔正人心 息邪說 距詖行 放淫辭 以承三聖〕"라며 자신의 결의를 밝힌 말에서 발췌한 것이다. 《孟子 滕文公下》

122 습구(襲裘)와 석구(裼裘) : 습구는 갖옷〔裘〕 위에 웃옷〔上衣〕을 겹쳐 입는 것을 말하고, 석구는 웃옷을 벗어서 갖옷의 아름다움이 밖에 드러나게 하는 것을 말하는데, 남을 조문할 적에 주인이 변복(變服)을 하기 이전이면 길복(吉服)인 석구 차림을 하고, 변복을 한 뒤에는 습구 차림을 하는 것이 고대의 예법이었다. 《예기(禮記)》 〈단궁 상(檀弓上)〉에 증자(曾子)와 자유(子游)가 논란했던 '습구와 석구'에 대한 고사가 실려 있다.

123 위 문후(魏文侯)의 반구부신(反裘負薪)의 설 : 전국 시대 위나라 문후가 출유(出遊) 중에 행인이 갖옷을 뒤집어 입고서 꼴을 지고 가는 것을 보고는 이상하게 여겨서 "어째서 갖옷을 뒤집어 입고 꼴을 지고 가는가?〔胡爲反裘而負芻〕"라고 물었는데, 그가

덧입었습니다. 그런데 길(吉)한 때에는 그 웃옷을 '벗어서〔裼〕' 갖옷의 아름다움이 밖에 드러나게 하였고, 조상(弔喪)할 때에는 주인(主人)이 아직 변복(變服)을 하지 않았으면 예전대로 길복(吉服)을 하고서 석구(裼裘) 차림으로 조상을 하였고, 이미 변복을 했으면 벗었던 상의를 덧입어서 갖옷의 아름다움을 감추었으며, 성복(成服)을 하고 난 뒤에야 비로소 의최(疑衰)[124]와 석최(錫衰)[125] 등의 조복(弔服)이 있었습니다.

"제가 털을 아끼려고 그럽니다.〔臣愛其毛〕"라고 대답하니, 문후가 "그 옷의 안감이 모두 해지면 털도 붙어 있을 곳이 없다는 것을 그대는 모르는가.〔若不知其裏盡而毛無所恃邪〕"라고 말하며 탄식했다는 고사를 말한다. 《新序 雜事》

124 의최(疑衰) : 길(吉)에 견주는 상복이라는 뜻으로, 의(疑)는 의(擬)와 통하고, 최(衰)는 최(縗)와 통한다. 고대에 왕이 대부(大夫)와 사(士)를 위해서 입었던 상복인데, 후대에는 사끼리 서로 조문할 때에도 입었다.

125 석최(錫衰) : 세마포(細麻布)로 지은 상복으로, 석(錫)은 석(緆)과 통한다. 고대에 왕이 삼공(三公)과 육경(六卿)을 위해서 입었던 상복인데, 후대에는 대부끼리 서로 조문할 때에도 입었다.

이백눌에게 답하는 글

答李伯訥

나는 5월 보름이 지나고부터 홀연히 가벼운 감기 기운이 더쳐서 이불을 뒤집어쓰고 신음한 지 벌써 몇 달이 지났습니다. 요즈음은 처음에 비해 조금 나아진 듯도 합니다만, 여전히 먹지 못한 채 속이 쓰리고 아파서 일어나려다가 다시 쓰러진 것이 몇 차례나 되니, 형세로 볼 때 어찌 오래 버틸 수 있겠습니까. 이치가 본래 이러하니 두려워할 것은 없습니다마는, 유독 흉중의 망상만은 아직도 분분하게 일어나는 것을 어찌할 수 없습니다.

《시(詩)》와 《서(書)》와 삼례(三禮)[126]와 같은 것은 모두 오래도록 그냥 놔두었습니다만 이제는 마무리하지 않으면 안 되겠습니다. 그리고 《춘추(春秋)》의 경우는 더더욱 그 울타리도 엿보지 못하였습니다만, 지난번에 사행(士行 송문흠(宋文欽)) 형이 지은 〈춘추론(春秋論)〉을 읽다가 나의 뜻과 크게 합치되는 점이 있기에, 바야흐로 먼저 정경(正經)을 가지고 익히 반복하여 흠뻑 젖어 들게 하는 한편, 사전(四傳)[127]을 널리 취하여 참고하고 고구(考究)하면서 융합하여 깊이 연구해 볼 생각입니다. 그리하여 두원개(杜元凱 두예(杜預))의 〈서문

126 삼례(三禮) : 《주례(周禮)》·《의례(儀禮)》·《예기(禮記)》를 말한다.

127 사전(四傳) : 《춘추》를 해설한 《춘추좌씨전(春秋左氏傳)》·《춘추공양전(春秋公羊傳)》·《춘추곡량전(春秋穀梁傳)》을 춘추삼전(春秋三傳)이라고 하고, 여기에 송나라 호안국(胡安國)이 지은 소위 《호씨전(胡氏傳)》을 합쳐서 춘추사전(春秋四傳)이라고 한다.

(序文)〉 속에 나오는 말처럼 성인(聖人)이 《춘추》를 필삭(筆削)한 본의(本意)[128]를 찾아보다가, 다행히 그 뜻을 얻게 되면 대략 여씨(呂氏 여조겸(呂祖謙))의 《대사기(大事記)》를 본받아 그 대절목(大節目)과 대쟁단(大爭端)을 차론(箚論)하여 주 선생(朱先生 주희)이 미처 연구하지 못한 지업(志業)을 추가해서 보충해 볼까 합니다.

그러나 앞으로 살날이 얼마 남지 않은 데다 병이 또 이처럼 심하니, 천고의 유한(遺恨)을 이루지 않을까 그것이 걱정인데, 그렇게 된다 하더라도 또 어떻게 하겠습니까.

128 성인(聖人)이……본의(本意) : 진(晉)나라 두예(杜預)의 《춘추좌씨전 서문(春秋左氏傳序文)》에 "공자가 '문왕이 이미 돌아가신 지금에는 사문(斯文)이 나에게 있다고 해야 하지 않겠는가.'라고 하였는데, 이것이 바로 공자가 《춘추》를 지은 본의이다. 〔仲尼曰 文王旣沒 文不在玆乎 此制作之本意也〕"라는 말이 나온다. 공자가 일찍이 광(匡) 땅에서 횡포를 부렸던 양호(陽虎)로 오인받은 나머지 그곳 사람들에게 포위되어 위태로웠을 때 "문왕이 이미 돌아가신 지금에는 사문이 나에게 있다고 해야 하지 않겠는가. 하늘이 사문을 망칠 작정이라면 나와 같은 자가 사문에 참여하지 못했겠지만, 하늘이 사문을 망치지 않으려 한다면 광 땅 사람들이 나를 어떻게 하겠는가.〔文王旣沒 文不在玆乎 天之將喪斯文也 後死者不得與於斯文也 天之未喪斯文也 匡人其如予何〕"라고 강한 자부심을 표명한 대목이 《논어》 〈자한(子罕)〉에 나온다.

이백눌에게 답하는 글 윤7월

答李伯訥 閏七月

《가례(家禮)》를 읽고 계신다는 말을 듣고 매우 흐뭇한 생각이 들었습니다. 그러나 예(禮)를 공부하려면 모름지기 《의례(儀禮)》부터 먼저 해야 합니다. 그렇지 않으면 비유컨대 근원이 없는 물이나 뿌리 없는 나무와 같아서 끝내는 구극(究極)에 이를 수 없게 될 것입니다. 그리고 《의례》 중에서도 〈상복(喪服)〉 1편(篇)이 가장 절급하고 가장 많이 수용(受用)하는 곳이니, 여기에 유념한다면 다행이겠습니다.

"오대조(五代祖) 승중(承重)……" 하신 이 문제는 매우 알기 쉬운데, 이렇게까지 서로 계합(契合)하지 못하리라고는 생각하지 못하였습니다. 대저 승중이라고 하는 것은 그 내부에서 졸지에 '계승하는 것〔承〕'이 아니라, 반드시 그 중(重)[129]이 어디로부터 내려오는 데가 있는 법입니다. 부친의 중(重)은 조부로부터 내려오고, 조부의 중은 증조로부터 내려오고, 증조의 중은 고조로부터 내려오니, 고조의 중은 또 어찌 오대조로부터 내려오는 것이 아니겠습니까.

지금 만약 오대조를 위해서 복상(服喪)하지 않는다면, 이는 중(重)이 어디로부터 내려온 것인지를 모르는 것이니, 전일에 증조와 고조를 위해서 복상한 것은 도대체 뭐라고 이름을 붙여야 하겠습니까. 뿌리가 없는 중이라면, 그것을 어떻게 승중이라고 이름을 붙이겠습니까.

129 중(重) : 옛날 종법사회(宗法社會)에서 적장자(嫡長子)가 대종(大宗)을 계승하는 권한을 일컫는 용어이다.

그리고 오대조가 살아 계실 적에는 증조와 고조 이하 4세(世)의 신주(神主)는 필시 모두 오대조를 위주로 하여 '망자(亡子)', '망손(亡孫)'으로 적었겠습니다마는, 지금 오대조의 상을 당해서는 오대손이 주상(主喪)하여 최복(衰服 상복(喪服))을 입는 만큼, 상담(祥禫 대상(大祥)과 담제(禫祭))을 지나 길제(吉祭)를 행하고 나서는 그 이름으로 고쳐서 제주(題主 신주(神主)에 글자를 써넣는 것)를 해야 할 것입니다. 그렇게 한 뒤에야 비로소 체천(遞遷)[130]하는 예를 행할 수가 있고 종(宗)을 옮길 수가 있는 것이니, 그렇게 하기 이전에 종도 세우지 못한 상태에서 어떻게 옮길 수가 있겠습니까.

내유(來諭)에서 "삼년(三年)……" 하신 것은 더욱 이해가 되지 않습니다. 비록 삼년 동안 궤연(几筵)을 설치한다고 하더라도 복상하는 사람이 없으면 그것은 바로 상주 없는 상〔無主之喪〕이 되고 마는데, 자손이 있는데도 상주 없는 상을 지낸다면 도대체 이런 이치가 어디에 있겠습니까.

그리고 연제(練祭)·대상·담제·길제 등의 축사(祝辭)는 이 오대손을 위주로 하지 않을 수 없고 보면,-당초에 제주할 적에도 필시 오대조를 칭하고는, 오대손의 이름을 그 옆에 적었을 것입니다.- 그가 바로 적손(嫡孫)이 아니고 무엇이겠습니까. 이 적손으로 그 제사를 주관하면서 애매하게 복상하지도 않은 채 태연히 개제(改題 다시 바꿔 제주하는 것)를 하고 체천하는 예를 행한다면, 이런 이치가 또 어디에 있겠습니까. 이와 같은 일이 예경(禮經)에 보이지 않더라도 유추해 보면 통하지 못할 것이 없으니, 다시 세밀

130 체천(遞遷) : 선조(先祖)의 제사를 받들 자손이 끊어진 집의 위패(位牌)를, 4대 이내의 자손 가운데 항렬이 가장 높은 최연장자(最年長者)의 집으로 옮기는 것을 말한다.

히 생각해서 의논하는 것이 좋겠습니다. 어떻게 생각하십니까?

회령(晦令)[131]의 둘째 아들이 저번에 나를 찾아왔는데, 그 사람됨이 아름답기 그지없고 지기(志氣)가 범상치 않아서 크게 기대할 만한 점이 있었으므로 지극히 기뻤습니다. 차의(箚疑)를 베껴 쓰는 공역(工役)이 몇 달도 채 걸리지 않아서 책을 간행할 수 있을 정도까지 되었으니, 이런 큰 역사(役事)를 이처럼 신속하게 마무리하게 될 줄은 처음에 전혀 생각하지 못했던 일입니다. 그래서 어쩌면 남헌(南軒)이 말한 것처럼 "이 역시 아마도 하늘의 뜻이 아닌가." 하고 생각하고 있습니다.[132]

음(陰)과 양(陽)의 대소(大小)에 대해서는 단지 천(天)과 지(地)를 보기만 해도 절로 분명합니다. 대개 하늘과 땅이 서로 짝이 된다고

131 회령(晦令) : 자(字)가 회가(晦可)인 송명흠(宋明欽)을 말한다. 송준길(宋浚吉)의 후손으로, 이재(李縡)의 문인이며, 녹문과는 이종사촌 간으로 녹문보다 6년 연상이다.

132 그래서……있습니다 : 비범한 인재를 얻어서 큰일을 쉽게 이룰 수 있게 되었으니, 그 이면에는 하늘의 뜻이 들어 있는 것이 아닌가 생각되기도 한다는 말이다. 남헌(南軒) 장식(張栻)이 주희에게 보낸 편지에 "형이 한가한 중에 문자 사이에 정신을 집중할 수 있다고 생각하니, 이 역시 아마도 하늘의 뜻이 아닌가 합니다. 《중용》과 《대학》의 장구는 지극히 의미를 함축하고 있는데, 다른 해설들도 모두 이런 체재를 적용했겠지요. 《통감》의 공부는 지금 어떠합니까? 서로 종유(從遊)하는 자들은 있습니까? 요즈음 동광에 한두 명의 선비가 찾아왔는데, 독실하고 우수해서 기뻤습니다. 이쪽은 사인이 미흡하다는 인상을 받기도 합니다만, 재질이 뛰어난 자들이 어느 곳인들 없기야 하겠습니까.〔兄閑中想得專精於文字間 殆亦天意也 中庸大學章句極涵蓄有味 他解想皆用此體 通鑑工夫今何如 有相從者否 近東廣一二士來相見 篤茂可喜 此間士人似未及之 良才美質何處無也〕"라는 글이 나오는데, 녹문이 단장취의(斷章取義)하여 인용한 것으로 보인다. 《南軒集 卷23 答朱元晦》

말은 하지만, 하늘의 기운이 실로 땅의 가운데를 관통하고 있으니, 땅도 하늘인 셈입니다. 따라서 지형(地形)의 대소가 하늘과 비등하다고 하더라도 하늘의 절반에 지나지 않을 텐데, 더군다나 하늘은 무외(無外 무한대(無限大))인 반면에 땅은 단지 하나의 탄환(彈丸)에 지나지 않아서 그 대소가 만만(萬萬)의 갑절 정도일 뿐만이 아닌 데야 더 말해 무엇하겠습니까.

대저 화육(化育)하며 유행(流行)하는 것 모두가 단지 하나의 양기(陽氣)일 따름이니, 땅은 단지 하늘의 기운을 응취(凝聚)한 곳일 뿐이고, 추동(秋冬)은 단지 춘하(春夏)를 수렴(收斂)하는 것일 뿐입니다. 만약 실제로 음과 양이 똑같이 반절로 나뉘어 대소도 없고 요핍(饒乏 풍요와 결핍)도 없다면 주재(主宰)하는 것이 없어지고 일원(一原)도 없어질 것이니, 어떻게 변화를 이루며 귀신을 행할 수가 있겠습니까.

이백눌에게 답하는 글 8월

答李伯訥 八月

일시일처(一時一處)와 경철정추(鏡鐵精粗)는 말만 다를 뿐 실제 내용은 같은 것인데, 내유(來諭)를 보면 경철(鏡鐵)의 오류를 깨달았으면서도 여전히 일처(一處)의 잘못을 옹호하고 있으니, 참으로 이해할 수가 없습니다.

대개 "기질선악지성(氣質善惡之性)이 본연지성(本然之性)과 함께 똑같이 대원(大原)의 처(處)를 차지하고, 똑같이 미발(未發)의 시(時)에 있다."라고 일단 말하게 되면, 소위 기질선악(氣質善惡)이라고 하는 그것이 바로 영대(靈臺)에 똬리를 틀고 백체(百體)를 호령하게 된 나머지, 소위 본연지성이라고 하는 그것이 거꾸로 이것의 명령을 들으면서 한 덩어리로 합쳐지고 맙니다. 이렇게 되면 그동안 '머리를 나란히 하고 다리를 함께 뻗고 있는 격〔齊頭竝足〕'이라고 기롱한 것도 딱 들어맞는 비유가 되지 못할뿐더러, 곧바로 이 본연지성의 온 몸뚱이가 머리에서 발끝까지 녹아 버려 선악이 뒤섞인 물건으로 뒤바뀐 채 도저히 빠져나올 수 없게 되고 맙니다.

반면에 내가 말하는 사재(渣滓)의 설로 말하면 이와는 다른 것입니다. 사재라는 것은 외물과 감촉하며〔客感〕 생기는 말류(末流)의 현상으로, 일단 움직이면 뒤흔들려 어지러워질지라도 가만히 있으면 곧장 물러나 다소곳해지는 것이니〔退伏〕, 담일(湛一)의 본체와는 본래 상관이 없고, 소위 퇴복(退伏)한다는 것도 진흙이나 모래〔泥沙〕 등 유형(有形)의 물(物)과는 같지 않은 것입니다. 따라서 사재를 대번에 혼화(渾

化)한다[133]고 말할 수는 없더라도, 불선(不善)의 묘맥(苗脈)이라고 할 만한 것은 전혀 있지 않으니, 내가 전서(前書)에서 "응당 도암(陶庵 이재(李縡))의 음청(陰晴)의 비유와 참고해서 보아야 한다."라고 말한 것은 대개 이 때문입니다. 그러나 대개 비유를 든 것은 단지 그 대체를 말한 것일 뿐이니, 이사(泥沙)의 비유가 물론 매우 친절하긴 하지만, 이런 대목은 모름지기 거시적으로〔疏看〕 살아 있는 눈으로 보면서〔活看〕 묵묵히 인식하며 마음으로 융회(融會)해야 할 것입니다.

대기수(大氣數) 소기수(小氣數) 운운한 것에 대해 설명하면 다음과 같습니다.

예컨대 쇠한 주나라〔衰周〕의 천지(天地)는 천하의 기수(氣數)가 대체로 쇠했다고 할 것입니다. 그렇긴 하지만 제(齊)나라에는 제나라의 기수가 있고, 진(晉)나라에는 진나라의 기수가 있고, 노(魯)나라에는 노나라의 기수가 있으며, 기타 소국(小國)들에도 모두 각자의 기수가 있습니다. 그러나 제나라와 진나라와 노나라는 패국(伯國)인 만큼, 비록 각각 성쇠의 현상이 있다 하더라도, 그 성쇠는 모두 주나라와 상관이 있으므로, 노나라가 공자(孔子)를 앞세워서 중국의 회맹(會盟)을 주관할 수는 없는 것이니, 이것도 대기수에 해당한다고 할 것입니다.

133 사재를 대번에 혼화(渾化)한다 : 찌꺼기를 빠른 시간 안에 완전히 가라앉혀서 정화(淨化)하는 것을 말한다. 《심경부주(心經附註)》〈예악불가사수거신장(禮樂不可斯須去身章)〉에 "자질이 아름다운 자는 밝히기를 극진히 하면 찌꺼기가 바로 완전히 변화하여 천지와 체가 같아지고, 그다음 사람은 오직 장엄하고 공경하는 자세로 붙잡아 기를 뿐이지만, 그 귀결점은 하나이다.〔質美者明得盡 査滓便渾化却 與天地同體 其次惟莊敬持養 及其至則一也〕"라는 정호(程顥)의 말이 나온다.

그러나 기타 소국의 경우는 혼자 성했다가 쇠하고 혼자 일어났다가 사라질 뿐, 꼭 주나라와 상관이 있지는 않으니, 대개는 주나라 천지 안에 소속된 물건으로서 한결같이 모두가 잔달아서 거론할 가치도 없다고 하겠습니다.

그리고 인물을 가지고 말하건대, 공자에게는 공자의 기수가 있고 안자(顔子)에게는 안자의 기수가 있는데, 이들은 역시 노나라・주나라와 상관이 있는 반면에, 기타 사소한 인물들은 혼자 성했다가 혼자 쇠하고 혼자 태어났다가 혼자 죽을 뿐, 꼭 주나라・노나라와 상관이 있지는 않으니, 이 또한 대개는 이 쇠기(衰氣) 중의 물건이기 때문에 한 사람도 크게 뛰어나서 큰일을 해내는 자가 없는 것입니다.

내유(來諭)에서 마갈(磨蝎)[134] 운운하고 과수(科數) 신수(身數) 운운한 것도 마찬가지입니다. 한퇴지(韓退之)에게는 한퇴지의 명(命)이 있고 소동파(蘇東坡)에게는 소동파의 명이 있어서 각각 성쇠가 있습니다만, 그들이 때를 얻지 못한 것은 바로 대기수에 국한되어 막혔기 때문입니다.-소기수도 대기수와 유사합니다.- 오늘날 사람들의 과수와 신수도 사람마다 각각 다르겠습니다만, 대개는 모두 쇠말(衰末)의 세계에 태어났기 때문에, 현자(賢者)라고 해서 꼭 현달하는 것이 아니고 불초

134 마갈(磨蝎) : 마갈궁(磨蝎宮)의 약칭으로, 고대에 점성가들이 좌절과 비방의 운세를 상징하는 별자리로 여겼다. 마갈(磨蠍)이라고도 한다. 소식(蘇軾)의 글에 "한퇴지(韓退之)의 시에 '내가 태어날 적에 달이 남두에 있었다.'라고 하였으니, 퇴지는 마갈을 신궁으로 삼았음을 알겠다. 나도 그만 마갈을 명궁(命宮)으로 삼아서, 평생토록 비방을 많이 받았으니, 아마도 퇴지와 같은 병에 걸린 것이리라.〔退之詩云 我生之辰 月宿南斗 乃知退之磨蠍爲身宮 而僕乃以磨蠍爲命 平生多得謗譽 殆是同病也〕"라는 내용이 있다. 《東坡全集 卷101 命分》

자(不肖者)라고 해서 꼭 곤궁한 것이 아닌 양상을 보이면서, 대부분 쇠기 중에서 부침(浮沈)하고 출몰(出沒)하며 빠져나오지 못하는 것이니, 어찌 기수가 추탈(推敓 추이(推移))하는 기틀과 전연 관계가 없다고 말할 수 있겠습니까.

이것을 가지고 유추해 보건대, 전서에서 "이일(理一) 분수(分殊)와 서로 비슷하다.……" 한 것도 혹 그럴듯한 말이라고 하겠습니다. 대략 이와 같이 설명할 수 있겠습니다만, 요컨대 말 없는 가운데 회통(會通)해야 할 것입니다. 그러나 1부(部)의 《주역(周易)》도 정승(貞勝)[135]이라는 두 글자로 요약할 수 있으니, 그렇다면 기수의 설을 그렇게 깊이 논할 필요가 또 뭐가 있겠습니까.

135 정승(貞勝) : 《주역》〈계사전 하(繫辭傳下)〉 1장에 나오는 말로, 주희는 "정은 바르고 항상 그러한 것이다.〔貞 正也常也〕"라고 하여, 길(吉)과 흉(凶)이 언제나 서로 이기려고 다투는 일이 그치지 않는다는 뜻으로 풀었는데, 녹문도 이 해설을 따랐다.

이백눌에게 답하는 글

答李伯訥

면재(勉齋)가 임률(林栗)의 제문(祭文)을 지은 것[136]에 대해서는 나도 의심해 온 지 오래되었습니다. 어쩌면 대국(大國)의 규모가 관대해서 이와 같은 일은 괴이하게 여기지 않기 때문에, 비난하는 의논이 미치지

136 면재(勉齋)가……것 : 면재는 주희의 제자이면서 사위인 황간(黃榦)의 호이다. 임률(林栗)은 자가 황중(黃中)으로, 복청(福淸) 사람이고, 시호는 간숙(簡肅)이다. 남송(南宋) 고종(高宗) 소흥(紹興) 12년(1142)에 진사에 급제하였다. 관직이 병부 시랑(兵部侍郞)에 이르러 시강(侍講)을 할 적에, 당시에 병부 낭중(兵部郞中)이던 주희와 《역(易)》 및 〈서명(西銘)〉을 논하다가 의견이 맞지 않자 상소하여 주희를 공격하였는데, 이때 태상박사(太常博士)이던 섭적(葉適)과 시어사(侍御史)인 호진신(胡晉臣)이 모두 주희를 옹호하며 임률을 탄핵한 결과, 파직되어 천주(泉州)를 맡았다가 다시 명주(明州)로 옮겨졌다. 그의 사적이 《송사(宋史)》 본전(本傳)에 상세히 나온다. 임률이 주희를 공격한 일 때문에, 주문(朱門)의 제자들이 임률의 서적을 불태우려고까지 하였는데, 면재가 제문을 지어 애도하면서 그의 장점을 숨기지 않았으므로 문호의 편견에 가리지 않았다는 평을 받기도 하였다. 제문의 일부를 소개하면 다음과 같다. "아, 우리 공으로 말하면, 하늘로부터 굳센 기운을 품부받아 한 시대의 곧은 신하가 되었으며, 《주역》의 효상을 음미하고 필삭을 가한 《춘추(春秋)》의 뜻을 궁구하였다.……그리고 조정에 서서는 안색을 바로하고서, 나의 뜻에 어긋나면 당세의 대유라도 혹 배척을 가하였고, 책을 지어 주장할 때에는 나의 의취와 다르면 전현의 독실한 논설이라도 그대로 따르는 것을 좋아하지 않았다. 공의 과오를 관찰하면 공이 인에 가깝다는 것도 알 수 있으니, 논하는 이들은 참으로 하나의 과오를 가지고 그의 크게 순수한 점을 가리려 해서는 안 될 것이다.〔嗟哉我公 受天勁氣 爲時直臣 玩羲經之爻象 究筆削於獲麟……至其立朝正色 苟咈吾意 雖當世大儒 或見排斥 著書立言 苟異吾趣 雖前賢篤論 亦不樂於因循 觀公之過 而公之近仁者 抑可見矣 論者固不可以一眚而掩其大醇也〕" 《宋史 卷394 林栗列傳》《四庫全書總目提要 卷161 集部14 國學經傳》《勉齋集 卷39 代祭林黃中侍郎文》

않아 그런 것일는지도 모르겠습니다만, 의리상으로는 끝내 미안(未安)한 것이 사실입니다. 그런데 면재의 이기설(理氣說)로 말하면 견식(見識)에 약간의 차이를 보이는 데에 불과하고, 그가 벼슬한 것도 단지 녹사(祿仕)[137]일 뿐이니, 꼭 가혹하게 지적할 것은 없을 듯합니다. 그리고 독학(篤學)하고 역행(力行)함은 물론이요, 도를 자임하여 담당하면서 《통해(通解)》[138]를 이어 편찬함으로써 성문(聖門)에 큰 공을 세웠으니, 바로 이러한 점이 주문(朱門)의 적전(嫡傳)이 된 소이가 아닌가 여겨지기도 합니다.

"호씨(胡氏)의 불기불멸(不起不滅)의 설[139]은 주자(朱子)의 초년의

137 녹사(祿仕) : 녹봉(祿俸)을 위한 벼슬이라는 뜻이다. 한유(韓愈)의 〈쟁신론(爭臣論)〉에 "벼슬은 가난 때문에 하는 것이 아니지만 가난 때문에 해야 하는 경우도 있다고 맹자(孟子)가 말했는데, 이러한 벼슬을 녹사라고 한다.〔古之人有云 仕不爲貧 而有時乎爲貧 謂祿仕者也〕"라는 말이 나온다.

138 통해(通解) : 《의례경전통해(儀禮經傳通解)》의 준말로, 주희가 《의례(儀禮)》를 중심으로 해서, 《예기(禮記)》와 경사(經史)의 예설(禮說) 및 선유(先儒)의 학설 등을 모아 편찬한 책이다. 주희가 죽은 뒤에 《통해》의 속집이 나왔는데, 그 속에 황간(黃榦)이 편찬한 《상례(喪禮)》 15권이 들어 있다.

139 호씨(胡氏)의 불기불멸(不起不滅)의 설 : 호안국(胡安國)이 주장한 심(心)의 체용(體用)에 관한 설을 말하는데, 그의 아들 호인(胡寅)이 지은 《비연집(斐然集)》 권25 〈선공행장(先公行狀)〉에 "일어나지도 않고 사라지지도 않는 것은 마음의 체요, 일어났다가 사라졌다가 하는 것은 마음의 용이다. 체용은 근원이 하나이고, 현미는 간격이 없다. 항상 조존할 수 있는 자는 동해도 존하고 정해도 존하니, 비록 하루 사이에 백번 일어났다 백번 사라져도 심은 본래 그대로인 것이다.〔不起不滅心之體 方起方滅心之用 體用一源 顯微無間 能常操而存者 動亦存 靜亦存 雖一日之間 百起百滅 而心固自若〕"라는 그의 설이 소개되어 있다. 그런데 이 설을 주희가 발췌하여 거론하면서, 그동안

설과 같다.……" 하신 말씀이 지극히 정밀함을 볼 수 있으니, 요즈음 도의 경지가 매우 깊어진 것이 매우 기쁩니다.

그리고 "십분 미발(未發)을 보존하더라도 당초에 명예(明睿)의 지(知)가 없으면, 어떻게 발할 때에 반드시 절도에 맞을 수 있겠느냐.……" 하신 한 대목으로 말하면, 견식이 투철하고 말뜻이 탁월하여 서로 약속하지 않았어도 나의 의견과 완전히 일치하니 참으로 다행스럽기 그지없습니다.

대개 반드시 먼저 경(敬)을 위주로 하고, 격치(格致) 공부에 골똘히 힘을 써서, 이 심(心)의 전체(全體)와 대용(大用)이 차례로 분명히 밝혀지게 해야 할 것이니, 그런 뒤에야 함양(涵養)과 성찰(省察)을 바야흐로 시행할 수 있게 되어, 미발할 때에는 소소영영(昭昭靈靈)하여 온갖 이치가 찬연히 구비되고, 이발(已發)할 때에는 정정방방(正正方方)하여 모든 절도에 어긋나지 않게 된다고 말할 수 있을 것입니다.

그렇게 하지 않는다면, 이른바 존양(存養)[140]이라는 것이 단지 아무

이 말이 너무 지나치다고 생각했는데 사실은 자신이 오해했다는 심경을 피력한 내용이 《회암집(晦菴集)》 권42 〈답석자중(答石子重)〉에 나오는데, 본문의 내용은 이에 배치되는 듯하여 의아한 느낌이 든다. 호안국의 이 설은 불교《대승기신론(大乘起信論)》의 일심이문설(一心二門說)에 영향을 받았다는 평을 받기도 한다. 이문(二門)은 심진여문(心眞如門)과 심생멸문(心生滅門)을 말한다.

140 존양(存養) : 본래의 마음을 보존하고 바른 성품을 기른다는 존심양성(存心養性)의 준말로, 《맹자》〈진심 상(盡心上)〉의 "마음을 보존하고 성품을 기르면 하늘을 제대로 섬길 수 있다.〔存其心養其性 所以事天也〕"라는 말에서 나온 것이다. 성리학에서는 희로애락의 감정이 일어나기 이전〔未發〕의 정(靜)할 때에는 존양의 공부를, 이미 일어나서〔已發〕 동(動)할 때에는 성찰(省察)의 공부를 강조한다. 위에 나오는 함양(涵養)은 존양과 같은 말이다.

것도 없이 텅 빈 것〔空蕩蕩底〕만 보존할 것이니 그것이 어찌 이른바 대본(大本)을 세우는 것이 되겠으며, 이른바 성찰이라는 것도 어리벙벙하게 헤매는 처지〔黑窣窣地〕를 면하지 못할 것이니 그렇게 해서 어떻게 달도(達道)를 행하겠습니까. 남헌(南軒)이 말한 찰식단예(察識端倪)와 같은 것[141]은 바로 성찰을 명명한 것으로 이른바 격치라는 것과는 같지 않으니, 용어 사용이 조금 잘못되지 않았나 싶습니다. 모르겠습니다만 어떻게 생각하십니까?

141 남헌(南軒)이……것 : 찰식단예(察識端倪)는 단예가 발하는 것을 살펴서 인식한다는 뜻이다. 남헌은 장식(張栻)의 호이다. 그는 이정(二程)의 학통을 이었는데, 정호(程顥)에 가깝다는 평을 받았으며, 주희·여조겸(呂祖謙)과 함께 '동남(東南)의 삼현(三賢)'으로 일컬어졌다. 장식이 중화(中和)의 문제에 관하여 주희와 토론하면서 "학자는 먼저 단예가 발하는 것을 살펴서 인식해야 한다. 그런 뒤에 존양의 공을 가할 수 있다.〔學者先須察識端倪之發 然後可加存養之功〕"라고 하자, 주희가 "발하는 곳을 물론 살펴서 인식해야 한다. 다만 사람에게는 자연히 미발의 때가 있으니, 이곳에서 바로 존양을 해야 한다. 어찌 반드시 발하기를 기다린 뒤에 살피고, 살핀 뒤에 보존해야 하겠는가. 그리고 처음부터 존양의 공부를 해 보지도 않은 채, 문득 일이 생기는 대로 살펴서 알려고 한다면, 넓고 멀어 아득해서 손댈 곳을 모르게 될까 염려되니, 털끝만큼의 차이가 천 리나 차이 나는 잘못을 이루 말할 수 없게 될 것이다.〔蓋發處固當察識 但人自有未發時 此處便合存養 豈可必待發而後察 察而後存耶 且從初不曾存養 便欲隨事察識 竊恐浩浩茫茫 無下手處 而豪釐之差千里之繆 將有不可勝言者〕"라고 반박한 고사가 전한다.《晦菴集 卷36 答張欽夫》 주자학에서는 장식의 이 설을 보통 찰식단예설(察識端倪說)이라고 하여, 마음에서 정변(情變)이 일어나는 것을 먼저 관찰해야 한다는 뜻으로 이해하여, 성찰을 먼저 하고 존양을 뒤로 미루는 잘못을 범했다면서 반박하곤 하는데, 장식의 이 설은 정호의 〈식인편(識仁篇)〉에 나오는 이른바 "학자는 먼저 인을 인식해야 한다.〔學者須先識仁〕"라는 명제에서 나온 것으로, 식인체(識仁體) 즉 마음의 본체를 먼저 인식한 뒤에 존양하며 확충해야 한다는 뜻을 담고 있다.

이백눌에게 답하는 글 정미년(1787, 정조11) 2월
答李伯訥 丁未二月

해가 또 바뀌었는데 가만히 헤아려 보니 고명(高明)의 나이도 칠순이 꽉 찼기에 한편으로는 경하하면서도 한편으로는 놀랍기만 합니다. 또 내가 죽을 날이 임박한 것을 스스로 느끼면서도, 조그맣던 어린 아우가 어느새 벌써 주갑(周甲 환갑)이 되었으니, 지난날을 생각하노라면 스스로 마음을 걷잡을 수가 없습니다. 오늘 아침에 아이를 데리고 검담(黔潭)에서 배를 타고 흐름을 따라 내려가면 내일은 계실(溪室)에 도달할 수 있을 것인데, 대개 아우의 갑일(甲日)이 보름날에 있기 때문에 그렇습니다. 《송자대전(宋子大全)》을 교감하는 일을 고명과 김선지(金善之)[142]가 주관하는 것으로 들은 것 같은데 이 말이 사실입니까? 과연 그렇다면 첨산(添刪)하고 편차(編次)하는 일 모두가 반드시 온당하게 될 것이니 다행입니다. 차의(箚疑)는 내가 갖고 있는 원본을 지금 교정하는 중인데 책 이름을 《절보(節補)》라고 하였습니다. 글이 많은 것은 요약하고, 미비한 것은 보충해 넣으며, 우연히 조감(照勘)하지 못한 것은 개정해서 그것도 함께 보(補)에 집어넣은 뒤에, 범례(凡例) 몇 조목을 만들어서 이를 총괄하려 하는데, 아직은 틈을 내지 못하고 있습니다.

142 김선지(金善之) : 선지는 김희(金憙, 1729~1800)의 자이다. 호는 근와(芹窩)이고, 시호는 효간(孝簡)이며, 본관은 광산(光山)이다. 문과에 급제한 뒤에 대사성・경기도 관찰사・이조 참의 등을 거쳐, 우의정・영중추부사를 지내고 기로소(耆老所)에 들어갔다. 시문집인 《근와집》을 남겼으며, 《송자대전(宋子大全)》을 교정하고 《사계연보(沙溪年譜)》를 편찬하였다.

이백눌에게 답하는 글 5월
答李伯訥 五月

방금 성용(聖用)[143]을 통해 전하신 2월 21일 자의 답장을 받아 보았습니다. 보내신 날짜가 비록 오래되었으나 손수 붓을 잡고 잘게 쓰신 것이 종이 가득 끝없이 이어지면서, 진의(眞意)가 흘러넘치고 정권(情眷)을 확인할 수 있었으니, 실로 서로 무릎을 맞대고 손뼉을 치는 것과 다름이 없었습니다. 삼가 몇 차례 읽어 보는 동안 산천으로 가로막히고 길이 먼 것을 전혀 느끼지 못했으니, 가슴이 툭 터지면서 환희하는 심정이 응당 어떠하였겠습니까.

단비가 장맛비로 바뀌고 찌는 무더위가 점점 심해지는 이때에, 모르겠습니다만 체중(體中 체후(體候))이 한결같이 강건하신지요? 주서(朱書)의 장구한 과제는 궁구하며 탐색하는 일을 멈추지 않고 계십니까? 안질(眼疾)이 비록 독서를 방해하더라도 간간이 휴양하노라면 완전히 손을 놓는 지경에 이르지는 않을 듯한데, 여기에서 고교(考校)한 것을 서로 마주하고서 상세히 교감하지 못하는 것이 한스러울 뿐입니다. 나의 질병은 여름을 만나면서 더욱 고통스럽습니다. 비록 서과(書課)를 폐하지는 않는다 하더라도 유익하게 발전하는 것이 전혀 없으니 근심스럽고 안타까운 심정을 어찌 말로 다 하겠습니까.

143 성용(聖用) : 임회주(任晦周, 1742～?)의 자가 아닌가 한다. 그의 본관은 풍천(豐川)이며, 통훈대부 임과(任邁)의 아들로, 1771년(영조47) 진사시에 입격하였으며, 1788년(정조12)에는 영릉 참봉(寧陵參奉)으로 있었다.

《춘추(春秋)》는 《주차(朱箚 주서차의(朱書箚疑))》와 병행하느라 여태 4분의 1에도 미치지 못했으니 어느 때나 끝낼 수 있을지 모르겠습니다. 그러나 대강은 이미 정해졌으니 자연히 귀숙(歸宿)할 곳이 있게 될 것입니다. 그런데 내유(來諭)를 보면 엄살을 부리는 것이 너무 심한 것 같은데, 천려일득(千慮一得)[144]이라고 옛날부터 전해 오는 말도 있지 않습니까. 비록 주 선생(朱先生)이 미처 캐내지 못한 것이라고 하더라도, 어찌 지레 겁을 내어 스스로 풀이 죽어서야 되겠습니까. 매번 괴이하게 여기는 것은, 선생처럼 총명하고 역량 있는 분도 춘정(春正)이라는 하나의 뜻에 대해서는 문득 왕양명(王陽明)의 일척안(一隻眼)에 양보하고,[145] 맹자(孟子)의 "천자가 하는 일이다.〔天子之

144 천려일득(千慮一得) : 어리석은 자도 생각을 많이 하다 보면 한 가지쯤 좋은 꾀를 낼 수 있다는 뜻으로, 《사기(史記)》 권92 〈회음후열전(淮陰侯列傳)〉의 "지자도 천 가지 생각 중에 반드시 하나의 잘못이 있고, 우자도 천 가지 생각 중에 반드시 하나의 옳음이 있다. 그러므로 광부의 말이라도 성인은 채택한다고 하는 것이다.〔智者千慮 必有一失 愚者千慮 必有一得 故曰狂夫之言 聖人擇焉〕"라는 말에서 나온 것이다.

145 춘정(春正)이라는……양보하고 : 춘정은 춘왕정월(春王正月)의 준말이다. 춘왕정월은 '어느 해 봄 주(周)나라 왕이 쓰는 달력으로 정월'이라는 뜻으로, 《춘추》에 통용된 연대 표기 방식인데, 주희는 상(商)나라가 월(月)을 개정하지 않은 것에 의거하여, 주나라도 개정하지 않은 증거로 삼으려 하였는데, 왕양명(王陽明)은 곧장 《춘추》의 경문(經文)에 의거하여 단안을 내리면서 "상나라가 월을 개정했다면 〈이훈〉에서 분명히 '원사 12월'이라고 쓰지 않았을 것이고, 진나라가 시를 개정했다면 《사기》에서 분명히 '원년 겨울 10월'이라고 쓰지 않았을 것이고, 주나라가 월과 시를 개정하지 않았다면 《춘추》에서 또한 분명히 '춘왕정월'이라고 쓰지 않았을 것이다. 따라서 《춘추》에서 춘왕정월이라고 썼다면, 주나라가 월과 시를 바꾼 것을 의심할 것이 뭐가 있겠는가.〔夫商而改月 則伊訓必不書曰元祀十有二月 秦而改時 則史記必不書曰元年冬十月 周不改月與時也 則春秋亦必不書曰春王正月 春秋而書曰春王正月 則其改月與時 已何疑焉〕"라고 하는 등 구체적으로 논거를 제시하며 명쾌하게 해명하였다. 《王文成全書 卷24 論元年春王正月》 양

事]"라는 한 구절에 대해서는 또 송사행(宋士行)이 먼저 엿보도록 미루었는데,[146] 이는 모두 후생(後生)으로서 감히 이해할 수 없는 점이라고 하겠습니다.

그러나 삼가 살펴보건대, 선생은 이 경(經)에 대해서 실로 계속해서 공력을 쌓아 왔고, 1부(部)의 《좌전(左傳)》에 대해서는 난숙하게 융회(融會)하였으니, "사실에 의거하여 정직하게 썼는데 선악이 절로 드러난 것이다.〔據事直書 善惡自著〕"[147]라는 말이야말로 《춘추》를 배우는

명(陽明)은 양명학(陽明學)의 창시자 왕수인(王守仁)의 존칭인 양명선생의 약칭이다. 일척안(一隻眼)은 선림(禪林)의 용어로, 범부의 육안(肉眼)이 아니라 진실한 정견(正見)을 갖춘 혜안(慧眼)이라는 말인데, 정문안(頂門眼) 혹은 활안(活眼)이라고도 한다.

146 맹자(孟子)의……미루었는데 : 사행(士行)은 송문흠(宋文欽)의 자이다. 그는 모두 4편의 〈춘추론(春秋論)〉을 지었는데, 그 1편에서 "맹자는 말하기를 '춘추는 천자가 하는 일이다.'라고 하였다. 그런데 맹자 이후로 성인을 아는 자로는 주자와 같은 이가 없는데, 주자는 말하기를 '춘추는 성인이 노나라 역사에 근거해서 그 일을 쓴 것일 뿐, 여탈하며 상벌을 가한 것이 일찍이 있지 않았다.'라고 하였다. 참으로 이와 같다면 사관의 실록에 불과할 뿐이니 '천자가 하는 일이다.'라고 한 것을 어디에서 보겠는가.〔孟子之言曰 春秋天子之事也 繇孟子以後知聖人者 無如朱子者 朱子之言曰 春秋者 聖人據魯史 以書其事 未嘗有所予奪賞罰也 誠如是則不過史氏之實紀耳 惡見所謂天子之事耶〕"라고 하고는 그 이하에서 주희의 주장을 완곡하게 비판하고 있다. 《開靜堂集 卷6 雜著 春秋論1》 《춘추》는 천자가 하는 일이라는 말과 관련된 내용은 《맹자》 〈등문공 하(滕文公下)〉에 자세히 나온다.

147 사실에……것이다 : 대본에는 '據事直書 善惡自見'으로 되어 있으나, 주희의 "《춘추》에 쓴 것으로 말하면, 아무개가 어떤 일을 했다는 식으로, 본래 노나라 역사의 옛글에 의거해서 필삭하여 만든 것이다. 지금 사람들은 《춘추》를 볼 때, 반드시 어떤 글자는 아무개를 기롱한 것이라고 말하려 하는데, 이런 식이라면 공자가 완전히 사의에 내맡겨서 함부로 포폄을 한 것이 된다. 공자는 단지 사실에 의거하여 정직하게 썼는데 선악이 절로 드러난 것일 뿐이다.〔春秋所書 如某人爲某事 本據魯史舊文 筆削而成 今人看春秋

자들을 위한 확실한 지결(旨訣)이라고 할 것이요, "해와 별처럼 밝게 드러낸 것이 나와 무슨 관계가 있느냐.〔日星之明 干我何事〕"[148]와 같은 말은 단지 천착(穿鑿)한 것들은 믿을 수 없다는 점을 밝히려고 한 것일 뿐이라고 하겠습니다.

그리고 경(經)을 위주로 해서 전(傳)을 나누고 전의 내용으로 경을 상고하면 근거할 만한 사실과 징험할 만한 증거가 나올 것이요, 사전(四傳)[149]이 많이 부회(傅會)했다고 하더라도 이쪽저쪽을 참구(參究)하면 자연히 절충할 수도 있을 것입니다. 《역경(易經)》의 상수(象數)처럼 아득하여 찾기 어려운 것에 비교하면 조금 평이할 듯도 하니, 내교(來敎)에서 머뭇거리며 망설이는 모습을 보인 것은 결단코 기대하는 것이 너무 커서 그런 것임을 알겠습니다.

모쪼록 나의 말을 믿고서 시험 삼아 한번 책을 펼쳐 보십시오. 그리

必要謂某字譏某人 如此則是孔子專任私意 妄爲褒貶 孔子但據事直書 而善惡自著〕"라는 말에 의거하여 '見'을 '著'로 바로잡아 번역하였다. 《朱子語類 卷83 春秋 綱領》

148 해와……있느냐 : 공자가 필삭하여 《춘추》를 지은 것이 노년에 접어든 우리에게 무슨 상관이 있겠느냐는 뜻인데, 대본의 '日星之明'은 녹문이 '聖人筆削'이라는 말을 일시적으로 착각한 것이 아닌가 싶다. 주희가 만년에 채원정(蔡元定, 1135~1198)에게 보낸 서신 속에 "《춘추》에서 이해되지 않는 곳에 대해서는 괜히 심력을 허비할 필요가 없다. 우리가 만년에는 그저 정신을 아껴 기르면서 신심에 유익한 공부를 해야 옳으니, 이와 같은 일은 일필로 끊어 버리고 생각하지 말 것이다. 이 《춘추》도 노나라 역사의 옛글을 성인이 필삭한 것이니 나와 무슨 관계가 있느냐며 상관하지 말 것이다.〔春秋無理會處 不須枉費心力 吾人晩年 只合愛養精神 做有益身心工夫 如此等事 便可一筆句斷 不須起念 儘敎他是魯史舊文 聖人筆削 又干我何事耶〕"라는 내용이 들어 있다. 《晦菴集續集 卷2 答蔡季通》

149 사전(四傳) : 춘추를 해설한 4인의 저서를 말한다. 87쪽 주127 참조.

하여 한 반년쯤 결사적으로 공부하면서 의심나는 대로 서로 질의하며 《주역》 공부할 때처럼 한다면, 서로 도와 계발하고 피차 유익하게 되어 위로는 주 부자(朱夫子)가 미처 궁구하지 못한 과업을 드러내 밝히고, 아래로는 후생들의 지남거(指南車)가 될 수도 있을 것이니, 이 어찌 통쾌한 일이 아니겠습니까. 그러니 이 일을 절대로 소홀히 하지 마십시오.

이백눌에게 보내는 글
與李伯訥

누차 서신을 보내 기수(氣數)에 대하여 운운하며 질문하셨는데, 내가 답장을 하면서 잊어버리고는 대답하지 못하였습니다. 그런데 기수의 설과 관련해서 만약 그 변화하는 것을 알려고 한다면 교력(巧曆 역산(曆算)의 명인)도 계산할 수 없을 것입니다. 그리고 성인(聖人)이라도 알지 못하는 점이 있을 것인데, 이는 그 지식이 미치지 못해서가 아니라 알아도 소용이 없기 때문에 알려고 하지 않는 것입니다.

이천(伊川)이 우레가 어디에서 일어나느냐는 강절(康節)의 질문에 대답하면서 곧장 한마디로 "일어나는 데에서 일어난다.〔起於起處〕"라고 단언한 말[150]이 얼마나 탁 트이고 시원합니까. 주자(朱子)도 "내가 아는 것은 단지 '선을 따르면 길하고 악을 따르면 흉하다.'라는 것일 뿐이다. 오늘 날이 청명할지 비가 내릴지는 알 수 있는 바가 아니다."[151]

150 이천(伊川)이……말 : 소옹(邵雍)이 정이(程頤)의 총명함을 시험해 보려고 물어보았다가 도리어 반격을 당한 재미있는 고사인데, 《이정유서(二程遺書)》 권21 상(上)에 그 내용이 자세히 나온다.

151 내가……아니다 : 주희가 '먼저 아는〔先知〕' 능력에 대해서 문생의 질문을 받고는 한참 있다가 "내가 아는 것은 '선을 따르면 길하고 악을 따르면 흉하다.'라는 것과 '자만하면 손해를 자초하고, 겸손하면 이익을 받는다.'라는 것일 뿐이다. 내일 날이 맑고 다음 날 비가 오는 것과 같은 것은 내가 또 어떻게 알 수 있겠는가.〔吾之所知者 惠迪吉從逆凶 滿招損謙受益 若是明日晴後日雨 吾又安能知耶〕"라고 대답한 내용이 《주자어류(朱子語類)》 권107에 나온다. 주희가 인용한 것은 《서경》 〈대우모(大禹謨)〉에 나오는 말이다.

라고 하였으니, 성현(聖賢)의 법문(法門)은 본시 이와 같습니다.

대저 천지의 기수가 날로 낮아지는 것은 사람이 왕성했다가 쇠퇴하는 것과 같아서 본래 알기 어려운 것이 아닙니다만, 만약 이와 같은 것일 뿐이라면 인류는 벌써 오래전에 없어지고 말았을 것입니다. 비록 날로 낮아진다고 하더라도, 그 원기(元氣)가 이(理)에 근원하여 날로 생기는 것이 실로 호연(浩然)해서 끝없이 이어지는 까닭에, 일월(日月)이 항상 교대로 비춰 주고 한서(寒暑)가 항상 서로 밀어 주어, 봄에 낳고 여름에 기르고 가을에 거두고 겨울에 마무리하는 것이 만고토록 일일(一日)처럼 계속되는 것입니다.

이것이 바로 성선(性善)의 이치가 항상 존재하며 없어지지 않는 소이이니, 비록 후세에 인심(人心)과 세도(世道)가 다시 여지없이 타락한다고 하더라도, 최고 통치자가 참으로 초탈하여 당우(唐虞 요순)와 삼대(三代)의 정치에 뜻을 둘 수만 있다면 어찌 당장에 실현하지 못할 리가 있겠습니까. 이치가 이와 같고 보면 부귀와 빈천을 얻으면 안 되는데도 얻은 자들이 또 어찌 각자 천리(天理)를 따르지 않게 될 것이며, 이른바 태어날 적에 품부받은 본성을 언제라도 펼칠 수 없는 때가 있겠습니까. 이것이 바로 내가 전서(前書)에서 말한 정승(貞勝)[152]의 설입니다.

간절히 원하건대, 지금부터는 더 이상 이처럼 긴요하지 않은 곳에 심력(心力)을 허비하지 말고, 그 공력을 "그 뜻을 부자가 적이 취할 적에, 유하(游夏)가 도울 수 없었다."[153]라고 한 곳으로 옮기셨으면 합

152 정승(貞勝) : 길(吉)과 흉(凶)이 승부를 겨루는 일이 계속된다는 뜻이다. 96쪽 주135 참조.

153 그 뜻을……없었다 : 맹자가 노나라 역사책인 《춘추》를 언급하면서 "그 뜻은 내가 적이 취하였다.〔其義則丘竊取之矣〕"라는 공자의 말을 인용하였는데, 이에 대해 주희

니다. 그리하여 내가 저번의 글에서 고한 난제(難題)에 대한 문답을 일체 《역경(易經)》을 공부할 때처럼 한다면, 서로 돕고 개발하여 차례로 뚫고 나가며 글을 주고받는 동안에, 어찌 자기도 모르는 사이에 한 권의 춘추전(春秋傳)을 이루어 주 선생(朱先生)이 미처 궁구하지 못한 과업을 추보(追補)하지 못하겠습니까. 부디 여기에 유념해 주시면 매우 다행이겠습니다.

《율려신서(律呂新書)》와 《통해(通解)》의 종률(鐘律)은 수십 년 전에 한번 훑어본 적이 있습니다. 그 대체적인 내용이야 그다지 알기 어려운 것이 아니라 하더라도, 단지 악원(樂院)의 음률(音律)에 대해서는 도대체 눈으로 그 악기를 보거나 귀로 그 소리를 들어 본 적이 없어서 서권(書卷)의 강해(講解)가 있다 해도 그저 그림의 떡과 같으니, 답답하고 탄식만 나올 뿐입니다.

가 해설하면서 "공자가 기록할 것은 기록하고 삭제할 것은 삭제하였는데, 그때 자유와 자하는 한마디 말로도 도울 수가 없었다.〔筆則筆削則削 游夏不能贊一辭〕"라는 말을 인용하였다. 《孟子 離婁下》 그리고 《사기(史記)》 권47 〈공자세가(孔子世家)〉에 "춘추를 지으며 필삭할 적에 자하의 무리는 한마디 말로도 도울 수 없었다.〔至於爲春秋 筆則筆削則削 子夏之徒不能贊一辭〕"라는 말이 나온다.

이백눌에게 답하는 글 7월

答李伯訥 七月

병중에 만 가지 생각이 모두 재로 변한 가운데, 때때로 옛날의 씩씩했던 마음-선우후락(先憂後樂)[154]-을 떠올리기라도 하면, 분개하며 크게 탄식하지 않을 수 없습니다. 또 간혹 성현의 격언을 묵송(默誦)하다가 뜻이 이르는 곳이 있으면, 문득 주 선생(朱先生 주희)이 "오군(吾君)에게 들려드리고 싶다."[155]라고 한 말을 생각하면서 스스로 참람한 것도

154 선우후락(先憂後樂) : 먼저 근심하고 뒤에 즐긴다는 뜻으로, 조정에 있을 때나 없을 때나 나라와 백성을 걱정하여 노심초사하는 것을 말한다. 송(宋)나라 범중엄(范仲淹)이 지은 〈악양루기(岳陽樓記)〉의 "높이 묘당에 있을 때에는 백성을 걱정하였고, 멀리 강호에 있을 때에는 임금을 걱정하였다. 따라서 조정에 나아가서도 걱정이요 물러나서도 걱정이었으니 어느 때에 즐거워할 수가 있었겠는가. 이는 필시 천하의 근심은 누구보다도 먼저 근심하고 천하의 즐거움은 모두가 즐거워한 뒤에 즐거워하겠다는 마음 때문이었을 것이다.〔居廟堂之高 則憂其民 處江湖之遠 則憂其君 是進亦憂 退亦憂 然則何時而樂耶 其必曰先天下之憂而憂 後天下之樂而樂歟〕"라는 말에서 나온 것이다.

155 오군(吾君)에게 들려드리고 싶다 : 자신의 깨달음을 남에게도 알려주고 싶은 마음을 표현한 말인데, 주희가 유자징(劉子澄)에게 준 편지에 "정추와 은현의 도리를 한꺼번에 투철하게 꿰뚫어야 할 것이니, 요순이 말한 유정유일이나 공자가 말한 극기복례 같은 것도 모두 이 일입니다. 미나리를 먹다가 맛이 너무 좋아서 우리 그대에게 들려드리고 싶었습니다.〔精粗隱顯 一時穿透 堯舜所謂惟精惟一 孔子所謂克己復禮 便是此事 食芹而美 甚欲獻之吾君也〕"라는 말이 나온다.《晦菴集 卷35 與劉子澄》 미나리 운운은, 성의만 지극할 뿐 보잘것없는 물건이라는 뜻의 겸사(謙辭)로 쓰이는 말인데, 옛날 어떤 시골 사람이 맛 좋은 미나리를 혼자만 즐길 수 없다고 생각하여 윗사람에게 바쳤다가 핀잔을 받고 부끄러워했다는 헌근(獻芹)의 고사에서 유래한 것이다.《列子 楊朱》

깨닫지 못하는데, 이것이 어쩌면 천성(天性)에 뿌리를 박아서 아무리 없애려고 해도 안 된다는 것이 아니겠습니까. 만필(漫筆)이 여기에 미쳤으니, 한번 보고 웃으시고 나서 곧바로 치워 버리십시오.

녹문집

제6권

書서

김백고[1]에게 답하는 글 무진년(1748, 영조24)

答金伯高 戊辰

이름은 종후(鍾厚)이다.

〈사상례(士喪禮)〉에서 아침저녁으로 곡을 하고 전을 올리는〔朝夕哭奠〕 의례(儀禮)가 성복(成服)의 아래에 보이기 때문에 독자들이 매양 성복을 하는 날에 비로소 조석곡전(朝夕哭奠)을 하는 일이 있는 것으로 의심합니다만, 사실은 조석곡전을 하는 일이나 초하룻날에 전을 올리고〔朔奠〕 천신(薦新)[2]하는 종류는 항목마다 각기 설하는 문구(文句)들이니, 그 위의 조목에 소속되는 것이 아닙니다. 이는 《가례(家禮)》의 경우도 마찬가지로 한번 상고해 보면 알 수 있으니, 의심할 만한 것이 없습니다.

대저 사람이 처음 죽었을 적에 주인(主人)이 곡하며 소리를 끊이지 않게 하다가, 소렴(小斂) 뒤에는 남에게 대신 곡하게〔代哭〕 하고, 빈소(殯所)를 차린 뒤에는 대곡(代哭)하게 하는 일을 그만두는 대신에 아침저녁으로 슬퍼질 때마다 곡을 하는 것이니, 이는 중(重)한 데에서부

1 김백고(金伯高) : 백고는 김종후(金鍾厚, 1721~1780)의 자이다. 호는 본암(本庵)·진재(眞齋)이고, 본관은 청풍(淸風)이며, 섬촌(蟾村) 민우수(閔遇洙)의 문인이다. 어려서부터 시부(詩賦)로 문명(文名)이 있었고, 생원이 된 뒤에 성리학자로 이름이 났으며, 학행으로 천거되어 장령과 경연관 등을 지냈는데, 시세(時勢)에 편승하여 명철보신(明哲保身)에 급급했다는 평을 받기도 하였다. 저서에 《본암집(本庵集)》이 있고, 편서에 《가례집고(家禮集考)》와 《청풍세고(淸風世稿)》가 있다.

2 천신(薦新) : 계절마다 새로 나오는 먹을 것을 먼저 신위(神位)에 올리는 일을 말한다.

터 시작하여 경(輕)한 데로 향하면서, 점점 변하여 감쇄(減殺)하는 뜻을 보여 주는 것입니다.

그런데 지금 그만 빈소를 차리고 성복을 하기 전에, 도리어 아무 일도 하는 일이 없이 대곡을 그만두게 할뿐더러 석곡(夕哭)까지도 하지 않는다면, 이는 성복을 한 뒤보다 가볍게 하는 일이 될 뿐만 아니라, 졸곡(卒哭) 뒤에도 오히려 조석곡(朝夕哭)이 있는 것보다 가벼운 것이 되고 맙니다.

지금 사람들은 대렴(大斂)을 대부분 밤새워서 하기 때문에, 이렇게 하는 것이 크게 경악할 일이라는 것을 여전히 깨닫지 못하고 있습니다만, 만약 《의례(儀禮)》의 '날이 밝으면〔厥明〕'의 예문(禮文)을 적용하여, 아침 일찍 대렴을 마치고 주인 이하가 읍(揖)하며 자리에 나아간 연후에 종일토록 아무것도 하는 일이 없다면, 과연 이것이 무슨 윤리(倫理)를 이룬다고 하겠습니까.

내교(來敎 보내온 글)에서 예경(禮經)에 그런 문구가 없다고 하셨습니다만, 이미 정씨(鄭氏 정현(鄭玄))의 설이 있고 보면 그런 문구가 없다고 말할 수는 없을 듯합니다. 그리고 "석전(夕奠) 상식(上食)……"이라고 한 것에 대해서도 다시 생각해 보건대, 조석으로 곡을 하고 전을 올리는 일이 실제로 같은 때에 있기 때문에, 《가례》에서 전을 강(綱)으로 삼고 곡을 하는 일은 그냥 주(註) 안에만 보인 것이니, 지금 석곡만 행하고 석전(夕奠)을 설하지 않는다면, 이 역시 말이 안 될 듯합니다.

그리고 '연양(燕養)·궤수(饋羞)·탕목(湯沐)'[3]과 같은 종류도 모두

3 연양(燕養)·궤수(饋羞)·탕목(湯沐) : 《의례(儀禮)》 〈사상례(士喪禮)〉의 기(記)에 "연양하던 것으로, 궤수와 탕목 등을 진설하는 것을 살아 있을 때처럼 한다.〔燕養

똑같이 행하는 일이니, 이미 영상(靈床)[4]이 있으면 상식(上食)도 설행하지 못할 이유가 없습니다. 다만 대렴을 밤새워서 했다면 식시(食時)가 이미 지났으니 그 일을 그만두는 것도 가능합니다.

혼백(魂帛)[5]을 영상에 내고 들이는 것은 너무도 외설스러운 일에 가깝습니다. 고례(古禮)에 빈궁(殯宮)과 하실(下室)[6]은 처소가 이미 다르고 사건도 각기 다른 만큼,-혼백은 빈궁의 일이고, 영상은 하실의 일입니다.- 저것을 이것에 합치는 것은 아무래도 홀륜(囫圇 뒤범벅되는 것)의 혐의가 있는데, 필경 어떻게 생각하실지 모르겠습니다.

饋羞湯沐之饌如他日〕"라고 하였는데, 그 주(註)에 "연양은 망자를 평소 공양(供養)하던 것을 말한다. 궤(饋)는 망자가 조석으로 먹던 밥이고, 수(羞)는 사시(四時)의 진귀한 식물이다. 탕목은 때를 씻기 위한 것으로, '3일마다 머리를 감고 5일마다 목욕하게 해 드린다.'라는 《예기(禮記)》 〈내칙(內則)〉의 말처럼, 효자가 차마 하루라도 어버이 섬기는 예를 폐하지 못하겠기에, 하실(下室)에 진설해서 살아 계실 때와 같게 하는 것이다."라고 하였다. 《常變通攷 卷140 喪禮 上食 食時上食》

4 영상(靈床) : 대렴(大斂)을 마치고 나서 입관(入棺)하기 전까지 시신을 안치한 곳을 말한다. 이때까지는 망자를 살아 있는 것처럼 대한다.

5 혼백(魂帛) : 초상 때에 흰 비단을 사람 모양으로 적당히 묶어서 사용하던 임시 신위(神位)를 말한다. 이때부터는 망자를 사후(死後)의 귀신으로 대한다.

6 하실(下室) : 망자가 일상생활을 영위하다가 숨을 거둔 내당(內堂)을 말한다.

김백고에게 답하는 글 경진년(1760, 영조36)

答金伯高 庚辰

《맹자(孟子)》의 생지위성(生之謂性) 1장(章)[7]에 대해서 보여 주신 말씀에 대해서는 그 뜻을 삼가 잘 알았습니다. 나도 이에 대해서 일찍이 고견(高見)과 같이 성설(成說 정론(定論))을 지어 사람들과 변론하며 절대로 바뀔 수 없는 논리라고 알아 온 것이 거의 반생(半生)이나 되었습니다. 그러니 참으로 위의 문제에 대해서 그동안 답습하며 흉내 내던 것과는 조금 다른 뭔가를 알아내어 자신(自信)하는 것이 있지 않았다면, 어떻게 감히 가볍게 자신의 의견을 바꾸어 한 세상의 기의(譏議)를 초래하려 했겠습니까.

대개 '개와 소와 사람〔犬牛人〕'의 성(性)이라고 하는 것은 기질지성(氣質之性)을 가리킨다고 말을 하는데, 이는 단지 문리(文理)를 알지 못해서 그런 것입니다. 나도 전일에 문리를 전혀 알지 못하는 것은

7 맹자(孟子)의 생지위성(生之謂性) 1장(章) : 《맹자》 〈고자 상(告子上)〉의 제3장을 말하는데, 본문의 이해를 돕기 위하여 고자와 맹자의 대화를 소개하면 다음과 같다. "고자는 '생을 성이라고 한다.'라고 하였다. 이에 맹자가 '그대가 생을 성이라고 하는 것은, 백을 백이라고 하는 것과 같은가?'라고 물으니, 고자가 '그렇다.'라고 대답하였다. 맹자가 또 '백우의 백은 백설의 백과 같으며, 백설의 백은 백옥의 백과 같은가?'라고 물으니, 고자가 '그렇다.'라고 대답하였다. 이에 맹자가 다시 '그렇다면 개의 성이 소의 성과 같으며, 소의 성이 사람의 성과 같은가?'라고 물었다.〔告子曰 生之謂性 孟子曰 生之謂性也 猶白之謂白與 曰 然 白羽之白也 猶白雪之白 白雪之白 猶白玉之白與 曰 然 然則犬之性猶牛之性 牛之性猶人之性與〕" 이에 대한 고자의 답변은 실려 있지 않다. 주희는 고자가 자신의 오류를 깨닫고는 말이 막혀서 대답하지 못한 것이라고 해설하였다.

아니었습니다만, 오직 선입견에 매몰되어 억지로 해석하며 잘못된 것을 계속 우긴 탓으로, 홀로 고요히 있을 적에 혹 스스로 불안하게 여겨지는 점이 있어도 한결같이 견강부회(牽强附會)하며 원래의 정본(定本 확고한 원칙)을 따를 뿐이었고, 또 종유(從遊)하며 강문(講問)할 적에도 대부분 같은 의견이었기 때문에 변론하고 힐난하며 새로운 의견을 제기할 겨를이 없었습니다.

삼가 생각건대, 제현(諸賢)이 이런 주장을 하면서도 끝내 깨닫지 못하는 것 역시 필시 이와 같아서 그럴 것이라고 여겨집니다. 지금 군이 많은 말을 할 것 없이 우선 예전의 문견(聞見)을 흉중(胸中)에서 소제(掃除)하여 당초에 아무것도 알지 못했던 때처럼 텅 비워 없앤 뒤에, 《맹자》 본장(本章)의 정문(正文)을 취하되 너무 깊이 탐구하려고 할 필요 없이 천천히 읽으며 뜻이 따라가게 하면서 단지 그 대체적인 바른 뜻만을 파악하도록 할 것입니다.

그리하여 우선 고자(告子)가 말한 생지위성(生之謂性)의 성(性)이 본연지성(本然之性)을 가리키는지 기질지성을 가리키는지 생각해 보시고, 그런 뒤에 차례로 읽어 내려가면서 그 어의의 향배와 문자의 맥락을 찾아내어, 이른바 백우(白羽)·백설(白雪)·백옥(白玉)의 백(白)과, 개의 성(性)·소의 성·사람의 성이 모두 생지위성의 성을 가리키는지, 아니면 별도로 다른 것을 가리키는지 생각해 보십시오.

이와 같이 반복해서 생각하며 서너 차례 풍송(諷誦)하다 보면, 이른바 개와 소와 사람의 성(性)이 바로 생지위성의 성이요, 생지위성의 성이 바로 기류(杞柳 버들)와 단수(湍水 여울물)의 성이요, 기류와 단수의 성이 바로 성선(性善)의 성으로, 처음부터 끝까지 원래 하나의 '성(性)' 자일 뿐 다시 다른 말이 없다는 것을 문득 알게 될 것입니다.

그런 뒤에 이른바 '기질(氣質)……'의 설을 돌이켜 살펴보면, 처음과 끝이 서로 연결되지 않고 질문과 대답이 서로 걸맞지 않아서, 전연 말이 되지 않고 전연 의리를 이루지 못한다는 사실을 또 문득 알게 될 것이니, 이렇게 되면 참으로 두말할 필요 없이 결판이 나고 말 것입니다.

그리고 집주(集註)에 관해서 말하자면, 다른 것은 논할 것 없이 단지 "성이라는 것은 사람이 하늘에서 얻은 이이다.〔性者 人之所得於天之理〕"[8]라는 하나의 말만 보아도, 《논어(論語)》의 "성은 서로 비슷하다.〔性相近〕"를 주석한 "여기에서 말한 성은 기질을 겸해서 말한 것이다.……〔此所謂性兼氣質而言……〕"[9]라는 말과는 같지 않다는 것을 바로 알 수 있습니다.

대저 이 장(章)의 '성(性)' 자를 '하늘에서 얻은 이〔得於天之理〕'라고 해석하고 나서, 바로 제2절에서 "맹자가 다시 묻자 고자가 그렇다고 대답하였으니, 그렇다면 이는 생을 지닌 것은 모두 똑같이 하나의 성이라고 고자가 말한 것이다.〔孟子再問 而告子云然 則是謂凡有生者同是一性矣〕"라고 하였고, 또 제3절에서 "개와 소와 사람이 모두 지각이 있고 모두 운동할 수 있으니, 그 성이 모두 다를 것이 없겠다.〔犬牛與人皆有知覺 皆能運動 其性皆無以異矣〕"[10]라고 하였으니, 이것이 어찌 생(生)

8 성이라는……이이다 : 생지위성장(生之謂性章) 제3절의 주희의 해설 중에 나오는 말이다.

9 여기에서……것이다 : 《논어》 〈양화(陽貨)〉에 "성은 서로 비슷하나, 습으로 서로 멀어진다.〔性相近也 習相遠也〕"라는 공자의 말이 나오는데, 이 성에 대해서 주희가 해설한 말 중에 나온다.

10 개와……없겠다 : 이는 맹자가 고자에게 반문하며 힐난한 대목을 주희가 해설한 것이다.

을 지닌 것은 모두 하늘에서 얻은 이(理)가 각각 같지 않다는 것을 말하는 것이 아니겠습니까. 그런데도 설자(說者)는 그만 "어찌 물이 얻어서 온전히 할 수 있는 것이겠는가.〔豈物所得以全〕"[11]라는 구절을, "갖추긴 했으되 온전히 하지 못했다.〔具而不能全〕"라는 뜻으로 오인하였으니, 이 또한 너무나도 미혹되었다고 말할 만합니다.

지난가을 대면했을 적에 감히 정정사(程正思)의 일서(一書)[12]를 바쳐 올렸던 것은, 바로 "이들이 세상에 나올 적에 하늘에서 얻은 이는 또한 다르다.〔其生而有得於天之理亦異〕"라는 등의 말을 가지고 집주의 본의는 그렇지 않다는 것을 밝히려고 해서였습니다. 그런데 지금 내유(來諭 보내온 글)에서 곧장 집주와 같지 않다고 말하였으니, 이는 참으로

11 어찌……것이겠는가 : 생지위성장(生之謂性章) 제3절의 주희의 주석 중의 "이의 측면에서 말한다면, 인의예지의 품성을 어찌 물이 얻어서 온전히 할 수 있는 것이겠는가.〔以理言之 則仁義禮智之稟 豈物所得以全哉〕"라는 말을 발췌하여 인용한 것이다.

12 정정사(程正思)의 일서(一書) : 주희가 정정사에게 보낸 답서로, 《맹자》의 생지위성장(生之謂性章)에 대한 자신의 견해를 밝힌 글이다. 정사는 주희의 문생인 정단몽(程端蒙, 1143~1191)의 자이다. 본문의 이해를 돕기 위하여 관련 부분을 소개하면 다음과 같다. "개와 소와 사람의 형기가 이미 갖추어져서 지각이 있고 운동할 수 있는 그것이 생이다. 생이 있는 것은 비록 같으나 형기가 이미 다른 만큼, 이들이 세상에 나올 적에 하늘에서 얻은 이는 또한 다르다. 대개 사람에게 있어서는 그 온전함을 얻어서 불선한 점이 있지 않으나, 물에 있어서는 가려진 바가 있어서 그 온전함을 얻지 못하니, 이것이 바로 성이라는 것이다.〔犬牛人之形氣既具 而有知覺 能運動者生也 有生雖同 然形氣既異 則其生而有得乎天之理亦異 蓋在人則得其全而無有不善 在物則有所蔽而不得其全 是乃所謂性也〕" 그리고 맨 끝의 추신(追伸) 부분에 "고자에 대한 이 한 단락을 이와 같이 개정하고, 이와 함께 예전의 논설을 없애 버리고자 한다. 그렇게 하면 일단 간명하고 직절하게 될 듯도 한데, 다만 일원의 곳에 대해서는 그다지 분명하게 되지 않은 듯도 하니, 자세히 살펴보기 바란다.〔告子一段欲如此改定 仍刪去舊論 似已簡徑 但恐於一原處未甚分明 請看詳之〕"라는 말이 첨부되어 있다. 《晦菴集 卷50 答程正思》

구설(口舌)로는 쟁론하기 어려운 부분이라고 하겠습니다. 그러니 오직 기꺼이 내가 요청한 대로 정문(正文)의 대의(大意)에 대해서 예전의 의견을 씻어 버리고 새로운 의견을 받아들여 우뚝하게 보는 바가 있게 된다면, 집주에 보이는 이 두 설의 차이는 구자(句字)에 있지 본의에 있지 않다는 것과 절목(節目)에 있지 대체(大體)에 있지 않다는 것을 말 없는 가운데 저절로 알 수 있게 될 것입니다.

그리고 "일원의 곳에 대해서는 그다지 분명하게 되지 않았다.……〔一原處未甚分明……〕"라고 한 대목과 같은 말은, 단지 분수(分殊)에 대해서는 상세히 말한 반면에 이일(理一)에 대한 말은 언급하지 않아서 미비한 점이 있다는 것을 말한 것일 뿐입니다. 따라서 이것을 가지고 "선생이 이때에는 견해가 일원처(一原處)에 이르지 못했다가, 그 뒤에 비로소 예전의 소견을 바꾸어 집주를 개정한 것이다."라는 식으로 말해서는 안 될 듯합니다. 왜냐하면 이 글을 지은 시기에 대해서 이 글 속의 다른 말을 가지고 고찰해 보면 바로 선생의 나이 60세 전후에 있었던 일인데, 이와 같은 대의리(大義理)에 대해서 어찌 그때까지도 착오가 있을 수 있겠습니까. 《태극해(太極解)》[13]를 완성한 것이 선생의 나이 44세 때의 일인데, 지금 《태극해》를 정론(定論)이 아니라고 말한다면 되겠습니까.

무릇 문자를 보는 의리로 말하면, 한 겹을 뚫으면 또 한 겹이 남아 있고, 서쪽을 보고 나면 동쪽이 남아 있는 법이니, 실로 한때의 편견을

13 태극해(太極解) : 《태극해의(太極解義)》를 말한다. 주돈이(周敦頤)의 〈태극도〉를 해설한 〈태극도해(太極圖解)〉와 《태극도설》을 해설한 〈태극도설해(太極圖說解)〉의 두 부분으로 되어 있다. 《성리대전(性理大全)》 권1에 수록되어 있다.

가지고 대충 억지로 꿰맞춰서 전부 알 수 있는 것이 아닙니다. 오직 마음을 비우고 기운을 가라앉혀 그 향기에 흠뻑 몸을 적시고서, 대체를 통틀어 살피고 지사(支辭)와 만어(蔓語)에 얽매이지 말 것이요, 원두(源頭)에 말없이 계합하고 구견(舊見)과 속론(俗論)에 빠져들지 말 것입니다.

이 글들은 우유(優柔)하여 스스로 구하게 하고 염어(厭飫)하여 스스로 나아가게 해 주니, 조용히 함영(涵泳)하며 세월의 공을 쌓아 가는 가운데, 비록 얻은 것이 있는 것 같아도 한 번 더 생각하고, 비록 의심할 것이 없는 것 같아도 한 번 더 확인할 일입니다. 그리하여 마치 강해(江海)가 대지를 적셔 주고 고택(膏澤)이 만물을 윤택하게 하듯, 자연스럽게 논리가 순해지고 얼음이 풀리듯 의문이 해결되고 나서 그 진의(眞意)를 알게 되는 것이니,[14] 오직 고명(高明)은 이에 대해서 한번 유념해 주십시오.

그리고 만약 그렇게 했는데도 풀리지 않는다면, 주자(朱子)가 남헌(南軒 장식(張栻))을 방문한 고사(故事)를 좇아서, 일마(一馬)로 왕림하여 열흘 정도 계속 머무르면서 똑같이 난만(爛漫)하게 귀결되기를 구

14 이 글들은……것이니 : 이 대목은 대부분 두예(杜預)의 〈춘추좌씨전 서문(春秋左氏傳序文)〉을 발췌하여 인용한 것인데, 그 서문 중에서 관련 부분을 소개하면 다음과 같다. "좌씨의 글은 유장하고, 뜻은 심원하다. 학자들로 하여금 사건의 시초를 헤아려 종말을 알게 하고, 지엽을 찾아서 궁극을 알게끔 한다. 우유하여 학자 스스로 구하게 하고, 염어하여 학자 스스로 나아가게 한다. 그리하여 강해가 대지를 적셔 주고 고택이 만물을 윤택하게 하듯, 얼음이 풀리듯 의문이 해결되고 자연스럽게 논리가 순해지고 나서 터득하는 바가 있게 하는 것이다.〔其文緩 其旨遠 將令學者原始要終 尋其枝葉 究其所窮 優而柔之 使自求之 饜而飫之 使自趨之 若江海之浸 膏澤之潤 渙然冰釋 怡然理順 然後爲得也〕"

해서 안 될 것이 뭐가 있겠습니까. 이는 바로 의리의 대두뇌처(大頭腦處)에 해당하는 부분이니, 결코 두세 가지 설이 있을 수가 없습니다.

또 "각기 하나의 태극을 갖추고 있다.〔各具一太極〕"[15]라는 말에 대한 고명의 주장이 물론 그럴듯하기도 합니다. 그러나 주 선생(朱先生)이 후론(後論)에서 해석을 하며 "서로 가차(假借 포용)하지도 않고 서로 능탈(陵奪 침탈)하지도 않으면서, 각각 하나의 이(理)를 갖추었다."[16]라고 결론을 지은 것은 또 무엇 때문이겠습니까? 이에 대해 다시 생각해 보고 나서 가르쳐 주시면 다행이겠습니다.

만약 내유(來諭)가 이것을 가지고 인물성동이론(人物性同異論)이 여기에서 그 경계가 나뉜다고 말한 것이라면, 꼭 그렇지는 않을 듯싶습니다. 삼연(三淵 김창흡(金昌翕))은 동론(同論)을 주창한 자인데 '물이 아래로 흘러가는 것과 불이 위로 타오르는 것〔水之潤下 火之炎上〕'을 각구태극(各具太極)으로 하였고, -〈만록(漫錄)〉과 〈잡록(雜錄)〉에 보입니다.- 남당(南塘 한원진(韓元震))은 이론(異論)을 주창한 자인데 '물과 물이 모

15 각기……있다 : 주희가 "대개 합해서 말하면 만물 전체가 하나의 태극이요, 나누어 말하면 일물이 각기 하나의 태극을 갖추고 있다.〔蓋合而言之 萬物統體一太極也 分而言之 一物各具一太極也〕"라고 말한 내용이 《근사록(近思錄)》 권1 〈도체(道體)〉에 나온다.

16 서로……갖추었다 : 주희가 〈태극후론(太極後論)〉에서 "만물은 동일한 태극에서 생겨나는 것인데, 각각 태극을 갖추었다고 말한다면 또한 의심할 법도 하다. 그러나 일물 중에 천리가 완비되어 서로 가차하지도 않고 서로 능탈하지도 않으니, 이것이 바로 통에 종이 있는 소이요, 회에 원이 있는 소이이다. 그렇다면 어찌 '하나의 이를 각각 갖추었다.'라고 말하지 않을 수 있겠는가.〔萬物之生 同一太極者也 而謂其各具 則亦有可疑者 然一物之中 天理完具 不相假借 不相陵奪 此統之所以有宗 會之所以有元 是則安得不曰各具一理哉〕"라고 한 말을 발췌하여 인용한 것이다. 이 말은 《성리대전(性理大全)》 권1에 수록되어 있다.

두 같은 것〔物物皆同〕'을 각구태극으로 하였습니다. 대개 사람마다 의견이 각기 다르고 말과 의논이 만 가지로 갈리니, 참으로 안목이 뛰어나고 심흉(心胸)이 넓은 자가 아니라면, 어떻게 포함(包涵)하고 절충(折衷)하며 조리 분명하게 널리 통해서 동이(同異)의 궁극을 구명해 내겠습니까.

강포(江浦)의 비유는 감히 이해하지 못하겠습니다. 물은 동일하다 해도 개〔浦〕의 대소가 일단 다르면, 작은 개는 본디 큰 배를 띄우거나 많은 물고기를 용납하기 어려우니, 이것이 바로 이일분수(理一分殊)라고 하는 것입니다. 정자(程子)의 극중일광(隙中日光)의 의논[17]도 그 뜻이 바로 이와 같은 것으로서 비유가 더욱 친절한데, 다만 대체에 대해서 터득하기만 하면 이런 곳은 자연히 칼을 대는 대로 해체될 것이기에, 여기에서 더 이상 깊이 논의하지 않겠습니다.

17 정자(程子)의 극중일광(隙中日光)의 의논 : 극중일광은 틈새를 뚫고 나오는 햇빛이라는 뜻으로, 개와 소와 사람이 성(性)은 햇빛처럼 똑같지만, 형기(形氣)의 차별은 각기 다른 방원(方圓)의 틈새와 같아서 바꿀 수 없다는 말인데, 고자와 맹자는 각각 광(光)과 극(隙)에 주목했다는 뜻이 이 속에 들어 있다. 《이정유서(二程遺書)》 권24에 이에 대한 설명이 자세히 나온다. 또 《회암집(晦菴集)》 권61 〈답엄시형(答嚴時亨)〉에도 "극중일광의 의논이 가장 친절하니, 상세히 음미하여 같은 것 속에서도 다른 것을 알아야 하고, 다른 것 속에서도 같은 것을 볼 줄 알아야 한다.〔隙中日光之論 最爲親切 更須詳味 於同中識其所異 異中見其所同〕"라고 권면하고 있다.

김백고에게 답하는 글 계미년(1763, 영조39) 겨울
答金伯高 癸未冬

〔문〕 "그렇게 하려 하지 않아도 그렇게 되는 것〔莫之然而然〕[18]은 원래 하나의 '텅 비고 원만하며 성대한〔虛圓盛大〕' 물사(物事)가 있어서이다.……"에 대하여

이를 상세히 살펴보건대, 말한 내용은 단지 기(氣)일 뿐입니다. 그리고 원(元)이라고 하고 도(道)라고 하고 명(命)이라고 하고 제(帝)라고 하고 태극(太極)이라고 말하였는데, 이것은 또 모두 정주(程朱)가 이(理)라고 말한 범주에 들어가는 것들입니다. 그런데 지금 이것들을 모조리 기(氣) 속에 몰아넣어 설하였으니, 이는 어쩌면 기(氣)가 바로 이(理)인 만큼 따로 드러낼 필요가 없다고 생각해서 그런 것입니까? 그렇다면 이(理)이니 성(性)이니 하는 것은 또 어째서 함께 열거하지 않았으며, 소위 담일청허(湛一淸虛)라는 것은 또 어째서 말하지 않았습니까?-말줄임표 이전의 본설(本說)은 〈녹려잡지(鹿廬雜識)〉에 실려 있다. 아래도 모두 같다.-

〔답〕 막지연이연(莫之然而然)하는 것은 주재(主宰)이고, 생(生)하고 불식(不息)하는 것[19]은 성정(性情)이니, 성정을 주재하는 것이 이(理)

18 그렇게……것 : 자연(自然) 즉 '절로 그렇게 된다.'라는 뜻과 같다. 《녹문집》 권19의 〈녹려잡지(鹿廬雜識)〉에 "막지연이연은 바로 자연이라고 하는 것이다.〔莫之然而然卽所謂自然也〕"라는 말이 나온다.

19 생(生)하고 불식(不息)하는 것 : 〈녹려잡지〉에서 말한 '헤아릴 수 없이 만물을 내는 것〔生物不測〕'과 '멈추지 않고 유행하는 것〔流行不息〕'을 말한다.

가 아니면 무엇이겠습니까.

그리고 내가 반드시 이와 같이 말한 것은, 바로 근원으로 곧장 나아가서 이(理)와 기(氣)라고 명명하게 된 까닭을 분석함으로써 그 진면목을 드러내려고 한 것일 뿐입니다. 그런데 지금 이(理)라는 글자가 없다는 이유로 오로지 기(氣)만 말했다고 문득 배척하였으니, 이는 내가 고명(高明)에게 바라던 바가 결코 아닙니다.

정자(程子)가 말하기를 "형체를 가지고 말할 때에는 하늘이라 하고, 성정을 가리켜 말할 때에는 건이라 하고, 주재하는 입장에서 말할 때에는 상제라 하고, 공용의 측면에서 말할 때에는 귀신이라 하고, 묘용의 시각에서 말할 때에는 신이라 한다.〔以形體謂之天 以性情謂之乾 以主宰謂之帝 以功用謂之鬼神 以妙用謂之神〕"[20]라고 하였으니, 옛사람이 입언(立言)할 때에는 본래 이와 같은 점이 있었습니다. 이에 대해서 묵묵히 계합(契合)한다면, 이(理)와 기(氣)가 하나라고 설하거나 둘이라고 설하거나 선후 관계를 설하거나 간격이 없다〔無間〕고 설하거나 모두 안 될 것이 없겠습니다만, 그렇지 않으면 모두 소경이 코끼리를 만진다는 비판을 면하지 못하게 될 듯싶습니다. 그리고 태허(太虛)의 허(虛)가 바로 담허(湛虛)의 허이니, 꼭 물어보지 않아도 되지 않겠습니까.[21]

〔문〕 "주자는 천을 이로 해석하였다.……〔朱子訓天以理……〕"에 대하여

20 형체를……한다 : 《주역(周易)》 〈건괘(乾卦) 괘사(卦辭)〉의 정전(程傳)에 나오는 정이(程頤)의 말인데, 녹문이 약간 순서를 바꿔서 인용하였다.

21 태허(太虛)의……않겠습니까 : 담일청허(湛一淸虛)는 왜 말하지 않았느냐고 당신이 나에게 물어보았는데, 〈녹려잡지〉에서 이미 언급한 태허가 바로 담허 즉 담일청허라는 것을 당신은 왜 모르냐는 뜻의 해학적인 표현이다.

"음양이 바로 도이다.〔陰陽便是道〕"라고 말씀하셨는데, 이것은 음양의 영(靈)을 가리켜서 말한 것입니까, 아니면 단지 음양의 기(氣)를 말한 것입니까? 〈계사전(繫辭傳)〉 본의(本義)의 "음양이 번갈아 운행하는 것은 기이고, 그 이는 이른바 도라고 하는 것이다.〔陰陽迭運者氣也 其理則所謂道也〕"[22]라고 말한 것은 어떻게 처리해야 합니까?

〔답〕 명도(明道) 선생의 말 중에 "원래 다만 이것이 바로 도이다.〔元來只此是道〕"[23]라는 내용이 있고, 주자(朱子)도 말하기를 "천지는 도이다.〔天地者道也〕"[24]라고 하였습니다.-《중용장구(中庸章句)》에 보입니다.- 그러나 이것이 어찌 음양과 천지를 도라고 곧장 승인한 것이겠습니까. 의심하는 것이 여기에까지 이르다니 정말 우스워서 더 이상 할 말이 없습니다.

22 음양이……것이다 : 《주역》 〈계사전 상(繫辭傳上)〉의 "한 번 음이 되고 한 번 양이 되는 것을 도라고 한다.〔一陰一陽之謂道〕"라는 말을 주희가 해설한 것이다. 주희의 《주역》 해설을 본의(本義)라고 하고, 정이(程頤)의 해설을 정전(程傳)이라고 한다.

23 원래……도이다 : 《주역》 〈계사전 상(繫辭傳上)〉의 "형이상의 것을 도라고 하고 형이하의 것을 기라고 한다.〔形而上者謂之道 形而下者謂之器〕"라는 말을 명도 정호(程顥)가 해설하면서 "기도 도이고 도도 기이다.〔器亦道道亦器〕"라고 하고, 또 "원래 다만 이것이 바로 도이다.〔元來只此是道〕"라고 해설하였다. 《二程遺書 卷1, 卷11》 도(道)는 무형(無形)의 추상적인 도리를 뜻하고 기(器)는 유형(有形)의 구체적인 사물을 뜻하는 중국 철학 용어인데, 여기서는 도와 기 즉 이(理)와 기(氣)가 서로 분리되지 않는다는 뜻으로 정호가 해석한 것이다.

24 천지(天地)는 도(道)이다. : "천지에 세워도 어그러지지 않으며, 귀신에게 질정하여도 의심할 것이 없다.〔建諸天地而不悖 質諸鬼神而無疑〕"라는 경문에 대해서, 주희가 "천지는 도요, 귀신은 조화의 자취이다.〔天地者道也 鬼神者造化之迹也〕"라고 해설한 것이 《중용장구(中庸章句)》 제29장에 보인다.

〔문〕 "이기의 설은 정주를 거치면서부터 밝혀졌다.……〔理氣之說 自經程朱發明……〕"에 대하여

이(理)라는 것이 단지 기(氣)가 '스스로 그러한 것〔自然處〕'일 뿐이라고 한다면, 가령 《중용장구(中庸章句)》에서 "기(氣)로써 형체를 이루고 이(理)를 또한 부여한다."[25]라고 설하였는데, 이것이 "기로써 형체를 이루고 자연처를 또한 부여한다."라는 의미이겠습니까? 그리고 《대학혹문(大學或問)》에서 "음양오행이라는 것은 반드시 이 이(理)가 있고 나서 이 기(氣)가 있는 것이다."[26]라고 설하였는데, 이것도 "이 자연처가 있고 나서 이 기가 있는 것이다."라는 의미이겠습니까. 대저 자연처라고 하는 것이 단지 기(氣)의 자연(自然)일 뿐이라면, 기와 자연처를 나누어 대대(對待 상대(相對))해서 설하는 것이 어찌 타당하겠습니까.

〔답〕 절로 그렇게〔自然〕 이 기(氣)가 있고, 또 절로 그렇게 나뉘어 음양(陰陽)이 되고 오행(五行)이 되며, 또 절로 그렇게 인(人)을 내고 물(物)을 내니, 이 자연(自然)이야말로 이(理)의 주재처(主宰處)인 것입니다. 더군다나 나의 설 하단에 또 "응당 그러하다.〔當然〕"라는 말이 있는 데야 더 말할 것이 있겠습니까. 지금 이 이(理)를 형용하려고

25 기(氣)로써……부여한다 : 《중용장구》 제1장에서 주희가 "하늘이 명한 것을 성이라고 한다.〔天命之謂性〕"라는 경문을 "하늘이 음양오행으로 만물을 화생하매 기로써 형체를 이루고 이를 또한 부여한다.〔天以陰陽五行 化生萬物 氣以成形 理亦賦焉〕"라고 해설하였다.

26 음양오행이라는……것이다 : 《대학혹문》에 "천도가 유행하여 만물을 발육하매 그 조화를 이루게 하는 것은 음양오행일 뿐이다. 그런데 음양오행이라는 것은 또 반드시 이 이가 있고 나서 이 기가 있게 되는 것이다.〔天道流行 發育萬物 其所以爲造化者 陰陽五行而已 而所謂陰陽五行者 又必有是理而後有是氣〕"라는 주희의 말이 나온다.

한다면, 자연과 당연(當然)을 놔두고 무슨 용어를 써야 명확해지겠습니까. 이른바 "먼저 이가 있다.〔先有理〕"라고 할 때의 이는 무슨 이이며, "이를 또한 부여한다.〔理亦賦焉〕"라고 할 때의 이는 또 무슨 이인지 한번 의견을 듣고 싶습니다.

〔문〕 "인성이 선한 것은 바로 그 기질이 선한 것일 뿐이다.……〔人性之善 乃其氣質善耳……〕"에 대하여

기질이 비록 악하더라도 담일(湛一)의 본체는 없어진 적이 없으니, 이것을 근거로 해서 "기질이 비록 악하더라도 성(性)은 본래 선하다."라고 말한들 안 될 것이 또 뭐가 있겠습니까.

〔답〕 담일(湛一)이 응취(凝聚)하여 정(正)하고 통(通)하게 되는데, 정은 질(質)에 속하고 통은 기(氣)에 속합니다.-이른바 오행의 빼어난 기운〔五行之秀〕[27]이라고 하는 것도 모두 기질을 가리킵니다.- 정통(正通)하기 때문에 사람이 되는 것이니, 사람에게 불선(不善)이 있지 않은 것은 바로 그 기질이 정통하기 때문입니다. 대저 악(惡)으로 말하면 단지 정통한 가운데의 사재(渣滓)일 뿐이니, 정통하면 그것이 바로 담일이 온전한 것입니다. 따라서 담일이라도 정통하지 않으면, 담일이 있는 것이 마치 물이 아래로 흘러가고 불이 위로 타오르는 것에 불과할 뿐이니, 어떻게 사람의 선(善)이 될 수 있겠습니까. 그리고 담일 역시 기인데, 지금 고명은 담일과 기질을 둘로 나누었으니, 이는 생각이 주밀(周密)하지

27 오행의 빼어난 기운 : 《근사록(近思錄)》 권2 〈위학류(爲學類)〉에 "천지가 정기를 축적하여 만물을 내는데, 이때 오행의 빼어난 기운을 얻은 것이 바로 사람이 된다.……〔天地儲精 得五行之秀者爲人……〕"라는 정이(程頤)의 말이 나온다.

못한 듯싶습니다.

〔문〕 "사람의 선은 물이 아래로 흐르는 것과 같다.……〔人之善猶水之下……〕"에 대하여

인성(人性)이 선(善)한 것은 기(氣)를 품부받은 것이 정통(正通)하여 이 담일(湛一)의 청허(淸虛)한 본체(本體)를 온전히 하기 때문이니, 악기(惡氣)가 있는 것은 바로 정통한 중에서도 들쭉날쭉 같지 않은〔不齊〕 것이 있기 때문이라고 하겠습니다. 이런 측면에서는 성(性)에도 불선(不善)한 점이 있으니 이것이 이른바 기질지성(氣質之性)이라는 것입니다. 그러나 정통하기 때문에 담일의 본체 자신은 온전한 만큼, 또 성(性) 자신은 선하다고 말을 하는 것이니 이것이 바로 이른바 본연지성(本然之性)이라는 것입니다. 물〔水〕에 있어서는 기(氣)를 품부받은 것이 아래로 흘러가도록 치우쳤기〔偏〕 때문에 그 성(性)도 아래로 흘러가는 것이니 이것도 이른바 기질지성이라고 하겠습니다만, 바로 이렇게 아래로 흘러가는 것 역시 담일의 본체가 하는 것인 만큼, 이런 측면에서는 본연지성이라고 말해도 좋을 것입니다. 다만 본연지전(本然之全)이라고 말할 수는 없으니, 본연지전은 바로 정통한 기(氣)에 있기 때문입니다. 지금 고명이 "성(性)은 기(氣)를 여의지 않는다."라고 주장하며 담일의 본체를 발휘하는 측면에서는 지극하다고 말할 수 있습니다만, 유독 치우치고 막힌〔偏塞〕 기(氣)에 있어서만은 반드시 담일을 버리고 본성을 말하는 것은 어째서입니까?

〔답〕 물이 아래로 흘러가고〔潤下〕 불이 위로 타오르는 것〔炎上〕과 사람이 선(善)하고 하늘이 씩씩하고〔健〕 땅이 순응하는 것〔順〕은 모두 똑

같은 지위에 있어야 마땅합니다. 윤하(潤下)와 염상(炎上)이 기질지성이면 선(善)과 건(健)과 순(順)도 기질지성이 되어야 하고, 선과 건과 순이 본연지성이면 윤하와 염상도 본연지성이 되어야 하니, 이렇게 한 뒤에야 비로소 가지런히 정돈될 것입니다. 그런데 지금 내유(來諭)를 보면 윤하와 염상을 정통(正通) 중에 부제(不齊)한 것의 층위에 대비(對比)하였는데, 이것은 아무래도 삐딱하게 왜곡한 것이 아닐까 합니다. 그리고 "본연지전은 바로 정통한 기에 있다."라고 한 대목이 매우 좋습니다만, 비록 같은 담일일지라도 이렇게 있은〔在〕 뒤에야 비로소 성(性)이 되고, 이렇게 있지 않으면〔不在〕 단지 태허(太虛)일 따름이니, 이 '재(在)'라는 글자를 다시 깊이 생각해 보시기 바랍니다.-《맹자집주(孟子集註)》에서 아래로 내려가는 것을 물의 본성이라고 하였습니다.-[28]

〔문〕 "박사암[29]이 말하기를, 담일청허는……〔朴思庵謂湛一淸虛……〕"에 대하여

앞에서는 "음양이 바로 도이다.〔陰陽便是道〕"라고 하였으니, 이는 곧장 음양의 기(氣)를 가지고 말한 것입니다. 그런데 여기서는 "음양오행에 국한되지 않는다.〔不爲陰陽五行所局〕"라고 말하였는데, 그렇다면 이는 반드시 음양에 구애되지 않음이 있는 것이니, 곧장 음양

28 맹자집주(孟子集註)에서……하였습니다 : 〈고자 상(告子上)〉 2장 3절에 "물의 본성은 미상불 아래로 내려가는 것이다.〔其本性未嘗不就下〕"라는 주희의 주해가 나온다.

29 박사암(朴思庵) : 사암은 박순(朴淳, 1523~1589)의 호이다. 서경덕(徐敬德)의 문인으로, 1553년(명종8) 친시 문과(親試文科)에 장원한 뒤, 1572년(선조5) 영의정에 올라 14년간 재직했는데, 동서(東西) 당쟁이 격심할 무렵 이이(李珥)와 성혼(成渾)을 편들다가 서인(西人)으로 지목되어 탄핵을 받고 은거하였다.

이 도라고 할 수가 없습니다. 음양에 구애되지 않는 것이 이른바 담일(湛一)의 본체라고 한다면, 담일의 본체야말로 이(理)의 전구처(全具處)로서 이것이 바로 이른바 도(道)인 것입니다. 이와 같이 보면 안 될 것이 뭐가 있기에, 반드시 이(理)를 버리고 전적으로 음양만을 말하는 것입니까?

〔답〕 담일이 유행하여 음양이 되고 생(生)·장(長)·수(收)·장(藏)하면서 쉬지 않고 운행하니, 이것이 바로 도(道)의 실체입니다. 그러므로 부자(夫子)가 말하기를 "한 번 음이 되고 한 번 양이 되는 것을 도라고 한다.〔一陰一陽之謂道〕"[30]라고 하고, 장자(張子)가 말하기를 "기화에 연유하여 도라는 이름이 있게 되었다.〔由氣化有道之名〕"[31]라고 한 것입니다. 이는 대개 두 개의 기(氣)로 나뉘었어도 실은 하나의 기가 운행하는 것인데, 담일의 공용(功用)은 음양의 측면에서 살펴보는 것이 제격이기 때문에 그렇게 말한 것입니다. 그러니 지금 그만 음양을 빼 버리고 단독으로 담일만을 가리켜서 도라고 한다면, 이른바 도라고 하는 것이 공허해지지 않겠습니까. 정자(程子)가 횡거(橫渠 장재(張載))의 설을 논하며 "맑은 것을 신이라고 한다면, 흐린 것은 신이 아니란 말인가.〔淸者神而濁者非神乎〕"라고 한 말이 있는데,[32] -《정몽(正

30 한 번……한다 : 《주역》 〈계사전 상(繫辭傳上)〉에 나온다. 〈계사전〉은 이른바 십익(十翼)의 하나로 공자가 지었다고 전해 온다.

31 기화(氣化)에……되었다 : 장재(張載)의 저술인 《정몽(正蒙)》 〈태화(太和)〉에 "태허에 연유하여 천이라는 이름이 있게 되었고, 기화에 연유하여 도라는 이름이 있게 되었다.〔由太虛 有天之名 由氣化 有道之名〕"라는 말이 나온다.

32 정자(程子)가……있는데 : 주희가 장재의 "태허는 지극히 맑다. 맑으면 구애됨이 없고, 구애됨이 없으므로 신령스럽다. 맑음의 반대는 흐림이다. 흐리면 구애됨이 있고,

蒙)》의 주(註)에 보입니다.- 이 말이 음미하기에 매우 좋습니다.

〔문〕 "《주역》 〈건괘 단전〉의 본의에 말하기를……〔易乾卦彖傳本義曰……〕"에 대하여

이는 참으로 성론(盛論 귀하의 논설)의 밑바탕이 되는 곳입니다. 그러나 이(理)와 기(氣)의 관계는 원래 하나이면서 둘이고 둘이면서 하나인 것입니다. 만약 이(理)를 형용하려고 할 적에 반드시 기(氣)를 가지고 징험하려고 한다면, 성현(聖賢)의 언어들 중에 기(氣)를 가리켜 이(理)를 설하며 완전히 혼륜(渾淪 한 덩어리)한 물사(物事)인 것처럼 표현한 것들을 또 어떻게 다 셀 수 있겠습니까. 더군다나 원형이정(元亨利貞)에 대해서 "이(理)를 가지고도 이렇게 설하고 기(氣)를 가지고도 이렇게 설한다."라고 말했음이겠습니까. 본의(本義)에서 전적으로 기(氣)를 가지고 말한 경우에도, 어찌 저 이(理)를 포함하지 않은 적이 있다고 하겠습니까.

〔답〕 주자(朱子)의 뜻은 참으로 기(氣)에 나아가서 이(理)를 가리킨 것입니다만, 북계(北溪)가 "이(理)로 보아도 이러하고 기(氣)로 보아도 이러하다."라고 말한 것은 두 개가 있는 듯한 인상을 주니,[33] 사덕(四

구애됨이 있으면 형기가 막힌다.〔太虛至淸 淸則無礙 無礙故神 反淸則濁 濁則有礙 礙則形窒矣〕"라는 등의 태허설(太虛說)에 대한 질문을 받고는, "기 밖에 신이 없고, 신 밖에 기가 없다. 맑은 것을 신이라고 한다면, 흐린 것은 신이 아니란 말인가.〔氣外無神 神外無氣 謂淸者爲神 則濁者非神乎〕"라는 정호(程顥)의 말을 인용하여 대답하며 비판한 기록이 전한다. 《正蒙 太和 註》《朱子語類 卷99 張子書2》

33 북계(北溪)가……주니 : 북계는 주희의 제자 진순(陳淳)의 호이다. 자는 안경(安卿)이다. 《소학집주(小學集註)》 〈소학제사(小學題辭)〉에 "원형이정은 천도의 떳떳함

德 원형이정)에 대한 이해가 명확하지 못한 듯합니다.

〔문〕 "신 아닌 것이 없다.……〔莫非神也……〕"에 대하여

신(神)이라는 것은 기(氣)와 이(理)에 대해서 그 동이(同異)가 또 어떠합니까?

〔답〕 신(神)은 바로 '심(心)' 자의 지위에 해당합니다.

〔문〕 "주자의 《태극도해》에 말하기를……〔朱子太極圖解……〕"에 대하여

내가 "사람의 선은 물이 아래로 흐르는 것과 같다.〔人之善猶水之下〕"라는 단락에 대해서 논한 뜻을 가지고 이에 대해서 유추해 보면 또 절로 통할 수가 있습니다. 대개 각각 '하나의 성을 얻은 것〔各得一性〕'도 단지 본연지성(本然之性)을 얻은 것일 뿐입니다. 그런데 본연지성은 통체(統體)라고 해서 많은 것도 아니고 각일(各一)이라고 해서 적은 것도 아니니, 이는 또한 담일(湛一)의 기(氣)가 통체라고 해서 더하지도 않고 각일이라고 해서 덜하지도 않기 때문입니다.

〔답〕 각일의 성(性)이 단지 통체의 성일 따름이라면, 이미 통체를 말해 놓고는 또 각구(各具)를 말하는 등, 이렇게 군더더기 말을 중복할 필요가 뭐가 있겠습니까. 기가 다르고 질이 달라서 품부받은 것이 같지

이요, 인의예지는 인성의 벼리이다.〔元亨利貞 天道之常 仁義禮智 人性之綱〕"라는 말이 나오는데, 그 주에 북계가 "만약 조화의 측면에서 논한다면, 천명의 큰 절목은 단지 원형이정일 뿐이다. 이 네 가지에 대해서는 기의 측면에서 논해도 되고, 이의 측면에서 논해도 된다.〔若就造化論 則天命之大目 只是元亨利貞 此四者 就氣上論也得 就理上論也得〕"라고 하고는 구체적으로 설명한 말이 수록되어 있다.

않은 것은 또 어떻게 설명하겠습니까.

〔문〕 "하늘의 도를 세워서 음과 양이라 한다.……〔立天之道曰陰與陽……〕"[34]에 대하여

–천극(天極)은 물론 지극(地極)과 다르고, 지극은 물론 인극(人極)과 다릅니다. 그러나 담일의 본체는 천(天)·지(地)·인(人)이 모두 같으니, 그렇다면 본연지성 역시 같다고 할 것입니다.

〔답〕 담일을 가지고 천·지·인과 합한 연후에야 비로소 음양(陰陽)·강유(剛柔)·인의(仁義)의 이름이 있는 것이니, 이른바 "태허(太虛)와 기화(氣化)를 합해서 성이라는 명칭이 있게 되었다.〔合虛與氣有性之名〕"[35]라고 한 것이 바로 이것입니다. 만약 담일만 단독으로 말하면 단지 허공(虛空)일 따름이니 다시 무슨 물건이 있겠습니까.–형기(形氣)에 나아가 담일을 지칭하는 것은 괜찮지만, 형기를 빼 버리고 담일을 설하는 것은 안 됩니다.–

34 하늘의……한다 : 《주역》〈설괘전(說卦傳)〉의 "하늘의 도를 세워서 음과 양이라 하고, 땅의 도를 세워서 유와 강이라 하고, 사람의 도를 세워서 인과 의라고 한다. 이 천지인(天地人) 삼재를 합쳐서 각기 둘로 하였기 때문에 역의 괘가 육획으로 이루어진 것이다.〔立天之道曰陰與陽 立地之道 曰柔與剛 立人之道曰仁與義 兼三才而兩之 故易六畫而成卦〕"라는 말을 발췌한 것이다.

35 태허(太虛)와……되었다 : 장재(張載)의 말이다. 《정몽(正蒙)》〈태화(太和) 1〉에 "태허를 말미암아 천이라는 명칭이 있게 되었고, 기화를 말미암아 도라는 명칭이 있게 되었으며, 태허와 기화를 합해서 성이라는 명칭이 있게 되었고, 성과 지각을 합해서 심이라는 명칭이 있게 되었다.〔由太虛有天之名 由氣化有道之名 合虛與氣有性之名 合性與知覺有心之名〕"라는 말이 나온다. 《맹자(孟子)》〈진심 상(盡心上)〉 1장에 대한 집주의 해설에도 이 말이 인용되어 있다.

〔문〕"물의 본성은 아래로 흘러가는 것이다.……〔水之性潤而下……〕"에 대하여

아래로 흘러가는 것〔潤下〕은 물론 물이 갖춘 태극(太極)이요, 위로 불타오르는 것〔炎上〕은 물론 불이 갖춘 태극입니다. 그러나 윤하(潤下) 중에도 담일(湛一)이 있고, 염상(炎上) 중에도 담일이 있는데, 윤하의 담일과 염상의 담일은 두 개의 다른 물건〔二物〕이 아니니, 그렇다면 윤하의 태극과 염상의 태극도 이물(二物)이 아닌 것입니다. 언제 일찍이 통체(統體)와 각일(各一)에 대해서 그 실체를 달리한다고 한 적이 있었습니까.

〔답〕윤하의 담일은 곧 염상의 담일이니 물론 이물이 아닙니다. 그러나 윤하의 입장에서는 전체(全體)가 단지 윤하를 이루고, 염상의 입장에서는 전체가 단지 염상을 이루는 것입니다.-"부분이 바로 전체이다.〔偏底卽是全底〕"[36]라고 한 것이 바로 이 뜻입니다.- 이물(二物)이 아니기 때문에 동

36 부분이 바로 전체이다 : 남당(南塘) 한원진(韓元震)의 말이다. 《남당집》 권1 〈경차율곡선생이기영(敬次栗谷先生理氣詠)〉 중에서 "물이 본래 맑으니 어찌 그릇이 더럽히랴, 공기의 대소 차이는 병의 크기를 따른 것.〔水本淸澄寧泥器 空殊大小卽隨甁〕"이라는 5, 6구의 자주(自註)에 나온다. 그 부분을 소개하면 다음과 같다. "이 두 구절은 '부분이 전체이고 전체가 부분인 것'을 말한 것이다. 천지 만물이 각각 그 성을 하나씩 갖고 있는 것으로 보면 물론 부분이라고 하겠지만, 전적으로 그 이를 말하면 혼연한 전체로서 미상불 자약하니, 이것이 곧 부분이 바로 전체라고 하는 것이다. 이의 전체는 어떤 물도 갖추지 않은 것이 없으나, 그 기를 위주로 말하면 각각 그 기를 따라서 만 가지로 같지 않으니, 이것이 곧 전체가 부분이라고 하는 것이다.〔此二句言偏底卽是全底 全底卽是偏底 天地萬物 各一其性 則是固偏矣 而專言其理 則渾然全體 未嘗不自若 卽所謂偏底卽是全底也 理之全體 無物不具 而主言其氣 則各隨其氣而有萬不同 卽所謂全底卽是偏底也〕"

(同)이라고 말을 하는 것이고, 각기 그 성(性)을 이루기 때문에 이(異)라고 말을 하는 것이니, 이것이 바로 "같다고 하자니 같은 것 속에 다름이 있고, 다르다고 하자니 같지 않은 적이 없다.〔謂之同則同中有異 謂之異則未嘗不同〕"[37]라고 하는 것입니다.-주자(朱子)가 엄시형(嚴時亨)에게 답한 글에 보입니다.- 이렇게 말해야 완전히 갖추어지는 것이니, 어찌 꼭 같은 것〔同〕만을 믿고 다른 것〔異〕은 의심하며 합치되는 것〔合〕만을 기뻐하고 분리되는 것〔離〕은 싫어한 나머지, 끝내 눈금 없는 저울〔無星之稱〕이나 치수 없는 자〔無寸之尺〕처럼 되어 주자의 배척을 받은 뒤에야 속이 시원하겠습니까.

〔문〕 "깨달으면 닿는 곳 모두가 통한다.……〔悟則觸處皆通……〕"에 대하여

개〔犬〕·소〔牛〕·사람〔人〕과 부자(附子)·대황(大黃) 등의 측면에서 본다면 이는 분수(分殊)이니, 이 어찌 기질(氣質)이 하는 것이 아니겠습니까. 그러나 '하나인 태극〔一太極〕'의 차원에서 말한다면 이는 이일(理一)이니, 이 어찌 이(理)의 본연(本然)이 아니겠습니까. 대저 분수가 또한 이(理)인 것에 대해서야 누가 그렇지 않다고 하겠습니까. 그러나 또 이(理)가 분수가 되는 까닭이 어디에 연유하는지 말해 본다면, 어찌 기(氣)에 온갖 차별이 있기 때문이 아니겠습

37 같다고……없다 : 《회암집(晦菴集)》 권61 〈답엄시형(答嚴時亨)〉에 "오행과 태극의 관계는 바로 생지위성과 서로 비슷한 점이 있다. 같다고 하자니 같은 것 속에 다름이 있고, 다르다고 하자니 같지 않은 적이 없다.〔五行太極 便與生之謂性相似 以爲同則同中有異 以爲異則未嘗不同〕"라는 주희의 말이 나온다. 125쪽 주17 참조.

니까. 지금 고명이 매양 고달프게 이일처(理一處)에 대해서 분수의 뜻을 끄집어내어 '성이 같지 않은〔性不同〕' 증거로 삼곤 하시는데, 어찌하여 이 마음을 옮겨 분수처(分殊處)로 문득 향해서 이일의 뜻을 보아 드러내려고는 하지 않으십니까?

〔답〕 분수처로 향하여 이일의 뜻을 보라고 말씀하셨는데, 나도 어찌 일찍이 이런 생각을 하지 않았겠습니까마는, 오로지 이 이일만을 물성(物性)에 해당시키고 분수처는 일체 기질의 조박(糟粕 찌꺼기)으로 돌려 버린다면, 이른바 성(性)이라는 것은 매번 하늘로 솟구쳐 올라가 버릴 것이니, 어찌 민망하지 않겠습니까. 과연 이와 같다면 그저 이일이라는 두 글자만으로도 충분할 터이니, 또 분수를 말할 필요가 뭐가 있겠습니까.

〔문〕 "김삼연[38]이 사람과 금수의 성과 도에 대한 질문에 답하기를…… 〔金三淵答人禽獸性道之問……〕"에 대하여

소가 밭을 갈면 사람도 밭을 갈고, 말이 짐을 실으면 사람은 등에 짐을 집니다. 닭과 개가 울고 짖는 것은 사람이 말을 하는 것이요, 솔개와 물고기가 날며 뛰는 것은 사람이 걷고 달리는 것입니다. 어디 한번 말해 보십시오, 사람이 밭을 갈고 등에 짐을 지고 말을 하고 걷고 달리는 것[39]은 본연지성(本然之性)입니까, 기질지성(氣質之

38 김삼연(金三淵) : 삼연은 김창흡(金昌翕, 1653~1722)의 호이다. 김상헌(金尙憲)의 증손이고, 김수항(金壽恒)의 아들이며, 김창집(金昌集)·김창협(金昌協)의 아우이다.

39 걷고 달리는 것 : 대본에는 '行步'로 되어 있으나, 바로 앞에 '行走'로 되어 있는 것을 감안하여 '步'를 '走'로 바로잡아 번역하였다.

性)입니까? 이것을 본연이라고 말하지 않을 수 없다면, 소·말과 닭·개의 성(性)도 본연일 것인데, 어찌 꼭 기질로 돌려서 기질의 성을 따른다고 말하는 것입니까. 대저 생각건대 금수의 본연인데도 또한 기질이라고 말하는 이유는, 밭을 가는 소는 짐을 싣지 못하고 짐을 싣는 말은 밭을 갈지 못하며, 밭을 갈고 짐을 싣는 것은 울거나 짖지 못하고 울거나 짖는 것은 날거나 뛰지 못하는 것이, 사람이 밭을 갈고 짐을 싣고 말을 하고 걷거나 달릴 수 있는 것과는 같지 않고, 오상(五常)에 있어서도 겨우 하나의 길만을 통하기 때문이니, 이는 모두 기(氣)를 받은 것이 치우치고 막힌〔偏塞〕 연고로 그런 것입니다. 그러나 그 본연지성으로 말하면 편기(偏氣)의 경우에 있어서도 전기(全氣)의 경우와 다를 것이 뭐가 있겠습니까. 왜 그러냐 하면 이 역시 '담일(湛一)의 기(氣)'는 편전(偏全) 때문에 달라지지 않기 때문입니다.

〔답〕 본연지성이라고 말을 해 놓고서도 금방 또 기질지성이라고 말하였고 보면, 필경 본연은 그림자인 셈이고 기질이 실물(實物)인 셈입니다. 그리고 이것은 잘하는데 저것은 못한다는 이유로 기질지성이라고 말한다면, 하늘은 덮을 줄은 아는데 실을 줄은 모르고, 땅은 실을 줄은 아는데 덮을 줄은 모르고, 사람은 걷고 달리고 말할 줄은 알아도 덮거나 실을 줄 모르는 것은 유독 기질지성이 아니겠습니까. 사람은 머리가 물론 위로 곧아야 합니다만, 금수는 횡생(橫生)이니 머리가 횡(橫)으로 되지 않을 수 없고, 초목은 역생(逆生)이니 머리가 역(逆)이 되지 않을 수 없습니다. 만약 "금수와 초목의 본성으로 보면 머리가 또 위로 곧아야 하겠지만, 기질이 이와 같기 때문에 혹은 횡하고 혹은 역하는 것이다."라고 말한다면, 이처럼 혹은 횡하고 혹은 역하는 것도 어찌 기

질지성을 따르는 것이 아니겠습니까. 다시 더 생각해 보시기 바랍니다.

〔문〕 "횡거 선생은 '심이 성과 정을 통합한다.'라고 말했다.……〔橫渠先生曰心統性情……〕"에 대하여

"사람이 금수와 다른 것은 심(心)이다."라고 말하는 것은 분수(分殊)의 설이요, "사람이 금수와 다른 것은 성(性)이 아니다."라고 말하는 것은 이일(理一)의 설입니다. 그러나 만약 또 이일의 측면에서 심(心)을 논하면 심 역시 사람과 금수가 같다고 말해도 좋을 것이니, 정자(程子)가 "나의 마음이 바로 초목 조수의 마음이다.〔自家心便是草木鳥獸心〕"[40]라고 말한 것이 이것이요, 분수의 측면에서 성(性)을 논하면 성 역시 사람과 금수가 다르다고 말해도 좋을 것이니, 정자가 "사람은 천지의 중을 받아서 태어났다.〔人受天地之中以生〕"라고 말한 것이 이것입니다. 그런데 고명은 정자의 설에 대해서는 이일과 분수를 매우 분명하게 분별하는 반면에, 금인(今人)의 설에 대해서는 그가 이일을 주장하면 다름〔異〕을 말하지 않는다고 번번이 질책하고, 분수를 주장하면 또 같음〔同〕을 말하지 않는다고 질책하니, 어쩌면 고인(古人)을 귀하게 여기고 금인을 천하게 여기는 것이 형세상 부득이해서 그런 것입니까?

40 나의……마음이다 : 정호(程顥)의 말이다. 주희가 편집한 《이정유서(二程遺書)》 권1에 "천지 사이에 사람만 지극히 신령스러운 것이 아니다. 나의 마음이 바로 초목 조수의 마음인데, 다만 사람은 천지의 중을 받아서 태어난 것일 뿐이다.〔天地之間 非獨人爲至靈 自家心便是草木鳥獸之心也 但人受天地之中以生爾〕"라는 말이 실려 있다. 여기서 초목 조수의 마음과 같은 것은 이일(理一)을 가리키고, 사람은 천지의 중(中) 즉 전(全)을 받고 물은 편(偏)을 받은 것은 분수(分殊)를 가리키는 것으로 흔히 쓰인다.

〔답〕 이일(理一)의 측면에서는 심(心)도 같고 성(性)도 같으며, 분수의 측면에서는 심도 다르고 성도 다르다는 이 설이야말로 "심과 성은 실체가 같고, 이와 기는 일치한다.〔心性同實 理氣一致〕"[41]라는 것으로서, 내유(來諭)가 지극히 명백하니 내가 정말 듣고 싶었던 말입니다. 다만 이에 대해서 한마디 물어볼 것이 있습니다. 심(心)과 성(性)이 본(本)이나 말(末)이나 이동(異同)이 없는 것이 이미 이와 같다면, 심에 대해서는 반드시 분수의 입장에서 다름을 말하려 하고, 성에 대해서는 반드시 이일의 입장에서 같음을 말하려 하는 것은 무엇 때문입니까? 만약 이 질문에 대해서 분명하게 일전어(一轉語 정신이 번쩍 날 한마디 말)를 내려 주어 우매한 나를 깨우쳐 주신다면, 고인을 옳게 여기고 금인을 그르게 여긴 죄를 달게 받겠습니다.

〔문〕 "만약 이가 하나라고 해서 물도 오상[42]을 갖추었다고 말한다면……〔若以理之一 而謂物亦具五常……〕"에 대하여

41 심과……일치한다 : 인물성구동(人物性俱同)을 주장한 외암(巍巖) 이간(李柬)의 '심성일치 이기동실(心性一致 理氣同實)'이라는 설을 녹문이 약간 변형하여 인용한 것인데, 《외암유고(巍巖遺稿)》 권12 〈미발유선악변(未發有善惡辨)〉, 〈미발변(未發辨)〉과 권13 〈미발변후설(未發辨後說)〉에 이 내용이 나온다.

42 오상(五常) : 인의예지신(仁義禮智信)의 오성(五性)을 가리킨다. 《중용장구》 제1장의 "하늘이 명한 것을 성이라 한다.〔天命之謂性〕"에 대한 주희의 주석 중에 "인과 물이 세상에 나올 적에 각기 부여받은 바의 이를 얻음으로 인하여 건순·오상의 덕을 삼게 되니, 이것이 이른바 성이라는 것이다.〔人物之生 因各得其所賦之理 以爲健順五常之德 所謂性也〕"라는 말이 나온다. 건순(健順)은 각각 건곤(乾坤) 즉 천지(天地)의 성(性)으로, 양(陽)과 음(陰)을 말한다. 《주역》 〈설괘전(說卦傳)〉에 "건은 건이요, 곤은 순이다.〔乾健 坤順〕"라고 하였다.

나의 말은 "물(物)도 오상(五常)의 덕(德)을 갖추었으나 완전하지는 않다."라는 것입니다. 대개 이(理)는 오로지 담일(湛一)에 나아가서 명명한 것이기 때문에 어디에서나 완전하지 않은 곳이 없지만, 덕(德)을 말할 때에는 오로지 담일을 가리켜 말하는 것이 아니라 편색(偏塞)과 수박(粹駁)을 섞어서 설하기 때문입니다. 이것을 가지고 유추해 본다면 명덕(明德) 전체(全體)가 있는 것으로 오해할 것이 뭐가 있겠습니까.

〔답〕 성(性)과 태극(太極)도 나눌 수가 없는데, 하물며 성(性)과 덕(德)이겠습니까. 과연 고명의 의견대로라면 "성은 마음의 덕이다.〔性者 心之德〕"[43]라는 말을 어떻게 해석할 것입니까? 이것도 기질지성을 가리키는 것이 아니겠습니까. 《중용장구》에서 말한 오상(五常)의 덕도 그렇습니다.

43 성(性)은 마음의 덕이다 : 인(仁)에 대해서 주희가 해설한 말이다. 《맹자집주(孟子集註)》〈양혜왕 상(梁惠王上)〉 1장에서 인의(仁義)에 대하여 "인은 마음의 덕이요 사랑의 이치이며, 의는 마음을 제어함이요 일의 마땅함이다.〔仁者 心之德 愛之理 義者 心之制 事之宜也〕"라고 해설하였는데, 녹문이 인(仁)을 성(性)으로 바꿔서 인용하였다.

김백고에게 답하는 글

答金伯高

〔문〕〈상복(喪服)〉에 "아버지가 장자를 위해서 입는다.〔父爲長子〕"라고 하였는데,[44] 전(傳)에는 "위에 대하여 정체이고, 또 장차 전중하려고 한 자이기 때문이다.〔正體於上 又乃將所傳重也〕"라고 하였고,[45] 주(註)에는 "그가 선조의 정체에 해당하고, 또 장차 자기를 대신하여 종묘의 주인이 되는 것을 소중하게 여김이다.[46]〔重其當先

44 상복(喪服)에……하였는데 : 《의례(儀禮)》〈상복(喪服)〉 참최장(斬衰章)의 경문(經文)이다. 아래에 이에 대한 해설을 대략 소개하고 있는데, 《의례》에는 주공(周公)이 지었다는 경문이 있고, 이 경문을 해설한 자하(子夏)의 전(傳)이 있고, 이 전을 해설한 한(漢)나라 정현(鄭玄)의 주(註)가 있고, 이 주를 해설한 당나라 가공언(賈公彦)의 소(疏)가 있다. 주와 소를 《의례》의 양대 해설로 꼽는다. 장자(長子)는 부친의 후사(後嗣)가 되어야 마땅한 적자(嫡子)를 말한다. 그 이외의 아들들은 모두 서자(庶子)로 칭한다.

45 전(傳)에는……하였고 : 위〔上〕는 선조(先祖)를 말한다. 정체(正體)를 하나로 보느냐 둘로 나누어 보느냐 하는 논란이 있는데, 아래에 이에 대한 언급이 나온다. 서인(西人)인 우암(尤庵) 송시열(宋時烈)의 예론(禮論)을 반대했던 고산(孤山) 윤선도(尹善道)는 정체에 대해서 "정은 직과 같고, 체는 간과 같다.……나무에 비유하면, 선조는 나무의 뿌리와 같고, 뒤를 잇는 아들은 나무의 줄기와 같으며, 다른 아들들은 모두 나무의 가지와 같다. 유독 장자만 곧게 나무뿌리의 줄기가 되기 때문에, 전에서 정체어상이라고 한 것이다.〔正猶直也 體猶幹也……譬之於樹 則祖先猶樹之本也 爲後之子 猶樹之幹也 諸子皆猶樹之支 而獨長子直爲樹之本之幹 故傳曰正體於上也〕"라고 하였다. 《孤山遺稿 卷3 上 禮說上》 전중(傳重)은 상제(喪祭)와 종묘(宗廟)의 중책을 자손에게 전하는 것을 말하는데, 조(祖)의 입장에서는 전중이라고 하고, 손(孫)의 입장에서는 승중(承重)이라고 한다.

祖之正體 又以其將代己爲宗廟主也〕"라고 하였으며, 소(疏)에는 "이 두 가지 일이 있어야 삼년복에 해당된다.〔有此二事 乃得三年〕"라고 하였습니다.

내가 상고해 보건대, 전(傳)과 주(註)·소(疏)의 글을 가지고 살펴본다면 정(正)과 체(體)는 원래 하나의 일이니 분별해서는 안 된다고 여겨집니다. 그런데 소(疏)의 하문(下文)을 보면 그만 정체(正體)를 나누어 둘로 하고는, 서자(庶子)를 체이부정(體而不正)[47]이라고 하였고 적손(嫡孫)을 정이불체(正而不體)라고 하였으니, 이는 그 앞의 설과 스스로 모순될 뿐만 아니라 의리상으로도 크게 부당한 점이 있습니다.

46 또 장차……여김이다 : 대본에는 '又以將代己爲宗廟主也'로 되어 있으나, 《의례》 주(註)의 원문에 의거하여 '以' 뒤에 '其'를 보충하여 번역하였다.

47 체이부정(體而不正) : 몸은 부조(父祖)를 계승했으나, 적장(嫡長)이 아니라는 뜻으로, 비록 가통(家統)을 이은 아들이라도 부모가 그를 위해 삼년복을 입지 않는 네 가지 경우의 하나에 속하는데, 이른바 이 사종설(四種說)과 관련하여 《의례(儀禮)》 〈상복(喪服)〉에 대한 가공언(賈公彦)의 소(疏)에 "비록 승중을 했어도 삼년복을 입지 않는 네 가지 종류가 있다. 첫째는 정·체이기는 하나 전중하지 못한 것이니 적자가 몹쓸 병이 들어서 종묘를 주관할 수 없는 경우요, 둘째는 전중은 했으나 정·체가 아닌 것이니 서손이 뒤를 이은 경우요, 셋째는 체이기는 하지만 정이 아닌 것이니 서자가 뒤를 이은 경우요, 넷째는 정이기는 하지만 체가 아닌 것이니 적손이 뒤를 이은 경우를 말한다.〔雖承重不得三年有四種 一則正體不得傳重 謂適子有廢疾不堪主宗廟也 二則傳重非正體庶孫爲後是也 三則體而不正立庶子爲後是也 四則正而不體立適孫爲後是也〕"라는 말이 나온다. 기해예송(己亥禮訟) 때 송시열 등의 서인(西人) 쪽에서는 이 사종설 가운데 세 번째가 효종에게 해당한다고 하여, 인조(仁祖)의 계비(繼妃)인 자의대비(慈懿大妃) 조씨(趙氏)가 삼년복 대신에 기년복(期年服)을 입어야 한다고 주장하여 관철하였다.

대저 정체(正體)라고 하는 것은 정적(正嫡)의 일체(一體)라는 말과 같을 뿐입니다. 주(註)에서 '선조(先祖)의 정체에 해당하는 자'라고 한 것은 선조의 정적의 체(體)에 해당한다는 말이지, 선조의 정(正)과 체(體)에 해당한다는 말이 아닙니다. 따라서 정이면 반드시 체가 되고 체이면 반드시 정이 되는 만큼, 정이면서 체가 되지 않는 경우는 없으니, 정이 아니면서 체가 될 수 있는 경우가 또 어찌 있겠습니까.

서자를 체라고 한 것은 대개 예(禮)에 "부자는 일체이다.〔父子一體〕"[48]라는 글이 있기 때문에 그렇게 말한 것입니다. 그러나 부자가 비록 일체라고 말하더라도, 서자에게는 응당 체가 될 수 없는 점이 있습니다. 장기(杖期)의 "출처의 아들이 어머니를 위해서 입는다.〔出妻之子爲母〕"라는 조목을 살펴보건대, 전(傳)에서 "부후가 된 자는 존자와 일체가 된 만큼 감히 사친을 위해서 복을 입지 못한다.〔爲父後者 與尊者爲一體 不敢服其私親也〕"라고 하였으니, 그렇다면 서자의 경우는 비록 그 부(父)에게는 체가 될지라도, 그 조(祖)로부터 곧장 아래로 전해 내려온 것은 아니니 체라고 말할 수는 없는 것입니다. 따라서 그가 체가 될 수 없는 것이 정이 아니기 때문이고 보면 정과 체를 나눌 수 없는 것이 또한 분명하다고 할 것입니다.

적손이 정이 된다고 말한 것은 그럴 듯도 합니다만, 예(禮)의 말을 보면 적자라는 것은 있어도 적손은 없습니다. 그렇다면 적손이 승중

48 부자는 일체이다 : 《의례》〈상복(喪服)〉 자하(子夏)의 전(傳)에 "부자는 일체이고, 부부는 일체이고, 형제는 일체이다.〔父子一體也 夫妻一體也 昆弟一體也〕"라는 말이 나온다.

(承重)하기 이전에는 서손(庶孫)과 같아서 정(正)이라고 말할 수 없다가, 승중한 뒤에야 비로소 정이 되는 것이고 정이 되면 체가 되는 것이니, 장기(杖期)의 전(傳)에서 "존자(尊者)와 일체가 되었다."[49]라고 말한 것이 이것입니다.

다만 삼년복을 입어 주는 정체(正體)는 바로 태어날 때부터의 정체〔天生正體〕를 말하니, 본래 정체가 아닌데 나중에 승중하여 정체가 된 자는 모두 여기에 끼이지 못합니다. 그러므로 오직 장자만 천생정체(天生正體)이기 때문에 삼년복을 입어 주는 것이고, 서자의 경우는 태생이 정이 아니고 보면 체가 될 수 없기 때문에 승중한 뒤에 비록 정체를 이룬다고 하더라도 삼년복이 될 수가 없는 것입니다. 그리고 적손의 경우는 부(父)가 살아 있던 날에 조(祖)의 정체가 될 수 없었고 보면 승중한 뒤에 비록 정체를 이루었다고 하더라도 역시 삼년복이 될 수 없으니, 모두가 이와 같을 뿐입니다.

그렇다면 서자의 경우는 정이 못 될 뿐만 아니라 또한 체가 못 되고, 적손의 경우는 체가 못 될 뿐만 아니라 또한 정이 못 되는 것이며, 그 서자와 적손으로서 승중한 경우는 모두 '전중은 했으나 정체가 못 되는 것〔傳重非正體〕'이라고 할 수 있고, 서손의 경우도 마찬가지이니, 이것이 하나의 일〔一事〕입니다. 그리고 장자가 몹쓸 병이 들어서 전중할 수 없는 경우는 '정체이기는 하나 전중하지 못한 것〔正體不傳重〕'이라고 할 수 있으니, 이것이 또 하나의 일〔一事〕입니다. 이렇게 해야만 소(疏)의 상문(上文)의 이사(二事)의 설에 부

49 존자(尊者)와 일체가 되었다 : 대본은 '與尊者爲體'로 되어 있으나, 《의례》〈상복(喪服)〉 장기(杖期)의 전문(傳文)에 의거하여 '爲' 뒤에 '一'을 보충하여 번역하였다.

합하니, 하문(下文)의 사종설(四種說)은 너무도 잘못된 것임을 알 수 있습니다. 모르겠습니다만 이에 대해서 어떻게 생각하십니까?

〔답〕 사종(四種)과 이사가 서로 모순이 되는 것에 대해서 설명한 것만도 벌써 간명하고 타당한데, 여기에 또 "존자와 일체이다.〔尊者一體〕"라는 글을 인용하여 서자는 체가 될 수 없음을 밝혔고, 적자는 있어도 적손은 없는 예문(禮文)의 뜻에 의거하여 적손이 본래 정이 아닌 증거를 제시하였으니, 더더욱 분명하여 의심할 것이 없습니다. 그러나 이는 사종이 이종(二種)으로 된 것에 불과할 뿐이니, 삼년이냐 삼년이 아니냐 하는 복제(服制)의 실제 일에 있어서는 다른 의논을 제기한 것이 별로 없습니다.

김백고에게 답하는 글 을유년(1765, 영조41) 9월
答金伯高 乙酉九月

가을도 저무는 이때에 어버이를 모시는 즐거움이 날로 더해지며 공부하시는 체후(體候)가 남달리 뛰어나리라 삼가 믿습니다.

예(禮)의 의문점에 대해서는 나의 의견도 달리 의거할 곳이 별로 없습니다. 단지 그 일이 정리(情理)에 가깝지 않아서 행할 수가 없으니, 이는 바로 이(理)가 꽉 막혀서 통하지 않아 말이 되지 않는 곳입니다.

가령 아침에 태어났다가 저녁에 죽은 자도 장자(長子)라고 칭하고 그 뒤를 이어서 태어난 자는 바로 서자(庶子)가 되고 만다면, 이 세상에서 장자를 위해 삼년복을 입는 경우는 날이 갈수록 없어지고 말 터이니, 정리로 헤아려 볼 때 너무도 동떨어진 일이 되지 않겠습니까.

만약 8세 전후를 기준으로 하여 단안을 내리는 것을 나의 예전 주장처럼 한다면, 내유(來諭)에서 접자(接子)[50]와 포최(抱衰)[51] 등의 예를 인용하며 "그 명분(名分)이 이미 정해져서 8세 전후의 구별이 원래 없다."라고 말한 것이 참으로 또한 일리가 있다고 하겠습니다.

50 접자(接子) : 아들을 접견한다는 뜻으로, 아들을 낳은 지 석 달이 되는 월말에 날을 가려 아버지가 정식으로 아들을 접견하고는 이름을 지어 주며 간책(簡冊)에 출생 사실을 기재하고 관청에 호적(戶籍) 등록을 마치는 것을 말하는데, 《예기(禮記)》 〈내칙(內則)〉에 그 내용이 나온다.

51 포최(抱衰) : 상주(喪主)가 어린 아들일 경우에 누군가가 그 유아(幼兒)를 상복(喪服)에 싸서 안고〔以衰抱之〕 유아 대신 빈객을 상대하며 절을 하는 것을 말하는데, 《예기》 〈상대기(喪大記)〉에 그 내용이 나온다.

그런데 한편 생각건대, 이렇게 어려서 죽은 자〔殤死者〕의 명분이 이미 정해진 것이 저번에 인용한 대로 적손(嫡孫)과 서손(庶孫)의 복(服)이 다르고 공대부(公大夫)가 절복(絶服)이나 강복(降服)을 하지 않는다는 예문(禮文)과 같다고 하더라도, 이미 상사(殤死)하여 부친이 그를 위해 중복(重服)을 입지 않았다면, 이는 곧 장자(長子)로서의 조건이 성립되지 않은 것입니다. 더구나 이 상자(殤子)에 대한 공대부의 복(服)이 삼년에 의거하여 강등하지 않고 단지 기년(期年)에 의거하여 강등하였고 보면, 저대(著代)[52]를 할 수 없는 것이 참으로 소(疏)의 설과 같은 점이 있는 데야 더 말해 무엇하겠습니까.

그리고 경(經)에 이미 "아버지가 장자를 위해 참최복을 입는다.〔父爲長子斬〕"라고 하였고 보면, 그 나이가 기준에 미치지 못해서 참최복을 입지 못하는 경우에는 장자가 되지 못하는 것이 당연합니다. 따라서 나의 의견으로는, 일정한 나이를 기준으로 해서 부친이 참최복을 입어 줄 수 있는 때가 된 연후에 혹 이 아들이 죽으면 참최복을 입을 것이요, 혹 몹쓸 병〔廢疾〕에 걸리거나 다른 사고로 참최복을 입지 못한 채 다른 아들을 다시 세울 경우에는 바로 서자위후(庶子爲後 서자로 후계자를 삼는 것)라고 칭하면서 사종(四種)[53]의 하나를 행할 것이며, 기준으로 정한 나이를 채우지 못하고 죽어서 다른 아들을 다시 세웠을 경우에는 바로 다시 세운 그 아들을 장자로 삼고서 더 이상 차서(次序)에 구애를 받지

52 저대(著代) : 적자(嫡子)가 언젠가는 부친의 대를 이어서 주인이 되는 것을 표시해 드러내는 것을 말한다.

53 사종(四種) : 가공언(賈公彦)의 소(疏)에 나오는 이른바 사종설(四種說)을 말한다. 145쪽 주47 참조.

말아야 할 것입니다. 이렇게 하면 경(經)으로 보나 정(情)으로 보나 간직(簡直) 소통(疏通)할 것이니, 우옹(尤翁 송시열)의 설을 의심할 것이 없을 듯합니다. 모르겠습니다만 어떻게 생각하십니까? 다시 판단해서 연락해 주시기 바랍니다.

김백고에게 답하는 글 12월

答金伯高 十二月

천묘(遷廟)[54]하는 하나의 절목(節目)에 대해서, 곡량(穀梁)은 "연제를 지낼 때 사당을 헌다.〔練而壞廟〕"[55]라고 하였고, 복건(服虔)[56]은 "삼년상을 마친 뒤에 있어야 마땅하다.〔當在三年後〕"라고 하였는데, 정씨(鄭氏 정현(鄭玄))는 곡량을 따랐고 두씨(杜氏 두예(杜預))는 복건을 따랐습니다. 이가(二家)에 각기 성설(成說 정론(定論))이 있으니, 참으로 누

54 천묘(遷廟) : 친진(親盡)이 된 신주(神主)를 다른 곳으로 옮기는 것을 말한다. 친진은 제사 지내는 대수(代數)가 다한 것을 말하는데, 임금과 관원과 서인(庶人) 등 신분에 따라 대수가 각기 달랐으나, 조선 중기 이후 4대 봉사(奉祀)가 관례화됨에 따라 4대가 지난 5대를 의미하게 되었다. 친진이 되면 종묘(宗廟)에서는 신주를 영녕전(永寧殿)으로 옮겼고, 사대부 집안의 가묘(家廟)에서는 제사 지낼 대수가 끝나지 않은 방손(傍孫)의 집으로 순차를 옮겼다가 그 대수가 모두 끝나면 묘소(墓所)에 묻었다.

55 연제를……헌다 : 《춘추》 문공(文公) 2년의 "정축일에 희공의 신주를 만들었다.〔丁丑 作僖公主〕"라는 경문(經文)에 대해서, 《춘추곡량전(春秋穀梁傳)》에 "신주를 만드는 것과 사당을 허는 것은 각각 시일이 있는데, 연제(練祭)를 지낼 때 사당을 헌다. 사당을 허는 방법으로는 처마를 바꿔도 되고 새로 흙칠을 해도 된다.〔作主 壞廟有時日 於練焉壞廟 壞廟之道 易檐可也 改塗可也〕"라는 해설이 보인다. 괴묘(壞廟)는 사당을 실제로 허무는 것이 아니라, 새 신주를 맞아들이기 위해 허무는 시늉만 하면서 약간 수리하여 꾸미는 것을 말한다. 《춘추곡량전》의 소(疏)에 의하면, 신주를 만드는 것은 13개월 만에 하고, 괴묘는 삼년상을 마치고 나서 한다고 하였다.

56 복건(服虔) : 후한(後漢)의 학자로, 자는 자신(子愼)이며, 하남(河南) 형양인(滎陽人)이다. 구강 태수(九江太守)를 지냈으며, 명저인 《춘추좌씨전해(春秋左氏傳解)》를 남겼다.

가 옳고 누가 그른지 모르겠습니다만, 주자(朱子)가 육자수(陸子壽)에게 답한 글에서 이미 두설(杜說)이 인정에 부합한다고 하였고 보면, 지금 어떻게 감히 주자의 정론(定論)을 느닷없이 버리고 곡량과 정씨의 설을 따르겠습니까. 또 더군다나 "연제를 지낼 때 사당을 헌다.〔練而壞廟〕"라는 것에 대해서, 주자가 연제 때에는 구주(舊主 오래된 선조의 신주)를 옮기고 삼년 뒤에는 신주(新主 새로 죽은 자의 신주)를 들이는 것이 아닌지 어떻게 알겠느냐고 말했음이겠습니까.

그리고 황면재(黃勉齋 황간(黃榦))도 《통해(通解)》[57]에 횡거(橫渠 장재(張載))의 "연제를 마치고 나서 사당을 옮긴다.〔練乃遷廟〕"라는 설을 기재하면서도, 말미에 가소(賈疏 가공언(賈公彦)의 소)의 "연제를 지내며 신주를 묘에 옮기더라도, 제사가 끝나면 다시 침으로 돌려보낸다.〔練雖遷主于廟 祭訖復反于寢〕"라는 내용-반부(班祔)의 소(疏)입니다.-을 인용하여 결론을 맺었으니,-《통해》의 졸곡부연상담기(卒哭祔練祥禫記) 연조(練條)에 보입니다.- 그렇다면 설령 곡량과 정씨의 설과 같이 한다고 해도 소(疏)의 설과 원래 어긋나지는 않는다고 할 것입니다.

대개 가소가 비록 정주(鄭註)를 위주로 했다고 해도, 신주를 사당에 들임에 있어서는 《춘추(春秋)》의 길체(吉禘)가 분명히 삼년 뒤에 있다는 전거[58]를 깨뜨릴 수 없었기 때문에, 이처럼 제사가 끝나면 다시 침

57 통해(通解) : 《의례경전통해(儀禮經傳通解)》의 준말로, 주희가 《의례(儀禮)》를 중심으로 《예기(禮記)》와 경사(經史)의 예설(禮說) 및 선유(先儒)의 학설 등을 모아 편찬한 책이다. 주희가 죽은 뒤에 《통해》의 속집이 나왔는데, 그 속에 황간(黃榦)이 편찬한 〈상례(喪禮)〉 15권이 들어 있다. 여기서는 속집을 말한다.

58 춘추(春秋)의……전거 : 본문에 나오는 《춘추》의 두주(杜註) 즉 두예(杜預)의 해설을 말한다. 길체(吉禘)는 옛날에 상복을 벗고 나서 망자(亡者)의 신주를 받들어 종묘

(寢)으로 돌려보낸다는 설을 내놓아 절충한 것이니, 그 설 자체도 통할 수는 있다고 하겠습니다.

그러나 《춘추》의 두주(杜註)에 "삼년상을 마치면 망자(亡者)의 신주를 종묘로 들이고, 종묘에 있던 먼 선조〔遠祖〕의 신주를 옮겨서 조묘(祧廟)로 들여야 하니, 이 때문에 대제(大祭)를 지내어 소목(昭穆)을 살피는 것이다.……"라고 한 것이 명백하고 정대하여 천리(天理)에도 맞고 인정에도 합하는 반면에, 곡량의 설로 말하면 비록 통할 수 있다고는 해도, 끝내 얼버무리며 왜곡해서 행할 수 없다고 느껴집니다. 대개 체천(遞遷)하는 것이 얼마나 큰 행사인데, 그만 협제(祫祭 대합제(大合祭))를 지내기도 전에 지레 선조의 신주를 조천(祧遷)한단 말입니까. 주자가 두씨를 따른 것을 바꿀 수 없는 정론으로 삼아야 할 듯합니다.

횡거에게도 두 개의 설이 있습니다. 하나는 "연제에 이를 무렵에 바로 선조의 신주를 체천하여 다른 사당이나 협실에 들이고, 새로 죽은 자의 신주를 그 사당으로 옮긴다.……〔比至于練 乃遷其祖 入他廟或夾室 而遷新死者之主於其廟……〕"라고 한 것으로, 바로 면재가 《통해》에 기재한 것입니다. 또 다른 하나는 "삼년 뒤에 태묘에서 협제를 지내는

에 들여오면서 행하는 제사를 말한다. 《춘추》 민공(閔公) 2년에 "여름 5월 을유일에 장공에게 길체를 지냈다.〔夏五月乙酉 吉禘於莊公〕"라는 경문이 나오는데, 이에 대해서 두예가 "삼년상을 마치면 망자의 신주를 종묘로 들이고, 종묘에 있던 먼 선조〔遠祖〕의 신주를 옮겨서 조묘(祧廟)로 들여야 한다. 이 때문에 대제를 지내어 소목을 살피는데, 이를 체라고 한다. 장공의 상제가 아직 끝나지 않은 이때에 별도로 사당을 세우고 사당이 완성되자 길제를 지냈으며 또 태묘에서 제사를 행하지 않았기 때문에 상세히 써서 기롱하는 뜻을 보인 것이다.〔三年喪畢 致新死者之主於廟 廟之遠主當遷入祧 因是大祭以審昭穆 謂之禘 莊公喪制未闋 時別立廟 廟成而吉祭 又不於太廟 故詳書以示譏〕"라고 해설하였다.

데, 그 제사를 마치고 나서 신주를 되돌릴 적에, 마침내 조주(祧主 원조묘(遠祖廟)의 신주)를 받들어 협실로 되돌리고, 천주와 신주는 모두 그 사당으로 되돌린다.……〔三年後祫祭於太廟 因其祭畢還主之時 遂奉祧主歸於夾室 遷主新主 皆歸其廟……〕"라고 한 것으로, 주자가 인용하여 이계선(李繼善)의 질문에 대답한 것인데, 이 내용이 《가례(家禮)》의 부(祔)에 대한 주(註)에 보입니다. 이 두 설이 초년의 설인지 만년의 설인지는 잘 모르겠습니다만, 주자가 인용한 것을 역시 정론(定論)으로 삼아야 할 듯합니다. 모르겠습니다만 어떻게 생각하십니까?

심성설(心性說)은 전에 보여 주신 '정매(征邁)' 등의 네 글자가 분명히 출처가 있으니, 황공한 심정을 가누지 못하겠습니다. 그러나 나의 뜻은, 당세(當世)의 제현(諸賢)이 우선 채계통(蔡季通 채원정(蔡元定))의 견처(見處)를 가지고 돌이켜 생각해 보기를 원한 것이었습니다. 가령 주자의 중화(中和)에 대한 구설(舊說)대로만 한다면, 처기(處己 자기 몸단속)와 처인(處人 남을 대하는 것)에 모두 온당함을 얻어서, 예전의 비유가 처기에는 온당해도 처인에는 원한을 사는 것과는 같지 않을 것이니, 참으로 사도(斯道)의 큰 다행이 될 것입니다. 형이 일소(一笑)를 발하리라고 생각됩니다만, 이 말이 마음 깊은 곳에서 나왔으니 유념해 주셨으면 합니다.

김백고에게 답하는 글 정해년(1767, 영조43)

答金伯高 丁亥

〔문〕 신랑과 신부가 서로 절하지 않는 것은 상문(上文)과 같은데, 물로 손을 씻을 때〔沃盥〕 교대로 물을 부어 주는 것〔交注〕은, 부부가 처음으로 접촉하매 정리상 염치가 있으므로 잉(媵 신부의 종자)과 아(御 신랑의 종자)가 그 뜻을 교차해서 이끌어 준다는 뜻입니까? 혹자는 말하기를 "이것은 부부의 예의를 이루는 것이지 빈주(賓主)의 의례를 행하는 것이 아니기 때문에 그런 것이다."라고 합니다. 모르겠습니다만 어떻게 생각하십니까?

〔답〕 신랑과 신부가 서로 절하지 않는 것은 위의 설이 옳을 듯합니다.

〔문〕 주(註)에 "함께 아랫목에 자리한다.〔共席于奧〕"라고 한 것에 대해서 상고해 보건대, 이는 동뢰(同牢)[59]할 적에 신랑과 신부가 각기 동서(東西)로 앉는 것을 형용하여 말한 것이니, 함께 한쪽에 있는 것이지 자리가 동일한 것은 아닙니다.

〔답〕 이것은 윗글을 이어받은 것으로, 신부가 시부모를 뵐 적에 시부모가 향하는 곳이 다른 것을 말한 것일 뿐이지, 신랑과 신부의 동서를 가지고 비의(比擬)한 것이 아닙니다. 자리가 동일하지 않다는 말은 맞습니다.

59 동뢰(同牢) : 신랑과 신부가 교배(交拜)를 마치고 나서 마주 앉아 함께 술잔을 나누고 음식을 먹던 의식을 말한다.

〔문〕 "시어머니가 북쪽에 있는 세에서 씻는다.〔姑洗于北洗〕"[60]의 주(註)와 소(疏)의 내용을 보면, 시어머니는 단지 신부가 올리는 술잔과 포(脯)·해(醢)를 받을 뿐인데, 또 씻는 것은 무엇 때문입니까? 〈향음주례(鄕飮酒禮)〉를 보면 개[61]가 주인에게 술을 권할〔介酢主人〕 적에 개(介)가 직접 술을 따르지 않는데도 손과 술잔을 씻는데, 예(禮)에는 본래 술을 따르지 않아도 씻는 법이 있습니까?

〔답〕 내가 살펴보건대, '고세(姑洗)'의 '고(姑)'는 응당 '부(婦)'가 되어야 할 듯합니다. 아래의 기(記)[62]에 "신부가 씻는 곳은 북당에 있다.〔婦洗在北堂〕"라고 하였는데, 그 주에 "북당은 이른바 북세이다.〔所謂北洗〕"라고 하였으니, 정현(鄭玄)이 주를 지을 당시에는 글자가 잘못되지 않았다는 것을 이를 통해서 알 수 있습니다. 시아버지가 술을 권하고 시어머니가 받아 마시는 것〔舅獻姑酬〕이 과연 소의 설대로라면, 기에서 무슨 이유로 천(薦 포해(脯醢)를 주는 것)만을 말하고 수(酬)는 말하지 않았단 말입니까.

경(經)에서 "신부가 북세에서 씻는다.〔婦洗于北洗〕"라고 말했기 때문에, 기에서 "신부가 씻는 곳은 북당에 있다."라고 말한 것이니, 이는 대개 씻는 곳이 어디에 있는지를 설명해 주려고 한 것입니다. 경에서 만약

60 시어머니가……씻는다 : 시어머니가 신부에게 다시 술을 따라 주려고 자기 손과 술잔을 씻는 것을 말한다. 세(洗)는 관세위(盥洗位)의 준말로, 손을 씻고 잔을 씻는 자리를 말한다.

61 개(介) : 향중(鄕中)의 현인(賢人)을 말하는데, 가장 우수한 자를 빈(賓)으로 하고, 그다음을 개로 하고, 그다음을 중빈(衆賓)으로 한다.

62 기(記) : 《의례》의 경의(經義)를 해석하고 혹 미비한 문자를 보충하기도 한 작자 미상의 글로, 경문(經文) 뒤에 붙어 있다.

"시어머니가 씻는다.〔姑洗〕"라고 말했다면 기에서도 당연히 "시어머니가 씻는 곳은 북당에 있다.〔姑洗在北堂〕"라고 말했을 것입니다. 그런데 지금 기에서 이미 "신부가 씻는다.〔婦洗〕"라고 말했고 보면, 경문의 '고(姑)' 자는 '부(婦)' 자가 잘못된 것임을 알 수 있습니다. 경문의 '고(姑)' 자가 만약 잘못되지 않았다면, 기의 '부세(婦洗)'라는 말은 그만 내력(來歷)이 없어지고 마니, 이에 대해서는 의심할 것이 없을 듯합니다.

그리고 《통해(通解)》의 소(疏)에서 "시어머니에게 술잔을 올린다.……〔酬姑……〕" 한 것은 〈혼의(昏義)〉의 소문(疏文)을 절취(節取)한 것인데, 이에 대해서는 훨씬 더 의심이 갑니다. 술잔을 받는 것은 응당 신부에게 해당되는 일인데 거꾸로 시어머니가 받는다면, 신부에게 한 번 술을 권하는 예〔一獻之禮〕가 이루어지지 않습니다. 또 전수(奠酬)[63]라는 것은 천좌(薦左 포해(脯醢)의 좌측)에 내려놓는 것인데, 시어머니가 포해를 준 일〔薦〕이 없다면, 술잔을 어느 곳에 내려놓는단 말입니까?-〈혼의(昏義)〉의 소(疏)의 '부수구(婦酬舅)'의 '수(酬)'는 '작(酢)'의 잘못이 아닐까 합니다. 왜냐하면 '수고(酬姑)'와 '고수작(姑受爵)'의 두 '고(姑)' 자는 모두 '부(婦)'가 되어야 하기 때문인데, 《통해》는 이 점을 미처 살피지 못한 것으로 보입니다.- 그리고 만약 시어머니가 술잔을 받는다고 한다면, 신부가 이미 시아버지에게 술잔을 올렸는데, 시아버지가 그 술잔을 시어머니에게 주어서 술잔을 받게 했단 말입니까? 그렇다면 그 예절이 응당 어떻게 되겠습니까? 이렇게 보나 저렇게 보나 그 주장이 통할 만한 점을 끝내 보지 못하겠습니다.-다시 〈사혼례(士昏禮)〉의 기(記)를 상고해 보건대 "신부가 시아버지에게 잔을 올릴 때, 시아버지에게 받은 잔이 아닌 다른 잔에 술을

63 전수(奠酬) : 답례로 받은 술잔을 마시지 않고 자리에 내려놓는 것을 말한다.

따라 직접 올리는데, 이때 손을 씻으라는 시아버지의 명을 감히 사양하지 못하며, 시아버지가 당(堂) 아래로 내려가 잔을 씻을 때에는 신부가 방 안으로 들어가 피한다.〔婦酢舅 更酌自薦 不敢辭洗 舅降則辟于房〕"에 대해 소(疏)에서 말하기를 "이 대목은 응당 '부작구(婦酢舅)'의 위에 있어야 하는데, 지금 여기에 있는 것은 수작(酬酌)하며 씻을 적에 또한 사양하지 못하는 연고를 보여 주려 함이다."라고 하였습니다. 이에 의거한다면 시아버지가 잔을 받지 시어머니가 잔을 받는 것이 아니라는 것이 분명합니다. 경(經)의 소(疏)는 내용이 이와 다른데, 이는 대개 '고세(姑洗)'라는 두 글자가 말이 안 되자 그냥 구설(舊說)을 따라서 해설한 것일 뿐이니, 수긍할 수가 없습니다.-

〔문〕 "사당의 신위(神位)에 자리를 깔고 전채[64]를 하는 것을 시아버지에게 했던 예처럼 행한다.〔奠菜于席如初禮〕"라는 것과 관련하여 상고해 보건대, 생존한 시어머니를 뵐 때에는 "자리에 돌아와서 또 절한다.〔還又拜〕"라는 절목이 없으니, 이는 부인끼리는 상배(相拜 서로 똑같이 절하는 것)를 할 뿐 협배(俠拜)[65]를 하는 일은 없기 때문인 듯한데, 지금 묘현(廟見)[66]할 때에는 시어머니에 대해서도 다시 자리에 돌아와서 절을 하는 절목이 있으니, 이는 어쩌면 신(神)을 섬기는 일이 상배를 하는 것과는 달라서 그런 것입니까?

〔답〕 중간에 전채(奠菜)를 하는 절목이 있기 때문에 돌아와서 또 절하

64 전채(奠菜) : 채소 위주로 제사 지내는 것을 말하는데, 보통 씀바귀〔堇〕를 사용하는 것으로 되어 있다. 전채는 신부가 시집온 지 3개월이 되는 달에 행한다.

65 협배(俠拜) : 여자가 먼저 절하고 남자가 답배를 하면 여자가 다시 절하는 것을 말한다. 협배(夾拜)라고도 한다.

66 묘현(廟見) : 사당에서 시부모를 참배하는 것을 말한다.

는 것입니다. 생존한 시어머니를 뵐 때에는 시어머니와 서로 예를 행함에 있어서, 부인끼리는 상배를 하고 협배는 하지 않기 때문에 자리에 돌아와서 절하는 것이 없는 것입니다. 그러나 내 생각이 옳은지는 알지 못하겠습니다.

〔문〕 "서부에게는 다른 사람을 시켜서 초하게 한다.〔庶婦則使人醮之〕"[67]의 주에 "다른 사람을 시켜서 초하게 하고 향례(饗禮)를 베풀지 않는다.〔使人醮之不饗也〕"라고 하였고, 소에 "초로 향례를 대체한다.〔以醮替饗〕"라고 하였습니다. 내가 상고해 보건대, 적부(嫡婦)에게는 단술〔醴〕을 주고 나서 또 향례를 베푸는 반면에, 서부에게는 초(醮)로 예(醴)를 대체하고 또 향례를 베풀지 않으니, 소에서 말한 '체향(替饗)'의 '향(饗)'은 '예(醴)'로 바로잡고 별도로 "향례를 베풀지 않는다.〔不饗〕"라고 말해야 옳을 듯합니다.

〔답〕 보시는 것이 매우 정밀합니다.

〔문〕 "사자를 보내 말하기를 '모가 감히 납징[68]합니다.'라고 한다.〔致

67 서부(庶婦)에게는……한다 : 서부는 서자(庶子)의 신부를 말한다. 초(醮)는 존자(尊者)가 비자(卑者)에게 술을 따라 주는 것〔酌酒〕으로, 비자가 답례를 하지 않는다. 정현(鄭玄)은 "술을 따라 주기만 하고 주고받는 절차가 없는 것을 초(醮)라고 한다.〔酌而無酬酢〕"라고 하였다. 적부(嫡婦)에게는 시부모가 단술〔醴〕을 따라 주어 마시게 하고 또 향례(饗禮)를 베풀어 주는 대신, 서부에게는 일반 술〔酒〕만 따라 주고 향례는 베풀지 않는다.

68 납징(納徵) : 신랑의 집에서 혼수(婚需)와 혼서(婚書) 즉 예장(禮狀)의 물목(物目)을 적은 혼수함을 보내는 것을 말한다. 납폐(納幣)라고도 한다.

命曰某敢納徵〕"라고 할 때의 모(某)는 누구의 이름입니까? 하문의 "모가 이미 명을 거듭 받았습니다.〔某旣申受命矣〕"라고 할 때의 모도 똑같은 사람입니까?

〔답〕 모두 신랑 부친의 이름입니다.

〔문〕 "만약 신랑이 친영하지 않는다면〔若不親迎〕"의 절목에 대해서 상고해 보건대, 이는 혹 구속(舊俗)에 따라 다른 사람으로 하여금 맞아들이게 하여 예를 행하는 것이지, 지금의 풍속처럼 신부의 집에 가서 예를 행하는 것이 아닐 수도 있으니, 하문의 "신부가 시집온 지 석 달 뒤에 신랑이 신부 집에 가서 장인과 장모를 뵌다.〔婦入三月然後壻見〕"라는 말을 유추해 보면 알 수 있습니다. 대개 친영을 하면 그날에 이미 신부의 부모를 보기 때문에-신부의 부친은 빈(賓)을 영접하고 신부의 모친은 딸을 인계한다.- 다시 가서 보는 의례가 없는 것이지만, 친영을 하지 않는다면 신랑이 신부의 집에 간 적이 없기 때문에 결혼한 지 석 달 뒤에 특별히 가서 보게 되므로 이런 의례가 있는 것입니다. 그런데 지금 《가례(家禮)》는 친영을 할 뿐만 아니라 또 이 의례를 두고 있으니, 예(禮)의 뜻이 아닐 듯합니다.

〔답〕 지극히 옳고 지극히 옳습니다. 듣지 못했던 것을 듣게 되어서 정말 다행입니다.

〔문〕 "빈자[69]가 지를 가지고 나와서 신랑에게 다시 회수하기를 청한다.〔擯者以贄出請受〕"라는 절목에 대해서, 소(疏)에서 서향(西向)

69 빈자(擯者) : 유사(有司) 중에 주인을 도와 예를 행하는 사람을 말한다.

북면(北面)이라고 하였는데, 서향이라고 해 놓고 다시 북면이라고 말한 이유는 무엇입니까?

〔답〕 우측에서 좌측으로 가면 서향이 되고, 다시 꺾어서 북쪽으로 가면 북면이 됩니다.

〔문〕 "주부가 일배를 하면 신랑이 재배를 한다.〔主婦一拜 壻答再拜〕"라는 절목을 살펴보건대, 〈사관례(士冠禮)〉에서 아들이 모친을 뵐 적에 "모친은 배수례를 행하고 아들은 배송례를 행한다.〔母拜受 子拜送〕"[70]라고 하였을 뿐 아들이 재배한다는 글이 없는데, 여기서는 신랑이 재배한다고 말하였으니, 어쩌면 모친을 뵙고 배송례를 행할 적에도 재배를 하는데 그 글이 생략된 것입니까?

〔답〕 그렇습니다.

70 모친은……행한다 : 배수례(拜受禮)는 물품을 받기 전에 먼저 행하는 배례(拜禮)를 말한다. 물건을 준 뒤에 행하는 배례는 배송례(拜送禮)라고 한다. 이 원문을 '母拜受 子拜 送'으로 구두를 떼어 "모친이 절한다. 받는다. 아들이 절한다. 보낸다."로 풀기도 하는데, 이는 오류이다.

김백고에게 답하는 글
答金伯高

〔문〕 "주인이 현복과 조복 차림으로……〔主人玄冠朝服……〕"의 주(註)에 "주인은 관(冠)을 쓸 자의 부형(父兄)이다."라고 하였습니다. 내가 상고해 보건대, 스스로 아버지를 계승한〔繼禰〕 종자(宗子) 이외에는 모두 각기 자기 자제(子弟)의 관례(冠禮)를 주관하는 것이 예입니다. 그런데 《가례(家禮)》에서는 반드시 고조(高祖)를 계승한 종자로 관례를 주관하게 하였으니, 이는 너무 지나치게 밀고 나간 것이 아닌가 합니다. 혼례(昏禮)도 마찬가지입니다.

〔답〕 관례를 아버지의 사당〔禰廟〕에서 마칠 경우에는 친부형(親父兄)이 주관하지 않을 수 없습니다. 《가례》의 경우는 그중에서 종법(宗法)으로 행한 것이니, 이는 또 후현(後賢)이 가감(加減)한 뜻이 들어 있다고 하겠습니다.

〔문〕 "형제와 유사에게 고한다.〔告兄弟及有司〕"의 주에 "빈자(儐者)가 고한다."라고 하였는데, 이에 대해서 이공보(李功父) 양천(亮天)이 "빈자는 오로지 빈객을 영접하기 위해서 설치한 것이다. 지금 청기(請期)[71]를 한 것은 장차 빈객을 영접하고자 함이니, 이미

71 청기(請期) : 구체적 시기를 알려 달라고 청하는 것을 말한다. 혹은 혼례(昏禮) 때 육례(六禮)의 하나로, 신랑의 집에서 혼인할 날짜를 받아 그 가부를 묻는 편지를 신부의 집에 보내는 것을 말하기도 한다.

그 시기를 알았으면 단지 빈객에게만 고할 따름이다. 따라서 형제와 유사에게 고하는 것과 같은 일은 빈자가 할 일이 아니고 응당 재(宰)가 해야 하는 것이다. 대개 재(宰)는 태재(太宰)처럼 정령(政令)을 총괄하고, 종인(宗人)은 종백(宗伯)처럼 예사(禮事)를 담당하고, 빈자는 빈객을 맞아서 안내하는 자이다. 시일을 택하게 하여〔筮日〕 주인 대신 명하고〔贊命〕 구체적 시기를 정하게 하여〔爲期〕 그 시기를 고하는 것〔告期〕은 모두 명령에 관계된 일이니 재(宰)가 주관하고, 시일을 택하고 시기를 정하는 것은 모두 행례(行禮)하는 것이니 종인이 주관하고, 청기(請期)하여 빈객에게 고하고 빈객을 맞는 것은 빈자가 행하는 등 각각 나누어 주관하는 일들이 다르니, 이를 어지럽혀서는 안 된다. 형제에게 고하는 것은 와서 예(禮)를 보게 함이요, 유사에게 고하는 것은 각기 직무를 맡게 함이다. 《주례(周禮)》〈태재(大宰)〉에 '국가 대사를 행할 때에는 백관에게 분부한다.〔凡作大事 則戒于百官〕'라고 한 것이 이 일과 정말 유사하니, 옛사람이 가정(家政)을 조리 있게 통령(統領)한 것이 이와 같다. 정현(鄭玄)의 주는 옳지 않을 듯하다."라고 말하였습니다.

〔답〕 하문(下文)의 "빈자가 빈객에게 그 시기를 알려 준다.……〔儐者告期……〕" 한 글을 가지고 살펴보건대, 형제와 유사에게 고하는 것은 빈자가 하는 일이 아닌 것이 분명하니, 공보(功父)의 설이 지극히 조리가 있어서 찬란하게 문채를 이루었습니다. 평일에도 그가 경술(經術)과 문장의 소유자인 것을 물론 알고 있었습니다만, 그가 또 이처럼 예를 익혔을 줄은 몰랐습니다. 이를 읽노라니 마음이 매우 서글퍼집니다.

〔문〕 주(註)에 기항(頍項)[72]이 나오는데, 이것도 증백(繒帛)으로 만드는 것입니까?

〔답〕 권책(卷幘 동자가 쓰는 두건)에 포백(布帛)을 사용하였고 보면, 기(頍)도 그럴 것 같습니다.

〔문〕 "형제들은 온몸에 흑색의 복장을 착용하고……북쪽을 상위(上位)로 한다.〔兄弟畢袗玄……北上〕"와 관련하여 살펴보건대, 유사(有司)는 형제의 하위에 자리해야 합니까, 아니면 날을 점치는〔筮日〕 때처럼 서방(西方)에 자리해야 합니까?

〔답〕 유사는 빈(賓)과 동급이니, 서방에 있어야 합니다.

〔문〕 "빈자는 현단복을 착용한다.〔儐者玄端〕"의 소(疏)에 "빈자는 중사 혹은 하사가 맡는다.〔中士若下士〕"라고 하였는데, 이에 대해서 이(李 이양천(李亮天))가 말하기를 "상문의 '빈자가 구체적 시기를 알려 달라고 청한다.〔儐者請期〕'의 주에 '빈자는 유사 중에서 예를 돕는 자이다.〔儐有司佐禮者〕'[73]라고 하였고, '주인이 찬관자[74]를 초청한다.〔宿贊冠者〕'의 주에 '찬관자는 중사 혹은 하사가 맡는다.〔贊冠者中士若下士〕'라고 하였으니, 정(鄭 정현(鄭玄))의 생각은 '찬관자는 빈

72 기항(頍項) : 치포관(緇布冠)의 부속물로, 관을 머리 뒤에서 잡아매어 고정하는 물건이다.

73 빈자(儐者)는……자이다 : 대본에는 '儐有司佐禮者'로 되어 있으나, 주문(註文)에 의거하여 '儐' 뒤에 '者'를 보충하여 번역하였다.

74 찬관자(贊冠者) : 빈찬자(賓贊者) 즉 빈(賓)의 조수(助手)로서, 빈을 도와 관례를 행하는 자를 말한다.

을 도와서 일을 행하니, 명위(名位)와 신분이 서로 부합하는데, 단지 조금 등급을 낮춰서 하는 것일 뿐이다. 빈은 전명하는 자로서 그 체모가 높지 않으니, 찬관자는 주인의 이에서 나오는 것이 당연하다.〔贊冠者佐賓行事 名體相副 只稍降等而爲之 儐是傳命 其體不尊 當出於主人之吏也〕'라고 하는 것이다. 그런데 지금 소(疏)에서 '빈자는 중하사(中下士)이다.'라고 하였으니, 이는 주가(註家)의 뜻을 잃은 듯하다."라고 하였습니다.

〔답〕 하문의 "주인의 찬자가 동서 앞에 자리를 편다.〔主人之贊者筵于東序〕"의 주에 "그 부류는 중하사(中下士)이다.……" 하였는데, 소(疏)의 설은 여기에 뿌리를 둔 것입니다. 또 상문의 "빈자청기(儐者請期)"의 주에 "주인 쪽에 있으면 빈(儐)이라 하고, 빈(賓) 쪽에 있으면 개라고 한다.〔在主人曰儐 在賓曰介〕"라고 하였고 보면, 빈(儐)과 찬관자는 본래 등급이 같은 것입니다.

〔문〕 '관례 당사자가 채의를 입고 계를 하는 것〔采衣紒〕'과 관련하여, 이(李)가 말하기를 "계(紒)는 즉 계(髻 상투)라는 글자이니, 이는 관례를 행하기 전에 두 뿔 모양의 계(髻)를 하나의 계(髻)로 만들어 두었다가 관례를 행할 때에 이르러서 단지 남은 머리카락을 빗질하는 것〔櫛〕일 뿐이다."라고 하였습니다. ○ 내가 살펴보건대, 동자(童子)에 대해서는 《예기(禮記)》와 《시경(詩經)》에서 모두 총각(總角 쌍상투)이라고 말했는데, 여기서는 총각이라고 말하지 않고 단지 계(紒)라고만 하였습니다. 그리고 만약 관례를 행할 때에야 비로소 두 개의 뿔을 합쳐서 계(髻)로 만든다면, 경문(經文)에서 단지 '빗질한다〔櫛〕'라고만 말하지는 않았을 것이니, 이(李)의 설이 일리가 있지 않습니까?

〔답〕 총각으로 있다가 관을 쓸 때 합쳐서 상투를 트는 것이야말로 큰 절목인데, 어찌 남몰래 사사로이 제멋대로 그 일을 행할 리가 있겠습니까. 모공(毛公)의 《시전(詩傳)》에 총각은 머리카락을 묶는 것〔結髮〕이라고 하였고, 〈내칙(內則)〉의 정주(鄭註)에도 '머리카락을 한데 모아 묶는 것〔收髮結之〕'으로 총각을 해석하였으니, 이 주(註)의 결발(結髮)과 같습니다.-고문(古文)에 계(紒)는 결(結)로 씁니다. 주자(朱子)가 "《한서(漢書)》에도 결(結)이라고 하였다."라고 하였습니다.-

〔문〕 "관자가 모친을 뵌 뒤에 돌아와 서쪽 계단 동쪽에 선다.〔冠者立于西階東〕"라고 하였는데, 빈(賓)이 계단 아래에서 그에게 자(字)를 부여하는 것은 무슨 뜻입니까?

〔답〕 이때는 행례(行禮)가 이미 끝나서 관자가 계단을 내려와 모친을 이미 뵈었고 또 장차 형제를 보려 하고 있으며, 빈(賓)도 장차 자리에 나아가려고 하기 때문에 다시 당(堂)에 오르지 않고 곧장 계단 아래에서 자(字)를 부여하는 것인데, 여기에는 형제와 중빈(衆賓)[75]들이 함께 듣게 하려는 뜻도 들어 있다고 하겠습니다.

〔문〕 관자(冠者)가 부친과 빈(賓)을 만나 보지 않는 것에 대해서, 이(李)가 말하기를 "부친은 이 관례를 명한 주체이고, 빈은 이 관례를 행한 주체이니, 이 하나의 예는 전체가 부친과 빈의 일이다. 그래서 굳이 만나 볼 일이 없는 것이다. 그러나 찬(贊)의 경우는 단지 그 예를 행하는 것을 돕는 처지라서 빈(賓)과 비교하면 차이가 있기

75 중빈(衆賓) : 마을의 어른들이다. 157쪽 주61 참조.

때문에 관자가 절을 하는 것이다."라고 하였습니다.

〔답〕 제대로 보았습니다.

〔문〕 "세 번째 초례(醮禮)를 행할 때에도 술동이의 술을 흔들고 채워 정돈함으로써 새롭게 하는 뜻을 보인다.……〔三醮攝酒……〕"와 관련하여, 소(疏)에서 "포해를 치우는 것을 말하지 않은 것은……〔不言徹脯醢者……〕" 하였는데, 이에 대해서 이(李)는 말하기를 "경(經)에서 '기타의 의례는 모두 첫 번째 초례를 행할 때와 동일하다.〔其他皆如初〕'라고 말했고 보면, 두 번째 초례에서 '포해를 치우는 것〔徹薦〕'도 그 속에 들어 있으니, 어찌 처음에만 치우고 두 번째는 치우지 않는 의리가 있겠는가. 그리고 술동이의 술도 흔들어서 새롭게 하는 뜻을 보이고 보면, 이미 올린 포해를 어찌 그냥 놔두고 바꾸지 않을 리가 있겠는가."라고 하였습니다.

〔답〕 그 말이 맞습니다.

〔문〕 "제1차로 너에게 관(冠)을 씌운다. 형제들도 모두 관례(冠禮)에 참가하였다.……〔始加元服 兄弟俱在……〕"에 대해서, 주에서는 "초례에서는 축을 하지 않는다.〔凡醮者不祝〕"라고 하였고, 소(疏)에서는 "서자의 경우를 말한 것이다.〔凡謂庶子〕"라고 하였는데, 이(李)는 말하기를 "이는 초례를 적용하는 자에게는 관축(冠祝)이 없음을 말한 것인 듯하다. 이는 대개 세 번의 초례 모두에 초사(醮辭)가 있는데, 그 내용이 대략 삼가(三加)[76]의 축(祝)과 같으므로, 거듭해

76 삼가(三加) : 관례를 행할 때 처음에는 치포관(緇布冠)을 씌우고, 다음에는 피변(皮弁)을 씌우고, 다음에는 작변(爵弁)을 씌우는 것을 말한다.

서 그것을 사용하면 중복의 혐의가 있어서 예가 번거롭게 되기 때문이다. 소의 설은 옳지 않을 듯싶다."라고 하였습니다.

〔답〕 나도 일찍이 그렇게 간주하였고, 주자(朱子)도 소(疏)의 설이 잘못이라고 하였는데, 《통해(通解)》 서자관조(庶子冠條)에 보입니다.

○ 다시 상고해 보건대, 주자가 "일반 술로 한 번 초례를 행하는 것이 올바르다. 예례(醴禮 단술을 쓰는 것)와 세 차례의 초례를 행하는 것은 적자(嫡子)의 관례(冠禮) 때나 적용하는 것이다.〔一醮以酒者正也 其用醴與三醮 爲嫡而加〕"라고 하였는데, 이 설이 선생 스스로 그렇게 생각해서 말한 것인지, 아니면 출처가 있는 것인지 모르겠습니다.

김백고에게 답하는 글 기축년(1769, 영조45) 3월

答金伯高 己丑三月

〔문〕 〈사상견례(士相見禮)〉에 "모가 모에게 명했다.〔某也命某〕"라고 하고 "모는 감히 의례를 행하지 못하겠다.〔某非敢爲儀〕"라고 하였는데, '모비(某非)'의 '모(某)'는 주인(主人)의 이름입니까, 아니면 빈자(儐者)의 이름입니까?

〔답〕 아마도 빈자의 이름일 듯싶습니다.

〔문〕 "무릇 대인과 이야기할 때〔凡與大人言〕"의 소(疏)에 "이는 임금을 뵙는 것으로 얼굴을 볼 수가 있다.〔此視君得視面〕"라고 하였습니다. 그러나 상문(上文)에서 이미 '임금과 이야기하는 것〔與君言〕'과 '대인과 이야기하는 것〔與大人言〕'을 나누어 말했으니, 주(註)에서 대인(大人)을 경대부(卿大夫)라고 한 것이 옳은데, 이 대인이 어떻게 임금을 가리킨다고 결단하여 말했단 말입니까? 그리고 이와 같이 생각했기 때문에, 소(疏)에서 "다른 경우도 모두 이와 같다.〔衆皆若是〕"의 경문(經文)에 대해서도 "여러 경대부가 임금을 뵙는〔視君〕 경우도 함께 이야기하는〔與言〕 경우와 다름이 없다."라고 해석하였으니, 이는 문의(文義)에 어긋나는 것이 더욱 심하다고 하겠습니다.

〔답〕 소에서 대인(大人)을 군(君)으로 오인한 것은, 대개 주의 '여러 경대부……(諸卿大夫……)'의 뜻을 잘못 보았기 때문입니다. 그리하여 '여러 경대부……'라는 말이 본래 상문에서 나온 것으로, 대인과 함께 자리를 같이한 자를 말한 것이지 임금을 뵙는 자의 동렬(同列)을

가리키는 것이 아니라는 것을 전혀 알지 못한 것이니, 말씀하신 설이 지극히 옳습니다.

〔문〕〈향사례(鄕射禮)〉에 "유사가 왼손으로는 부[77]를 쥐고 오른손으로는 활줄을 쥐고서 삼우(三耦)[78]에게 활을 준다.〔有司左執弣右執弦而授弓〕"라고 하였는데, 그 주에 "유사는 제자로서 사기[79]를 들여온 자이다.〔有司弟子納射器者也〕"라고 하였고, "이어서 화살을 준다.〔遂授矢〕"의 주에 "화살을 들여온 자에게 받아서 준다.〔受於納矢而授之〕"라고 하였으며, 소(疏)에는 "화살을 주는 이 사람은 상문의 활을 준 유사이다.〔此授矢者 則上文有司授弓者〕"라고 하였습니다. 내가 이 위아래 글들을 살펴보건대, 화살을 주는 자는 바로 사기를 들여온 자이기도 한데, 화살을 들여온 자에게서 받는다고 말했으니, 어쩌면 화살을 들여온 자는 한 사람이지만 사기를 들여온 자라고 통틀어서 말한 것입니까?

〔답〕 사기(射器)가 다양하니 이를 들여오는 자도 한 사람이 아닐 것입니다. 그래서 정주(鄭註)에서 "사기를 들여온 자가 모두 손에 쥐고서 다음 일을 기다린다.〔納射器者 皆執以俟事〕"라고 한 것이니, 활을 들여온 자가 활을 준 뒤에 다시 화살 바치는 자에게서 화살을 받아 삼우에게 주는 것입니다.

77 부(弣) : 활의 중앙 부분으로 손으로 잡는 부위를 말한다. 우리말로 줌통이라고 한다.

78 삼우(三耦) : 우는 2인씩 짝을 짓는 것으로, 삼우는 모두 6인이다.

79 사기(射器) : 활〔弓〕·화살〔矢〕·깍지〔決〕·팔찌〔拾〕·깃발〔旌〕 등 사례(射禮)에 필요한 기물을 말한다.

〔문〕 "상사는 동쪽을 향하고, 하사는 서쪽을 향한다.〔上射東面 下射西面〕"라고 하였는데, 이는 모두 그들이 앉을 때 이와 같이 한단 말입니까?

〔답〕 하문의 "나아가 앉는다.〔進坐〕"라는 글을 가지고 살펴보건대, 복(楅)[80]에 이르러 읍(揖)한 뒤에 동서(東西)로 나아가 서로 마주하고 서며,-경문(經文)의 동면(東面)과 서면(西面)은 바로 이것을 가리켜 말한 것입니다.- 그러고 나서 상사(上射)가 나아가 앉기를 그 방향대로 하고는, 화살 한 대를 가지고 일어나 뒤로 물러나서 원래의 자리-원래의 자리는 바로 서로 마주하고 섰던 자리입니다.-로 돌아간 뒤에 읍합니다. 하사(下射)가 나아가 앉는 것도 이와 같이 하고는 뒤로 물러나서 원래의 자리로 돌아간 뒤에 또 읍합니다. 그러면 상사가 다시 나아가 앉으니, 이것이 이른바 "교대로 화살을 취한다.〔拾取〕"라고 하는 것입니다.

〔문〕 "4대의 화살을 띠풀로 함께 묶어 그 위를 손으로 쥔다.〔兼束之以茅 上握焉〕"와 관련하여 주(註)와 소(疏)의 뜻을 살펴보면, 묶은 것〔束〕이 손으로 쥐는 곳〔握處〕의 위쪽에 있는데, 《통해(通解)》에서는 이와 반대로 하였으니, 이는 무슨 이유에서입니까?

〔답〕 속(束)이 악처(握處)의 위에 있으면 살깃〔羽〕과 가깝고 살촉〔鏃〕과 멀어서 뽑기에 불편하고, 악처가 속 위에 있으면 살촉과 가깝고 살깃과 멀어서 취하기가 쉽습니다.

〔문〕 〈연례(燕禮)〉에 "공이 경대부에게 읍하고 나서 당(堂)에 올라

80 복(楅) : 화살을 담아 세워 두는 목가(木架)이다. 폭(幅)이라고도 한다.

가 자리에 나아간다.〔公揖卿大夫 乃升就席〕"라고 하였는데, 주에서 "그를 인격적으로 대한 것이다.〔人之也〕"라고 하였습니다. '인지(人之)'는 인사(人事)라는 말과 같습니까?

〔답〕 '인지'는 바로 상인우(相人偶)[81]라고 하는 것으로서, 짝으로 친하게 여겨 은근히 대하는 뜻과 같습니다.

〔문〕 "집멱자와 선수자를 청한다.〔請執冪者與膳羞者〕"라고 한 경문의 뜻은, 〈대사(大射)〉의 주에 의거하면 "어떤 사람에게 이 일을 맡겨야 하느냐."라고 묻는 것입니다. 그렇다면 이 아래에 공(公)이 대답한 말을 빠뜨린 것입니다.

〔답〕 빠뜨린 것이 아닙니다. 상문에서 사인(射人)이 빈(賓)을 임명해 달라고 청하자 공(公)이 "아무개를 빈으로 임명하라.〔命某爲賓〕"라고 하였고, 이에 사인이 아무개를 빈으로 명하는 등의 일을 하나하나 상세히 말하였습니다. 그래서 여기에서는 단지 "소신이 집멱자와 수선자를 임명해 달라고 청했다.〔小臣請執冪與羞膳者〕"라는 것만을 말하고는, 이어서 "이에 그들을 임명했다.……〔乃命……〕" 하였으니, 그러고 보면 공이 대답한 말을 언급하지 않아도 윗글을 보면 알 수가 있는 것입니다. 하문의 "선재가 여러 공경에게 주식(酒食)을 바칠 자를 임명해 달라고 공에게 청한다.〔膳宰請羞于諸公卿者〕"의 경우에는 아예 '내명(乃

81 상인우(相人偶) : 서로 마음에 두어 친애하며 공경하는 것을 말한다. 《의례》〈빙례(聘禮)〉의 "공이 읍하고 들어가서 문이나 구비를 만나면 매번 읍하였다.〔公揖入 每門每曲揖〕"에 대한 정현(鄭玄)의 주(註)에 "문을 만날 때마다 번번이 읍하는 것은, 서로 짝이 되는 사람으로 여겨 공경하는 뜻을 붙인 것이다.〔每門輒揖者 以相人偶爲敬也〕"라고 하였다.

命)'까지도 생략하였는데, 이것도 같은 뜻입니다.

〔문〕 "빈으로 하느냐 장으로 하느냐는 것은 오직 공이 택하여 술을 따른다.〔若賓若長 唯公所酬〕"라고 하였는데, 이때에 빈(賓)이 또 참여하는 것입니까?

〔답〕 〈대사(大射)〉의 상문에 의거하면, '대부가 배수례를 행하고 빈이 배송례를 행한〔大夫拜受 賓拜送〕' 뒤에는 빈(賓)이 곧장 자리로 나아가는데, 그 자리는 바로 호(戶) 서쪽에 있는 자리입니다. 대개 일이 있으면 일어나서 일을 행하고 일이 끝나면 그 자리로 돌아가니, 이는 의례를 마칠 때까지 모두 그러합니다. 주에서 "빈으로 하면 장에게 따르고, 장으로 하면 빈에게 따른다.〔賓則以酬長 長則以酬賓〕"라고 한 것은, 공(公)이 만약 빈에게 먼저 따르면 빈이 또 장에게 따르고, 공이 만약 장에게 먼저 따르면 장이 또 빈에게 따르니, 이렇게 약장약빈(若長若賓)하여 당초에 거행했던 것처럼 서계(西階)에서 대부에게 여(旅)[82]를 한다는 의미가 아닐까 합니다.

〔문〕 "주인이 대부가 마신 빈 술잔을 받으면, 대부가 내려가 원래의 자리로 돌아간다.〔主人受爵 大夫降復位〕"라고 하였는데, 하문의 "서[83]가 세의 북쪽에서 주인에게 포해(脯醢)를 바친다.〔胥薦主人于

82 여(旅) : 여수(旅酬)의 준말이다. 여수는 의례가 끝난 뒤에 참석자들이 장유(長幼)와 존비(尊卑)의 순서에 따라 서로 술잔을 주고받는 것으로, 일종의 음복(飮福) 행위라고 할 수 있다.

83 서(胥) : 재서(宰胥)의 준말이다. 재서는 선식(膳食)을 관장하는 선재(膳宰)의 속리(屬吏)이다.

洗北〕"라는 말을 상고해 보건대, 이때에 응당 "주인이 내려갔다.〔主人降〕"라는 말이 있어야 할 터이니, 어쩌면 예문(禮文)이 갖추어지지 않은 것입니까?

〔답〕 이때 주인은 아직 내려가지 않고 변헌(辯獻 두루 헌주(獻酒)하는 것)하기를 기다린 뒤에 빈 술잔을 가지고 내려가서 비(篚 대광주리)에 술잔을 놓는 것입니다.

〔문〕 "빈이 내려와 잔을 씻고 다시 올라가 공에게 고를 보내며, 빈이 산[84]에서 술을 떠내고는 내려와서 절을 한다.〔賓降洗升 媵觚于公 酌散下拜〕"라고 하였습니다. 내가 상고해 보건대, 이는 상문의 "잔을 보낸 자가 산에서 술을 떠낸 뒤에 기둥 북쪽에서 사람들과 교차하고 조계로 내려와서 잔을 땅 위에 내려놓고는 재배 계수한다.〔媵爵者酌散 交于楹北 降阼階下 奠觶再拜稽首〕"라는 것과 같을 듯싶은데, 지금 잔을 땅에 내려놓는 것〔奠觶〕이 없으니, 예문이 갖추어지지 않은 것입니까? 하문의 "공(公)의 술을 따르고 내려와서 절을 한다.〔酌膳下拜〕"라는 것도 이와 같은데, 다만 이 경우는 상문과 조금 다른 점이 있습니다. 즉 상문은 잔을 보낸 자가 재배 계수한 뒤에 스스로 마시고, 또 상치(象觶)[85]를 씻고 올라가 술을 담아서 포해(脯醢)의 남쪽에 내려놓고는 내려와 또 재배 계수하고 치(觶)를 보내는 반면에, 이 경우는 올라가 재배 계수한 뒤에 앉아서 고수레하고 잔을

84 산(散) : 옻칠만 하고 장식을 하지 않은 5승(升)들이 술통의 이름이다.

85 상치(象觶) : 상아(象牙)로 장식한 술잔을 말한다. 상고(象觚)에 대해서 정현(鄭玄)은 '고(觚)에 상아의 장식이 있는 것〔觚有象骨飾也〕'이라고 해설하였다. 《儀禮 燕禮》

다 비우고는 내려오니, 그렇다면 산(散)에서 술을 떠서 어디에 내려 놓은 것이 있기에 내려와 절하고 또 올라가서 술을 마신단 말입니까?

〔답〕 상문의 "빈에게 술을 따르는다.〔酬賓〕"라는 조목의 주를 가지고 살펴보건대, 여기에서 "산(散)에서 술을 떠내고 내려와서 절을 한다."라고 한 조목은, 절을 하려고 하다가 실제로는 미처 절하지 못하고서, 소신(小臣)의 말에 따라 치(觶)를 쥐고 도로 올라가서 재배 계수한 것입니다. 재배 계수할 적에 치를 내려놓고, 재배 계수한 뒤에 치를 쥐고 일어나는 것도 본래 의례(儀禮)대로 행하는 것이 당연한데, 상문의 "잔을 보낸다.〔媵爵〕"의 조목에서 이미 말했기 때문에, 여기에서는 생략한 것일 뿐입니다.

〔문〕 '무산작(無筭爵)'[86]이라고 하였는데, 이렇게 무산작을 행하고 나서 하문에 나오는 '선작(膳爵)을 쥐고 산작(散爵)을 쥐는 일'[87]이 있는 것입니까, 아니면 선작을 쥐고 산작을 쥐는 그 일이 바로 무산작인 것입니까? 만약 후설(後說)이 맞다면 선작을 쥐고 산작을 쥐는 일은 또한 차수(次數)가 원래 있을 텐데, 어떻게 무산(無筭)이라고 말할 수 있겠습니까.

〔답〕 후설이 맞습니다. 대개 여수(旅酬)[88]는 차례로 서로 술을 권하다

86 무산작(無筭爵) : 고대에 차수(次數)를 한정하지 않고 술이 취할 때까지 마시던 음주례(飮酒禮)를 말한다. 《의례》〈연례(燕禮)〉의 무산작조(無筭爵條)에 자세한 내용이 나온다.

87 선작(膳爵)을……일 : 선작(膳爵)은 공(公) 즉 임금의 술잔을 말하고, 산작(散爵)은 경대부(卿大夫)의 술잔을 말한다.

88 여수(旅酬) : 의례가 끝난 뒤에 음복(飮福)을 하는 것이다. 174쪽 주82 참조.

가 두루〔辯〕 다 돌아가면 그치는 반면에, 무산작은 차수가 없이 오직 뜻 가는 대로 권하며 취하는 것을 법도로 삼으니, 이것이 서로 다른 점입니다.

〔문〕 "공(公)이 내린 술잔을 받은 자는 그 잔을 가지고 자리에 나아가 앉는다.〔受賜爵者以爵就席坐〕"의 소(疏)에서 "공(公)이 높다고 해서 남을 경시하지 않은 것이다.〔不以己尊孤人〕"라고 하였는데, 그 뜻을 잘 모르겠습니다.

〔답〕 치(觶)를 잡은 자가 술잔을 돌리게 하지 않고, 공이 직접 잔에 술을 채워서 사(士)에게 권하는 것이니, 이는 자기의 높은 권위를 굽혀서 은근한 뜻을 표하는 것입니다.

〔문〕 "공이 답례로 재배를 하면 대부들이 모두 피하며 감당하지 못하는 뜻을 표한다.〔公答再拜 大夫皆辟〕"라고 하였습니다. 내가 상고해 보건대, 전에는 임금이 절을 해도 모두 피하지 않았는데, 여기에 와서 피하는 것은 또한 칭신(稱臣 신하로서 복종하는 것)하는 뜻입니까?

〔답〕 주에서 "비록 취했어도 신하로서의 예의를 바르게 한 것이다.〔雖醉正臣禮也〕"라고 한 것이 지극히 좋습니다. 한편 〈대사(大射)〉에 "공이 한 단계 내려와서 빈에게 읍하면 빈이 피한다.〔公降一等揖賓 賓辟〕"라는 말이 나오는데, 그 소(疏)에 "연례에서 피한다고 말하지 않은 것은 글을 생략한 것이다.〔燕禮不言 文略也〕"라고 하였으니, 그렇다면 무릇 피하지 않은 것〔不辟〕들은 모두 글이 생략된 것입니다.

〔문〕 〈대사례(大射禮)〉에 "대사례를 거행하기 사흘 전에 재부계

재……시척〔前射三日 宰夫戒宰……視滌〕"[89]이라고 하였는데, 내가 보기에는 '계(戒)' 아래에서 구두를 떼어야 하고, 재(宰)와 사마(司馬)와 사인(射人) 이 3인은 모두 하루 전에 세척 등의 일을 시찰하는 것입니다. ○ "공이 내려와서 조계에 선다.……모두 약간 앞으로 나온다.〔公降立于阼階……皆少進〕"[90]의 소에 "대부대부라고 네 글자를 잘못 부연했다.〔誤衍大夫大夫四字〕"라고 하였는데, 내가 보기에 이 네 글자는 바로 경문 두 곳에 나오는 공경(公卿)과 하대부(下大夫)를 가리켜 말한 것이 아닐까 합니다. ○ "작자가 국자로 더 뜬다.〔酌者加勺〕"의 작자(酌者)는 주인(主人)이겠지요.

〔답〕 이 세 조목에 대한 고명(高明)의 의견이 모두 옳습니다.

〔문〕 "술잔을 잡고 일어난다.〔執爵興〕"의 주에 "일어나서 도마 위에서 폐를 취하는 것은 또 임금에게 자기를 낮추는 것이다.〔肺亦自貶於君〕"라고 하였습니다. 내가 상고해 보건대 이 단락은 《통해(通解)》와 완전히 다른데, 그 이유는 무엇입니까?

89 대사례를……시척 : 전문은 '前射三日 宰夫戒宰及司馬 射人 宿視滌'이다. 《儀禮 大射》 보통은 "대사례를 거행하기 사흘 전에 재부(宰夫)가 재(宰)와 사마(司馬)·사인(射人)에게 '대사례 하루 전에 기구 세척은 어떻게 했는지 사궁(射宫) 소제는 어떻게 했는지 시찰하라.'라고 통지한다."라고 해석한다.

90 공이……나온다 : 전문을 소개하면 다음과 같다. "공이 내려와서 조계의 동남쪽에 서서 남쪽을 향한다. 소신사가 임금에게 고하고 나서 임금이 여러 공경대부에게 읍을 하면 여러 공경대부가 서쪽을 향하고서 북쪽을 상위(上位)로 삼으며, 임금이 또 대부에게 읍을 하면 대부가 모두 약간 앞으로 나온다.〔公降立于阼階之東南南鄉 小臣師詔揖諸公卿大夫 諸公卿大夫西面北上 揖大夫 大夫皆少進〕" 소신사(小臣師)는 소신정(小臣正) 즉 소신의 우두머리를 보좌하는 사람이다.

〔답〕《통해》에 수록된 "할 일을 사에 두는 것은 신하의 뜻이다.〔事在射臣之意〕"[91]라는 주와 "사에 두지 않으면 또한〔不在射亦〕"이라는 소는 본주(本註)와 본소(本疏)와는 그 내용이 다르니, 이는 주자(朱子)가 개정한 것인 듯합니다. 다만 《통해》의 범례(凡例)로 말하면, 주와 소에 혹 잘못된 곳이 있을 경우에는 '지금 상고해 보건대〔今按〕'라고 하고는 그 아래에 논박을 가하였지, 자기 뜻대로 문득 그 본문을 개정한 적은 없는데, 지금은 홀연히 이와 같이 하였으니 지극히 의심스럽습니다. 그리고 본주에서 "임금에게 자기를 낮춘다.〔自貶於君〕"라고 말한 것과 본소에서 "임금이 있으면 먹지도 않고 마시지도 않는다.〔君在不嚌不啐〕"라고 말한 것은 의리에 비추어 볼 때 모두 타당하지 않으니, 어쩌면 잘못 와전된 것이 있을 법도 한데, 주자가 《통해》를 지을 당시에는 그래도 오류가 없었는지 모르겠습니다. 그렇지 않다면 혹 다른 곳에 있는 주소(註疏)를 보철(補綴)하여 수개(修改)한 것일지도 모르겠는데, 감히 확실하게 말씀드리지는 못하겠습니다.-"사재사 신……(事在射臣……)"은 결코 주자의 글이 아닙니다.- 고명의 설에 나오는 '폐역(肺亦)'의 '폐(肺)'는 본문에는 없습니다. 어쩌면 필사(筆寫)의 잘못이 아닐까 합니다.

〔문〕"획자[92]에게 건네주고 물러나 서방에 선다.〔授獲者退立于西方〕"

91 할 일을……뜻이다 : "술과 안주를 내놓은 것은 임금의 은혜요, 먹지도 마시지도 않고 할 일을 사에 두는 것은 신하의 뜻이다.〔陳酒肴 君之惠也 不嚌啐 事在射 臣之意〕"라는 말을 발췌한 것이다.

92 획자(獲者) : 깃발을 흔들어서 화살이 명중했는지를 알려 주는 자를 말한다.

라고 하였는데, 이는 복불씨(服不氏)[93]인 하사(下士) 1인이 그 도(徒)에게 깃발을 건네주는 것입니까?

〔답〕 대후(大侯)의 경우는 그렇습니다만, 참(參)과 간(干) 두 후(侯)의 경우는 향사(鄕射)처럼 획자가 부후(負侯)[94]를 합니다.

〔문〕 "활의 좌우의 구부러진 곳〔左右隈〕"에 대한 주에 궁연(弓淵)이라고 하였는데, 연(淵)의 뜻을 잘 모르겠습니다.

〔답〕《주례(周禮)》〈고공기(考工記)〉에 "각의 중앙은 항상 활의 외에 해당하는데, 이 외는 반드시 휘어지니, 휘어지기 때문에 견고히 하려고 하는 것이다.〔角之中 恒當弓之畏 畏也者 必撓 撓故欲其堅也〕"라고 하였는데, 그 주에 "'외(畏)'는 '진나라 군대가 외(隈)로 침입했다.'라고 할 때의 '외(隈)'로 읽어야 한다. 각의 중앙은 연에 상당한다.〔畏讀如秦師入隈之隈 角之中央 與淵相當〕"라고 하였습니다. 이에 의거하면, '연(淵)'은 바로 활의 구부러진 곳이요, '외(隈)'는 '굽이'라는 뜻입니다.

〔문〕〈빙례(聘禮)〉에 "빈자(儐者)가 '과군종자수장배기야(寡君從子

93 복불씨(服不氏) : 관직 이름이다. 《주례(周禮)》〈하관 사마(夏官司馬)〉에 "복불씨는 하사(下士) 1인에 도(徒) 4인이다."라고 하였다. 임금이 활을 쏠 때에는 복불씨가 대후(大侯)의 일을 관장한다. 대후는 임금의 과녁〔侯〕으로, 웅(熊)·호(虎)·표(豹)를 그려 넣은 세 개의 과녁을 말한다. 《의례》〈대사(大射)〉에 "공은 대후에 쏘고, 대부는 참후(參侯)에 쏘고, 사는 간후(干侯)에 쏜다.〔公射大侯 大夫射參 士射干〕"라고 하였다.

94 부후(負侯) : 과녁의 뒤에 숨어 날아오는 화살을 피하면서 적중 여부를 살피는 자를 말한다.

雖將拜起也)'라고 말하였다."라고 하였는데, '종자(從子)'는 무슨 뜻입니까? '수장배(雖將拜)'에서 구두를 떼어야 합니까? '기야(起也)'는 임금을 일으켜서 절하지 못하게 하는 것입니까?

〔답〕 '과군종(寡君從)'에서 구두를 떼어야 합니다. 주국(主國 빙례를 받는 나라)의 임금이 한 등급을 내려가기 때문에 종(從)이라고 말한 것이니, '과군(寡君)'도 그를 따라서 내려간다〔從而降〕는 말입니다. '자수장배기야(子雖將拜起也)'에 대해서는 말씀하신 것이 옳습니다.

〔문〕 "보(簠)[95] 두 그릇을 형(鉶)[96] 여섯 그릇에 이어 그 서쪽에 놓고 기장밥을 북쪽에 둔다.〔兩簠繼之粱在北〕"와 관련하여, 《통해(通解)》에서는 "지금 상고해 보건대……소(疏)의 내용은 무슨 뜻인지 알지 못하겠다.〔今按……未詳何謂〕"라고 하였습니다. 내가 상고해 보건대, 소의 뜻은 대개 남북(南北)으로 있는 것을 상변(相變)이라고 하고 동서(東西)로 있는 것을 상당(相當)이라고 하였으니 "양과 돼지가 상당한다.〔羊豕相當〕"라고 한 것은 원래 의심할 것이 없습니다. 그런데 《통해》에서는 "오직 양 한 종류만 놓여 있는 것이 원래 상당이다.〔羊一物自相當〕"라고 하였으니, 그렇다면 '당(當)'이라는 글자를 쓴 뜻이 소와 같지 않은데, 이것을 가지고 소가 미상하다고 배척한 것입니다. 모르겠습니다만 이에 대해서 어떻게 생각하십니까?

95 보(簠) : 밖은 모나고 안은 둥근 식기(食器)를 말한다. 안은 모나고 밖은 둥근 것은 궤(簋)라고 한다. 궤에는 기장〔黍〕과 피〔稷〕를 담고, 보에는 벼〔稻〕와 고량〔粱〕을 담는다. 용량은 1두(斗) 2승(升)이다.

96 형(鉶) : 두 귀와 세 발과 뚜껑이 있는 국그릇으로, 용량은 1두(斗)이다. 여기서는 소와 양과 돼지의 고깃국을 담은 그릇을 말한다.

〔답〕 정주(鄭註)에서 상변이라고 말한 것은 본래 이 6형(鉶)을 두고 말한 것으로, 만약 변통하지 않고 곧이곧대로 진설하면 소와 소가 나란해지고 양과 양이 나란해지고 돼지와 돼지가 나란해지기 때문에, 반드시 방향을 돌려 변통해서 소의 서쪽에는 양을 놓고 양의 서쪽에는 돼지를 놓고 돼지의 남쪽에는 소를 놓고 소의 동쪽에는 양을 놓고 양의 동쪽에는 돼지를 놓아야 한다는 것이니, 이렇게 진설한 뒤에야 두 개씩 나란히 있는 것이 같은 종류가 되지 않아서 상변할 수 있다는 것입니다.-양은 비록 변하지 않더라도, 소와 돼지 두 종류는 상변할 수 있기 때문에 그렇게 말한 것입니다.- 소(疏)의 뜻도 이와 같으니, 거기에서 상당이라고 말한 것은 상변에 상대하여 말한 것으로서 같은 종류를 나란히 배열하는 것을 의미합니다. 그러고 보면 "양과 돼지는 상당하고 상변하지 않는다.〔羊豕相當不相變〕"라는 구절과 "소와 돼지는 변할 수 없다.〔牛豕不得變〕"라는 두 구절은 탈자나 오자가 있는 것이 분명합니다.-'양시(羊豕)'의 '시(豕)'는 '즉(則)'이라는 글자일 듯하고, '우시(牛豕)' 두 글자는 '양(羊)'이라는 글자일 듯싶습니다.- 그리고 《통해》에서 운운한 것이 옳습니다. 내설(來說 보내온 글)에서 남북으로 있는 것을 상변이라고 하고 동서로 있는 것을 상당이라고 한 것은 상변과 상당의 두 의미가 불분명하니, 주소(註疏)의 뜻이 아닐 듯합니다.

〔문〕 "타국을 빙문(聘問)할 적에 경은 대부의 집에 관소(館所)를 정하고……사(士)는 공상의 집에 묵는다.〔卿館於大夫……工商〕"라는 말과 관련하여, 《통해(通解)》에서 소(疏)의 끝 부분을 인용하였는데, 그중에 있는 "또 말하기를 '《주례(周禮)》에……' 하였다.〔又曰周禮云云〕"라고 하는 말이 본소(本疏)에는 보이지 않으니, 어디에 있는지 모르겠습니다.

〔답〕 이런 대목을 가지고 살펴보건대, 현행본(見行本)은 주자(朱子) 당시에 비해서 탈자와 오자가 많다는 것을 알 수 있습니다. 《주례》는 내가 가지고 있는 본(本)에는 《예기》 〈증자문(曾子問)〉으로 되어 있는데, 어쩌면 잘못 기록된 것이 아닐까 합니다.

〔문〕 "빈자가 동쪽을 향해 앉아서 빈(賓)이 바친 예물을 취하여 손에 들고 들어가 자기 임금에게 보고한 뒤에 나와서 예를 표하며 회수(回收)해 주기를 청한다.〔儐者東面坐 取獻擧以入告 出禮請受〕"라고 하였는데, 이 '청(請)'도 사양한다〔辭〕는 뜻입니까?

〔답〕 그런 것 같습니다.

〔문〕 "빙문을 온 사신이 타국에 가지 않을 경우에는 주국(主國)의 임금이 예물을 중하게 더 주고 바친 폐백을 모두 돌려준다.〔無行則重賄反幣〕"라고 하였는데, 이는 오로지 이 나라에만 사신으로 왔을 경우에는 그에게 예물과 폐백을 더 준다는 말입니까?

〔답〕 그렇습니다.

〔문〕 "주국의 임금이 직접 향례(饗禮)와 식례(食禮)를 거행하지 않고 다른 사람이 대신 대접하게 한다.〔不饗食致之〕"라고 하였는데, 이는 향례와 식례를 행하지 않고 단지 옹희(饔餼)[97]만 보내는 것입니까?

97 옹희(饔餼) : 연회에 필요한 음식을 총칭하는 말이다. 정현(鄭玄)의 주(註)에 "죽여서 요리한 것을 옹(饔)이라 하고, 산 채로 내놓는 것을 희(餼)라고 한다.〔殺曰饔生曰餼〕"라고 하였다.

〔답〕 임금이 직접 향례와 식례를 거행하지 않고 대부를 시켜서 대접하게 하는 것입니다. 위의 경문에 "만약 직접 식례를 거행하지 못할 경우에는 대부로 하여금 각각 그 관작에 맞춰서 조복을 입고 대접하게 한다.〔若不親食 使大夫各以其爵朝服致之〕"라고 하였는데, 그 주에 "임금이 직접 식례를 행하지 못하는 것은 질병이 있거나 다른 이유가 있는 것을 말한다.〔君不親食 謂有疾及他故也〕"라고 하였습니다. '다른 이유〔他故〕'라는 것은 이 기(記)에서 말한 것과 상(喪)을 당한 것 등이 바로 그것입니다.

〔문〕〈공식대부례(公食大夫禮)〉의 "먼저 온 사람들은 돌아가서 음식을 다시 나른다.〔先者反之〕"의 주에 "석왈……(釋曰……)"이라고 하였는데, 이 '석왈(釋曰)'이 무엇인지 잘 모르겠고, 《통해(通解)》에서 '소왈(疏曰)'이라고 하였는데 이것도 어디에 근거한 것인지 모르겠습니다. 하문의 "기타 예의는 모두 공식대부의 예와 같다.〔其他皆如公食大夫之禮〕"의 주도 마찬가지입니다.

〔답〕《통해》에서 "서수를……다시 내어 취한다.〔庶羞……復出取也〕"라고 한 것이 바로 정현(鄭玄)의 주문(註文)이고, '소왈……(疏曰……)'이라고 한 것이 바로 소(疏)입니다. 그런데 지금 유행하는 《의례(儀禮)》의 주소(註疏)에서는 이 주문을 완전히 빠뜨리고는 소문(疏文)을 '석왈(釋曰)' 두 글자와 병행하고 있습니다. 주서(註書)를 낼 적에 '석왈'이라고 하는 것으로 말하면, 《의례》와 《주례》에서는 소(疏)를 석(釋)이라 하고, 《예기》에서는 소(疏)를 정의(正義)라 하며, 《통해》에서는 통틀어 소라고 하는데, 하문의 '기타개여공식대부(其他皆如公食大夫)'의 조목도 그러합니다. 대저 현행 주소는 주자(朱子) 당시에 비해서

또한 탈자와 오자가 많다는 것을 여기에서 더욱 확인할 수가 있습니다.

〔문〕 "빈(賓)이 기장밥과 해장(醓醬)을 가지고 내려와서 서쪽을 향해 앉아 섬돌 서쪽에 놓는다.〔取粱與醬以降 西面坐 奠于階西〕"에 대해서 "내주지 않는 것은 자기가 얻을 것이 아니기 때문이다.〔不以出者 非所當得〕"[98]라고 한 것을 상고해 보건대, 혼례 때에는 오직 포(脯)만이 자기가 얻을 것이었지만, 이 경우는 자기가 얻을 것이 유폐(侑幣)와 삼생(三牲)의 고기에 있기 때문에 기장밥과 해장은 자기가 얻을 것이 아니어서 그렇다는 말입니까?

〔답〕 그렇습니다.

〔문〕 혼례(婚禮)에서 청기(請期)[99]가 친영(親迎)의 한 달 전에 있다는 것은 무엇을 근거로 알 수 있습니까? 근래에 《의례》 〈상복(喪服)〉의 "여자자[100]가 조부모를 위해 기년복을 입는다.〔女子子爲祖父

98 내주지……때문이다 : 정현(鄭玄)의 주(註)에 나오는 말이다. 이에 대해서 가공언(賈公彦)의 소(疏)에 "〈사혼례〉에서는 빈객이 포를 가지고 나와서 종자에게 주는데, 그것은 자기가 당연히 얻을 것이기 때문이다.……〔士昏禮客取脯出以授從者 彼是己所當得……〕"라고 하였다.

99 청기(請期) : 혼례(婚禮)의 육례(六禮) 중 하나로, 신랑의 집에서 혼인할 날짜를 받아 그 가부를 묻는 편지를 신부의 집에 보내는 것을 말한다. 육례는 신랑 쪽에서 신부 쪽에 혼인의 의사를 통보하는 납채(納采), 신부의 운수를 점칠 때 신부 모친의 성명을 묻는 문명(問名), 신랑 쪽에서 점을 쳐서 길괘(吉卦)가 나왔다고 신부 쪽에 알리는 납길(納吉), 신부의 집에 폐백을 보내는 납징(納徵), 청기, 신랑이 신부의 집에 가서 신부를 맞아 오는 친영(親迎) 등이다.

100 여자자(女子子) : 딸의 딸이라는 말인데, 앞의 딸은 이미 출가한 딸이고, 뒤의

母〕"의 소(疏)를 상고해 보건대, 납징(納徵) 이상의 네 가지 예는 모두 15세에 허가(許嫁)[101]한 뒤에 있다고 하였는데, 이 설은 근거가 있는 것입니까?

〔답〕 청기가 친영의 한 달 전에 있다는 것은《시(詩)》의 "얼음이 녹기 전이라네.〔迨氷未泮〕"[102]의 전소(箋疏)에서 상고할 수 있습니다. 납징 이상의 네 가지 예가 15세에 허가할 때에 있다고 말한 것은 상고한 것이 지극히 옳으니, 전설(前說)을 억측으로 대답한 것이 부끄럽습니다. 다만 "조묘(祖廟)에서 석 달 동안 교육을 받아야 한다.〔教于公宮三月〕"라는 경문을 가지고 살펴보건대, 비록 허가하여 때를 넘긴 자라도 납징하는 때가 친영하기 전 석 달 안에 있어서는 안 될 것입니다.

〔문〕〈상복(喪服)〉의 "아버지가 장자를 위해서 참최 삼년복을 입는다.〔父爲長子〕"의 주에도 "적자를 세울 때는 장으로 한다.〔立嫡以長〕"라고 말하였습니다. 내가 상고해 보건대, 이는 적처(嫡妻)의 아들에는 장자(長子)와 중자(衆子)가 있는데, 경(經)에서 특별히 '장

딸은 허가(許嫁)한 딸이다. 소(疏)에 "여자자는 나이 15세로서 허가한 자를 말한다.〔女子子 謂十五許嫁者〕"라고 하였다.

101 허가(許嫁) : 시집가는 것을 허락하는 것을 말하는데, 가소(賈疏)에 의하면 여자의 허가의 연령은 15세 이상 19세 이하라고 하였다.《士昏禮 記 女子許嫁條》

102 얼음이 녹기 전이라네 : 남녀의 혼인을 노래한《시경(詩經)》〈패풍(邶風) 포유고엽(匏有苦葉)〉에 "기럭기럭 기러기는 해 돋는 아침에 쓰고, 신랑이 신부 데려오려면 얼음이 녹기 전이라네.〔雝雝鳴雁 旭日始旦 士如歸妻 迨氷未泮〕"라는 말이 나오는데, 그 주에 납채(納采)·청기(請期)·친영(親迎) 등에 대한 설명이 나온다.

(長)'을 말한 것은 "적자를 세울 때에는 반드시 그 장자로 한다."라는 것을 밝히기 위해서 그렇게 말했다는 의미로 받아들여집니다. 그런데 소(疏)의 설을 보면 "첫 번째 아들……〔第一子……〕"[103]이라고 하여, 홀연히 주의(註義)의 밖으로 벗어나서 설하였으니 의아하게 여겨집니다.

〔답〕 '입적이장(立嫡以長)'에 대한 고명(高明)의 설이 지극히 분명하여 의심할 것이 없는데, 우옹(尤翁 송시열)도 일찍이 이를 논한 적이 있습니다. 소가(疏家)가 도대체 무슨 연고로 이와 같이 주(註)를 파괴하는 견해를 갖게 되었는지 모르겠는데, 아무리 생각해도 이해할 수가 없습니다.

〔문〕 "공의 서형제와 대부의 서자가 모친과 처와 형제를 위해서 대공복(大功服)을 입는다.〔公之庶昆弟 大夫之庶子 爲母妻昆弟〕"라고 하였는데, 주(註)에서는 모친을 언급하였기 때문에 이 서자는 첩자(妾子)를 의미한다고 해설하였습니다. 그러나 처와 형제를 위해서 이 복을 입는 것은 비록 적생(嫡生)이라도 둘째 아들 이하는 또한 모두 같지 않습니까? 그리고 적생의 둘째 아들 이하는 첩모(妾母) 소생의 형제에 대해서 이렇게 할 뿐만 아니라 적생의 셋째 아들 이하에 대해서도 서로들 또 이와 같이 하고, 또 대부의 장자는 둘째 아우와 첩모

103 첫 번째 아들 : 《의례》 〈상복(喪服)〉 참최장(斬衰章)에 나오는 가공언(賈公彦)의 "첫 번째 아들이 죽으면 적처 소생의 두 번째 연장자를 취하여 세우는데, 그를 또한 장자라고 이름한다.〔第一子死 則取嫡妻所生第二長子立之 亦名長子〕"라는 소(疏)의 내용을 말한다. 1659년(현종1)의 기해예송(己亥禮訟) 때 남인(南人) 윤휴(尹鑴)가 기년복(期年服)을 주장하는 서인(西人) 송시열(宋時烈)의 예론(禮論)을 반박하면서 이 구절을 인용하였다.

와 형제에 대해서도 모두 이렇게 하지 않습니까?

〔답〕 주에서 "혹 모친을 위해서 입는데, 이는 첩자를 말한다.〔其或爲母謂妾子〕"라고 하였으니, '혹(或)'이라는 글자를 살펴보면 알 수 있을 것입니다. 이 서자는 첩자만 가리키는 것은 아니지만, 첩자도 그 속에 포함됩니다. 형제를 위해 입는 것은 장자도 똑같지만, 이를 말하지 않은 것은 모친과 처가 들어 있기 때문입니다. 무릇 대부의 아들이 압강(厭降)[104]을 하는 것은 장자나 중자(衆子)나 매한가지입니다.

〔문〕 소공장(小功章)의 "군자의 아들이 자기를 길러 준 서모를 위해서 입는다.〔君子子爲庶母慈己者〕"의 전(傳)의 소(疏)에 "그 몸이 죽으면 여존(餘尊)[105]의 압(厭)이 없다.……삼모(三母)[106]가 자기를 길러 준 의리가 없다.〔身死則無餘尊……慈己之義〕"라고 하였는데, "여존의 압이 없다.〔無餘尊之厭〕"라는 것은 부친의 여존이 그 아들에게 영향을 미치지 못한다는 말입니까? 이와 같다면 그 아들이 비록 부친 생존 시에 삼모를 구비했다고 하더라도, 이 시점에 와서는 다시

104 압강(厭降) : 비자(卑者)가 존자(尊者)에게 억눌려서 자기의 본복(本服)을 입지 못하고 강복(降服)하는 것을 말한다. 예컨대 모친상을 당해서는 자식이 삼년복(三年服)을 입는 것이 당연하지만, 부친이 생존해 있을 때는 기년복(朞年服)으로 낮춰 입는 것을 말한다. 압(厭)은 억(抑)의 뜻이다.

105 여존(餘尊) : 다른 높은 사람이라는 뜻으로, 직계(直系) 친속(親屬) 이외의 항렬이 높은 사람을 말한다.

106 삼모(三母) : 옛날에 군자(君子) 즉 제후(諸侯)와 대부(大夫)가 적처(嫡妻) 소생인 자기 아들을 기를 때 중첩(衆妾) 중에서 선택하여 자사(子師)와 자모(慈母)와 보모(保母)로 삼은 세 사람을 가리킨다. 사(士)의 경우에는 처(妻)가 직접 아들을 기른다.

그 삼모를 위할 수 없기 때문에, 자기를 길러 주었다고 해서 가복(加服)[107]을 할 수는 없다는 말입니까?

〔답〕 보신 견해가 정밀하고 타당한 것 같습니다.

〔문〕 〈사상례(士喪禮)〉에 "포해와 예주를 진설할 때에는 조계를 통해 올라간다.〔奠脯醢醴酒 升自阼階〕"라고 하였는데, 포해와 예주를 진설할 때 그 차서는 어느 것을 본받아야 합니까? 조계를 통해 올라가는 것은 살아 있을 때를 상징한 것입니까?

〔답〕 응당 소렴(小斂)의 전(奠)에 의거해야 할 듯합니다. 다만 소렴의 전은 두(豆)만 말하고 변두(籩豆)[108]는 말하지 않았는데, 동쪽에 조(俎)가 있으면 변(籩)은 두의 서쪽에 있어야 하고, 주(酒)를 두의 남쪽에 놓으면 예(醴)는 변의 남쪽에 두어야 할 것입니다. 뜻을 유추하면 이렇게 해야 할 것 같습니다만, 예문(禮文)이 갖추어지지 않아서 의심스럽기는 합니다.

〔문〕 "주인이 시신의 발이 있는 북쪽에서 나와 서쪽 섬돌을 통해

107 가복(加服) : 본복(本服)의 기간을 늘리는 것을 말하는데, 승중손(承重孫)이 조부(祖父)에 대해서 본복은 기년복이지만 참최삼년복을 입는 것이 그 하나의 예이다. 반대로 본복의 기간을 줄이는 것을 강복(降服)이라고 하는데, 남의 후사로 나간 출계자(出繼者)가 생가 부모에 대해서 본복은 참최삼년복이지만 기년복을 입는 것이 그 하나의 예이다. 본복은 법전에 규정되어 있는 본래 상복을 입는 기간으로, 정복(正服)이라고도 한다.

108 변두(籩豆) : 제사나 연회 때 쓰던 죽기(竹器)와 목기(木器)로 된 예기(禮器)를 말하는데, 안주 종류는 변(籩)에 과일 종류는 두(豆)에 담았다.

내려오고, 중주인[109]도 주인을 따라 내려온 뒤에 동쪽으로 자기 자리에 나아간다.〔主人出于足 降自西階 衆主人東卽位〕"라고 하였습니다. 서쪽으로 오르내리는 것은 아들의 도리를 따르는 것과 같다고 하겠습니다만, 동쪽의 자리에 나아가는 것은 빈(賓)을 기다리려고 하는 것입니까?

〔답〕 그런 것 같습니다.

〔문〕 "병이 중해지면 침실 내외를 모두 깨끗이 청소한다.〔外內皆掃〕"의 주에 "빈객이 문안 오는 것을 위해서이다.〔爲有賓客來問〕"라고 하였고, "더러운 옷을 벗고 새 옷을 갈아입는다.〔徹褻衣加新衣〕"의 주에 "찾아오는 사람이 더럽게 여길까 해서이다.〔爲來人穢惡之〕"라고 하였습니다. 이 두 가지 일을 살펴보건대, 이는 또한 마지막까지 바르게 하려는 뜻일 듯한데, 단지 찾아오는 사람을 위해서라고 말한다면 온당하지 못한 것 같습니다.

〔답〕 정말 그렇습니다.

109 중주인(衆主人) : 여기서는 망자(亡子)의 중자(衆子), 즉 상주(喪主)의 형제들을 가리킨다.

김백고에게 답하는 글 5월

答金伯高 五月

〔문〕〈상복(喪服)〉 부장기(不杖期)에 "임금의 부모와……을 위해서 입는다.〔爲君之父母……〕"라고 하였는데, 그 전(傳)의 소(疏)에 "천자와 제후의 상에는 모두 참최복(斬衰服)을 입는다.〔天子諸侯之喪皆斬〕"라고 하였습니다.

〔답〕 이 주(註) 가운데 "이는 임금을 위한 것이다.〔此爲君矣〕"에서부터 "폐질로 인해 즉위하지 못한다.〔廢疾不立〕"까지는 경문(經文)의 '부모와 조부모〔父母祖父母〕'를 해석한 것으로, 조부나 부친 중에 어떤 이가 폐질로 인해 즉위하지 못한 경우를 말한 것이지 조부와 부친이 모두 폐질에 걸린 것을 말한 것이 아닙니다. 그리고 "부친이 죽었다고 한 것은〔父卒者〕"에서부터 "증조에게 나라를 받은 것이다.〔受國於曾祖〕"까지는 전문(傳文)의 "부친이 죽은 뒤에 조후가 된 자는 참최복을 입는다.〔父卒然後爲祖後者服斬〕"를 해석한 것으로, 조부가 이미 폐질에 걸린 데다 부친이 또 일찍 죽었기 때문에 증조에게서 나라를 받은 것을 말한 것입니다. 따라서 이 두 단락은 문장이 서로 이어지는 것이 아닙니다. 그렇지 않다면 이미 폐질에 걸려 즉위하지 못했다고 말해 놓고는, 또 왕위를 계승해야 옳은데 일찍 죽었다고 말을 한다면, 어찌 모순이 되지 않겠습니까. 내유(來諭 보내온 글)에서 이 문장을 이어지는 것으로 보고는, "일찍 죽었다.……〔早卒……〕"라고 한 글을 가지고 '부친과 조부가 모두 폐질에 걸렸는데 그 부친이 일찍 죽은 것'으로 간주한 것은 조감(照勘)을 잘못한 것인 듯합니다. 이는 대개 전(傳)에서 단지 승중

(承重)의 상법(常法)을 가지고 말했기 때문에 주에서도 상법으로 이를 해석한 것입니다.

그리고 조상(趙商)이 질문한 것으로 말하면, 부친이 폐질에 걸렸는데 조부를 위해 삼년복을 입어야 하는지에 대해서 바야흐로 의문을 품은 것이었는데, 이에 대해서 정현(鄭玄)이 대답하면서 또 단지 이 전(傳)의 "부친이 죽은 뒤에 조후가 된 자는 참최복을 입는다.……〔父卒然後爲祖後者服斬……〕"[110]라고 한 말을 거론하여 고해 주었으니, 이것이 어찌 그가 질문을 하게 된 뜻을 살펴서 그렇게 대답한 것이 아니겠습니까. 대답한 뜻을 살펴보건대, 이는 마치 "부친이 이미 폐질에 걸려서 국정(國政)을 담당하지 못하고 상사(喪事)를 담당하지 못할 경우에는, 부친을 대신하여 나라를 이어받고 부친을 대신하여 상복을 입지 않을 수 없는데, 그때에는 일체 부친이 죽어서 승중하는 예(例)를 적용해야 한다."라고 말한 것과 같다고 하겠습니다. 이와 같이 그 말뜻이 명백하여 의심할 것이 없는데도, 조상이 제대로 이해하지 못하고서 재차 삼년복이냐 기년복(期年服)이냐 하는 조목을 나열하며 질문을 하였으므로, 정현이 다시 "천자와 제후의 상에는 모두 참최복을 입을 뿐이지 기년복은 없다.〔天子諸侯之喪皆斬無期者〕"라는 말로 대답하였으니, 이는 그야말로 복기(服期)에 대한 그의 의심을 깨뜨려 준 것이었습니다. 대개 승중의 뜻에 대해서는 전에 답할 적에 이미 죄다 말해 주었기 때문에 다시 상세히 말하지 않고, 단지 참최복이 타당하지 기년복은 부당하다는 뜻을 말함으로써, 전언(前言)을 의심할 것이 없음을 밝혔

110 부친이……입는다 : 대본에는 '父卒然後爲祖服斬'으로 되어 있으나, '祖'는 '祖後者'의 잘못이므로 '祖' 뒤에 '後者'를 보충하여 번역하였다.

으니, 말은 비록 간단하지만 뜻은 약여(躍如)하다고 하겠습니다.

주자(朱子)의 〈상복차자(喪服箚子)〉[111]에서도 곧바로 승중의 상법을 가지고 폐질의 변례(變禮)에 대해 단안을 내리면서 "의리상 당연한 일이다.〔義當然也〕"라고 하였는데, 이는 바로 정현의 "의심할 것이 뭐가 있겠는가.〔何疑〕"라는 대답과 말 없는 가운데 계합(契合)하여 한 사람의 입에서 나온 것만 같습니다. 대개 이 예(禮)가 비록 경문(經文)에는 보이지 않더라도 대의(大義)가 우뚝하여 이치로 재단할 수 있고 유사한 것을 추리할 수 있기 때문에, 두 분 현인(賢人)의 말씀이 함께 상의하지 않고도 동일한 것이 이와 같으니, 이에 상기(上記)의 내용이 지극한 도리로서 의심할 것이 없다는 것을 더욱 믿겠습니다.

〔문〕〈사상례(士喪禮)〉에 "사람이 막 죽었을 때 시신을 덮는 것은 염금을 사용한다.〔幠用斂衾〕"라고 하였습니다. 이 금(衾)에 대해서 소렴(小斂)에서는 치정무담(緇頳無紞)[112]의 제도를 상세히 말했는데, 여기에서는 모두 말하지 않았으니 응당 소렴 때와 같이 해야 합니까?

〔답〕사람이 막 죽어서 덮는 것은 응당 살아 있을 때 쓰던 것이니 담(紞)이 있는 것이 분명한데, 대렴(大斂) 때에는 이것을 아래에서 받들어 올리니, 또 별도로 하나의 이불을 만들어서 덮어야 합니다. 아래에

111 상복차자(喪服箚子) : 〈상복에 대해서 토론하기를 청하는 차자〔乞討論喪服箚子〕〉의 준말인데, 《주자대전(朱子大全)》 권14에 실려 있다.

112 치정무담(緇頳無紞) : 검은색 이불〔緇衾〕에, 안감은 붉은색으로 하고〔頳裏〕, 실로 장식한 이불깃을 달지 않는 것〔無紞〕을 말한다.

있는 것은 담(紞)이 있는 것을 그대로 써도 무방할 듯도 하고, 아니면 임시로 썼다가 버려도 될 것입니다.

〔문〕 "명정(銘旌)을 만들 때……옥첨(屋檐) 아래 서계 위에 놓는다.〔爲銘……宇西階上〕"라고 하였는데, 명정을 놓을 때는 그 향배(向背)를 어떻게 해야 합니까?

〔답〕 동향(東向)이 타당할 듯합니다.

〔문〕 '도미(稻米) 1두(豆)'와 관련하여, 혹자는 말하기를 "도(稻)는 본래 나(穤 찰벼)이니, 지금 풍속에서 쓰는 것이 올바로 하는 것이다.……"라고 합니다.

〔답〕 《가어(家語)》에 의하면, 공자(孔子)의 상(喪)을 당해서 "소미(疏米)로 반함(飯含)을 하였다.〔含以疏米〕"라고 하였는데, 그 주소(註疏)에 "갱미이다.〔粳米也〕"라고 하였습니다. 또 《자서(字書)》에 의하면, 도(稻)에는 2종(種)이 있으니, 차진 것〔黏者〕이 나(穤)이고 차지지 않은 것이 갱(秔)이라고 하였는데, 갱(秔)은 바로 갱(粳)이라는 글자입니다. 이에 의거하면 지금 풍속에서 나(穤)를 쓰는 것은 옳지 않을 듯한데, 이 생각이 어떨는지 모르겠습니다.-《가어》의 주(註)는 《통해(通解)》 〈상대기(喪大記)〉 반함조(飯含條)에 보입니다.-

〔문〕 마루에 유막(帷幕)을 설치하는 것〔帷堂〕에 대하여

〔답〕 "그윽하고 어두운 것을 좋아하기 때문이다.〔尙幽闇〕"[113]라고 말한

113 그윽하고……때문이다 : 《의례》 〈사상례(士喪禮)〉 유당(帷堂)의 소(疏)에 "반

것이 유당(帷堂)에 대한 바른 뜻입니다. '시이식(尸已飾)'이라는 말은 염(斂)을 끝내고 유막을 걷었기 때문이라는 말입니다.[114] 대개 일이 있으면 유막을 걷었다가 일이 끝나면 둘러치는데, 이는 범례(凡例)가 모두 그러합니다. 따라서 소렴이나 대렴 때에도 범례에 따라 유막을 걷어야 마땅하겠지만, 반드시 염이 끝나기를 기다리고 나서 걷는 것은, 염이 아직 안 됐을 때에는 시신을 동요시키고 설식(設飾)[115]을 못했기 때문에-'시신을 동요시킨다.〔動搖尸〕'라는 말은 바로 〈단궁(檀弓)〉의 주(註)입니다.-[116] 반드시 염을 끝내고 그 뒤의 일을 행한 뒤에 유막을 걷는 것입니다. 소렴 때에는 그 이전에 하는 일이 없어서 본래 유막을 쳐 두었기 때문에 염을 끝낼 때에 와서야 비로소 유막을 걷는다고 말했습니다. 그러나 대렴 때에는 그 이전에 철찬(徹饌 음식을 치우는 것)을 하는 일이 있어서 먼저 유막을 걷었기 때문에 대렴을 하려고 할 때 다시 유당(帷堂)의 일을 말해야만 아래의 "소렴을 마치면 유막을 걷는다.〔卒斂徹

드시 유막을 둘러치는 것은 귀신이 그윽하고 어두운 곳을 좋아하기 때문이다.〔必帷之者 鬼神尙幽闇故也〕"라고 하였다.

114 시이식(尸已飾)이라는……말입니다 : "소렴을 마치면 유막을 걷는다.〔卒斂 徹帷〕"라는 《의례》 〈사상례(士喪禮)〉 경문(經文)의 주(註)에 "시신에 설식(設飾)을 끝냈기 때문이다.〔尸已飾〕"라고 하였다.

115 설식(設飾) : 사자(死者)에게 옷을 입히고 화장을 하는 등 꾸민다는 뜻으로, 곧 염습(斂襲)을 하는 것을 말한다.

116 시신을……주(註)입니다 : 《예기》 〈단궁 상(檀弓上)〉에 "시신에 아직 설식을 하지 않았기 때문에 유당을 하는 것이니, 소렴을 행한 뒤에는 유막을 걷는다.〔尸未設飾 故帷堂 小斂而徹帷〕"라는 증자(曾子)의 말이 있는데, 이에 대해 정현(鄭玄)이 "염을 하는 것은 시신을 동요시키는 것이다. 유막을 둘러치는 것은 사람들이 더럽게 여기기 때문이다.〔斂者 動搖尸 帷堂 爲人褻之〕"라고 주를 달았다.

帷]”라는 경문(經文)과 상응하게 되고, 또 염할 때에 유당을 하지 않으면 안 되는 이유를 명확히 밝히게 되는 것입니다.-증자(曾子)가 말한 “시미설식……(尸未設飾……)”은 단지 염할 때 유당이 필요한 이유를 말한 것일 뿐이지 유당의 뜻이 모두 그렇다고 말한 것이 아닙니다.-

〔문〕〈사상기(士喪記)〉에 “무릇 구(糗 콩고물을 묻힌 떡)는 기름에 튀기지 않는다.〔凡糗不煎〕”라고 하였는데, 사계(沙溪 김장생(金長生))가 《의례문해(疑禮問解)》에서 이 말을 인용하였습니다. 그런데 《주례(周禮)》 해인조(醢人條)에 이식(酏食)과 삼식(糝食)이 나오는데, 그 주에서 〈내칙(內則)〉의 “도미(稻米)와 낭촉고(狼臅膏) 및 미(米)와 육(肉)을 배합해서 튀긴다.” 운운하는 말을 인용하였고 보면,[117] 제사에서 기름에 튀긴 음식을 쓰지 않은 적이 없었으니, 이 내용과 〈사상기〉가 차이를 보이는 것은 또 어떻게 해석해야 합니까?

〔답〕 이식과 삼식은 빈시(賓尸)[118]할 적에 두(豆)에 담는 음식이기 때

117 주례(周禮)……보면 : 이 대목과 관련된 《예기》 〈내칙(內則)〉의 내용을 소개하면 다음과 같다. “삼식(糝食)은 소·양·돼지 세 가지 고기를 같은 비율로 준비하여 잘게 썰어서 쌀과 고기를 2대 1의 비율로 섞어 떡을 만들어서 튀긴 것이다. 간료는 개의 간 하나를 준비하여 그 창자 사이의 기름〔膋〕으로 덮어씌우고 흠뻑 담근 다음에 남김없이 튀기는데, 요(膋)가 있을 때에는 여뀌를 쓰지 않는다. 이식(酏食)은 쌀가루를 준비하여 반죽을 하고, ‘이리의 가슴속 비계’를 잘게 썰어서 쌀가루와 함께 넣어 죽을 만든 것이다.〔糝 取牛羊豕之肉 三如一 小切之 與稻米 稻米二 肉一 合以爲餌煎之 肝膋 取狗肝一 幪之以其膋 濡炙之 擧燋其膋 其膋不蓼 取稻米 擧糔溲之 小切狼臅膏 以與稻米爲酏〕”

118 빈시(賓尸) : 주대(周代)에 조상에게 제사 올린 다음 날에 시(尸)의 수고에 대한 보답으로 주식(酒食)을 차려 놓고 대접하는 것을 말한다. 시는 사자(死者)를 대표해서 제사를 받는 사람을 말한다. 한편 첫째 날에 올리는 제사를 정제(正祭)라고 한다.

문에, 정제(正祭)와는 차이가 있는 것 같습니다.

〔문〕〈단궁(檀弓)〉에 "황리전연(黃裡縓緣)"[119]이라고 한 것은 〈곡례(曲禮)〉의 '준채[120]를 하지 않는 것〔不純采〕'과 모순이 됩니다. 전연(縓緣)만 그런 것이 아니고 조제(朝祭)의 복장 중에는 준채한 것들이 많습니다. 준채하지 않는 것은 어쩌면 혹 연거(燕居)할 때 입는 옷을 말하는 것이 아닐까요.

〔답〕내유(來諭)에서 연거할 때 입는 옷이 아니겠느냐고 말한 것이 옳은 것 같습니다.

〔문〕〈곡례(曲禮)〉의 "어른에게 가르침을 청할 적에는 반드시 안석과 지팡이를 가지고 종한다.〔謀於長者 必操几杖以從之〕"에 대해서, 어떤 이는 '궤장(几杖)을 만들어서 어른에게 가서 바치는 것'이라고 하고, 어떤 이는 '어른의 궤장을 시봉(侍奉)하며 단지 자제(子弟)의 예(禮)를 취하는 것'이라고 합니다.

〔답〕'종(從)'은 나아간다〔就〕는 것과 같으니, 위의 의견이 옳습니다.

119 황리전연(黃裡縓緣) : 황색 안감에 천홍색 선을 바깥에 두르는 것을 말한다. 《예기》〈단궁 상(檀弓上)〉에 "연의를 입되 누런빛 천으로 안을 대고 연한 붉은빛 천으로 연의의 옷깃과 소매에 선을 두른다.〔練衣黃裏縓緣〕"라는 말이 나온다.

120 준채(純采) : 순수한 채색 단을 두르는 것을 말한다. 《예기》〈곡례 상(曲禮上)〉에 "아들 된 자는 부모가 살아 계시면 갓과 옷에 흰 단을 두르지 않으며, 고자로서 아버지의 뒤를 잇는 자는 갓과 옷에 순수한 채색 단을 두르지 않는다.〔爲人子者 父母存 冠衣不純素 孤子當室 冠衣不純采〕"라는 말이 나온다.

〔문〕《논어(論語)》에서 "속수(束脩)[121] 이상을 가지고 와서……〔自行束脩……〕" 하였는데, 무릇 지(贄)라는 것은 처음 만나 볼 때 사용하는 것입니다. 그런데 지금 사람들은 오래도록 만난 사이라도 처음 배우기를 청할 때에는 지(贄)를 쓰곤 하는데, 이 지라는 것이 본래 배우기를 청할 때 쓰는 것이 아니고 보면 이렇게 하는 것은 비례(非禮)가 아닙니까?

〔답〕 비록 오래전부터 알고 지낸 사이라 할지라도, 스승과 제자의 예(禮)로 만나는 것은 지금부터 시작이니, 집지(執贄)한다 해서 해로울 것이 없을 듯도 합니다.

〔문〕《가례집람(家禮輯覽)》[122]의 〈도설(圖說)〉에서 《사림광기(事林廣記)》[123]를 인용하여 "배례(拜禮)는……" 하였습니다.

〔답〕 배의(拜儀)에 대해서는 주 선생(朱先生)의 궤좌배(跪坐拜)의 설

121 속수(束脩) : 처음 스승을 뵐 적에 가지고 가는 포육(脯肉) 등의 예물을 말한다. 수(脩)는 포(脯)이고 속(束)은 10개를 말한다. 《논어》 〈술이(述而)〉에 "속수 이상을 가지고 와서 집지(執贄)의 예(禮)를 행한 자에게는 내가 한 번도 가르쳐 주지 않은 적이 없었다.〔自行束脩以上 吾未嘗無誨焉〕"라는 공자의 말이 나온다.

122 가례집람(家禮輯覽) : 사계(沙溪) 김장생(金長生)이 《가례》에 관한 여러 사람의 예설(禮說)을 모아 편찬한 책으로, 송시열(宋時烈) 등 제자들이 1685년(숙종11)에 간행했는데, 편자의 의견을 분명히 밝히고 인용서를 적어 주었으며, 여기에 〈도설(圖說)〉도 붙였다.

123 사림광기(事林廣記) : 남송(南宋) 말기에 진원정(陳元靚)이 편찬한 유서(類書)이다. 원나라와 명나라를 거치면서 증보되었으며, 명나라 왕기(王圻)의 《삼재도회(三才圖會)》와 중국 최대의 백과사전인 청나라의 《고금도서집성(古今圖書集成)》도 이 책으로부터 지대한 영향을 받아 편찬되었다.

을 통해서 또한 그 대략을 고찰할 수 있습니다. 그 설에서 "무릇 절을 할 때에는 모두 두 무릎을 가지런히 꿇어야 하니, 지금 예배(禮拜)를 하는 것과 같다."라고 하고, "숙배(肅拜)와 돈수(頓首)와 계수(稽首) 모두 무릎을 꿇음에 따라 더욱 공경하는 자세가 된다."라고 하였으며, 또 "한 번 꿇어앉아서 두 번 절한다.〔一坐再至〕"[124]라는 말을 인용하여 증거로 제시하였으니, 절을 할 때에는 먼저 두 무릎을 가지런히 꿇고 나서 그 뒤에 두 손을 맞잡고 땅에 댄다는 것을 알 수 있습니다. 《사림광기》는 어느 때의 서책인지 모르겠습니다만, 거기에서 "부복(俯伏)으로 말하면, 양손으로 가지런히 땅을 짚고서 먼저 왼발을 꿇고……" 한 것은 주자(朱子)의 설과 정반대되는 것입니다. 주자가 "어느 때부터 변했는지는 알 수 없으나, 오늘날 사람들이 살피지 못한 점이 있다.……"라고 한 것이 이를 가리키는 듯한데, 모르겠습니다만 어떻게 생각하십니까?

〔문〕《비요(備要)》[125] 자최삼년조(齊衰三年條)에 "부친이 돌아가시고 아직 빈(殯)을 하지 못했는데 모친이 돌아가셨을 경우에는, 부친이 살아 계실 때의 예(禮)를 차마 바꾸지 못하는 법이니, 이 경우에는 그래도 《통전》에서 말한 '부친상을 당해 아직 빈을 하지 못했을

124 한 번……절한다 : 《예기》〈왕제(王制)〉에 "80세 이상의 노인이 임금의 명을 받을 적에는 한 번만 꿇어앉고서 머리가 두 번 땅에 닿게 절한다. 소경의 경우도 이와 같다.〔八十拜君命 一坐再至 瞽亦如之〕"라는 말을 발췌한 것이다. 이는 노인이 재배(再拜)하느라 다시 일어났다 앉았다 하는 것이 불편할 것을 감안해서 배려해 준 것이다.

125 비요(備要) : 김장생(金長生)이 편찬한 《상례비요(喪禮備要)》를 말한다. 신의경(申義慶)이 편집한 《상제서(喪制書)》를 정리하고 주자(朱子) 《가례(家禮)》의 미비한 부분을 보충하였다.

때에는 조부를 위해서 기년복(期年服)을 입는다.'라는 설을 적용하여, 모친에 대해서 기년복을 입을 수 있다.〔父死未殯而母死 則未忍變在 猶可以通典所云父未殯服祖周之說推之 服母期也〕"[126]라고 하였습니다. 그러나 혹자(或者)는 말하기를 "《의례(儀禮)》에 '부친이 돌아가셨을 경우에는 모친을 위해 자최삼년복을 입는다.〔父卒則爲母齊衰三年〕'라고 하였으니, 응당 빈(殯)이 아니라 초혼(招魂)을 기준으로 해서 단안을 내려야 한다. 대개 부친을 차마 돌아가신 예로 대하지 못하는〔不忍死其親〕 의리를 물론 적용해야 할 곳이 있지만, 이 경우에 행해서는 안 된다."라고 합니다. 모르겠습니다만 어떻게 생각하십니까?

〔답〕 나의 의견은 바로 혹자의 설과 같습니다.

〔문〕 자최부장기조(齊衰不杖期條)의 상복소(喪服疏)에 "남편과 자식이 없는 자는 그 부모를 위하여 그래도 기년복을 입는다.〔無夫與子者 爲父母猶期〕"[127]라고 하였고, 일설에는 삼년(三年)이라고 하였습니다. 만약 삼년의 설을 따른다면, 부친을 위해서 응당 참최복(斬衰

126 부친이……있다 : 독자의 이해를 돕기 위하여 이와 관련된 전문을 소개하면 다음과 같다. "부친이 돌아가시고 아직 빈을 하지 못했는데 모친이 돌아가셨을 경우에는, 부친이 살아 계실 때의 예(禮)를 차마 바꾸지 못하는 법이니, 이 경우에는 그래도 '부친상을 당해 아직 빈을 하지 못했을 때에는 조부를 위해 기년복을 입는다.'라는 설을 적용하여, 모친에 대해서 기년복을 입을 수 있다. 그러나 만약 부친상이 이제 끝나려 하는데 또 모친상을 당했을 경우에, 이때에도 부친상 3년 이내라는 이유로 모친에 대해서 그대로 기년복을 입는다면 이는 미안할 듯하다.〔父死未殯而母死 則未忍變在 猶可以父未殯服祖周之說推之 而服母朞也 如父喪將竟而又値母喪 亦以父喪三年內而仍服朞 似未安〕"

127 남편과……입는다 : 《의례》 〈상복(喪服)〉의 소(疏)에는 '猶' 뒤에 '服' 한 글자가 더 있다.

服)을 입어야 하는데, 일단 시집을 가서 참최복을 못 입게 된 처지에서 다시 부친을 위해 참최복을 입는다면, 어떨지 모르겠습니다.

〔답〕《의례》〈상복(喪服)〉 부장기장(不杖期章)의 "고와 자매와 딸로서 제사를 주관할 사람이 없는 자에 대해서 입는 복이다.〔姑姊妹女子子無主者〕"[128] 조목의 소(疏)에 "딸이 돌아와서는 부모를 위해 자연스럽게 여전히 기년복을 입게 되므로, 보복(報服)에 대해서는 말할 필요가 없기 때문에 말하지 않은 것이다.〔女子子反父母 自然猶期 不須言報 故不言也〕"[129]라고 하였으니, 《비요》의 상설(上說)이 곧 이것입니다. 그리고 "대부의 아들이 세부모[130]와 숙부모를 위해 입는다.〔大夫之子爲世父母叔父母〕"라는 조목의 소(疏)에 "남녀가 모두 부모를 위해서 삼년복을 입는다.〔男女俱爲父母三年〕"라고 하였으니, 《비요》의 일설이 곧 이것입니다. 이 두 설 자체가 서로 모순이 됩니다만, 하조(下條)의 전(傳)에서 "딸이 그 부모를 위해 기년복을 입기 때문에 보복을 말하지 않은 것이다.……〔女子子爲其父母期 故言不報……〕"라고 분명히 말했고 보면, 운운한 소(疏)의 설은 굳이 공박하지 않아도 절로 무너지는

128 고(姑)와……복이다 : 전문은 "다른 사람에게 시집간 고와 자매와 딸 가운데 제사를 주관할 사람이 없는 자에 대해서 입는 복이다. 고와 자매는 보복(報服)을 입는다.〔姑姊妹女子子適人無主者 姑姊妹報〕"이다. 《儀禮 喪服》

129 딸이……것이다 : 전문은 "딸에 대해서는 보복을 입는 것을 말하지 않았다. 딸이 다른 사람에게 시집갔으면 대공복을 입게 되지만, 돌아오면 부모를 위해서 자연스럽게 여전히 기년복을 입게 되므로, 보복에 대해서는 말할 필요가 없기 때문에 말하지 않은 것이다.〔不言報者 女子子出適大功 反爲父母 自然猶期 不須言報 故不言也〕"이다. 《儀禮 喪服 疏》

130 세부모(世父母) : 백부모(伯父母)의 별칭이다. 세(世)는 대(代)를 잇는다는 뜻이다.

것입니다. 이는 대개 정주(鄭註)를 잘못 보아서 그런 것일 뿐이니, 상세히 고찰하면 자연히 알 수 있습니다.

〔문〕 지금 어떤 사람의 종조(從祖)가 출계(出繼)하여 '다른 사람의 후사〔人後〕'가 되었는데, 그 종조의 손자가 또 출계해서 족인(族人)의 후사가 되어 죽은 경우에 대하여, 어떤 이는 "《가례(家禮)》에 의하면, 무릇 인후(人後 다른 사람의 양자)가 된 자는 그 사친(私親)을 위해서 모두 한 등급을 강복(降服)하고, 사친이 그에 대해서도 똑같이 하니, 재차 강복을 하면 안 된다."라고 하고, 어떤 이는 "이 경우는 '죽은 자와 복을 입는 자가 각기 다른 사람의 후사가 된 경우에는 재차 강복하지 않는다.〔兩男各爲人後 則不再降〕'라는 것과는 같지 않으니, 어떻게 재차 강복하지 않을 수 있겠는가."라고 합니다. 두 설이 같지 않은데, 모르겠습니다만 어떻게 생각하십니까?
〔답〕 재차 강복하는 의리는 없을 듯합니다.

〔문〕 인후(人後)가 된 자가 소생(所生 친부모)의 상(喪)을 당했을 경우에, 소후(所後 양부모)의 사당에 들어갈 때에는 무슨 복(服)을 입어야 합니까? 소생의 상을 당하여 아직 장례를 지내지 않았을 때와 이미 장례를 지냈을 경우에, 소후의 기제(忌祭)와 시제(時祭)는 똑같이 그 기복(期服)에 맞춰서 지내야 합니까?
〔답〕 장례를 이미 지냈다면, 기제와 시제를 일체 그 기복의 예(例)에 따라 행해야 할 것인데, 그 복색(服色)으로 말하면 시제의 경우는 임시로 묵립(墨笠)과 백포직령(白布直領)과 묵대(墨帶)를 착용하고, 기제의 경우는 백립(白笠)-폐양자(蔽陽子) 즉 패랭이도 무방할 듯합니다.-과 백포

대(白布帶)와 백포직령을 착용하는 것이 좋을 듯합니다. 그리고 장례를 지내기 전이라면, 기제의 경우는 복(服)이 가벼운 자가 행하게 하되 폐양자와 포직령(布直領)과 포대(布帶) 차림으로 후열(後列)에서 배곡(拜哭)하게 해도 무방하지 않을까 합니다. 또 사당에 들어갈 때에는 시제 때와 같은 복색을 임시로 착용하고, 장례 지내기 전의 삭망참(朔望參)은 복이 가벼운 자가 행하게 하고 직접 참여하지 않도록 하는 것이 좋겠습니다. 모르겠습니다만 어떻게 생각하십니까?

〔문〕 무릇 제사 지낼 적에 《예기》 〈제통(祭統)〉의 "제사 지낼 장소에 자리를 깔고, 탁자 하나를 공동으로 설치한다.〔鋪筵 設同几〕"[131]라는 의리에 입각한다면 고비(考妣)의 신위를 하나로 합쳐서 설치하는 것이 옳을 것입니다. 그런데 주자(朱子)가 일찍이 "만약 사당 안에 각각 패자(牌子 위패)가 있으면 그렇게 해서는 안 된다.〔祠堂各有牌子則不可〕"라고 훈계하였고, 또 《가례(家禮)》에서도 각각 위패를 만드는 것으로 정해 놓았기 때문에, 고금의 차이가 있는 것은 당연하다고 생각해 왔습니다. 그런데 근래에 다시 생각해 보건대, 동궤(同几)의 주석에 "혼기(魂氣)는 함께 돌아간다."라고 한 뜻이 지극히 정미하였으므로, 후세에서 각각 목주(木主)를 세우는 것은 결코 예의(禮意)가 아니라고 여겨졌습니다. 그러나 비록 각각 신주를 만든다고

131 제사 지낼 장소에……설치한다 : 돌아가신 부친과 모친의 탁자를 각각 설치하지 않고 공동으로 하나만 설치한다는 뜻인데, 그 소(疏)에 "사람이 살아 있을 때에는 형체가 다르기 때문에 부부의 탁자를 따로 설치하지만, 죽으면 혼기가 함께 이곳으로 돌아가기 때문에 부부의 탁자를 공동으로 설치하는 것이다.〔人生時形體異 故夫婦別几 死則魂氣同歸於此 故夫婦共几〕"라고 하였다.

하더라도, 제사 지낼 때를 당해서는 혼기가 하나로 혼합되어서, 목주가 각각 다르다고 하여 차이가 있을 수 없고 보면, 합향(合饗)하는 의리가 자연히 있게 된다고도 할 것입니다. 그렇다면 각기 신위를 설치하는 《가례》의 예법을 깍듯이 지킬 필요는 없지 않을까 합니다. 이는 귀신의 정상(情狀)과 예의(禮意)의 본원에 관계되는 지극히 은미하고 지극히 중요한 대목이니, 행여 철저히 궁구하여 해득하신 점이 있으시면 분명히 가르쳐 주시기 바랍니다.

〔답〕 포연동궤(鋪筵同几)야말로 옛날의 성왕(聖王)이 귀신의 정상을 환히 살펴보고 만든 예제(禮制)인데, 정강성(鄭康成)이 "정기(精氣)가 합일한다."라고 주석한 그 구절이 또한 지극히 미묘하다고 할 것입니다. 그런데 후인은 견해가 여기에 이르지 못하고 보면, 그저 고경(古經)을 삼가 지키며 어기지 말아야 할 것이기에, 우리 집에서는 감히 《가례》의 설을 따르지 않고 있습니다. 내유(來諭)에서 "각각 목주를 세우는 것은 결코 예의가 아니다.……" 하신 그 말씀의 뜻이 매우 좋습니다마는, 《춘추(春秋)》의 "부인의 신주를 태묘(太廟)에 안치하였다.〔用致夫人〕"[132]라는 글에 근거한다면, 후비(后妃)의 신주도 사당에 안치할 수 있는 것입니다. 대개 신주가 비록 두 개일지라도 시동〔尸〕은 하나로서 부부의 혼기(魂氣)가 합하는 것이니, 각각 신주를 세웠다고 해서 차이가 있지 않다는 것은 참으로 보내오신 의견과 같은 점이 있습

132 부인의……안치하였다 : 《춘추》 희공(僖公) 8년에 "가을 7월에 태묘에 체의 제사를 지내고 부인의 신주를 태묘에 안치하였다.〔秋 七月 禘于大廟 用致夫人〕"라는 경문(經文)이 나온다. 부인은 노(魯)나라 문공(文公)의 비(妃)인 애강(哀姜)인데, 그녀를 폄하하여 성씨도 쓰지 않고 그냥 부인이라고 칭했다는 평이 전한다.

니다. 이것을 가지고 말한다면 주자(朱子)가 "각각 위패를 세웠다면 합설(合設)할 수 없다."라고 한 것이 꼭 맞는 말은 아닐 듯싶은데, 다시 생각해서 가르쳐 주시면 다행이겠습니다. 다만 고례(古禮)에는 탁자를 각각 설치하는 경우도 있으니, 예컨대 〈사혼례(士昏禮)〉에서의 전채(奠菜)[133]와 같은 것이 바로 그것입니다. 그러나 이 경우는 신부가 처음 사당을 참배할 적에 생전의 시부모에게 각각 절하는 것을 상징하여 그냥 각각 전채를 하는 것이니, 상제(常祭)와는 다르지 않을까 합니다.

〔문〕 불천지위(不遷之位)는 우리나라 법전에서 하나의 감(龕)을 별도로 세우는 것을 허락하였습니다. 그런데 사계(沙溪 김장생(金長生))는 《주자어류(朱子語類)》를 인용하여 말하기를 "우리의 경우는 5대조를 불천하기 때문에 4대조가 비록 대진(代盡)하지 않았더라도 별실로 모셔 와서 봉안한다.……" 하였습니다.

〔답〕 옛날에 대부는 삼묘(三廟)였으므로 제사가 증조에까지 미쳤는데, 별자(別子)의 후손이 된 경우에는 시조를 제사 지내면 증조를 제사 지낼 수가 없었습니다. 이는 바로 지금 세상에서 불천지조(不遷之祖)가 있는 경우에는 고조를 제사 지낼 수 없는 것과 같은 예(例)이니, 이에 의거하면 사계의 설이 옳을 듯합니다. 그리고 고조를 별실에서 제사 지내는 것은 단지 신주를 갑자기 파묻는 일을 차마 하지 못해서 사적(私的)으로 그 정을 펴는 것일 뿐이니, 사당에 5감(龕)을 설치하는 것과는 크게 다른 만큼 그다지 해로울 것은 없을 듯합니다.

133 전채(奠菜) : 신부가 시집온 지 3개월 되는 달에 행하는 채소 위주의 제사를 말한다. 159쪽 주64와 그 본문 참조.

김백고에게 답하는 글 8월

答金伯高 八月

〔문〕 "부친이 살아 있을 때에는 죽은 모친을 위해 심상[134]을 3년 동안 행한다.〔父在爲母心喪〕"라는 것에 대해서 근래에 고찰한 결과, 이는 대덕(戴德)이 지은 《상복변제(喪服變除)》에서 나온 것이고, 경(經)과 전(傳)에는 그러한 내용이 없다는 것을 알았습니다. 그런데 〈잡기(雜記)〉에 "기년복에서 상을 마칠 때까지 고기를 먹지 않고 술을 먹지 않는 것은, 자식이 부친 생존 시에 모친상을 당하거나 남편이 아내 상을 당한 경우이다.〔期終喪 不食肉不飮酒 父在 爲母爲妻〕"[135]라고 하였고, 〈상대기(喪大記)〉에 "기년상(期年喪)에서 여막(廬幕)에 거하고 악실(堊室)로 옮기지 않으며, 상을 마칠 때까지 부인과 잠자리를 같이하지 않는 것은, 자식이 부친 생존 시에 모친상을 당하거나 남편이 아내 상을 당한 경우이다.〔期居廬 終喪不御於內者 父在

134 심상(心喪) : 스승이나 생가부모 등에 대해서, 비록 상복은 입지 않더라도 슬퍼하는 마음만은 상복을 입고 있을 때처럼 하는 것을 말한다. 본문의 경우는, 부친 생존 시에 모친이 죽으면 의리에 따라 강복(降服)하여 기년복을 입지만 정리상으로는 낮출 수가 없기 때문에, 기년복을 벗었다 하더라도 3년 동안은 술을 마시거나 고기를 먹거나 내실에서 부인과 잠자리를 같이하는 등의 일을 삼가는 것을 말한다. 《예기》 〈단궁 상(檀弓上)〉에 스승에 대한 '심상삼년(心喪三年)'의 대목이 나오는데, 정현(鄭玄)의 주(註)에 "심상은 슬퍼하는 모습이 부친상을 당한 것과 같은데 복이 없는 것이다.〔心喪戚容如父而無服也〕"라고 하였다.

135 기년복에서……경우이다 : 《예기》 〈상대기(喪大記)〉에 나온다. 김백고가 〈잡기(雜記)〉라고 한 것은 착오이다.

爲母爲妻〕"라고 하였습니다. 대저 부친 생존 시에 모친을 위해서 그렇게 하다가 기년복을 마친 뒤에는 고기를 먹고 술을 마시고 내실에서 부인을 접한다면, 심상을 하는 일이 또 뭐가 있다고 하겠습니까. 이에 의거한다면 심상이 고례(古禮)가 아닌 것이 분명한 듯합니다. 그런데 〈상복(喪服)〉의 전(傳)에서 "부친의 입장에서는 반드시 삼년이 지난 뒤에야 재취를 하니, 이는 자식의 심정을 배려한 것이다.〔父必三年然後娶 達子之志也〕"라고 한 것은 또 어떻게 된 것입니까?

〔답〕 기억하건대, 옛날 사행(士行 송문흠(宋文欽)) 형이 〈상대기〉의 "기년복에서 상을 마칠 때까지……〔期終喪……〕"의 두 조목을 인용하면서 심상이 고례가 아니라고 의심한 것이 정히 내설(來說)과 같았는데 그때 논의를 확정하지 못하였습니다. 그런데 지금 상세히 살펴보건대, 〈상복〉의 전(傳)에서 "부친의 입장에서는 반드시 삼년이 지난 뒤에야 재취를 하니, 이는 자식의 심정을 배려한 것이다.……"라고 하였고 보면, 아들이 장가들지 않는 것은 자연히 그 안에 들어 있으니, 이것이 어찌 이른바 심상이라는 것이 아니겠습니까. 상을 마쳤다고 해서 과연 내실에서 부인과 잠자리를 같이한다면, 또 뭐가 무서워서 장가를 들지 못하겠습니까.

이로써 살펴본다면, 〈상대기〉에서 운운한 것은 다른 이유가 있어서 그런 것이 아니겠습니까. 대개 이 두 대목은 모두 '다른 기년복에서 3개월 동안 고기 먹지 않고 술 마시지 않고 내실에 들어가지 않는 것'과 비교해 설하면서 "다른 기년복에서는 상을 마칠 때까지 고기 먹지 않고 술 마시지 않고 내실에 들어가지 않는 것이 없는데, 다만 자식이 부친 생존 시에 모친상을 당하거나 남편이 아내 상을 당한 경우만은 이와 같이 한다."라고 말한 것입니다. 그리고 상을 마친 뒤에는 마음속으로 슬퍼하는 것〔心哀容〕과 관계되기 때문에 여기에서는 말할 필요가 없었던 것이 아닌가 생각되는데, 이 생각이 맞는지 어떤지는 모르겠습니다.

〔문〕 형과 아우가 서로 대를 이어서 서게 된 경우에 대해 선유(先儒)의 설을 살펴보건대, 혹은 각각 소목(昭穆)을 달리해야 한다고 말하기도 하고, 혹은 소목을 같이해야 한다고 말하기도 하는데, 어느 설이 옳은지 모르겠습니다.

〔답〕 형제가 각각 소목을 달리해야 한다는 것에 대해서는, 주자(朱子)가 〈조묘의장(祧廟議狀)〉을 조정에 올리면서 분명히 말하였습니다. 그런데 지난번에 《후재집(厚齋集)》[136]을 보건대, 거꾸로 주자의 설을 인용하면서 소목을 같이해야 하는 증거로 제시하였으니, 이는 잘못 본 것인 듯합니다. 다만 주자의 설대로라면, 형을 이어서 서게 된 경우에는 그의 소목이 다른 형제들과 다르게 될 것이니 이렇게 되면 역시 미안한 점이 있을 듯합니다. 어쩌면 주자는 왕가(王家)에서 대를 잇는 경우만을 중하게 여긴 나머지, 상시(常時)의 소목에 대해서는 돌아볼 겨를이 없어서 그랬는지도 모르겠습니다.

136 후재집(厚齋集) : 후재(厚齋) 김간(金榦, 1646～1732)의 문집이다. 그의 본관은 청풍(淸風)이고, 자는 직경(直卿)이며, 시호는 문경(文敬)이다. 박세채(朴世采)와 송시열(宋時烈)의 문인으로, 학행으로 천거를 받고 벼슬이 우참찬에 이르렀다. 예학(禮學)에 조예가 깊어서 선인(先人)들의 예설을 간추려 《동유예설(東儒禮說)》을 편찬하였다. 문집은 원집(原集) 46권, 별집(別集) 4권으로 되어 있으며, 우리나라의 제도・인물・풍속・역사・붕당 등에 관한 자료인 〈수록(隨錄)〉을 부록으로 실었다.

김백고에게 답하는 글 갑진년[137] 봄

答金伯高 甲辰春

〔문〕 〈사상기(士喪記)〉에 "초상을 처음 당했을 적에 상주가 될 사람은 흐느껴 운다.〔主人啼〕"라고 하였는데, 그 주에 "관을 벗고 계사는 그대로 두며 심의를 입는다.〔去冠而笄纚服深衣〕"[138] 하였습니다.

〔답〕 〈사상기〉의 소(疏)에서 말한 서인(庶人)의 포심의(布深衣)와 경(卿)·대부(大夫)·사(士)의 석최(錫衰)와 의최(疑衰)[139] 등은 주인이 이미 성복(成服)한 뒤에 입는 조복(弔服)입니다. 고구와 현관 차림으로는 조문을 하지 않았으니〔羔裘玄冠不以弔〕,[140] 그렇다면 조복에 어

137 갑진년 : 1784년으로, 정조 8년에 해당하는데, 김백고 즉 김종후(金鍾厚)는 1780년에 죽었다. 갑오년(1774, 영조50) 아니면 임진년(1772)의 잘못이 아닌가 한다.

138 관을……입는다 : 친상(親喪)을 당했을 때 처음에는 관을 제거하고, 사흘이 지나서 비로소 계사(笄纚)를 없애고 머리카락을 묶으며, 15승(升)의 백포(白布)로 만든 심의(深衣)를 입는 것을 말한다. 계사는 비녀와 머리카락을 감싸는 비단 즉 머리싸개를 말하는데, 소리가 비슷한 탓으로 계사(鷄斯)라고 잘못 쓰기도 한다.

139 석최(錫衰)와 의최(疑衰) : 석최는 세마포(細麻布)로 지은 상복으로, 석(錫)은 석(緆)과 통한다. 고대에 왕이 삼공(三公)과 육경(六卿)을 위해서 입었던 상복인데, 후대에는 대부(大夫)끼리 서로 조문할 때에도 입었다. 의최는 길(吉)에 견주는 상복이라는 뜻으로, 의(疑)는 의(擬)와 통하고, 최(衰)는 최(縗)와 통한다. 고대에 왕이 대부와 사(士)를 위해서 입었던 상복인데, 후대에는 사끼리 서로 조문할 때에도 입었다.

140 고구(羔裘)와……않았으니 : 《논어》 〈향당(鄉黨)〉에 "공자가 고구와 현관 차림으로는 조문하지 않았다.〔羔裘玄冠不以弔〕"라고 하였는데, 그 주(註)에 "초상에는 흰 것을 위주로 하고, 길사(吉事)에는 검은 것을 위주로 한다. 조문할 때 반드시 복장을 바꾸는 것은 죽은 이를 애도하기 위해서이다."라고 하였다. 고구와 현관은 새끼 양 가죽

떻게 채연(采緣 채색으로 가선을 하는 것)을 할 수 있겠습니까. 포심의는 바로 마의(麻衣)입니다. 무릇 심의에 대해서 말하자면, 채색으로 가선을 한 것은 심의라고 하고, 베〔布〕로 가선을 한 것은 마의라고 하거나 포심의라고 하며, 흰 베〔素〕로 가선을 하고 소매가 길며 밖에 있는 것은 장의(長衣)라고 합니다.-누차 예소(禮疏)에 보입니다. 그런데 〈단궁(檀弓)〉에서 장군(將軍) 문자(文子)의 초상 때 그 아들이 연관(練冠)에 심의 차림을 했다고 하였는데, 이는 단지 마의를 심의라고 한 것입니다.- 초상을 막 당했을 때〔始死〕 고구(羔裘)와 현관(玄冠)을 착용한 자는 복장을 바꾸는 법이니, 그렇다면 초상을 막 당해서 복장을 바꿀 적에 입는 심의는 또한 바로 이 포심의인 것을 알 수 있습니다. 대개 조문하는 자의 경우에는 석구(裼裘)와 습구(襲裘)[141]를 때에 따라 바꿔 입는 일이 있더라도, 주인의 경우에는 초상을 막 당했을 적에 바로 심의를 입고는, 이 심의에 괄발(括髮)과 문(免)과 환질(環絰)과 교대(絞帶)와 질대(絰帶)를 더할 뿐 다시 다른 옷으로 바꿔 입지 않습니다. 그러니 과연 초상을 막 당했을 적에 바꿔 입는 것이 평일의 상복(常服)인 심의라고 한다면, 괄발과 질대를 어떻게 채연(采緣)의 심의와 대대(大帶)에 가할 수가 있겠습니

옷과 검은 비단의 관으로, 조복(朝服) 즉 조정에 나갈 때의 복장이다. 《예기》 〈단궁 상(檀弓上)〉에도 "공자가 말하기를 '사람이 죽은 최초에는 고구와 현관만은 바꿔야 한다.'라고 하였다. 고구와 현관 차림으로는 공자가 조문을 하지 않았다.〔夫子曰 始死 羔裘玄冠者 易之而已 羔裘玄冠 夫子不以弔〕"라는 말이 나온다.

141 석구(裼裘)와 습구(襲裘) : 석구는 웃옷을 벗어서 갖옷의 아름다움이 밖에 드러나게 하는 것을 말하고, 습구는 갖옷〔裘〕 위에 웃옷〔上衣〕을 겹쳐 입는 것을 말하는데, 남을 조문할 적에 주인이 변복(變服)을 하기 이전이면 길복(吉服)인 석구 차림을 하고, 변복을 한 뒤에는 습구 차림을 하는 것이 고대의 예법이었다. 《예기》 〈단궁 상〉에 증자(曾子)와 자유(子游)가 논란했던 '습구와 석구'에 대한 고사가 실려 있다.

까. 그리고 "마질(麻絰)을 두르고 있으면 신은 사용하지 않는다.〔麻者不紳〕"[142]라고 한 예문(禮文)을 가지고 살펴보더라도, 결코 그렇지 않다는 것을 알 수 있습니다. 〈사상기〉의 "병이 중해지면 옷을 바꿔 입는다.〔疾病改服〕"의 주에 나오는 서인(庶人)의 심의는 물론 채연한 것입니다마는, 그 하문에 나오는 "상주가 될 사람은 흐느껴 운다.〔主人啼〕"의 주에서 "관을 벗고 계사는 그대로 두며 심의를 입는다.〔去冠笄纚服深衣〕"라고 말한 것을 보면, 이미 〈단궁(檀弓)〉의 "고구와 현관 차림은 바꾼다."라는 글을 인용하였으니, 그렇다면 상문의 '병이 중해질 때 입는 심의'와 뒤섞어 말해서는 안 되는 것이 분명합니다. 대개 상문의 심의와 사(士)의 조복(朝服) 등은 바로 고구와 현관의 복장일 따름입니다. 그리고 일단 "바꿔 입는다.〔易之〕"라고 말했고 보면, 병이 심할 때 입었던 것을 이때에 와서 다시 바꿔 입는다는 것을 자연히 알 수 있습니다.

〔문〕《가례(家禮)》 설혼백조(設魂帛條)에 의하면, 시신 옆에 이미 전(奠)을 올리고 나서 여기에다 또 주과(酒果)를 진설하는데, 이는 대개 영좌(靈座)를 허전하지 않게 하려는 것으로, 시신에 전을 올리고 중(重)에 죽(粥)을 걸어 놓는 뜻[143]과 근사하다고도 하겠습니다.

142 마질(麻絰)을……않는다 : 《예기》 〈잡기 하(雜記下)〉에 "이미 상복을 입고 마질을 두르고 있으면 신은 사용하지 않고, 만일 옥을 잡고서 길례를 행한다면 마질은 사용하지 않으며, 또 마질은 빛깔이 있는 옷에는 사용하지 않는다.〔麻者不紳 執玉不麻 麻不加於采〕"라는 말이 나온다. 신(紳)은 길복(吉服)의 큰 띠를 말한다.

143 중(重)에……뜻 : 중은 목주(木主) 즉 신주(神主)를 정식으로 깎아 만들 겨를이 없을 때 우선 제사를 대신 받게 하는 나무를 말한다. 《의례》 〈사상례(士喪禮)〉에 "중은

다만 중(重)의 경우는 다시 일삼을 것이 없고 죽은 항상 치울 일이 없는 반면에, 지금 이 영좌의 경우로 말하면 소렴(小斂) 뒤에 전을 올리는 것과 빈(殯)을 한 뒤에 궤식(饋食)하는 것을 모두 여기에서 하니, 소렴의 전을 올릴 때가 되면 먼저 진설한 주과는 치워야 마땅할 것입니다. 만약 소렴에 전을 올리는 것을 영좌에서 하지 않는다면, 대렴(大斂)에 전을 올리는 때가 되기를 기다려서야 치운단 말입니까? 혹자는 말하기를 "이것은 영좌에 진설해야 할 것을 먼저 열거한 것일 뿐이지 이미 진설한 것을 말하는 것이 아니니, 하문의 '빗 등의 기구'를 진설하는 내용[144]을 보면 알 수 있다."라고 합니다.

〔답〕 혹자가 말한 "진설해야 할 것을 먼저 열거한 것이지 이미 진설한 것을 말하는 것이 아니다."라는 의견이 합당합니다. 만약 실제로 혼백(魂帛)을 설치할 때 먼저 이 음식을 진설했다면, 무엇 때문에 하문에서

나무를 깎아서 만드는데, 걸어 놓기 쉽게 위쪽에다 구멍을 뚫는다. 전인이 뜰의 동서의 중앙에 중을 배치하는데, 남북으로는 남쪽으로 3분의 1 되는 곳에 놓아둔다. 하축이 반함(飯含)을 하고 남은 쌀을 두 개의 역에 담아 가지고 서쪽 담장 아래에 가서 죽을 끓인다. 역의 입구 부분을 거친 베로 덮어서 막은 다음에 금으로 묶어서 중에 매달아 놓는다.〔重 木刊鑿之 甸人置重於中庭 三分庭一在南 夏祝粥餘飯 用二鬲于西墻下 冪用疏布 久之 繫用靲 懸于重〕"라고 하였고, 《예기》 〈단궁 하(檀弓下)〉에는 "중은 신주와 같은 예법에 속한다. 은나라에서는 신주를 만들고 나면 중은 묶어서 죽은 자의 빈묘(殯廟)의 묘정(廟廷)에 매달아 두었고, 주나라에서는 신주를 만들고 나면 중을 철거해서 매안(埋安)하였다.〔重 主道也 殷主綴重焉 周主重徹焉〕"라고 하였는데, 정현(鄭玄)의 주(註)에 "사람이 막 죽어서 신주를 미처 만들지 못했을 때에 중을 가지고 그 신을 대표하는 것이다.〔始死未作主 以重主其神也〕"라고 하였다. 역(鬲)은 흙을 구워서 만든 솥 종류이고, 금(靲)은 죽멸(竹篾) 즉 대를 가늘게 쪼갠 대오리를 말한다.

144 하문의……내용 : "빗과 세수 도구와 봉양할 기구 등을 진설한다.〔設櫛頮奉養之具〕"라는 글을 말한다. 《家禮》

단지 '습한 전을 옮기는 것〔遷襲奠〕'만을 말하고 이렇게 진설한 것을 치우는 것은 말하지 않고서, 다만 "축이 집사자를 이끌고 손을 씻고서 음식-조계(阼階) 동남쪽에 새로 차려 놓은 음식입니다.-을 들고는 영좌 앞으로 간다.……〔祝帥執事者 盥手擧饌 至靈座前……〕"라고만 말했겠습니까. 대개 중(重)에다 죽 그릇을 매달아 놓아서 신(神)을 의탁하게 한다고 하더라도, 전은 중에다 진설하지 않고 시신 동쪽이나 오(奧 방 아랫목)에 진설하기 때문에 중첩하는 혐의가 없으니, 이는 이른바 신이 저기에 있는지 여기에 있는지 모른다고 하는 것입니다.[145] 영좌의 경우로 말하면, 곧바로 여기에다 전을 올리는 것이니, 이것이 비록 중을 대신하는 것이라고 할지라도, 중과는 원래 의사(意思)가 같지 않은 것입니다. 따라서 죽 그릇을 매달아 놓는 뜻을 다시 행할 곳이 없는데, 어떻게 시신 동쪽에 이미 전을 올려놓고는 다시 이 음식을 영좌에다 진설할 수가 있겠습니까. 아무리 말은 이와 같이 했다고 해도, 소렴에 새로 전을 올릴 때가 오면 응당 차려 놓은 음식을 그대로 놔둔 채 중첩해서 진설하지는 않을 듯한데, 음식을 치웠다는 글이 없는 것을 보면 원래 진설하지 않았다는 것을 알 수가 있습니다.

145 신이……것입니다 : 《예기》 〈교특생(郊特牲)〉에 "신이 어디에 머물고 있는지 모르기 때문에, 저기냐 여기냐, 혹은 사람에게서 멀리 떨어진 곳이냐 하고 널리 찾는 것이다.〔不知神之所在 於彼乎 於此乎 或諸遠人乎〕"라는 말이 나온다.

김정례[146]에게 답하는 글 갑자년(1744, 영조20)

答金正禮 甲子

이름은 이안(履安)이다.

말씀하신 뜻은 모두 잘 알았습니다. 무릇 상복(喪服)은 반드시 보복(報服)을 해야 하는 법이니, 어찌 외형(外兄)은 출계(出繼)했다는 이유로 나에게 강복(降服)을 하는데, 나는 강복하지 않을 수가 있겠습니까. 《의례문해(疑禮問解)》의 설을 자세히 기억하지는 못하겠습니다만, 내서(來書)에서 거론한 것을 가지고 살펴보건대, '유(惟)' 자의 뜻은 "외친(外親)은 출입(出入)에 강복하는 일이 없지만 출계한 자에 대해서만은 강복한다."라는 말이지, "출계한 자는 외당(外黨)에 대해서 강복하지만 외당은 그에 대해서 강복하지 않는다."라는 말이 아닐 듯합니다. 출입에 강복하는 일이 없다고 말한 것은, 본친(本親)의 입장에서 출가(出嫁)한 고(姑)와 자매(姊妹)를 보면 출(出)이 되고, 고와 자매의 입장에서 본친을 보면 입(入)이 되는데, 이 두 가지 경우에는 모두 강복하지 않는다는 것입니다. 작년에 귀하의 중부(仲父)의 상(喪)에 순지(順之)가 처음에는 강복하지 않으려 하다가 귀하의 숙부의 반박을 받고서 마침내 강복하여 보복을 하지 않았던 것을 귀하는 혹 듣지 못했습니까?

146 김정례(金正禮) : 정례는 김이안(金履安, 1722~1791)의 자이다. 원례(元禮)라고도 한다. 호는 삼산재(三山齋)이고, 본관은 안동(安東)이며, 시호는 문헌(文獻)이다. 김상헌(金尙憲)의 후손으로, 김창협(金昌協)의 증손자이고, 김원행(金元行)의 아들이다. 학행으로 천거되어 경연관이 되고, 충주 목사를 거쳐 지평·찬선·좨주를 지냈으며, 북학파(北學派)의 실학(實學)에 관심을 보이기도 하였다. 저서에 《삼산재집(三山齋集)》·《의례경전기의(儀禮經傳記疑)》·《계몽기의(啓蒙記疑)》 등이 있다.

이경사[147]에게 보내는 글 기사년(1749, 영조25) 봄

與李敬思 己巳春

이름은 상목(商穆)이다.

저번에 소식이 끊겼다가 오랜만에 나오셨는데, 너무도 정신없이 바쁘다 보니 만나지 못한 때와 별로 다름이 없게 되었으므로, 밤새도록 미안한 마음을 스스로 금할 수가 없었습니다. 지금 생각해도 밤에 돌아가셔서 기거가 더욱 울적하셨으리라 여겨집니다.

나의 원고를 한번 열람했으리라고 생각되는데, 성의(盛意)에는 어떻게 여기실지 모르겠습니다만, 간절히 소망하는 바는 마음을 비우고 기운을 평온하게 하여 흉중이 허공처럼 툭 터지게 하셨으면 하는 것입니다. 그리하여 근일의 한이(韓李)[148]의 제설(諸說)에 구애받지 않게 할 뿐만 아니라, 비록 정주(程朱)의 학설이라 할지라도 먼저 마음속에 끼어들지 못하게 하여, 나의 몸이 마치 당송(唐宋) 이전의 시대에 앉아 있는 것과 비슷하게 해 놓고는, 오로지 공맹(孔孟)이 논한 이기(理氣)

147 이경사(李敬思) : 경사는 이상목(李商穆)의 자이다. 본관은 전주(全州)이고, 현감 이황중(李黃中)의 아들이며, 호는 평호(萍湖)이다. 김원행(金元行)의 《미호집(渼湖集)》 권6에 〈답이경사(答李敬思)〉라는 제목으로 경학(經學)을 논한 편지 두 통이 들어 있고, 송명흠(宋明欽)의 《역천집(櫟泉集)》 권9 〈답김원지(答金遠之)〉에도 외척인 그가 가학(家學)인 성리학을 잘 잇고 있다는 말이 들어 있다.

148 한이(韓李) : 인물성상이(人物性相異)를 주장한 남당(南塘) 한원진(韓元震, 1682~1751)과 인물성구동(人物性俱同)을 주장한 외암(巍巖) 이간(李柬, 1677~1727)을 가리킨다.

와 성명(性命) 등의 문자에 대해서 종류별로 모아 완미하고 탐구하며 바른 뜻을 얻도록 해야 할 것입니다. 그렇게 되면 성리(性理)의 원두(源頭)에 우뚝하게 소견이 있게 되면서, 정주(程朱) 등 제현(諸賢)의 교설(敎說)도 각각 그 귀취(歸趣)를 얻을 수 있게 될 것입니다.

그렇게 하지 않고서 단지 말류(末流)의 동이(同異) 사이에서만 급급해한다면, 스스로 터득했다고 생각하는 그것이 단지 모방하는 것으로 그치거나 전송(傳誦)하는 것으로 그치게 되지 않을까 나는 걱정이 됩니다. 우리의 이처럼 큰 사업이 어찌 이와 같이 남의 입이나 혀만 쳐다보아서야 되겠습니까.

우리 동방의 사람들은 대체로 살펴보건대, 오직 말류나 찾고 그림자나 좇는 것으로 가계(家計)를 삼는 경향이 있는데, 이것이 갈수록 풍속으로 굳어져서 빠져나오지 못하고 있으니, 이 말을 듣고는 놀라워하며 비웃지 않는 자가 드물 것입니다만, 이런 식으로 구도(求道)를 한다면 또한 잘못된 일이 아니겠습니까. 우연히 개탄하는 마음이 들기에 이렇게까지 아무렇게나 뇌까리게 되었으니, 한번 보시고는 없애 버리기 바랍니다.

박영숙[149]에게 답하는 글 갑오년(1774, 영조50)

答朴永叔 甲午

이름은 윤원(胤源)이다.

〔문〕 천명지위성(天命之謂性)의 '천(天)' 자는 '이(理)' 자로 간주해야 합니까? 천이 물론 이이긴 합니다만, 곧장 '이' 자로 바꿔 부를 수도 없는 일입니다. 만약 '이' 자로 간주한다면 천명지위성을 장차 이명지위성(理命之謂性)이라고 할 것입니까? 내 생각에 이 '천' 자는 곧 형체지천(形體之天)이라는 것이라고 여겨지는데, 혹자는 "만약 형체지천으로 간주한다면 이는 벌써 기를 겸한 것〔兼氣〕이니 명(命)한 바의 성(性)이 전적으로 이(理)를 말하는 것이 되지 못한다."라고 합니다. 이 말이 그럴듯하긴 합니다만, 내 의견으로는 이 '천' 자를 형체로 간주하더라도 그것이 명하는 것은 이(理)이니 일원(一原)의 성이 되는 데에 무슨 방해가 될 것이며, 기(氣)와 뒤섞이는 혐의가 무엇이 있겠느냐는 생각이 듭니다.

〔답〕 이 '천(天)' 자는 물론 상천(上天)으로 간주해야 마땅합니다. 그러나 또 알아 두어야 할 것은, 이 상천(上天)의 천이 바로 이(理)의 천

149 박영숙(朴永叔) : 영숙은 박윤원(朴胤源, 1734~1799)의 자이다. 공주 판관 박사석(朴師錫)의 아들로, 본관은 반남(潘南)이고, 호는 근재(近齋)이며, 김원행(金元行)의 문인이다. 집안이 빈한하였으나 끝내 벼슬하지 않고 평생 학문에 전심하여, 김창협(金昌協)에서 이재(李縡)와 김원행으로 이어지는 학통을 계승한 뒤에 문하의 홍직필(洪直弼)에게 전수함으로써 조선 후기 성리학의 중요한 학파를 형성하였다. 저서로 《근재집》과 《근재예설(近齋禮說)》이 있다.

(天)이지, 이 상천 말고 다른 곳에 이의 천이라는 것이 별도로 있는 것은 아니라는 점입니다. 천(天)은 체(體)가 지대(至大)하고 지순(至純)하기 때문에 그 덕(德) 역시 지대하고 지순합니다. 이 체가 바로 기인 것이고 이 덕이 바로 이인 것으로, '기도 도이고 도도 기인 것〔器亦道道亦器〕'[150]이니, 천을 말하면 기와 이가 모두 그 안에 포함되는 것입니다. 사람이 이 기를 품부하여 형(形)으로 삼으면 이것이 이른바 호연지기(浩然之氣)라는 것이고, 이 이(理)를 품부하여 성(性)으로 삼으면 이것이 이른바 천명지성(天命之性)이라는 것이니, 이 기(氣)를 이 이(理)에 배합하여야 비로소 성(性)이 참으로 지선(至善)하다는 것을 알게 될 것입니다. 설명하는 것이 이쯤에 이르면 혹자의 의심은 굳이 분변하지 않더라도 저절로 깨뜨려질 것입니다.

〔문〕 솔성지위도(率性之謂道)의 '도(道)' 자는 체(體)입니까, 용(用)입니까? 아니면 체와 용을 겸한 것입니까?

〔답〕 도(道)는 음(陰)에 갖추어지고 양(陽)에서 행해지는 것입니다. 음과 양을 나누어 상대적으로 말한다면, 음에 갖추어진 것을 성(性)이라 하고 중(中)이라 하면서 체(體)로 삼는 것이고, 양에서 행해지는 것을 도(道)라고 하고 화(和)라고 하면서 용(用)으로 삼는 것이며, 동(動)과 정(靜)을 하나로 하여 통합해서 말한다면, "한 번 음이 되고 한 번 양이 되는 것을 도라고 한다.〔一陰一陽之謂道〕"라고 하면서 체와

150 기(器)도……것 : 《주역》 〈계사전 상(繫辭傳上)〉의 "형이상의 것을 도라고 하고 형이하의 것을 기라고 한다.〔形而上者謂之道 形而下者謂之器〕"라는 말에 대한 정호(程顥)의 해설 중에 나오는 말이다. 128쪽 주23 참조.

용을 겸하게 되는 것입니다.

〔문〕 수도지위교(修道之謂敎)의 ‘교(敎)’ 자는 자성명(自誠明)의 교[151]와 같지 않으니, 대개 남을 가르치는 것을 말할 뿐이요 자기의 학문이 아닙니다. 《중용》 첫 장의 이 세 구절의 강령(綱領) 안에서 자기 공부를 하는 곳을 찾을 수 없으니, 이 점은 의심해야 할 것 같습니다.

〔답〕 수도(修道)의 교(敎)는 애당초 별건(別件)의 물사(物事)가 아니고, 단지 사람이 이 성(性)과 도(道)의 본체를 온전히 얻게끔 가르치는 것일 뿐입니다. 그런데 수기(修己)와 치인(治人)이 원래 두 가지로 나뉠 수 없는 것이고 보면, 어떻게 이것을 도외시하고 별도로 수기하는 공부를 구할 수 있겠습니까. 그러므로 하문에서 곧바로 ‘계구(戒懼) 근독(謹獨)’[152]과 ‘중과 화를 이루는 것〔致中和〕’에 대한 구절로 이 글을 이어받았으니, 이것을 가지고 스스로 행하면 수기가 되는 것이고, 이것을 가지고 남을 가르치면 치인이 되는 것입니다.

151 자성명(自誠明)의 교(敎) : 《중용》 첫머리에서 언급한 성(性)과 교(敎)를, 다시 하늘과 인간의 관계를 통해 규명하면서 《중용장구》 제21장에서 “하늘의 참됨으로 말미암아 인간이 밝아지는 것을 성이라 하고, 인간이 밝아짐으로 말미암아 하늘의 참됨을 회복하는 것을 교라고 하니, 참되면 밝아지고 밝아지면 참되게 되는 것이다.〔自誠明謂之性 自明誠謂之敎 誠則明矣 明則誠矣〕”라고 부연 설명한 내용을 말한다.

152 계구(戒懼) 근독(謹獨) : 계구는 계신(戒愼)과 공구(恐懼)의 합칭이고, 근독은 신독(愼獨)과 같은 말인데, 《중용장구》 제1장의 ‘수도지위교(修道之謂敎)’ 바로 뒤에 이에 대한 설명이 자세히 나온다.

박영숙에게 답하는 글 을미년(1775, 영조51) 9월
答朴永叔 乙未九月

〔문〕 "참최의 연복[153]은 가장자리를 꿰맨다.〔斬衰練服緝邊〕"라고 하는 설은 "공최[154]와 같다.〔如功衰〕"라고 하는 예문(禮文) 때문에 나온 말인 듯싶습니다. 그러나 공최와 같다고 할 때의 '같다〔如〕'라는 글자의 뜻은 단지 승수(升數)가 같음을 말한 것일 뿐이지, 가장자리를 꿰매는 것도 그와 같음을 말한 것은 아니니, 만약 가장자리를 꿰맨 것을 쓴다면 참최삼년(斬衰三年)의 뜻이 되지 못할 것입니다. 그런데 언젠가 율곡(栗谷)의 별집(別集)을 보건대 "참최의 연복은 가장자리를 꿰매야 할 것 같다.〔斬衰練服似當緝邊〕"라는 말이 있었으니, 이는 선생의 정론(定論)이 아닐 듯합니다.

153 연복(練服) : 연사(練絲)로 만든 상복을 말하는데, 소상(小祥) 뒤로부터 담제(禫祭) 전까지 입는 상제(喪制)의 옷을 이른다. 연사는 생사(生絲)에 상대되는 말로, 무명과 모시 등의 생사를 잿물에 담갔다가 삶은 뒤에 물에 빨아 말려서 희고 광택이 나게 만든 실을 말한다. 사람이 죽은 지 한 돌 만에 지내는 제사를 소상이라 하는데, 연제(練祭)라고도 한다.

154 공최(功衰) : 참최(斬衰)나 자최(齊衰)의 상을 당하여 연제(練祭) 뒤에 입는 상복인데, 그 등급은 대공(大功)과 같다. 《예기》 〈복문(服問)〉에 "삼년상 중에 연제를 지낸 사람은 공최의 복을 입는다.〔三年之喪旣練 則服其功衰〕"라는 말이 나오고, 또 〈잡기(雜記)〉의 "부모상을 당해서 복을 입고 있는 중에 공최를 입고 있을 경우〔有父母之喪 尙功衰〕"에 대한 공영달(孔穎達)의 소(疏)에 "부모의 삼년상 중에 연제를 마친 뒤의 참최 상복은 그 삼베옷을 짠 밀도가 대공의 그것과 같기 때문에 공최라고 한다.〔三年練後之衰 升數與大功同 故云功衰也〕"라고 하였다.

〔답〕 복(服)을 입는 데에 변제(變除)[155]의 제도를 둔 것은 점차 가볍고 길한 복으로 나아가게 하려는 뜻에 입각한 것입니다. 그런데 이미 "공최를 입는다.〔服功衰〕"라고 하였고 보면, 승수(升數)뿐만 아니라 그 제도가 또한 대공(大功)과 같다는 의미도 자연히 그 속에 들어 있는 것입니다. 만약 연관(練冠)과 공최 차림에 갈질(葛絰 칡껍질 요질(要絰))과 승구(繩屨 미투리)를 하고, 나아가 황색 안감에 천홍색 선을 바깥에 두른〔黃裏縓緣〕 중의(中衣)까지 입으면서, 가장자리를 꿰매는〔緝邊〕 일만 유독 하지 않는다면 서로 걸맞지 않은 것이 되지 않겠습니까. 참(斬)이 비록 꿰매지 않는다〔不緝〕는 뜻이라고 하더라도,[156] 이미 3승(升)을 참(斬)으로 하고 4승 이하를 소(疏)와 공(功)으로 하고 보면, 참도 최(衰)의 하나의 이름인 것입니다. 그런데 3승이 되어야만 참이 되는 것이니, 지금 이미 변해서 7승이 되었고 보면 다시 참이 되지 못하는 것도 당연한 일입니다.[157]

155 변제(變除) : 상복을 바꿔 입는 것〔變服〕과 상복을 벗는 것〔除服〕을 말한다.

156 참(斬)이……하더라도 : 《의례》 〈상복(喪服)〉의 전(傳)에 "참이라는 것은 무엇인가? 꿰매지 않는 것이다.〔斬者何 不緝也〕"라는 말이 나온다.

157 3승(升)이……일입니다 : 참최복(斬衰服)의 경우, 처음에는 3승의 포(布)로 하지만, 우제(虞祭)와 졸곡(卒哭)을 지나면 6승의 성포(成布)로 가볍게 하고, 소상(小祥)의 포는 대공(大功)과 승수(升數)가 같은 7승으로 하며, 대상(大祥) 때에는 소호마포(素縞麻布) 즉 15승의 삼베로 만든 심의(深衣)를 입고, 담제(禫祭) 때의 옷은 흑백의 올을 가로세로로 넣은 섬(纖)을 입는다. 1승(升)은 80루(縷)로 즉 80올이니, 3승은 240올이다. 한 폭의 베에 들어가는 올의 수가 240올이라면 대단히 성긴 베를 말하는데, 상(喪)이 무거울수록 그 복장을 거칠고 흉하게 해서 그 슬픔에 비례하는 정을 나타낸다. 그리고 3승과 4승과 5승의 베는 올이 너무 성글고 거칠어서 베로 쓸 수가 없고, 6승이 넘어야만 제대로 베를 짜서 쓸 수가 있기 때문에 6승의 베를 성포라고 한다.

그리고 〈상복(喪服)〉 참최장(斬衰章)에는 원래 '삼년(三年)'이라는 말이 없습니다. 설령 있다고 하더라도 하장(下章)을 예로 든다면, 소최(疏衰 자최(齊衰))의 모마질(牡麻絰 수삼의 요질)과 소구(疏屨 거친 삼으로 만든 신발) 등이 또 어떻게 삼년을 마치도록 착용하는 것들이겠습니까. 이는 단지 처음에 착용하는 것들을 끝에다 말한 것일 뿐입니다. 그리고 하나의 큰 증거가 있습니다. 《예기》〈잡기(雜記)〉에 "삼년상 중에 연제를 지내고 관을 쓰면 대공의 마로 바꾸는데, 오직 지팡이와 신발은 바꾸지 않는다.〔有三年之練冠 則以大功之麻易之 惟杖屨不易〕"라고 하였는데, 그 소(疏)에 "관(冠)과 대(帶)와 최(衰)를 모두 바꾼다.……" 하였습니다. 만약 연복에 실제로 가장자리를 꿰매지 않는다면 대공의 최복(衰服)에 비해서 승수는 비록 같을지라도 착용하는 복장이 훨씬 중할 뿐만이 아니니, 어떻게 그런 복장으로 바꿀 수가 있겠습니까. 이에 대해서 분명히 착안을 하면 자연히 이해할 수 있을 것이고, 하단(下段)의 여러 조목도 모두 미루어 통할 수 있을 것입니다.

〔문〕 소상(小祥) 때 참최(斬衰)의 교대(絞帶)는 마(麻)를 바꿔서 포(布)를 쓴다는 것에 대하여, 《비요(備要)》에서 고례(古禮)를 인용하여 말했기 때문에, 사람들이 많이 준용(遵用)하고 있습니다. 그런데 외암(巍巖 이간(李柬))만은 유독 "《비요》에서 인용한 것은 바로 가소(賈疏)의 '공사(公士)의 중신(衆臣)이 군(君)을 위해 입는 복'이라는 글이니, 부상(父喪)의 참최에 준용할 수는 없다. 원설(元說)이 확실하지 않은데 사계(沙溪 김장생(金長生))가 인용하였으니 의심스럽다."라는 내용으로 말하였는데, 이 설이 어떻습니까?

〔답〕 교대의 한 절목에 대하여 가소에서 인용한 것이 확실한 증거가

될지 알 수 없다고 하더라도, 상문의 〈잡기(雜記)〉를 참고해 보건대, 이미 "오직 지팡이와 신발만 바꾸지 않는다.〔唯杖屨不易〕"라고 말했고 보면, 교대도 바꿔야 하는 것 가운데에 포함되는 것이 분명하니, 그렇다면 교대가 포(布)이지 마(麻)는 아니라는 것을 또 알 수 있습니다. 면재(勉齋 황간(黃幹))의 〈상복도식(喪服圖式)〉에서도 이미 소(疏)의 설을 따랐으므로 사옹(沙翁)이 인용한 것이니, 지금 다시 다른 의논을 채택하면 안 될 것입니다. 대체로 강문(江門 권상하(權尙夏)의 문인)의 제현(諸賢)은 예(禮)에 대해서 그다지 공력을 쏟지 않고서 고집만 부리며 비평을 가하기 때문에, 그 설이 거칠고 엉성한 점이 많으니 준행하는 것은 곤란할 듯합니다.

박영숙에게 답하는 글 을미년(1775, 영조51) 윤월

答朴永叔 乙未閏月

〔문〕 중의(中衣)는 이미 황색 안감에 천홍색 선을 바깥에 두른 것〔黃裏縓緣〕을 쓰면서 최복(衰服)만 유독 꿰매지 않는다면〔不緝〕, 과연 서로 걸맞지 않다고 하겠습니다. 그런데 중의는 본래 상을 당한 처음부터 꿰맨 것을 썼으니 본래 정복(正服)과는 차이가 있다고도 하겠습니다만, 단지 최복 하나에 대해서만 말하더라도 '대공복(大功服)을 입어 가벼운 복을 지향하면서 참최(斬衰)를 입어 그대로 중하게 하는 것〔功以向輕 斬以仍重〕'은 더욱 걸맞지 않은 것 같습니다. 성인(聖人)이 여기에 원래 깊은 뜻을 두었는데도, 미묘해서 보기 어려운 것이 아닐까 합니다.

〔답〕 "대공복을 입어 가벼운 복을 지향하면서 참최를 입어 그대로 중하게 하는 것은 더욱 걸맞지 않은 것 같다……" 하신 말씀이 정말 명쾌합니다. 예(禮)의 뜻이 비록 깊고 미묘한 것 같아도, 사실은 명백하고 가지런해서 그다지 이해하기가 어렵지 않은데, 다만 후인(後人)이 꽉 막혀서 통하지 못할 뿐입니다.

〔문〕 〈잡기(雜記)〉의 글과 관련하여 나는 그 본설(本說)에 대해 의혹을 가지지 않을 수가 없습니다. 왜냐하면 대공(大功)의 마질(麻絰)을 가지고 연복(練服)의 갈질(葛絰)을 바꿀 경우에는 마(麻)가 갈(葛)보다 중하기 때문입니다. 그리고 최(衰)로 말하면, 연복(練服)의 최는 구월(九月 대공(大功))의 최와 같아서 거칠고 고운〔麤細〕

차이가 없는데, 어째서 구월의 최를 가지고 삼년(三年)의 연최(練衰)를 바꾼단 말입니까? 이미 "똑같이 승구(繩屨 미투리)이기 때문에 신발은 바꾸지 않는다."라고 한 이상, 똑같이 공최(功衰)라면 그 최는 바꾸지 않아야 하는데, 이것을 바꾸는 것은 어째서입니까? 이 뜻을 분명히 파악한 뒤에야 비로소 정확한 증거가 되는지를 논할 수 있을 것인데, 이에 대해서 어떻게 생각하십니까?

〔**답**〕 〈잡기〉의 설과 관련하여 내유(來諭)에서 "신발은 같아서 바꾸지 않는데, 최(衰)는 같은데도 바꾸는 것은 어째서인가?……" 하신 것은 참으로 그렇습니다. 나도 그것이 의심스럽다는 것을 모르는 것은 아닙니다만, 그 뜻이 어떠한지는 따질 것 없이 경(經)과 주소(註疏)를 보면 모두 최상(衰裳)을 바꿔야 한다고 말하고 있습니다. 그렇다면 참최의 연복은 가장자리를 꿰매야 하는 것〔緝邊〕도 자연히 그 속에 포함되는데, 만약에 꿰매지 않는다면 최의 승수(升數)는 비록 같을지라도 그 경중(輕重)은 너무 차이가 나게 되니 어떻게 가벼운 복으로 바꿨다고 할 수 있겠느냐는 것이 나의 의견일 뿐입니다.

박영숙에게 답하는 글 병신년(1776, 정조 즉위년) 5월
答朴永叔 丙申五月

〔문〕 국휼(國恤 국상(國喪))을 막 당해서 사(士)와 서민(庶民)이 궐외(闕外)에서 망곡(望哭)할 때에는 사배례(四拜禮)를 올려야 합니까?
〔답〕《보편(補編)》[158]의 거림조(擧臨條)에서 "이는 염습한 뒤이기 때문에 배례가 있는 것이다.〔是襲後故有拜禮〕"라고 한 하주(下註)에 "사서가 모여서 곡을 한다.……〔士庶聚哭……〕" 한 것은 상문(上文)을 이어받은 것이지, 대궐의 안과 밖에 차이가 있어서 그런 것은 아닐 듯합니다. 그리고 초종조(初終條)에서 "일단 운명하면 안과 밖이 모두 곡한다.〔旣絶內外皆哭〕"라고 한 하주에 "종친·문무백관과 관학생·서민이 도착하는 대로 거애한다.……〔宗親文武百官館學生庶民隨到擧哀……〕" 하고 배례에 대한 내용이 없는 것은 전문(前文)을 이어받았기 때문입니다.

〔문〕 새로 예령(禮令)을 반포할 적에 《보편》에 있는 내용대로 하라는 분부를 받았습니다. 그래서 사가(私家)에서는 묘제(墓祭)와 연(練 소상)과 상(祥 대상)과 담(禫 담제)을 기피하여, 모두 인산(因山 국장(國葬))에서 졸곡(卒哭)이 지난 뒤에 행하도록 허락하고 있습니다.

158 보편(補編) : 《상례보편(喪禮補編)》을 말한다. 1757년(영조33)에 《국조오례의(國朝五禮儀)》를 시의(時宜)에 맞게 개정한 의례서(儀禮書)로, 왕가(王家)의 상례(喪禮)에 대한 의식 절차가 실려 있다.

그런데 묘중(廟中)의 속절(俗節)과 삭망참(朔望參)은 거론하지 않았으니, 어쩌면 큰 절목 안에 작은 것들은 자연히 포함되는 것입니까?
〔답〕 의주(儀註)에서 속절과 삭망참을 언급하지 않은 것에 대해서, 혹자가 "큰 절목 안에 작은 것들은 자연히 포함된다.……" 하였는데, 그 말이 옳은 것 같습니다. 우리 집에서도 처음에는 선유(先儒)의 설을 따라서 삭망참은 행하였습니다만,-속절은 폐했습니다.- 다시 생각해 보니 미안하기에 지금 개정하려 하고 있습니다.

〔문〕 기제(忌祭)의 단헌(單獻)을 이미 행할 수 없고 보면, 이상일(二祥日 소상과 대상의 날)에 단헌을 올리는 것도, 신구(新舊)의 차이가 있다고 하여 그냥 행할 수는 없을 듯합니다.
〔답〕 기제는 물론 폐해야 하겠습니다만, 이상일은 상시(常時)의 기일(忌日)과는 차이가 있는 만큼, 단헌을 올리는 것까지 폐한다는 것은 차마 못할 점이 끝내 있으니, 간략하게 진설하고서 곡을 한다 해서 또 안 될 것이 뭐가 있겠습니까. 대개 삼년 이내의 삭망전(朔望奠)은 평상시의 조석전(朝夕奠)과 같기 때문에 폐하지 않으니, 《예기》〈증자문(曾子問)〉의 "관원의 집에 은사[159]가 있으면 조정에 있다가 집으로 돌아간다.〔有殷事則歸〕"라는 글을 가지고 관찰해 보면 알 수 있습니다. 그런데 삭망을 이미 폐하지 않는 이상 기일에 간략하게 진설하는 것도 그만둘 수 없을 듯한데, 모르겠습니다만 어떻게 생각하십니까?

〔문〕 국장(國葬)을 당하여 발인(發靷)과 반우(返虞)할 적에는, 사서

159 은사(殷事) : 삭망(朔望)이나 천신(薦新)의 전(奠)을 올리는 것을 말한다.

(士庶) 중에 상을 당한 사람이라 할지라도, 역시 상초(喪初)에 망곡(望哭)하고 성복(成服)할 때의 예(例)에 의거하여, 송곡(送哭)하고 영곡(迎哭)하는 것을 모두 평민이 하는 것처럼 행해야 합니까?

〔답〕 국장에서 발인할 때에 미쳐서는, 비록 상을 당한 사람이라 할지라도, 어찌 곡반(哭班)에 달려가서 참여하지 않을 수 있겠습니까. 다만 대중과 더불어 대열을 함께할 필요는 없고, 독자적으로 후열(後列)에 엎드려서 곡하는 것이 타당할 듯합니다.

박영숙에게 답하는 글 기해년(1779, 정조3) 4월
答朴永叔 己亥四月

〔문〕 천지지심(天地之心)은 이기(理氣)를 통합한다고 보는 견해에 대하여

〔답〕 말을 하는 과정에서 물론 이렇게 하지 않을 수 없었겠지만, 이기를 통합한다고 말한다면 벌써 둔체(鈍滯)한 느낌이 듭니다. 《역(易)》에 이르기를 "신이란 만물에 묘하게 작용하는 것을 말한다.〔神也者 妙萬物而爲言〕"[160]라고 하였는데, 이것이 바로 '심(心)' 자의 지위입니다. 하늘에 있어서나 사람에 있어서나 모두 그러하니, 이(理)와 기(氣)는 자연히 그 속에 들어 있는 것입니다.

〔문〕 도심(道心)이 집중(執中)이라는 말에 대해서

〔답〕 내유(來諭)에서 "만약 도심을 과불급(過不及)이 없는 것으로 한다면 도심이 이미 중(中)인 것이니, 그 아래에서 '중을 잡으라.〔執中〕'라고 한 것은 말이 중복된 것과 비슷하게 되지 않을까 한다."라고 하였는데, 이는 그렇지 않을 듯합니다. 인심(人心)과 도심은 심(心)에서 발한 것을 가지고 말한 것이고, 집중은 동(動)·정(靜)·운(云)·위(爲)를 가지고 말한 것입니다. 심에서 발한 것이 비록 선하더라도 행사(行事)에 드러나지 않는다면 어떻게 그것이 중(中)인지 부중(不中)인지를 알겠습니까? 그리고 선단(善端)이 처음 발할 때에는 은미하여 드러나

160 신(神)이란……말한다 : 《주역》〈설괘전(說卦傳)〉 6장에 나오는 말이다.

지 않으니 반드시 정밀하게 살피고 일관되게 지켜 나가야만 비로소 제사(諸事)를 조처할 때 차질이 없게 될 것이니, 입언(立言)하는 순서는 이렇게 하지 않을 수가 없는 것입니다. 그러니 어떻게 중복되었다고 말할 수 있겠습니까.

〔문〕 성(誠)과 경(敬)이 체(體)와 용(用)이라는 말에 대해서

〔답〕 "성 그 자체는 하늘의 도이다.〔誠者天之道〕"라고 할 때의 성을 가지고 말한다면, 그 성은 경하는 것에 의해서 공능(功能)을 발휘하니 성을 체로 하고 경을 용으로 해도 본래 무방하겠지만, '성지(誠之)'[161]의 성을 가지고 말한다면, 성과 경은 하나의 일일 뿐이니, 체와 용을 나눌 수 없습니다.

161 성지(誠之) : '성(誠)해지려고 노력하는 것'이라는 뜻이다. 《중용장구》 제20장에 "성 그 자체는 하늘의 도요, 성해지려고 노력하는 것은 사람의 도이다. 성의 경지에 이르면 굳이 애쓰지 않고도 중도를 행하며 생각하지 않고도 터득하여 자연스럽게 도에 합치되니, 이런 분이 성인이다. 반면에 성하려고 노력하는 자는 선을 택해서 굳게 잡고 행하는 사람을 말한다.〔誠者天之道也 誠之者人之道也 誠者 不勉而中 不思而得 從容中道 聖人也 誠之者 擇善而固執之者也〕"라는 말이 나온다.

녹문집

제7권

書서

내형 윤 판서[1]에게 답하는 글 병오년(1786, 정조10) 8월

答內兄尹判書 丙午八月

이름은 동섬(東暹)이다.

홀기(笏記)[2]를 며칠에 걸쳐 완역(玩繹 음미하며 연구하는 것)하면서 노파심(老婆心)이 간절한 대목을 문득 볼 수 있었습니다. 하교(下教)에서 스스로 참람하고 망령되다고 말씀하신 곳들 중에도 전인(前人)이 아직 이르지 못한 곳을 꿰뚫어 본 곳이 왕왕 있었습니다. 의리는 천하의 공물(公物)이니, 이렇게 하는 것이 무슨 해가 되겠습니까. 《비요(備要)》[3]에도 의심할 곳이 많이 있는데, 이는 주자(朱子) 자신도 면하지 못한 것입니다. 후학으로서는 다만 고례(古禮)를 참고하여 지극히 타당하게 귀결되도록 노력해야 할 것이니, 어찌 하나같이 주저하고 망설이기만 함으로써 후인(後人)으로 하여금 끝내 성경(聖經)의 본의(本意)를 모르게 해서야 되겠습니까. 다만 털끝만큼이라도 자용(自用)[4]하

1 윤 판서(尹判書) : 윤동섬(尹東暹, 1710~1795)으로, 본관은 파평(坡平), 자는 덕승(德升), 호는 팔무당(八無堂)이다. 녹문과는 외사촌 형제간이다. 1754년(영조30) 증광시 문과에서 갑과로 급제하여 이조와 공조의 판서를 역임하고 우참찬을 거쳐 판중추부사로 치사(致仕)하였다. 서예에 능하여 금석문이 많이 전한다.

2 홀기(笏記) : 혼례나 제례 등 제반 의식의 순서와 절차를 기록한 책을 말한다.

3 비요(備要) : 사계(沙溪) 김장생(金長生)이 편찬한 《상례비요(喪禮備要)》를 말한다. 신의경(申義慶)이 편집한 《상제서(喪制書)》를 정리하고 주자(朱子) 《가례(家禮)》의 미비한 부분을 보충하였다.

4 자용(自用) : 자기 소견이 옳다고 고집부리며 남의 말은 듣지 않는 것을 말한다. 《서경(書經)》 〈중훼지고(仲虺之誥)〉에 "묻기를 좋아하면 넉넉해지고, 자기 소견대로만 하면 작아진다.〔好問則裕 自用則小〕"라는 말이 나온다.

는 생각이 싹트게 해서는 안 될 것입니다.

〔문〕 부제(祔祭)를 지낼 때 신구(新舊)의 신위(神位)에 올리는 고사(告辭)에 대하여

〔답〕 만약 사당 안에서 제사를 행한다면, 이미 축사(祝辭)가 있으니 따로 고할 필요가 없습니다.-조조(朝祖)[5]할 때에도 고할 것이 없습니다.- 그러나 만약 신주를 받들고 다른 곳으로 간다면, 신주를 내올 때에는 시제(時祭)와 기제(忌祭) 때 신주를 내오는 고사(告辭)에 의거하여, 대략 "모손(某孫)을 제부(隮附)하려고 신주를 모시고 나와 모소(某所)로 간다."라는 내용으로 고하는 것이 무방합니다. 그리고 새로 들일 신위〔新位〕는 이미 졸곡(卒哭)의 축(祝)이 있으니, 사당에 들이거나 다른 곳으로 가는 것을 막론하고 다시 고할 필요가 없으니, 대개 상례(喪禮)는 '애통함이 절박하면 예의 절차를 복잡하게 따지지 못하는 것〔哀遽文不縟〕'이기 때문입니다.

〔문〕 부인(婦人)의 연복(練服)에 대하여

〔답〕《비요(備要)》에서 "연제(練祭) 때 부인의 교대(絞帶)는 장부(丈夫)와 똑같이 포(布)를 쓴다……" 한 것은 과연 "제거하는 일은 있어도 변경하는 일은 없다.〔有除無變〕"라는 의리에 어긋나는 점이 있으니, 내설(來說 보내온 설)이 지극히 좋습니다.

5 조조(朝祖) : 발인(發靷)하기 하루 전에 널을 조묘(祖廟)로 받들고 가서 조상을 뵙고 하직을 고하는 것을 말한다. 후대에는 영구 대신 혼백(魂帛)으로 대체하기도 하였다.

〔문〕 문을 닫을〔闔門〕 적에 촛불을 끄는 것에 대하여

〔답〕 문을 닫는 것은 그윽하고 어둡게 하려는 뜻입니다만, 촛불은 햇빛과는 또 같지 않으니, 촛불을 그냥 놔둔다 해서 무슨 해가 되겠습니까.

내형 윤 판서에게 답하는 글
答內兄尹判書

〔문〕 속임(續衽)·구변(鉤邊)·방령(方領)·곡거(曲裾)에 대해서는 한(漢)나라 이래로 논설이 분분하여 의복을 만드는 제도가 각 시대마다 같지 않습니다.[6] 따라서 옛날의 심의(深衣)와 조금 어긋나는 점이 있다고 할지라도, 지금 주자(朱子) 당시에 입었던 대로 입으면 그만일 것이니, 굳이 따지고 말고 할 것이 없습니다.

〔답〕 이와 같이 단안을 내려 놓으면, 쇄탈(灑脫)해서 도무지 아무 일도 없게 될 것입니다. 단지 구변의 제도만은 고례(古禮)에도 상세하지 않고 주자의 정론(定論)도 명확하지 못해서, 어떻게 정해야 할지 모르겠으니, 이에 대해서 들려주셨으면 합니다.

〔문〕 상고하건대 "예에서, 시신을 옮기고 영구를 들 적에 모두 단(袒 어깨의 옷을 벗는 것)을 하는 것은 일을 하는 데에 편하게 하기 위함이다. 《가례》에서는 간략한 쪽을 따랐으므로 단지 시신을 옮길 때에만

6 속임(續衽)……않습니다 : 심의(深衣)의 제도에 대한 논의가 다양하다는 말이다. 심의는 턱 아래부터 발끝까지 윗옷〔衣〕과 아래옷〔裳〕이 연결된 의복을 말한다. 《예기(禮記)》 〈심의〉 첫머리에 '속임구변(續衽鉤邊)'에 관한 구절이 나온다. 합하여 꿰매는 것〔合縫〕이 속임이고 재차 덮어서 꿰매는 것〔覆縫〕이 구변이라거나, 다른 폭(幅)으로 깃〔衽〕을 만들지 않고 단지 두 옷깃을 잇대었으므로 속임이라고 하고, 그 사이가 벌어지지 않도록 결뉴(結紐) 즉 단추로 묶는 것을 구변이라고 한다는 등 설이 많다. 방령(方領)과 곡거(曲裾)는 각각 방형(方形)의 옷깃과 굽은 소매라는 뜻인데, 이를 재단하는 방법에 대해서도 설이 다양하다.

한 번 단을 하는 것으로 했다. 그러나 대렴과 소렴과 같은 큰 절목에 대해서는 예경대로 하는 것을 정식으로 삼아야 할 것이다.〔禮 動尸擧柩皆袒 於事便也 家禮從簡 故只一袒於遷尸之際 如小大斂等大節目 恐當依禮經爲正〕"[7]라고 하였습니다.

그런데 〈사상례(士喪禮)〉의 소렴조(小斂條)를 상고해 보건대 "소렴을 마치고 시신을 향해 곡용(哭踊)할 적에 주인은 머리털을 묶고 단을 한다.〔卒斂憑尸 主人髻髮袒〕"라고 하였고, 〈사상기(士喪記)〉에는 "시신을 향해 곡용을 한 뒤에 주인이 단을 하고 괄발을 하며 교대를 한다.〔旣憑 主人袒髻髮絞帶〕"라고 하였습니다. 그리고 《예기》〈상대기(喪大記)〉 소렴조(小斂條)에 "소렴을 마치면 주인이 단을 하고 머리를 풀고 삼으로 괄발을 한다.〔卒斂 主人袒 說髦 括髮以麻〕"라고 하였는데, 공소(孔疏 공영달(孔穎達)의 해설)에 "아까 소렴에서는 단을 하지 않았는데, 지금은 바야흐로 일이 있기 때문에 어깨의 옷을 벗는 것이다.〔鄕小斂不袒 今方有事 故袒衣〕"라고 하였습니다. 그리고 〈단궁(檀弓)〉에 "숙손무숙의 모친이 죽었을 때 소렴을 마치고 시신을 들고서 지게문 밖으로 나온 뒤에, 상주인 무숙이 단을 하고 괄발을 하였는데, 자유가 이를 보고는 '예를 아는구나.'라고

7 예(禮)에서……것이다 : 김장생(金長生)이 지은 《상례비요(喪禮備要)》의 말을 간추린 것이다. 전문을 소개하면 다음과 같다. "예에서, 시신을 옮기고 영구를 들 적에 모두 단을 하는 것은 일을 하는 데에 편하게 하기 위함이니, 그 일이 끝나면 다시 옷을 입는다. 《가례》에서는 간략한 쪽을 따랐으므로 모두 생략하고서 단지 시신을 옮길 때에만 한 번 단(袒)을 하는 것으로 했다. 지금 비록 일일이 옛날의 방식을 따르기는 어렵다고 하더라도, 대렴과 소렴과 같은 큰 절목에 대해서는 예경대로 하는 것을 정식으로 삼아야 할 것이다.〔禮 動尸擧柩皆袒 於事便也 事訖還襲 家禮從簡 故皆略之 只一袒於將遷尸之際 今雖難一一從古 如大小斂等大節目 恐當依禮經爲正〕"

하였다.〔叔孫武叔之母死 旣小斂 尸出戶 袒括髮 子游曰知禮〕"라는 말이 나오는데, 이에 대해서 주(註)에서는 "자유가 비웃은 것이다.〔嗤之〕"라고 하였고, 소(疏)에서는 "괄발을 하는 것은 소렴을 마치고 나서 시신을 들고 당에 안치하기 이전에 있는 것이요, 또 주인이 시신을 들려고 하기 때문에 단을 하는 것인데, 지금 무숙은 시신을 든 뒤에야 괄발을 하였으니 슬퍼하는 절차를 잃은 것이다.〔括髮在小斂之後 奉尸夷于堂之前 主人爲欲奉尸故袒 今武叔奉尸之後乃括髮 失哀節〕"라고 하였습니다.

이제 이상 세 곳의 경문(經文)과 공씨(孔氏)의 소(疏)를 살펴보건대, 대개 소렴(小斂)에 단을 하는 것은 시신을 들고서 당에 안치할 때에 드는 것을 도와주려 함이고, 대렴(大斂)에 단을 하는 것은 시신을 들고서 관(棺)에 염할 적에 드는 것을 도와주려 함이며, 공소(孔疏)에서 "지금은 바야흐로 일이 있기 때문에 단을 하는 것이다."라고 말한 것도 시신을 들기 위한 일이니, 이는 모두 주인이 염을 도와주려고 단을 하는 것이 아닙니다. 그런데 무숙이 시신을 들고 당에 안치한 뒤에 단을 했기 때문에 자유가 그 일을 비웃었던 것입니다. 그리고 〈상대기(喪大記)〉에서 "무릇 염을 하는 자는 단을 하고, 시신을 옮기는 자는 어깨를 벗지 않는다.〔凡斂者袒 遷尸者襲〕"라고 하였습니다만, 이때 염을 하는 것은 대서(大胥)와 중서(衆胥)가 하는 일[8]의 종류이고, 시신을 옮기는 것은 사(士)가 드는 것과 같은 종류

8 대서(大胥)와……일 : 《예기》 〈상대기(喪大記)〉에 "무릇 염을 하는 자는 단을 하고, 시신을 옮기는 자는 어깨를 벗지 않는다.〔凡斂者袒 遷尸者襲〕" 바로 다음에 "임금의 상에는 대서가 염을 하고 중서가 이를 돕는다.……〔君之喪 大胥是斂 衆胥佐之……〕"라

일 뿐이지, 주인을 말하는 것은 아닙니다. 경문과 소설(疏說)이 이와 같이 너무나도 명백하니, 《비요(備要)》에서 "예경대로 하는 것을 정식으로 삼아야 한다.……"라고 한 것은 다시 생각해 보아야 할 듯합니다.

〔답〕 고찰하여 터득하신 것이 매우 좋습니다. 《비요》의 설은 따르면 안 되겠습니다.

〔문〕 조곡(朝哭) 조전(朝奠)과 석전(夕奠) 석곡(夕哭)에 대하여

〔답〕 《의례(儀禮)》에서 조석곡(朝夕哭)은 모두 곡을 먼저 하고 전을 뒤에 올립니다. 《서의(書儀)》[9]와 《가례》 역시 그러합니다. 다만 《의례》는 곡을 강(綱)으로 삼아서 전을 그 안에 포함하고 있으니 전이 곡의 마지막이 되고, 《서의》와 《가례》는 전을 강으로 삼아서 곡을 그 안에 포함하고 있으니 곡이 전의 시작이 되는 것이 다를 뿐입니다. 요컨대 단지 두 때에 행하는 두 가지 항목의 일이지, 원래 네 때에 행하는 네 가지 항목의 일이 아닙니다.

그런데 《비요》에서는 그만 조곡·조전·석전·석곡으로 나누어 네 때에 행하는 네 가지 항목의 일로 만들었으며, 석(夕)은 또 그 선후의 차서를 바꾸어 놓기까지 하였습니다. 이는 대개 《가례》 석전(夕奠) 아래의 "주인 이하가 혼백을 받들고 들어가 영상에 나아가서 곡을 하며

는 말이 나오는데, 정현은 "서는 악관으로서 상사를 맡지 않는다. 서는 응당 축이 되어야 하니, 글자가 잘못된 것이다.〔胥 樂官也 不掌喪事 胥當爲祝 字之誤也〕"라고 하였다.

9 서의(書儀) : 송(宋)나라 사마광(司馬光)이 지었으므로 《사마서의(司馬書儀)》라고도 한다. 각종 서식(書式) 1권, 관의(冠儀) 1권, 혼의(昏儀) 2권, 상의(喪儀) 6권으로 되어 있다.

슬픔을 다한다.〔主人以下奉魂帛 入就靈床 哭盡哀〕"라는 말을 석곡으로 해 놓은 것입니다. 그러나 사실은 조전의 조목에서 "매일 주인 이하가 모두 자기의 복장을 착용하고 들어가 신위에 나아가서, 존장은 앉아서 곡을 하고 비유는 서서 곡을 한다.〔每日主人以下皆服其服入就位 尊長坐哭 卑幼立哭者〕"라고 한 것을, 아침에 하면 조곡이 되고 저녁에 하면 석곡이 되는데, 단지 저녁에는 술을 따른 뒤에 '혼백을 받들고 영상에 들어가는〔奉魂帛 入靈床〕' 한 가지 일이 더 있기 때문에 그 글을 조금 더 늘린 것일 뿐입니다.

그리고 그 아래에 "곡을 하며 슬픔을 다한다.〔哭盡哀〕"라고 한 것은, 바로 조전의 말미에 "재배하고 곡을 하며 슬픔을 다한다.〔再拜哭盡哀〕"라고 한 그 곡진애(哭盡哀)이니, 이는 대개 술을 따른 뒤에 재배하고 곡을 하면서 조금 있다가 바로 혼백을 받들고 들어가 그대로 곡진애를 하는 것이지, 석전을 하고 곡진애를 한 뒤에 다시 혼백을 받들고 곡진애를 하는 일이 있어서 이것을 석곡이라고 한 것이 아닙니다. "조전 때의 의례와 같이 한다.〔如朝奠儀〕"라고 한 말을 자세히 보아야 할 것이니, 이와 같은 곳은 정리하여 바로잡지 않을 수 없습니다. 그리고 혼백을 받들고 영상에 출입하는 것은 지극히 설만(褻慢)한 혐의가 있는데, 이는 고례(古禮)가 아닐뿐더러 《서의》에서도 이를 생략하였으니, 앞으로 제거하는 것이 타당할 듯합니다. 이런 곳은 곧장 고례 위주로 단안을 내리는 것이 좋겠습니다.

지금 생각으로는, '혼백을 받든다.〔奉魂帛〕'라고 한 절목을 제거하고, 《가례》에 있는 대로 조석(朝夕)으로 나누어 두 개의 조항을 만들어서, 조곡전(朝哭奠)과 석곡전(夕哭奠)으로 강(綱)을 삼은 뒤에, 조곡전의 아래에는 "매일 아침에 일어나 주인 이하가 모두 자기의 복장을 착용하고 들어가 신위에 나아가서, 존장은 앉아서 곡을 하고 비유는 서서 곡을 한다. 시자는 세면도구를 영상의 옆에 설한다. 곡을 마치면 전을 올린다.-'곡을 마치면 전을 올린다.〔哭止乃奠〕'라는 말은 〈사상례(士喪禮)〉 주(註)에 나옵니다.- 집사자는 소과와 포해를 설하고, 축은 손을 씻고 향을 피우며 술을 따른다. 주인 이하가 재배하고 곡을 하며 슬픔을 다한다.〔每日晨起 主人以下皆服其服 入就位 尊長坐哭 卑幼立哭 侍者設盥櫛之具于靈床側 哭止乃奠 執事者設蔬果脯醢 祝盥手焚香斟酒 主人以下再拜哭盡哀〕"라고 하고, 석곡전의 아래에는 "조곡전 때의 의례와 같이 한다. 시자는 취침 도구를 영상 위에 설한다.〔如朝哭奠儀 侍者設枕衾之具于靈床上〕"라고 하는 것이 어떨까 합니다. 이렇게 한다면 네 항목으로 나누어 만드는 잘못이 없게 될 뿐만 아니라, 곡을 하고 전을 올리는 차서도 분명해질 것입니다. 네 항목으로 나누어 만들었기 때문에 지금 세상에서 대부분 조곡을 한 뒤에 물러 나왔다가 다시 들어가서 전을 설하고, 석전을 한 뒤에 또 물러 나왔다가 다시 들어가서 석곡을 하는 등 완전히 예의 본의를 잃었는가 하면, 곡을 하고 전을 올리는 차서도 공공연히 거꾸로 뒤바꿔서 하고 있으니, 어찌 너무나도 미안한 일이 아니겠습니까.

〔문〕 조문(弔問)하는 예에 대하여

〔답〕 조문하는 예는 세속을 따라서〔從俗〕 그와 같이 해도 무방하겠습니다만,[10] 지금 사람들 중에는 혹 주인만 홀로 조객(弔客)에게 절을

10 조문하는……무방하겠습니다만 : 《논어(論語)》 〈자한(子罕)〉에 "삼베로 만든 면관(冕冠)이 예법에 맞지만, 지금은 생사(生絲)인 준으로 만들어 쓰니, 검소하다. 나는

하고 주인의 아우는 절하지 않는 경우도 있는데, 이렇게 하는 것이 "상에는 두 사람의 상주가 없다.〔喪無二孤〕"[11]라는 의리에 합당할 듯싶기도 합니다.

〔문〕 현훈(玄纁)[12]에 대하여

〔답〕 현훈의 속백(束帛)을 구(柩) 위에 놓는 것에 대해서 선유(先儒)가 많이 비난하였지만, 사실은 그렇게 하는 것이 바로 고례(古禮)에 맞습니다.

〈사상례(士喪禮)〉를 상고해 보건대, 봉(賵)과 증(贈)은 조건(條件)이 각각 다르니, 이 둘은 원래 연관이 없습니다. '군주가 현훈의 속백을 보내 주면, 빈이 그 속백을 잔(棧 영구차)의 좌복(左服 차상(車廂)의 좌측)에 놓는 것〔公賵玄纁束 賓奠幣于棧左服〕'이 봉이고, '영구차가 도성 문에 이르렀을 때 군주가 재부를 파견하여 현훈 두 색깔의 비단 1속을

중인(衆人)들이 하는 대로 따르겠다.〔麻冕禮也 今也純儉 吾從衆〕"라는 공자의 말이 나오는데, 이에 대해서 정이(程頤)가 해설하기를 "군자가 처세함에 있어서 일이 의리를 해치지 않는다면 세속을 따르는 것도 괜찮다.……〔君子處世 事之無害於義者 從俗可也……〕" 하였다.

11 상에는……없다 : 증자(曾子)가 "상에는 두 사람의 상주가 있고, 사당에는 두 신주가 있다고 하는데, 그것이 예법에 맞는 일입니까?〔喪有二孤 廟有二主 禮與〕"라고 묻자, 공자가 "하늘에는 두 개의 태양이 없고, 땅에는 두 사람의 왕이 없다.〔天無二日 土無二王〕"라고 전제한 뒤에, 노(魯)나라 계환자(季桓子)의 상에 그의 아들인 계강자(季康子)와 임금인 애공(哀公) 두 사람이 상주가 된 고사를 인용하면서 "오늘날 두 사람의 상주가 있게 된 풍습은 계강자의 잘못에서부터 비롯된 것이다.〔今之二孤 自季康子之過也〕"라고 비평한 말이 《예기》〈증자문(曾子問)〉에 나온다.

12 현훈(玄纁) : 검은 비단과 붉은 비단이라는 뜻으로, 속백(束帛) 즉 다발로 묶어서 망자(亡者)를 위한 마지막 예물로 영구에 안치하여 함께 땅속에 묻는 것이다.

보내면, 빈이 영구차 앞으로 올라가서 그 폐백을 관개(棺蓋 관 뚜껑)의 가운데에 두는 것〔至于邦門 公使宰夫贈玄纁束 賓升實幣于蓋中〕'이 증입니다. 정현(鄭玄)은 그 주(註)에서 '관개에 두는 것〔實于蓋〕'을 해설하여 '그 폐백을 관개의 유[13] 안에 놔두는 것〔實其幣於棺蓋之柳中〕'이라고 하였고, 그 소(疏)에서는 "상문에 나오는 군주가 사당에서 준 폐백은 모두 좌복에 놓는데, 이것을 관개 가운데에 놓는 이유는 이러하다. 저 폐백은 살아 있는 자와 죽은 자〔生死〕 양쪽 모두에 해당되기 때문에 좌복에 놓지만, 이 폐백은 오로지 죽은 자를 위한 것이기 때문에 관개 가운데에 놓아서 마치 군주가 직접 그에게 준 것처럼 하는 것이다.……〔上文在廟所贈之幣 皆奠于左服 此實于蓋中者 彼生死兩施 故奠于左服 此專爲死者 故實于蓋中 若親授之……〕" 하였습니다.

그리고 경(經)의 하문에서 폄(窆)하는 일을 언급할 때에도 단지 "증하는 것은 제폐[14]를 쓴다.……〔贈用制幣……〕" 하였을 뿐 어느 곳에 놔둔다는 말은 하지 않았으니, 이것은 "관개에 놔둔다.〔實于蓋〕"라는 상문을 그대로 이어받은 것입니다. 그렇기 때문에 아래에서 이어 말하기를 "명기(明器)는 묘혈(墓穴) 속의 관 옆에 놔두고 관 위에는 현(見 관식(棺飾))을 가한다.〔藏器於旁 加見〕"라고 하였으니, 그러고 보면 임금이 보낸 현훈은 위에 놓는 것이지 옆에 놓지 않는다는 것이 더욱 분명합니다.

13 유(柳) : 영구(靈柩)를 수레에 실은 뒤에 영구 주위에 나무로 만든 원추형의 광가(框架)를 설치한 것을 말하는데, 보통 관(棺)의 장식이나 영구차(靈柩車)의 장식의 총칭으로 쓰이기도 한다.

14 제폐(制幣) : 일정한 양식의 폐백(幣帛)을 말한다. 정현(鄭玄)은 "1장 8척을 제라고 한다.〔丈八尺曰制〕"라고 하였다.

그런데 《개원례(開元禮)》에서는 이 점을 깊이 상고하지 않고 "좌복에 놓는다.〔奠于左服〕"라는 예문(禮文)을 잘못 적용하여 "관 동쪽에 놓는다.〔奠于柩東〕"라는 예(禮)를 새로 만들어 내었으니 이것만도 너무 엉성하다고 할 것인데, 더군다나 "좌복에 놓는 것은 우측에 준다.〔奠左是授右〕"라는 뜻임에야 더 말할 것이 있겠습니까.-정현의 주(註)에 나옵니다.- 대개 군주가 예물을 줄 당시에는 시신의 머리가 남쪽을 향하고 있으니 영구차의 좌측이 바로 시신의 우측이 됩니다만, 지금은 영구가 이미 광중(壙中)에 들어가서 시신의 머리가 북쪽에 있고 보면 영구차의 동쪽은 바로 시신의 좌측이지 우측이 아닙니다. 따라서 나의 의견으로는, 마땅히 "관개에 놓는다.〔實于蓋〕"라는 예문을 적용하여, 영구 위의 중앙에 현훈을 안치하되, 현을 위로 하고 훈을 아래로 하여 약간 서쪽으로 함으로써, 명정(銘旌)의 글자에 방해가 되지 않게 해야 한다고 생각합니다. 약간 서쪽으로 하는 것은 군주가 우측에 주는 뜻을 대략 취한 것인데, 모르겠습니다만, 어떻게 생각하십니까?

〔문〕 상고해 보건대, 주자(朱子)는 말하기를 "지금 막 죽은 자에 대해 그 조의 사당에서 부제를 지내는 것은 그 조에게 다른 사당으로 옮기게 된 것을 고하고, 신사자에게 이 사당으로 들어오게 된 것을 고하는 절차이다.〔祔新死者於其祖之廟 是告其祖當遷他廟 而告新死者當入此廟之漸也〕"[15]라고 하였습니다. 그렇다면 지자(支子)의 제

15 지금……절차이다 : 《회암집(晦菴集)》 권58 〈답소미도(答蘇味道)〉에 나온다. 내용은 대략 같으나, 문자가 약간 다르다. 원문은 다음과 같다. '祔新死者於其祖父之廟 則爲告其祖父以當遷他廟 而告新死者以當入此廟之漸也'

손(諸孫)에게도 각기 아들들이 있어서 사당을 세워 제사하는 경우에는, 그 신주(神主)가 조묘(祖廟)와는 상관이 없는데도 여전히 부제를 행하고 있으니, 이는 명실이 서로 부합하지 않는 것으로 그 일이 허위에 가깝다고도 하겠습니다. 그러나 《예기》〈상복소기(喪服小記)〉에 "사와 대부로 죽은 사람은 제후인 부조(父祖)의 사당에 부할 수 없고, 여러 조부 중에 사대부가 된 자에게 부한다.〔士大夫不得祔於諸侯 祔於諸祖父之爲士大夫者〕"라고 하였고, 또 "첩은 첩조고에게 부한다.〔妾祔於妾祖姑〕"라고 하였으며, 그 소(疏)에 "사당이 없으면 응당 단을 만들어서 부해야 한다.〔無廟當爲壇祔之〕"라고 하였으니, 이로써 보면 부하는 것이 사당 안의 일은 아니라고 할 것입니다. 대개 옛사람이 부의 제도를 만든 뜻은 다음과 같습니다. 효자가 이미 어버이를 장사 지내며 형체를 보내 드리러 갔다가 정신을 영접하여 돌아오매, 하루라도 돌아갈 곳이 없게 되는 일을 차마 하지 못하여, 반드시 이날에 우제(虞祭)를 지내어서 편안하게 해 드리는 것인데, 편안하게 해 드리는 것을 반드시 선조(先祖)와 함께 편안하게 해 드리려고 하기 때문에, 그 축사(祝辭)에서 곧장 "슬픈 마음으로 협사[16]를 거행하니, 당신의 할아버지에게 가서 의지하라.〔哀薦祫事 適爾皇祖〕"라고 하는 것입니다. 그리고 졸곡(卒哭)을 끝내고 나서도 효자의 마음속으로 어버이의 혼령이 여전히 위로 조고(祖考)와 함께하지 못할까 두려워한 나머지, 부의 예를 제정하여

16 협사(祫事) : 협(祫)의 일이라는 뜻으로, 여러 신위에 함께 제사 지내는 것을 말한다. 협사(祫祀) 혹은 협제(祫祭)라고도 한다. 이 축문은 《의례》〈사우례(士虞禮)〉 초우(初虞)에 나온다.

합제(合祭)함으로써, 소목(昭穆)의 반열을 함께하여 점차 합해지기를 기원하는 것입니다. 그러고 보면 부를 하는 뜻은 합향(合享)하는 데에 있는 것이지, 사당에 들이는 데에 있는 것이 아니라고 할 것입니다.

〔답〕 부제를 올리는 하나의 일에 대해서 평소에 의심해 왔는데, 지금 이렇게 실력을 발휘하여 미묘한 뜻을 투철하게 밝히셨으니, 듣지 못하던 것을 듣게 되어 정말 다행스럽습니다.

〔문〕 "유년월일에 효자 모는 새벽 일찍부터 밤늦게까지 조심하고 두려워하며 몸을 게을리하지 않고 애모하는 심정이 편치 못하기에 삼가 청작과 서수로 슬피 부의 일을 현고 모관 부군에게 올리오니, 현증조고 모관 부군에게 가서 의지하고 흠향하소서.〔維年月日 孝子某 夙興夜處 小心畏忌 不惰其身 哀慕不寧 謹以淸酌庶羞 哀薦祔事于顯考某官府君 適于顯曾祖考某官府君 尙饗〕"라는 축문에 대하여-이상은 〈사우기(士虞記)〉에 나오는 신사자(新死者)의 신위(神位)에 대한 축문을 고친 것입니다.-

〔답〕 옛날에 고비(考妣)를 합제(合祭)할 때에는 하나의 탁자〔一几〕에 하나의 시동씨〔一尸〕로 하였고, 제찬(祭饌)도 여일(如一)하였습니다. 그렇다면 종조부식(從祖祔食)[17]을 할 때에도 응당 그래야 하니, 지금

17 종조부식(從祖祔食) : 할아버지를 따라서 제삿밥을 함께 받아먹는다는 뜻으로, 망자(亡者)를 조묘(祖廟)에 합제(合祭)하는 것을 말한다. 《예기》 〈상복소기(喪服小記)〉에 "서자는 성인이 되기 전에 일찍 죽은 자기의 자식이나 후사를 두지 못한 자를 제사 지내지 못한다. 그러한 자들은 종가(宗家)의 조묘에 합제한다.〔庶子不祭殤與無後者 殤與無後者 從祖祔食〕"라는 말이 나온다.

이 부제(祔祭)도 반드시 이와 같이 해야 할 것입니다. 그래서 축(祝)도 하나를 써서 둘에게 고하는 것이니, 그 이치가 참으로 미묘하다고 하겠습니다.

그런데 지금은 이미 각각 자리를 설했고 보면, 축문도 각각 따로 써서 각기 호칭을 달리해야 할 것이니, 어찌 효자(孝子)라고 똑같이 칭해서야 되겠습니까. 다만 〈사우기(士虞記)〉의 축사(祝辭)는 둘에게 고하는 것으로, 수구(首句)는 신위(新位)에게 고하고 하구(下句)는 조고(祖考)에게 고하는 등 각각 의의가 있습니다만, 《서의(書儀)》와 《가례(家禮)》의 축사는 조고에 대해서 양구(兩句)를 병용하고 보면, '적우(適于)'라는 두 글자는 엉뚱하게 툭 튀어나온 느낌을 주니, 이는 제대로 검토하지 않은 데 따른 실수가 아닌가 합니다.

따라서 지금 이를 약간 고쳐서 조고에 대해서는 "삼가 청작 서수로 손 모관을 현증조고 모관 부군에게 올려 부제한다.……〔謹以淸酌庶羞 隮祔孫某官于顯曾祖考某官府君……〕"라고 하고, 신위에 대해서는 이번에 개정한 축을 그대로 쓴다면 온당할 듯도 한데, 어떻게 생각하실지 모르겠습니다.

〔문〕 용사시(用嗣尸)[18]에 대하여

〔답〕 이미 용사시라고 말했고 보면, 부제(祔祭) 때에 조위(祖位)에는 별도의 시동씨(尸童氏)를 쓰지 않는다는 것을 알 수 있습니다.

18 용사시(用嗣尸) : 우제(虞祭)와 졸곡(卒哭) 때의 시동씨(尸童氏)를 부제(祔祭) 때에도 계속 그대로 쓰는 것을 말한다.

〔문〕〈단궁〉의 "명일부우조부 기변이지길제야 비지어부 필어시일야접 불인일일미유소귀야(明日祔于祖父 其變而之吉祭也 比至於祔 必於是日也接 不忍一日末有所歸也)"라는 말에 대해서 오씨 징(吳氏澄)이 "변(變) 역시 바꾼다〔易〕는 뜻이다.[19] '바꾸어 길제로 간다.〔變而之吉祭〕'라는 것은 바로 상문에서 말한 '길제로 상제를 바꾼다.〔以吉祭易喪祭〕'라고 하는 것이다. '부제를 행할 때까지 반드시 이날과 이어지게 한다.〔比至於祔 必於是日也接〕'라는 것은 바로 상문에서 말한 '졸곡 다음날에 조부에게 부제를 올린다.〔明日祔于祖父也〕'라고 하는 것이다. 말하자면 상제(喪祭)가 바뀌어 길제(吉祭)로 나아가는 것이 졸곡에서부터 이어지기 시작하여 부제까지 미치게 하는 것이니, 반드시 이 졸곡의 날과 서로 이어져서 끊어지지 않게 하는 것은 차마 어버이의 신령으로 하여금 하루라도 귀의할 곳이 없게 할 수 없기 때문이다. 만약 우제(虞祭)와 같은 예(例)를 적용하여 졸곡에서 하루를 건너뛰어 비로소 부제를 행한다면, 졸곡 뒤 부제 전의 이 하루 동안은 어버이의 신령이 귀의할 곳이 없게 되니, 효자가 차마 그렇게 할 수 없기에, 부제가 반드시 졸곡의 날과 서로 이어져서 끊어지는 날이 있지 않게 하는 것이다.[20] 주소(註疏)에서는 '변(變)'을 '상례가 아닌 제사〔非常禮之祭〕'라고 하여 '빨리 장사 지내고 빨리 우제를 지내는 것〔速葬速虞〕'을 말한다고 하였으나, 졸곡 이전

19 변(變)……뜻이다 : 대본에는 '變易也'로 되어 있으나, 원나라 학자 오징(吳澄)의 말이 실려 있는 《예기의소(禮記義疏)》 권12에 의거하여 '變' 뒤에 '亦'을 보충하여 번역하였다.

20 부제가……것이다 : 대본에는 '祔祭必於卒哭之日相連接而不間日也'로 되어 있으나, 《예기의소》에는 '於'가 '與'로 되어 있어 뜻이 더욱 명쾌하다.

에 이런 상례가 아닌 제사가 또 있는 것인지, 경전(經傳)의 기록[21]을 상고해 보아도 명확한 증거를 찾을 수가 없다."라고 하였습니다.

〔답〕 정주(鄭註 정현(鄭玄)의 해설)의 이 단락에 대해서 평소에 의심해 왔는데, 오(吳)의 설이 대체로 명쾌하여 사람으로 하여금 얼굴을 펴고 웃음 짓게 합니다. 이와 같은 해설을 찾아내 보여 주어 지대한 공을 세우셨으니 정말 다행입니다. 대개 "차마 하루라도 떠나 있게 하지 못하기 때문이다.〔不忍一日離〕"[22]라고 하고, "차마 하루라도 귀의할 곳이 없게 할 수 없기 때문이다.〔不忍一日末有所歸〕"라고 한 것은, 모두 급급히 조고(祖考)와 어울려서 편안하게 해 주려고 하는 것일 뿐입니다. 그런데 〈사우기(士虞記)〉에 나오는 '삼우졸곡타(三虞卒哭他)'의 '타(他)'라는 글자[23]는 어떻게 해석하는 것이 좋겠습니까?

〔문〕《비요(備要)》 담조(禫條)에서 하순(賀循)이 "종자가 아닌데 모

21 경전(經傳)의 기록 : 대본에는 '經傳記'로 되어 있으나, 《예기의소》에는 '記' 자가 없다.

22 차마……때문이다 : 《예기》 〈단궁 하(檀弓下)〉의 "장사 지낸 그날에 우제를 지내는 것은 신령으로 하여금 차마 하루라도 떠나 있게 하지 못하기 때문이다.〔葬日虞 不忍一日離〕"라는 글에서 발췌한 것이다.

23 사우기(士虞記)에……글자 : 〈사우기〉에 "삼우졸곡타 용강일(三虞卒哭他 用剛日)"이라는 말이 나온다. 이 타(他)에 대해서 정현(鄭玄)은 삼우와 졸곡 사이의 이름 없는 하나의 제사를 말한다고 하였다. 그의 해설에 따르면 "삼우와 졸곡과 다른 이름 없는 제사는 모두 강일에 거행한다."로 번역된다. 그런데 《예기의소》 권12 오징의 해설 뒤에 "'타'라는 것은 바꾼다는 말이다. 유일을 쓰지 않고 별도로 강일을 쓰기 때문에 '타'라고 말한 것이다.〔他者變易之辭 不用柔日 而別用剛日 故曰他〕"라는 명나라 사람 오흥(吳興) 즉 오계공(吳繼公)의 해설이 붙어 있다. 이 해설에 따르면 "삼우와 졸곡은 달리 강일을 써서 거행한다."로 번역된다.

친이 있는 경우에는 처를 위해 상장(喪杖)을 짚고도 담제(禫祭)를 지내지 않는다.〔非宗子而母在者 杖而不禫〕"라고 말한 것에 대하여

〔답〕 하순(賀循)이 "상장을 짚고도 담제를 지내지 않는다."라고 말한 것은 근거가 없으니 따를 수 없습니다. 그리고 부친이 죽고 모친이 있을 때 처를 위하여 상장을 짚고 담제를 지내는 것은 장자라면 모두 그렇게 하는 것입니다.

〔문〕 온공(溫公 사마광(司馬光))과 경산(瓊山 구준(丘濬))과 율곡(栗谷 이이(李珥))이 모두 과일 다섯 그릇을 쓰는 것에 대하여

〔답〕 많게는 여섯 그릇 혹은 적게는 네 그릇을 놓더라도 모두 안 될 것이 없습니다. 어찌 꼭 《의례(儀禮)》와 《가례(家禮)》를 위배하고서 《서의(書儀)》와 《요결(要訣)》을 따라야만 하겠습니까. 쌀밥과 국수도 같은 줄에 놓는다면 그것도 두 그릇이면 됩니다.

〔문〕 고비(考妣)를 함께 제사 지낼 때 밥과 국을 두 그릇으로 하는 것에 대하여

〔답〕 "제사 지낼 장소에 자리를 깔고, 탁자 하나를 공동으로 설치한다."[24] 라고 한 뜻이 지극히 미묘하니, 잔반(盞盤)은 각각 설하지 않을 수

24 제사……설치한다 : 부부 두 사람을 한 몸으로 여겨 한 사람인 것처럼 제사 지내는 것을 말한다. 《예기》 〈제통(祭統)〉에 "제사 지낼 장소에 자리를 깔고, 탁자 하나를 공동으로 설치한다.〔鋪筵設同几〕"라고 하였는데, 그 소(疏)에 "사람이 살아 있을 때에는 형체가 다르기 때문에 부부의 탁자를 따로 설치하지만, 죽으면 혼기가 함께 이곳으로 돌아가기 때문에 부부의 탁자를 공동으로 설치하는 것이다.〔人生時形體異 故夫婦別几 死則魂氣同歸於此 故夫婦共几〕"라고 하였다.

없다고 하더라도, 밥과 국은 따로 그 그릇을 만들어서 합설하고 싶은데, 모르겠습니다만 어떻게 생각하십니까? 이치로 보면 의심할 것이 없으나, 감히 갑자기 결행하지 못하고 있을 뿐입니다.

〔문〕 상고해 보건대, 남헌(南軒)이 옛날에는 묘지에 제사 지내는 예가 없었다면서 묘제(墓祭)가 비례(非禮)라고 극구 말하였습니다.[25] 그러나 《주례(周禮)》를 상고해 보건대 "묘인(墓人)이 묘지에 제사 지낼 때면 모두 시동이 된다.〔凡祭墓爲尸〕"[26]라고 하였는데, 그렇다면 이 묘제라고 하는 것이 과연 후토신(后土神)에 대한 제사를 말한 것이겠습니까, 아니면 주(周)나라 때에 이미 분묘(墳墓)에 제사 지내는 예가 있었는데 우연히 정경(正經)에는 보이지 않게 된

25 남헌(南軒)이……말하였습니다 : 남헌은 장식(張栻)의 호이다. 그는 이정(二程)의 학통을 이었는데, 정호(程顥)에 가깝다는 평을 받았으며, 주희・여조겸(呂祖謙)과 함께 '동남(東南)의 삼현(三賢)'으로 일컬어졌다. 그가 묘제(墓祭)와 관련하여 주희에게 보낸 글에 "옛날에 묘제를 지내지 않은 것은 그것을 생략해서가 아니고 대개 귀신의 정상을 알아서 묘제를 지낼 수 없었기 때문이다. 신주는 사당에 있고 묘지는 체백을 매장한 곳인데, 체백을 매장한 곳에 제사를 지낸다면 그 의리가 어떻게 될 것이며 또 어떻게 흠향을 하겠는가. 만약 이치상으로 행할 수 없다는 것을 알면서도 사정을 못 이겨서 억지로 행한다면, 이는 허위로 자기 선조를 섬기는 것이다.〔古者不墓祭 非有所略也 蓋知鬼神之情狀不可以墓祭也 神主在廟 而墓以藏體魄 體魄之藏而祭也 于義何居 而烏乎享乎 若知其理之不可行 而徇私情以强爲之 是以僞事其先也〕"라는 말이 나온다.《南軒集 卷20 答朱元晦秘書》이에 대해서 주희가 다시 논평하며 답한 글이 《회암집(晦菴集)》 권30 〈답장흠부(答張欽夫)〉에 나온다.

26 묘인(墓人)이……된다 : 《주례(周禮)》 〈춘관종백(春官宗伯)〉 총인(冢人)에 나온다. 묘인은 총인을 말한다. 총인은 주(周)나라의 관명으로, 왕실의 공동묘지를 관장하는 관리이다.

것이겠습니까? 남헌의 글을 보면, 귀신의 이치를 끝까지 추구(推究) 하면서, 묘제에 대해서는 자기 선조를 허위로 모시는 것이라고 하였는데, 이치가 과연 그러한 것입니까?

옛날에 공자(孔子)가 서자(庶子)도 자기 부친을 제사 지낼 수 있다고 허용하면서 "묘지가 있는 쪽을 향하여 제단을 설치하고 때에 맞게 제사를 지낸다.〔望墓爲壇以時祭〕"라고 하였고, 또 "종자가 죽으면 묘지에 고한 다음 집에 돌아와서 제사를 지낸다.〔宗子死 告於墓而後祭於家〕"라고 하였습니다.[27] 묘지가 귀신과는 실제로 동떨어져서 상관없는 곳이라면, 종묘의 옆에 제단을 설치할 것이지 하필 묘지가 있는 쪽을 향한단 말입니까. 또 만약 묘지에 고한다면 고할 적에 반드시 제사를 지낼 터이니, 묘제가 있었다는 것을 이를 통해서 알 수가 있습니다. 그렇다면 성인이 어찌 사람들에게 허위를 행하라고 가르쳤겠습니까. 이를 통해서도 성인이 귀신과 묘지를 관계없는 것으로 보지 않았음이 분명하다는 것을 알 수 있습니다.

대개 사람이 죽은 뒤에 비록 형체는 묘지에 묻히고 혼신(魂神)이 집에 돌아온다고 하더라도, 그 소명(昭明)하고 훈호(焄蒿)하는 기(氣)[28]는 평소 신혼(神魂)이 거하던 구각(軀殼)이 묻힌 곳에 감응하

27 옛날에……하였습니다 : 《예기》 〈증자문(曾子問)〉에 이 내용이 자세히 나온다.

28 소명(昭明)하고 훈호(焄蒿)하는 기(氣) : 귀신이 밝게 드러나면서 그 기운이 위로 퍼져 올라가는 것을 말한다. 《예기》 〈제의(祭義)〉에 "그 기운이 발산하여 위로 날아올라가서, 소명하고 훈호하고 처창함이 된다.〔其氣發揚于上 爲昭明焄蒿悽愴〕"라고 하였는데, 주희(朱熹)의 해설에 "귀신이 밝게 드러나는 것이 소명이고, 그 기운이 위로 퍼져 올라가는 것이 훈호이고, 사람의 정신을 오싹하게 하는 것이 처창이다.〔鬼神之露光處是昭明 其氣蒸上處是焄蒿 使人精神竦動處是悽愴〕"라고 하였다.

며 왕래하지 않을지 어떻게 알겠습니까. 명나라가 장차 망하려고 할 적에 효릉(孝陵)이 밤에 통곡하였다고 합니다.[29] 또 우리나라 역시 임진왜란 때에 왜놈이 장차 건원릉(健元陵 태조의 능)을 범하려고 정각(丁閣)의 기둥을 도끼로 찍자 왕자(王者)가 혼석(魂石) 위에 엄연히 임하는 것이 홀연히 보였으므로 활을 당겨 쏘려다가 크게 놀라 도주하였는데 그 도끼 자국이 아직도 남아 있습니다. 이 밖에도 총묘(塚墓) 사이에 혼령이 나타난 기이한 현상들이 패사(稗史)나 소설(小說) 속에 많이 보이니, 이것이 비록 성현이 말씀하지 않은 것이라 하더라도, 어찌 구묘(丘墓)의 장소를 단지 아무것도 없이 텅 빈 어두컴컴한 땅이라고 생각하여 한 잔의 술도 올리지 않아서야 되겠습니까. 아마도 이런 도리는 없을 듯합니다.

지금 속절(俗節)에 사당과 묘지에서 제사를 병행하는 것은, 사계(沙溪 김장생(金長生))의 말이 그러할 뿐만 아니라, 저기에 있는지 여기에 있는지 찾아야 하는 의리[30]에 비추어 보더라도 그렇게 행해서 안 될 것이 없습니다. 전현(前賢)의 말을 논평하는 것이 참람하고 망령되다는 것을 잘 알고 있습니다마는, 우선 나의 의견을 기록하여

29 명나라가……합니다 : 《명사기사본말(明史紀事本末)》 권79 갑신지변조(甲申之變條)에, 숭정(崇禎) 17년(1644) 3월 신축일에 "남경에 있는 효릉이 밤에 통곡하였다.〔南京孝陵夜哭〕"라는 기록이 보인다. 효릉은 명 태조 주원장(朱元璋)의 능이다. 갑신지변은 명나라 마지막 황제인 의종(毅宗) 숭정 17년에 이자성(李自成)이 북경(北京)을 함락하여 명나라가 망한 것을 말한다.

30 저기에……의리 : 《예기》 〈교특생(郊特牲)〉에 "신이 어디에 머물고 있는지 모르기 때문에, 저기에 있는지 여기에 있는지, 혹은 사람에게서 멀리 떨어진 곳에 있는지 널리 찾는 것이다.〔不知神之所在 於彼乎 於此乎 或諸遠人乎〕"라는 말이 나온다.

다시 고찰해 볼 기회를 기다리려고 할 따름입니다.

〔답〕 부제와 묘제의 두 조목에 대해서 귀신의 이치를 드러내 밝혀 얻은 것이 지극히 미묘하기에, 몇 번이나 음미했는데도 계속 여운이 남아 있습니다. 다만 가묘(家廟)에서 이미 사시(四時)의 제향을 행하고 있는 만큼, 묘지에 대해서도 《가례》를 준행하여 단지 일시(一時)만 행하되 한식이나 추석 때에 하고, 나머지 삼시(三時)는 주과(酒果)를 가지고 성소(省掃)를 하는 것이 온당할 듯도 한데, 어떻게 생각하실지 모르겠습니다.

내형 윤 판서에게 답하는 글 10월

答內兄尹判書 十月

흥례(興隷 대흥(大興)이라는 노복)가 와서 본월(本月) 13일에 내리신 서한을 전해 주었으므로, 이를 통해서 이제 막 추워지는 때에 정양(靜養)하는 체후가 모두 신명의 가호를 받고 있음을 잘 알았습니다.

그리고 삼가 예설(禮說) 1책(冊)을 받아 보건대, 전에 여쭈어 본 나의 설에 대해서 태반이나 인가를 해 주셨습니다. 그중에 가령 조석곡(朝夕哭)과 대상(大祥)과 입묘(入廟)와 같은 몇 조목이야말로 대절목(大節目)이요 대의단(大疑端)이라고 할 것인데, 이를 모두 수긍하며 개정해 주시는 은혜를 입었으니, 내가 기뻐하며 다행으로 여기는 심정이 어떠하겠습니까.

연세가 팔순이나 되는 대태야(大台爺)께서 산속에서 하릴없이 보내고 밭두둑에서 늙어 가는 저를 상대로 기꺼이 그 논의를 진행하면서, 호리(毫釐)라도 반드시 살피고 분촌(分寸)이라도 반드시 비교하셨음은 물론이요, 또 능히 마음을 비우고 선언(善言)을 받아들이며 자기를 버리고 남을 따르는 것이 이와 같았으니, 이것이 어찌 쇠한 말세에 쉽게 얻을 수 있는 일이겠습니까. 거듭 감격하며 탄식할 뿐 뭐라고 설명드릴 수가 없습니다.

나의 병세는 요즈음 다행히 조금 안정되었습니다. 그리고 거처하는 방은 겨울을 넘기려고 약간 수리하였는데, 집사(執事)의 예자(隷字)를 얻어서 방안의 벽을 장식함으로써, 한편으로는 자신을 경책(警策)하고 한편으로는 면목을 일신해 보려고 합니다.

삼가 바라건대 대장지(大壯紙)[31] 두 장(張)에, 하나는 "나는 하늘을 원망하지도 않고 사람을 탓하지도 않는다. 아래로는 사람의 일을 배우고 위로는 하늘의 이치를 터득하려고 노력하는데, 나를 알아주는 분은 아마도 하늘뿐일 것이다.〔不怨天 不尤人 下學而上達 知我者 其天乎〕"[32]라는 말을 써 주시고, 하나는 "진리를 터득하지 못하면 발분하여 먹는 것도 잊어버리고, 진리를 터득하면 즐거워서 걱정도 잊어버린 가운데, 늙음이 장차 닥쳐오는 것도 알지 못한다.〔發憤忘食 樂以忘憂 不知老之將至〕"[33]라는 말을 써 주셨으면 합니다. 또 폭지(幅紙) 두 장에 큰 글자로, 하나는 "풍부하게 소유하는 것을 대업이라고 이른다.〔富有之謂大業〕"[34]라고 써 주시고, 하나는 "날로 새로워지는 것을 성덕이라고 이른다.〔日新之謂盛德〕"라고 써 주셔서, 뒤에 대흥(大興)이 오는 편에 부쳐 주시는 것이 어떻겠습니까? 이는 한묵(翰墨)을 가지고 유희하는 일인 만큼 수응(酬應)하시기에 그다지 곤란하지도 않을 듯하니, 거절하지 마시기를 거듭 간청드립니다.[35] 저번에 가제(家弟)를 만나 보았더니 사방의 벽이

31 대장지(大壯紙) : 규격이 큰 장지(壯紙)를 말한다. 장지는 한지(韓紙)의 한 종류로, 두껍고 질기며 품질이 꽤 좋다. 또 별대장지(別大壯紙)가 있는데, 이는 장지를 특별히 크게 만든 것이다.

32 나는……것이다 : 공자의 말로, 《논어》 〈헌문(憲問)〉에 나온다.

33 진리를……못한다 : 역시 공자의 말로, 《논어》 〈술이(述而)〉에 나온다.

34 풍부하게……이른다 : 《주역》 〈계사전 상(繫辭傳上)〉에 나오는 말이다. 바로 다음의 "날로……이른다." 역시 마찬가지이다.

35 거절하지……간청드립니다 : 대본에는 '更乞母孤也'로 되어 있으나, '母'는 '毋'의 잘못이기에 바로잡아 번역하였다.

온통 여숙(與叔)[36]의 붓으로 채워져 있었는데, 봉필(蓬蓽 누옥(陋屋))에서 광채가 발한다면 참으로 보기에도 좋을 것입니다.

36 여숙(與叔) : 윤동석(尹東晳, 1722~1789)의 자이다. 호는 노운(老耘) 혹은 오운(五耘)이다. 1756년(영조32)에 참봉을 거쳐 공조 판서·한성부 판윤 등을 지냈다. 예서(隸書)에 능하였다. 연경(燕京)에 들어가서 궐리(闕里)에 있는 비문(碑文) 30여 종을 구입해 옴으로써, 우리나라 사람들이 처음으로 예서의 근원을 알게 되었다고 한다. 각사(各司)의 제액(題額) 가운데 지부아문(地府衙門)과 성북둔(城北屯)은 그가 썼다고 전한다. 저서에 《삼관통(三官通)》이 있다. 윤 판서 즉 윤동섬(尹東暹)과는 종형제간이다.

내형 윤 판서에게 답하는 글
答內兄尹判書

〔문〕 속임구변(續衽鉤邊)[37]에 대하여

〔답〕 곡거(曲裾)의 설은 정(鄭 정현(鄭玄))과 공(孔 공영달(孔穎達))이 한가지인데, 복요(服妖)[38]의 비난이 오로지 공(孔)에게 돌아가고 있으니, 억울하다고 이를 만도 합니다. 그러나 잘잘못을 논할 것 없이 그 제도를 지금 상고할 수가 없는데, 주 선생(朱先生 주희)의 만년의 정론(定論)이 경문(經文)과 썩 부합하니, 이를 따르는 것이 또한 온당하지 않겠습니까.

다만 양씨(楊氏 양복(楊復))가 주(註)를 취하고 소(疏)를 배척한 것은 잘못되었습니다. 채씨(蔡氏 채연(蔡淵))가 "좌우를 교차하여 얽어맨다.

37 속임구변(續衽鉤邊) : 심의(深衣)의 제도와 관련된 용어로, 이에 대한 논의가 다양하여 정설이 없다. 236쪽 주6 참조.

38 복요(服妖) : 복장에 드러난 요괴의 조짐이라는 뜻이다. 복식이 상의(上衣)와 하상(下裳)으로 되어 있는 것은 음(陰)과 양(陽)이 서로 반반씩 조화를 이루도록 하려는 뜻이 들어 있는데, 옷을 재단할 때 이 균형을 깨뜨린 데 대한 비난으로 복요라는 말을 쓰곤 한다. 《후한서(後漢書)》 지(志) 13 〈오행(五行) 1〉에 "후한 헌제 건안 연간에 남자들은 상의가 길고 하상이 매우 짧은 것을 입기를 좋아했고, 여자들은 하상이 길고 상의가 매우 짧은 것을 좋아하였다. 이에 대해서 당시에 익주 종사로 있던 막사가 '복장에 드러난 요괴의 조짐이다. 이는 양에 아래가 없고 음에 위가 없는 것이니, 천하가 평온해지지 못하려나 보다.'라고 하였는데, 그 뒤에 또 마침내 천하가 크게 어지러워졌다.〔獻帝建安中 男子之衣 好爲長躬而下甚短 女子好爲長裙而上甚短 時益州從事莫嗣以爲服妖 是陽無下而陰無上也 天下未欲平也 後還遂大亂〕"라는 말이 나온다.

〔左右交鉤〕"라고 말한 것은 포(布)를 가지고 말한 것입니까, 아니면 침선(針線)을 가지고 말한 것입니까? 《가례도(家禮圖)》는 어떤 사람이 만들었는지 모르겠습니다만 "재차 덮어서 꿰맨다.……〔再覆縫……〕" 한 것은 합쳐서 기운 곳〔合縫處〕의 위에다 밖에서 또 덮어서 꿰매는 것을 말한 것입니까? 내교(來敎 보내온 글)에서 의신(衣身 윗옷의 몸판)의 4폭(幅)을 임(衽 옷섶)으로 삼은 것 같다고 한 것은 주소(註疏)의 설과 또 합치되지 않습니다. 모르겠습니다만 어떻게 생각하십니까?

〔문〕 부인(婦人)이 지팡이를 짚는 하나의 절목과 관련하여, 많은 이야기를 늘어놓을 것 없이 단지 대체적인 내용만을 가지고 말해 볼까 합니다. 《의례》〈상복(喪服)〉 경문에 "참최상[39]을 입고 저질[40]을 두르며, 저장(苴杖 대나무 상장(喪杖))을 짚는다.……〔斬衰裳苴絰杖……〕" 하였는데, 자하(子夏)가 곧바로 그 아래에다 전문을 연계하여 설명하면서, 문답하는 형식으로 지팡이를 짚는 뜻에 대해 밝히기를 "지팡이를 짚는 것은 무엇 때문인가? 벼슬이 있기 때문이다. 벼슬이 없는데도 지팡이를 짚는 것은 무엇 때문인가? 상주의 역할을 담당하기 때문이다. 상주가 아닌데도 지팡이를 짚는 것은 무엇 때문인가? 병든 몸을 돕기 위해서이다. 동자는 어째서 지팡이를 짚지 않는가? 병들 염려가 없기 때문이다. 부인은 어째서 지팡이를 짚지 않는가? 역시 병들 염려가 없기 때문이다.〔杖者何 爵也 無爵而杖者

39 참최상(斬衰裳) : 3승(升)의 거친 삼베로 만든 상복으로서, 그냥 베기만 하고 가장자리를 재단하여 꿰매지 않은〔斬〕 상의〔衰〕와 하의〔裳〕를 말한다.

40 저질(苴絰) : 씨 있는 삼인 저마(苴麻)로 만든 수질(首絰)과 요질(腰絰)을 말한다.

何 擔主也 非主而杖者何 輔病也 童子何以不杖 不能病也 婦人何以不杖 亦不能病也]"라고 하였습니다. 그런데 그 문세(文勢)와 어맥(語脈)을 살펴보면, 동자와 부인은 예법상 본래 지팡이를 짚지 않기 때문에, 지팡이를 짚지 않는 이유에 대해서 물어본 것으로 보입니다. 그렇지 않다면, 그런 질문을 설정한 것이 어찌 내력도 없이 불쑥 튀어나온 것이 되지 않겠습니까.

대개 경문은 먼저 상복을 열거한 다음에 그 상복을 입을 사람을 열거하는데, 남자와 부인이 그 아래에 함께 열거되어 있으므로, 부인에게도 위에 나온 지팡이에 대한 경문이 그대로 적용되는 것으로 오해할 염려가 있기 때문에, 자하가 먼저 전문(傳文)으로 이를 해명한 것입니다. "포총(布總)[41]을 하고 전계(箭笄)[42]를 한다.……" 한 것이 바로 부인의 복제인데, 이에 대해서는 경문에서 앞에 언급한 것이 없으므로 남자의 아래에다 부인을 이어 열거하면서 특별히 그 제도를 언급한 반면에, 위의 경문에 지팡이에 대한 예문(禮文)이 나와 있기 때문에 자하가 먼저 말을 해서 지팡이에 대한 뜻을 드러내 밝힌 것이라고 여겨집니다.

〈대기(大記 상대기(喪大記))〉와 〈소기(小記 상복소기(喪服小記))〉에서 부인이 지팡이를 짚는 것을 언급한 것은, 부인이 비록 지팡이를 짚지는 않지만 그래도 의리상 지팡이를 짚어야 할 경우가 있음을

41 포총(布總) : 상례를 행할 때 여자가 머리를 묶는 베로 된 끈이다. 혹은 그 끈으로 묶는다는 동사로도 쓰인다. 총은 묶는다는 뜻이다.

42 전계(箭笄) : 여자가 상례 때에 머리에 꽂는 조릿대〔箭竹〕로 만든 비녀이다. 죽차(竹釵)라고도 한다.

말한 것입니다. 명부(命婦)가 지팡이를 짚는 것은 작(爵)의 의리를 적용한 것이고, 주부(主婦)와 시집 안 간 딸〔在室女〕 한 사람이 지팡이를 짚는 것은 담주(擔主)의 의리를 적용한 것이고, 처첩(妻妾)이 부모를 위하고 장자를 위해서 지팡이를 짚는 것은 보병(輔病)의 의리를 적용한 것으로, 동자가 비록 지팡이를 짚지 않는다고 하더라도 만약 그가 당실(當室)[43]일 경우에는 지팡이를 짚는 것과 같은 의리이니, 이것들은 바로 전문(傳文)과 함께 서로 발명(發明)해 주는 것들입니다. 그리고 〈상복사제(喪服四制)〉에서 "동자와 부인이 지팡이를 짚지 않는 것은 병들지 않기 때문이다.〔童子婦人不杖 不能病也〕"[44]라고 한 것도, 전문에서 동자와 부인의 예를 총설(總說)한 것과 같으니, 어찌 옛사람이 부인을 동자와 같이 여겨서 성인(成人)의 정례(正禮)를 부인에게 요구하지 않은 것이 아니겠습니까.

《가례(家禮)》에서, 며느리가 구고(舅姑)를 위한 복으로는 참자(斬齊 참최(斬衰)와 자최(齊衰)) 삼년(三年)의 복제를 따르게 하면서도, 그 아래에 바로 "부인은 지팡이를 짚지 않는다.〔凡婦人不杖〕"라고 특별히 써 놓았으니, 이는 바로 〈상복사제〉 및 전문(傳文)과 그 의리를 같이하는 것이라고 하겠습니다. 주자(朱子)의 뜻을 살펴보더라도, 필시 이 문제에 대해 감안하고 재단하면서, 참자 삼년에 지팡이

43 당실(當室) : 부친이나 형 대신 집안일을 담당하게 된 적자(嫡子)를 말한다. 《예기》 〈문상(問喪)〉에 "동자라도 당실일 경우에는 문도 하고 지팡이도 짚는다.〔當室則免而杖矣〕"라는 말이 나온다.

44 동자와……때문이다 : 지팡이를 짚는 것은 너무 슬퍼하다가 병든 몸을 돕기 위해서인데〔輔病〕, 동자와 부인은 그럴 염려가 없기 때문에 지팡이를 짚지 않는다는 뜻이다. 《예기》 〈상복사제〉에는 '童子婦人'이 '婦人童子'로 되어 있다.

를 짚지 않는다고 하더라도 예에 어긋나지는 않는다고 단정한 것이 분명하니, 이는 다른 사소한 절문(節文)을 간략하게 하는 쪽을 따라 생략한 것[45]과는 크게 다른 점이 있다고 하겠습니다. 따라서 지금 따라야 할 것은 바로 경례(經禮)와 《가례》이니, 〈도식(圖式 상복도식(喪服圖式))〉과 《비요(備要)》를 일체 무시해 버리더라도 혐의할 일은 아닐 듯합니다. 다시 상량(商量)하여 가르쳐 줌으로써 나의 미몽(迷蒙)을 깨우쳐 주면 매우 다행이겠습니다.

〔답〕 내교(來教)에 이르기를 "부인에게도 위에 나온 지팡이에 대한 경문(經文)이 적용되는 것으로 오해할까 봐, 먼저 전문으로 이를 해명한 것이다.〔恐婦人竝蒙上杖之文 先以傳明之也〕"라고 하였습니다만, 나의 의견은 이와 다릅니다. 〈상복(喪服)〉 참자장(斬齊章)에 열거한 부인들이 만약 모두 지팡이를 짚지 않는 것으로 되어 있다면, 그와 같이 말하는 것도 가능하겠습니다만, 지금 열거한 처(妻)가 남편〔夫〕을 위하고, 첩(妾)이 남편〔君〕을 위하고, 시집가기 전에 집에 머물러 있는 딸과 시집갔다가 집에 돌아와 있는 딸이 부모를 위한 경우 및 모친이 장자를 위한 경우에, 모두 저장(苴杖)과 삭장(削杖 오동나무 상장(喪杖))의 예문(禮文)이 적용되고 있고, 〈대기(大記)〉와 〈소기(小記)〉에도 이 사실이 분명히 기재되어 있고 보면,-두 기(記)에서 말한 내용은 실로 이 경에 뿌리를 둔 것인데, 〈소기〉에서 딸의 경우에 대해서 언급하지 않은 것은, 전(傳)에

45 간략하게……것 : 김장생(金長生)이 지은 《상례비요(喪禮備要)》에 "《가례》에서는 간략하게 하는 쪽을 따랐으므로 모두 생략하였다.……따라서 큰 절목에 대해서는 예경대로 하는 것을 정식으로 삼아야 할 듯하다.〔家禮從簡 故皆略之……大節目 恐當依禮經爲正〕"라는 말이 나온다.

서 말한 "부인은 지팡이를 짚지 않는다.〔婦人不杖〕"라고 하는 것이 오로지 부당(夫黨)을 위한 경우를 가리키는 것이었기 때문입니다.- 전문(傳文)에서 먼저 말하여 이를 드러내 밝혔다고 하는 것은 전도된 것이 아니겠습니까. 그리고 이미 "병들 염려가 없기 때문이다.〔不能病〕"라고 말해 놓고, 처첩이 남편을 위하고 모친이 장자를 위할 때에 예전 그대로 보병(輔病)의 지팡이를 짚는다고 한다면, 이것 또한 엉뚱한 말이 되지 않겠습니까.

그렇기 때문에 내 생각으로는, 전문에서 "부인은 지팡이를 짚지 않는다.〔婦人不杖〕"라고 한 것은, 오로지 부장장(不杖章)의 '며느리가 구고(舅姑)를 위해 입는 경우'를 가리켜 말한 것이지 다른 것을 말한 것은 아니라고 여겨집니다. 대개 부인은 외성(外成)[46]을 하는 것이니, 경(經)과 전(傳)에서 말한 부인은 대개 모두가 출가한 부인들이 부당을 위하는 경우를 말하는데, 부장장에 "며느리가 구고를 위해서는 지팡이를 짚지 않는다.〔婦爲舅姑不杖〕"라는 글이 있기 때문에, 여기에 의거해서 설한 것일 뿐입니다.-며느리가 구고를 위해서는 남편〔夫〕보다 한 등급 낮춰서 장기(杖期)의 복을 입어야 하는데, 부장기(不杖期)라고 하였기 때문에 질문을 설정해서 이를 밝힌 것입니다.-

그러나 당시에는 구고를 위해서 차최기(齊衰期)의 복(服)을 입었기 때문에 지팡이를 짚지 않아도 되었지만, 지금은 이미 참자(斬齊) 삼년(三年)으로 등급을 올려서 남편과 같은 복이 되었는데, 그 복은 똑같이 하면서 지팡이 짚는 것만 유독 다르게 한다면, 또 어찌 '하다가 그만두는 격〔半上落下〕'이 되지 않겠습니까.-삼년상이 지나치다고 해서 따르지 않는

46 외성(外成) : 밖에 나가 이루어진다는 뜻으로, 여자가 자기 집에서 나가 남의 집으로 출가(出嫁)하는 것을 말한다.

다면 모르겠습니다만, 지금 일단 따르게 된 이상에는 어찌 유독 지팡이를 제거해서야 되겠습니까.- 그리고 일단 그 복을 중(重)하게 했다면, 병들고 병들지 않는 것은 오직 당사자의 사정에 달린 것이니, 또 어떻게 보병(輔病)의 의리가 완전히 없어졌다고 말할 수 있겠습니까.

《가례》에는 세속을 따라서〔從俗〕[47] 비록 "부인은 지팡이를 짚지 않는다.〔婦人不杖〕"라는 예문이 있다고 하더라도, 《통해(通解)》의 〈상례(喪禮)〉가 이루어진 뒤에 선생이 보고서 칭찬을 하였고 또 직접 써 놓은 고본(稿本)도 있고 보면, 이와 같은 대절목(大節目)에 대해서 어찌 품문(稟問)하여 결재를 받지 않았을 리가 있겠습니까.[48] 그렇다면 주자의 만년의 정론이 어떠할지도 상상할 수 있는 것입니다.-만약 《가례》의 부장(不杖)의 설을 따른다면, 질대(絰帶)도 《가례》를 따라서 빼 버릴 것입니까?-

〔문〕 가씨(賈氏 가공언(賈公彦))는 전문(傳文)의 "부인은 지팡이를 짚지 않는다.〔婦人不杖〕"를 동자(童子)와 부인으로 풀었습니다.

〔답〕 가씨와 공씨(孔氏 공영달(孔穎達)) 모두 '부인부장(婦人不杖)'을 동자와 부인으로 풀었는데, 이것은 말이 되지 않습니다.

47 세속을 따라서 : 크게 의리를 해치지 않는 한 그대로 민간의 풍속을 따른다는 말이다. 241쪽 주10 참조.

48 통해(通解)의……있겠습니까 : 《통해》는 《의례경전통해(儀禮經傳通解)》의 준말로, 주희가 《의례》를 중심으로 해서, 《예기》와 경사(經史)의 예설(禮說) 및 선유(先儒)의 학설 등을 모아 편찬한 책이다. 주희가 죽은 뒤에 《통해》의 속집이 나왔는데, 황간(黃榦)이 편찬한 〈상례(喪禮)〉 15권, 양복(楊復)이 편찬한 〈의례상복도식(儀禮喪服圖式)〉 2권과 〈제례(祭禮)〉 13권이 그 속에 들어 있다. 본문의 내용에 의하면, 녹문은 이 속집의 〈상례〉가 책으로 나오기 이전에 황간이 이미 주희 생전에 결재를 받았을 것이라고 생각한 것이다.

〔문〕 우제(虞祭)에서 국을 왼쪽에 두고 밥을 오른쪽에 두는 것〔羹左飯右〕에 대하여

〔답〕 우제 이후로는 '살아 있는 사람으로 대하는 일〔生事〕'이 끝나고 '귀신으로 대하는 일〔鬼事〕'이 시작되므로[49] 음식을 차릴 때 제례(祭禮)를 적용해서 반우갱좌(飯右羹左)를 해야 하지만, 상식(上食)을 하는 경우에는 상생(象生)[50]을 해야 하므로 〈곡례(曲禮)〉의 '밥은 왼쪽에 두고 국은 오른쪽에 두는 예법〔飯左羹右〕'[51]을 따라야 합니다.

〔문〕 우제에서 삼헌(三獻)만 하고 종(從)[52]이 없는 것〔無從〕은 크게 의심스러운 점입니다. 헌(獻)하는 일이 있으면 반드시 종이 있는 것이야말로 상제(喪祭)나 길제(吉祭)에 모두 공통적인데, 《가례》에 종이 없는 것에 대해서 선유(先儒)가 또한 논급(論及)하지 않은 것은 실로 이해가 되지 않습니다. 그러나 헌만 있고 종이 없는 것〔有獻無從〕은 끝내 결례(缺禮)가 되겠기에, 이런 의견을 보충해 삽입해서 다시 상고해 볼 생각인데, 상(祥)과 담(禫)의 경우도 사정이 이와

49 살아……시작되므로 : 《예기》 〈단궁 하(檀弓下)〉에 "졸곡이 되면 이름을 휘한다. 이때부터 살아 있는 사람으로 대하는 일이 끝나고 귀신으로 대하는 일이 시작된다.〔卒哭而諱 生事畢而鬼事始〕"라는 말이 나온다.

50 상생(象生) : 생전에 망자(亡者)가 사용하던 것들을 사용하는 등, 망자가 아직 살아 있는 것으로 간주하여 의식을 진행하는 것을 말한다.

51 밥은……예법 : 《예기》 〈곡례 상(曲禮上)〉에 "밥은 사람의 왼쪽에 두고, 국은 사람의 오른쪽에 둔다.〔食居人之左 羹居人之右〕"라는 말이 나온다.

52 종(從) : 종헌(從獻)의 준말로, 옛날 제사나 연향 때 술을 올린〔獻酒〕 뒤에 번육(燔肉)이나 적간(炙肝)을 다시 올리는 것을 말한다.

같습니다. 그런데 지금 막상 위에서 말한 여러 조목을 보충해서 삽입하려니, 이 책자가 단지 한 집안의 용도로만 그치는 것으로, 비록 《가례》의 본문을 손대어 고치는 것과는 차이가 있다고 하더라도, 한 집안에서 쓰는 것이 완전히 《가례》인 처지에서는, 《가례》의 글이 찢어지고〔決裂〕 뚫어지는〔穿鑿〕 결과를 면치 못할 것이라서 매우 미안하기만 합니다. 그러니 단지 내설(來說)을 부록으로 아래에 보이고, 그저 전의(傳疑)[53]만 하는 것도 무방하리라고 생각합니다.

〔답〕 주자(朱子)가 임종(臨終)할 때 《의례(儀禮)》를 참고하라는 지시를 내렸으니, 이것이 바로 《비요(備要)》가 만들어진 이유입니다. 그렇지 않다면 《비요》야말로 《가례》의 글을 찢어지게 한 것이 이미 크니 어찌 미안하지 않겠습니까. 지금 역시 평심(平心)으로 참작을 해서, 근거할 만한 고례(古禮)가 분명히 있을 경우에는, 《가례》가 혹 세속을 따르거나 우연히 검토를 잘못해서 고례와 다르게 된 것들은 고례를 따라서 개정하는 것이 바로 주자의 뜻이니, 해가 될 것이 뭐가 있겠습니까.

〔문〕 공최(功衰)라고 말하는 이유는 참최삼년(斬衰三年)에서 연제(練祭)를 마친 뒤의 최복(衰服)의 승수(升數)가 대공(大功)과 같기

53 전의(傳疑) : 의아하게 생각되기는 하지만 그대로 전해서 후세에 확실한 내용이 밝혀지기를 기다리는 신중한 태도를 말한다. 《춘추곡량전(春秋穀梁傳)》 환공(桓公) 5년에 "《춘추》의 의리로 말하면, 확실한 것은 확실하게 기록하고 의심스러운 것은 의심스러운 대로 기록해 두는 것이다.〔春秋之義 信以傳信 疑以傳疑〕"라는 말이 나오고, 장공(莊公) 7년에 "《춘추》는 분명한 것은 분명하게 전하고 의심스러운 것은 의심스러운 대로 전한다.〔春秋著以傳著 疑以傳疑〕"라는 말이 나오는 데에서 유래한 것이다.

때문에 공최라고 말하는 것일 뿐이고, 그 복제(服制)에서 베기만 하고 꿰매지 않는 것〔斬而不緝〕과 그 관(冠)을 승무(繩武)와 승영(繩纓)[54]으로 하는 것-〈도식(圖式)〉에서 확인할 수 있습니다.-은 원래 그대로인 것입니다. 만약 내설(來說)과 같이 관(冠)을 포영(布纓)으로 바꾼다거나 최(衰)의 가장자리를 꿰매고 허리에서 승대(繩帶)를 제거한다면, 참최복을 입는 자가 연제에서 대상(大祥)까지의 13개월 동안은 지팡이 짚는 대공복을 입는 사람이 되고 말 것이니, 어떻게 참최 삼년이라고 말할 수가 있겠습니까.

〔답〕 공최라고 말하는 이유는 대공포(大功布)를 사용하여 최상(衰裳 상복의 상의와 하의)을 만드는 것이 대공의 제도와 같기 때문에 공최라고 말하는 것입니다. 만약 대공포만 사용하고 그 제도를 적용하지 않는다면 어떻게 공최라고 말할 수 있겠습니까.-경문(經文)에 "대공포를 사용하여 최상을 만든다.〔大功布衰裳〕"라고 하였는데, '공최(功衰)'라는 두 글자는 여기에서 나온 것입니다.- 그리고 《가례》 연복(練服)에 "그동안 입고 있던 최복(衰服)에서 부판(負版)과 벽령(辟領)과 최(衰)[55]를 제거한다."라고 하였고 보면, 대공(大功)을 따른다는 것을 알 수 있습니다. 가장자리를 꿰매지 않았는데〔不緝其邊〕 부판과 벽령과 최를 제거한다면, 두 가지가 너무도 어울리지 않으니 과연 그럴 수가 있겠습니까.

54 승무(繩武)와 승영(繩纓) : 삼〔麻〕줄을 둘러서 만든 관의 둥그런 테두리와 아래로 늘어뜨려서 턱 아래에 묶는 기다란 끈을 말한다. 자최(齊衰)와 같은 경우는 베〔布〕로 무(武)와 영(纓)을 만든다.

55 부판(負版)과 벽령(辟領)과 최(衰) : 부판은 최복(衰服) 등의 뒷부분 아래쪽 한가운데에 붙여서 늘어뜨리는 베 조각을 말하고, 벽령은 상복 상단의 목이 닿는 부분의 양쪽 옆 깃 아래에 댄 천을 말하고, 최는 상복의 왼쪽 앞가슴에 덧붙이는 천을 말한다.

〔문〕《예기》〈잡기(雜記)〉의 본문-"삼년상 중에 연제를 지내고 관을 쓸 때에는 대공의 마로 바꾼다.〔有三年之練冠 則以大功之麻易之〕"라고 하였습니다.-에 대해서, 정주(鄭註)는 "연제를 지낸 뒤에 대공의 상을 당한 자이다.〔旣練而遭大功之喪者也〕"라고 하였으니, 그렇다면 대공의 상을 당하지 않은 자는 자연히 바꾸는 일도 없어야 할 것입니다. 대개 경문의 주설(註說)을 이해한다는 것이 본시 어렵습니다만, 지금 내설(來說)을 가지고 반복해서 추구(推究)해 보아도 어수선해서 이해할 수가 없는데, 도대체 내가 모르는 다른 뜻이 있는 것입니까? 그리고《비요(備要)》의 교대(絞帶)를 포(布)로 하는 제도는 단지 〈도식(圖式 상복도식(喪服圖式))〉을 참조한 것일 뿐인데, 신재(愼齋)[56]가《비요》의 주인(主人)으로서 몸소 참최복(斬衰服)을 착용하며, 연제(練祭)의 교(絞)에 승(繩)을 쓰고 포(布)를 쓰지 않았으니, 그 뜻을 또한 볼 수 있습니다.

〔답〕전에 보내 드린 첨지(籤紙)에서 〈잡기〉를 인용하여 증거로 삼은 것은, 〈잡기〉의 설을 지금 일일이 행할 수 있다는 의미에서가 아니라, 단지 그 글을 보면 옛날의 공최(功衰)의 제도를 상상해 볼 수 있으리라고 생각했기 때문입니다.

대개 상복을 바꾸는 규례는, 포승(布升)의 추세(麤細)와 갈마(麻葛)의 대소를 비교해서, 새로운 상복〔新〕이 그동안의 상복〔舊〕보다 질이

56 신재(愼齋) : 김집(金集, 1574~1656)의 호인 신독재(愼獨齋)를 줄여서 말한 것이다. 김장생(金長生)의 아들로, 자는 사강(士剛), 시호는 문경(文敬)이다.《상례비요(喪禮備要)》는 원래 광해군 때 신의경(申義慶)이 지었는데, 그 뒤에 김장생이 증보하였고, 다시 김집이 수정하여 개판(改版)하였다.

거칠거나 규격이 크면 바꾸고, 추세와 대소가 같으면 바꾸지 않는 것입니다. 대저 포승과 갈마가 같더라도 바꿀 수가 없는데, 하물며 관무(冠武 관의 테두리)의 승(繩)과 포(布)라든가 의상(衣裳)의 참(斬)과 집(緝 꿰매는 것)이라든가 교대(絞帶)의 마(麻)와 포(布) 같은 경우는 그 경중이 어떻다고 하겠습니까. 가령 참최의 연관(練冠)에 무(武)를 포(布)로 하지 않는다면, 대공의 신관(新冠)으로 어떻게 바꿀 수 있겠으며, 삼년의 공최에 그 가장자리를 꿰매지 않는다면, 대공의 신최(新衰)로 어떻게 바꿀 수 있겠으며, 참최의 교대를 우제(虞祭) 때에 포(布)로 바꿀 수 없다면, 대공의 신대(新帶)로 어떻게 바꿀 수 있겠습니까.

이미 "오직 지팡이와 신발은 바꾸지 않는다.〔唯杖屨不易〕"라고 하였고 보면, 그 나머지의 것들은 모두 바꿔서 주소(註疏)의 설과 같이 해야 한다는 것은 의심할 여지가 없습니다. 그리고 일단 모두 바꾼다고 한다면, 이른바 공최라는 것도 포(布)의 승수(升數)로 대공포(大功布)를 쓸 뿐만 아니라 그 제도도 당연히 대공과 같아야 하는 것 또한 분명하지 않습니까.

대저 참최(斬衰)의 참(斬)이 물론 베고 자른다는 뜻이긴 합니다만, 포최(布衰)의 이름이기도 하기 때문에 저최(苴衰)라는 칭호도 있는 것입니다. 저(苴)라는 것은 모양이 좋지 않은 것으로서, 저(苴)는 참최이고 소(疏)는 자최(齊衰)이니 여기에도 경중에 등급이 있습니다. 그런데 대공(大功)으로 말하면 포(布)가 더욱 가늘고 사람의 공력도 가해졌으니, 소(疏)에 비하면 가벼울 뿐만이 아닌데, 소(疏)도 참(斬)이 될 수 없다면, 더군다나 공포(功布)야 더 말할 나위가 있겠습니까.

그리고 소위 참최삼년이라고 하는 것은 처음에 상복을 착용한 날을 기준으로 해서 말한 것일 뿐입니다. 만약 '삼년'이라는 두 글자를 가지고 공최도 참(斬)이라는 증거로 삼는다면, 저질(苴絰 저마(苴麻)로 만든 수질(首絰)과 요질(腰絰)) · 관구(菅屨)[57]와 소최(疏衰 자최(齊衰))의 모마질(牡麻絰 수삼의 요질)도 삼년 내내 착용할 것입니까?-'삼년'이라는 말이 참최장(斬衰章)에는 보이지 않지만, 우선 내교(來敎)에 따라 그렇게 말하였습니다.-

대저 삼년상은 상처가 본디 크고 아픔이 또한 심한 것입니다.[58] 그러나 "3일은 태만히 하지 않고, 석 달은 게으르지 않고, 기년이 되면 비애에 젖고, 3년이 되면 근심을 한다.〔三日不怠 三月不解 期悲哀 三年憂〕"[59]라고 하였고 보면, 날이 가고 달이 감에 따라 슬퍼하는 정도가 점차 감쇄(減殺)하는 것도 어찌 사리상 당연한 일이 아니겠습니까. 다만 말세의 습속에 기휘(忌諱)하는 것이 많아서, 참최의 가장자리를 꿰매고 마(麻)를 포(布)로 바꿀 즈음에, 중히 여겨야 할 바가 있다고 여긴 나머지, 비록 그렇게 해야 하는 줄은 알면서도 감히 졸지에 행하지 못하고 있을 뿐인데, 신로(愼老 김집(金集))의 일도 그런 경우에 해당하

57 관구(菅屨) : 관초(菅草) 즉 골풀로 만든 신으로, 엄짚신이라고도 하는데, 참최상에 초상 때부터 졸곡 때까지 신는다. 골풀이 없으면 짚으로 대신하였다. 대본에는 '管屨'로 되어 있는데, '管'은 '菅'의 잘못이기에 바로잡아 번역하였다.

58 삼년상은……것입니다 : 《예기》 〈삼년문(三年問)〉에 "상처가 크면 날이 오래 걸리고, 아픔이 심하면 낫는 것이 더디다. 삼년의 기간을 둔 것은 그 심정에 걸맞도록 예문(禮文)을 만든 것이니, 비통함이 무엇보다도 가장 크기 때문이다.〔創鉅者其日久 痛甚者其愈遲 三年者 稱情而立文 所以爲至痛極也〕"라는 말이 나온다.

59 3일은……한다 : 《예기》 〈상복사제(喪服四制)〉에 나오는 말로, 옛사람이 거상(居喪)하는 절차를 제시한 것인데, 해설을 덧붙여서 소개하면 다음과 같다. "사람이 죽었을 때, 처음 사흘 동안은 물도 입에 대지 않고 계속 곡읍(哭泣)하는 일을 태만히 하지 않는다. 그 뒤 석 달 동안은 때때로 곡을 하며 전(奠)을 올리는 일을 게을리하지 않는다. 그 뒤 졸곡(卒哭)을 마치고 기년(期年)이 되면 아침저녁에 전을 올릴 때에만 곡을 하면서 슬픔에 잠긴다. 그 뒤 3년이 되면 마음속으로 근심을 한다. 이것은 사람의 심리상 시간이 흐름에 따라 고인에 대한 감정도 감쇄하기 때문이다."

는 것이 아닌가 싶습니다. 지금 나의 이 망론(妄論)으로 말하면, 사람이 행하고 행하지 않고를 따지지 않고 단지 예의(禮意)와 사리(事理)에 입각해서 말함으로써, 혹 고견(高見)과 계합(契合)되는 점이 있기를 바란 것일 뿐인데, 어떻게 생각하실지 모르겠습니다.

〔문〕 내교(來敎)에 말하기를 "면재(勉齋 황간(黃榦))의 설이 이와 같으니, 주자(朱子)의 뜻을 알 수 있다."라고 하였습니다만, 주자의 말은 경전(經傳)을 모두 따를 수 있다는 것일 뿐입니다. 이것은 면재가 주자에게 질문을 해서 주자의 교시를 분명히 받은 것이 아니니, 그렇다면 주자의 뜻을 또한 알 수 있다면서 무턱대고 따라서는 안 될 것입니다.

〔답〕《통해(通解)》의 속편(續編)에서 범례와 강령을 제시한 것은 실로 모두 주자에게서 나왔고, 그 초고가 완성되자 주자가 또 이를 보고는 극구 칭찬하면서 자기가 편찬한 원서(原書)도 이에 의거하여 개정하라고까지 하였고 보면 이를 허여한 것이 지극하였으니, 그렇다면 주자의 책이라고 말해도 좋을 것입니다. 〈도식(圖式)〉이 비록 뒤에 이루어졌다고는 하지만, 그 설은 모두《의례》에 기초하고 있습니다. 그리고 이와 같은 대절목(大節目)에 대해서 어찌 일찍이 품정(稟定)하지 않았을 리가 있겠습니까.《가례》의 "그동안 입고 있던 최복에서 부판과 벽령과 최를 제거한다.〔去負版辟領衰〕"라는 글을 살펴보더라도 그 뜻을 대략 알 수가 있습니다.

〔문〕〈도식(圖式)〉에 의하면, 부인(婦人)이 졸곡(卒哭) 때 수복(受服)하는 교대(絞帶)에 대해서 단지 포(布)가 7승(升)이라고만 말하였으

니, 이것만으로도 갈질(葛絰)과 마대(麻帶)는 '제거하는 일은 있어도 변경하는 일은 없다.〔有除無變〕'는 의리가 아니라고 할 것입니다. 그런데 연제(練祭) 때 수복할 즈음에 이르러서도 단지 '부인은 요대(要帶)를 제거한다.'라고만 하였을 뿐 질(絰)과 교(絞), 마(麻)와 포(布)를 따지지 않고서 일체 제거해 버렸으니, 이것은 고례(古禮)를 따른 것입니까, 소설(疏說)을 따른 것입니까? 몸에 최의(衰衣)를 입었는데 허리에는 묶어서 매는 대(帶)가 한 가닥도 없다고 한다면, 이것이 무슨 제도입니까? 어찌 의심스럽게 여기지 않을 수 있겠습니까.

〔답〕〈단궁(檀弓)〉에 "부인은 갈대를 하지 않는다.〔婦人不葛帶〕"라고 한 주에 "부인은 허리를 중히 여기고, 또 질박해서 중히 여기는 것은 바꾸지 않는다. 그래서 갈대를 하지 않고 기년에 이르러서야 제거하는 것이다.〔婦人重要而質不變所重 故不葛帶 至期除之〕"라고 하였는데, 이에 의거한다면 소위 '갈대를 하지 않는다.〔不葛帶〕'라고 한 것은 오로지 요질(要絰)을 가리킨 것으로서 교대는 언급하지 않았습니다. 그렇지 않고 기년에 이르러서 요질과 교대를 한꺼번에 벗어 버린다면, 참으로 허리에는 한 가닥의 띠도 묶어서 매는 것이 없게 될 것입니다. 대개 교대는 소대(小帶)이기 때문에 졸곡 때 바꿀 수는 있지만, 기년에 이르러 질(絰)을 제거할 때에도 교대만은 그대로 놔두는 것입니다.

〔문〕《비요(備要)》에서 "부인도 동일하다.〔婦人同〕"[60]라고 말한 것은

60 부인도 동일하다 : 《상례비요(喪禮備要)》 소상(小祥) 부인연복조(婦人練服條)에 "연제 때에 교대는 포를 사용해야 한다. 부인도 동일하다.〔練時 絞帶 當用布 婦人同〕"라는 말이 나온다.

또 〈도식(圖式)〉과 다른데, 도대체 이것은 무엇을 근거한 것입니까?

〔답〕 〈도식〉에서는 졸곡(卒哭) 때 수복(受服)하는 교대(絞帶)에 대해서 이미 가소(賈疏)의 포칠승(布七升)의 설을 인용한 뒤를 이어 부인 항목은 곧장 포칠승으로 채워 놓았으며, 《비요》에서는 소상(小祥) 때의 교대에 대해 〈도식〉의 포칠승의 설을 인용하고는 "부인도 동일하다."라고 하였으니 〈도식〉과 같은 뜻인데, 지금 〈도식〉과 다르다고 말씀하신 뜻을 감히 알지 못하겠습니다. 《비요》에서 말한 '동(同)'이라는 글자는 단지 교대에 포(布)를 쓰는 것을 가리켜 말한 것이지 갈질(葛絰)까지 합쳐서 지칭한 것이 아닙니다.

〔문〕 "대상(大祥)을 지내고 신주(新主)를 사당에 들이는 하나의 일은 내가 크게 의심하는 바이다.……" 한 데 대해서

〔답〕 길체(吉禘)[61]를 지내고 빈궁(殯宮)에서 사당으로 신주를 들여오는 것이 선왕(先王)의 정례(正禮)입니다. 대상 뒤에 길제(吉祭)를 기다리지도 않고 곧장 부천(祔遷)을 행하는 것은 당송(唐宋)의 속제(俗制)입니다. 그런데 《가례》가 비록 속례(俗禮)를 적용했다고는 하더라도, 선생(先生 주희(朱熹))이 만년에 이미 횡거(橫渠 장재(張載))의 설[62]을

61 길체(吉禘) : 옛날에 상복을 벗고 나서 망자(亡者)의 신주를 받들어 종묘에 들여오면서 행하는 제사를 말한다.

62 횡거(橫渠)의 설 : 장재(張載)가 "옛날에 군주가 죽으면 삼년상을 마치고 길체를 지낸 뒤에 부묘하는 것이니, 협제를 계기로 해서 조주는 협실에 모시고 신주는 마침내 빈궁에서 종묘로 들이는 것이다.〔古者君薨 三年喪畢 吉禘然后祔 因其祫 祧主藏于夾室 新主遂自殯宮入于廟〕"라고 주장한 것을 말한다. 《張子全書 卷8 喪紀》 조주(祧主)는 원조묘(遠祖廟)의 신주이다.

따라서 협제(祫祭)를 마치고 사당에 들여오는 것으로 정례(正禮)를 삼았고 보면 대체가 이미 우뚝 확립되었으니, 후인은 단지 선생의 정론을 준행하여 저것을 버리고 이것을 취하기만 하면 될 것입니다.

그리고 "상제(祥祭)를 지낸 뒤에는 조묘(祖廟)에 부(祔)해야 한다."[63] 라고 한 구절로 말하면, -이계선(李繼善)에게 답한 글에 나옵니다.- 논정(論定)하는 초기에 선왕의 예(禮)를 자세히 상고할 겨를이 없었던 데다가, 횡거의 설에 나오는 '빈궁에서〔自殯宮〕'라는 말에 대해서도 미처 유념하여 간파하지 못한 가운데, 대상을 지내고 사당에 들여오는 것이 관례로 행해진 지 이미 오래된 상황에서, 궤연(几筵)을 철거한 뒤에는 신주(神主)를 모시기가 불편했기 때문에, 어쩔 수 없이 이렇게 권의(權宜 임시방편)의 제도를 만든 것처럼 보입니다.

그러나 사실은 궤연을 철거했다고 하더라도 상사(喪事)는 아직 끝나지 않았으니, 침(寢)에 그대로 안치하여 협향(祫享)을 기다리는 것이 원래 당연한 이치이니, -"상제에는 밖에서 곡하는 것이 없고, 담제에는 안에서 곡하는 것이 없다.〔祥而外無哭者 禫而內無哭者〕"라고 하였는데, 여기에서 안과 밖〔內外〕이라고 한 것이 빈궁의 안과 밖이고 보면, 상제를 지낸 뒤에도 신주는 그대로 침에 있다는 것을 알 수 있습니다.- 선생의 명견(明見)을 가지고 어찌 이에 대해서 끝내 막혀 통하지 않을 수가 있겠습니까. 삼가 상고해 보건대, 《통해(通解)》에 정장(程張 정이(程頤)와 장재(張載))의 설과 《춘추(春秋)》

63 상제(祥祭)를……한다 : 《회암집(晦菴集)》 권63 〈답이계선(答李繼善)〉에 "횡거가 말하기를 '삼년이 지난 뒤에 태묘에서 협제를 지낸다.'라고 하였다. 다만 일단 상제를 지낸 뒤에는 궤연을 철거하니, 그 신주(神主)를 조부의 사당에 부했다가, 협제가 끝난 뒤에 옮겨야 한다.〔橫渠說 三年後祫祭於太廟 但旣祥而撤几筵 其主當祔于祖父之廟 俟祫畢然後遷耳〕"라는 주희의 말이 나온다.

의 글[64]을 갖추 기재한 반면에, 주자(朱子)가 이(李 이계선)에게 답한 글은 부록(附錄)으로도 보이지 않으니, 이것을 근거로 단안을 내려서 행하더라도 전혀 의심할 것이 없을 듯합니다.

그리고 지금 국휼(國恤)을 당하고 삼년이 지난 뒤에 혼전(魂殿)에서 곧장 태묘에 들여오는 것은 제왕가(帝王家)에서 통행하는 예(禮)인 듯싶습니다. 횡거의 설 및 주자가 "《주례(周禮)》의 '대종백이 선왕을 제향하는 대목〔大宗伯享先王處〕'에 대한 정주(鄭註)에도 이런 뜻이 있는 듯하다."라고 말한 것[65]을 보아도, 모두 제후(諸侯)의 예(禮)를 인용하여 설하였으니, 이는 바로 "귀천에 관계없이 똑같은 것이다.〔無貴賤一也〕"[66]라고 하는 것입니다. 단지 유감스러운 것은 《비요(備要)》가 상세히 언급하지 못했고 개정할 때에도 미진하게 한 탓으로 이렇게

64 춘추(春秋)의 글 : 《춘추》 민공(閔公) 2년의 "여름 5월 을유일에 장공에게 길체를 지냈다.〔夏五月乙酉 吉禘於莊公〕"라는 경문(經文)과 이에 대한 두주(杜註) 즉 두예(杜預)의 해설을 말하는데, 두주를 소개하면 다음과 같다. "삼년상을 마치면 망자의 신주를 종묘로 들이고, 종묘에 있던 먼 선조의 신주를 옮겨서 조묘(祧廟)로 들여야 한다. 이 때문에 대제를 지내어 소목을 살피는데, 이를 일러 체라고 한다. 장공의 상제가 아직 끝나지 않은 이때에 별도로 사당을 세우고 사당이 완성되자 길제를 지냈으며 또 태묘에서 제사를 행하지 않았기 때문에 상세히 써서 기롱하는 뜻을 보인 것이다.〔三年喪畢 致新死者之主於廟 廟之遠主當遷入祧 因是大祭 以審昭穆 謂之禘 莊公喪制未闋 時別立廟 廟成而吉祭 又不於太廟 故詳書以示譏〕"

65 주자가……것 : 이 내용도 《회암집(晦庵集)》 〈답이계선(答李繼善)〉에 나온다. 정주(鄭註) 즉 정현(鄭玄)의 주는 "삼년의 상기(喪期)를 마치고 태조에게 협제를 올린다.〔三年喪畢 祫於太祖〕"를 말한다.

66 귀천에……것이다 : 《중용장구(中庸章句)》 제18장의 "삼년상은 천자에게도 적용되는 복제이니, 부모에 대한 상제는 귀천에 관계없이 똑같은 것이다.〔三年之喪 達于天子 父母之喪 無貴賤一也〕"라는 말을 발췌한 것이다.

의견이 분분하게 만들었다는 점입니다. 나의 생각은 이와 같은데, 어떻게 생각하실지 모르겠습니다.

〔문〕 상제(喪制)가 끝나지 않았는데 신주(神主)를 부묘(祔廟)하는 것은 고례(古禮)가 아닙니다. 그리고 사리로 말을 하더라도, 부조(父祖)의 정체(正體)로서 대를 잇는 신주는 예법상 '차서에 따라 합사(合祀)하는〔班祔〕' 경우와는 사리가 같지 않은데, 상제가 끝나기도 전에 몇 달 동안이나 임시로 부묘한다는 것은 매우 미안한 일일뿐더러, 담제와 길제를 행하며 개제(改題)할 적에 행례(行禮)하는 절차에 있어서도 불편한 점이 많습니다. 그러니 고례가 어떠한지를 따질 것도 없이 다만 장주(張朱 장재(張載)와 주희(朱熹))의 의견에 입각해서 길제를 지내고 사당에 들여온다면 어느 일이나 온당하게 될 것인데, 더군다나 근거할 만한 고례가 있는 데야 더 말할 나위가 있겠습니까. 그럼에도 감히 단안을 내려서 따르지 못하는 것은, 단지 《가례》를 개정하는 것이 미안하기 때문입니다.

그런데 《비요》에서 《가례》의 고천(告遷)하고 개제하고 체천(遞遷)하는 등의 절목을 모두 길제로 옮기면서도, 유독 부묘하는 한 절목만은 그대로 고치지 않은 것은, 주자(朱子)가 이계선(李繼善)에게 답한 말을 따른 것같이도 보입니다. 그렇지만 《비요》가 《가례》를 고친 뒤에도 지금 세상에 통행하는 예(禮)가 되었기 때문에, 예를 행하는 집안에서는 모두 《비요》를 따르고 있는 만큼, 지금 단지 부묘하는 하나의 절목만 길제로 함께 옮기면, 비록 《가례》와 다르다고 할지라도 사실은 주자의 뜻을 따르는 것이 되니, 《가례》를 개정했다는 혐의가 없을 수도 있다고 여기는데, 이에 대해 상량해서 가르쳐 주시면 다행이겠습니다.

〔답〕 이 한 단락은 지극히 정당(精當)해서 더 이상 논의할 것이 없습니다. 이런 대목은 곧장 고례(古禮)에 입각해서 단안을 내리고, 후세의 우물쭈물하는 구차한 설들이 그 사이에 끼이지 못하게 한다면, 자연히 난처한 곳이 없게 될 것입니다.

〔문〕 제찬(祭饌)을 진설할 때의 기수(奇數)와 우수(耦數)에 대해서

〔답〕 정조(鼎俎)는 기수로 하고, 변두(籩豆)는 우수로 하는 것이 바로 예(禮)의 대절목(大節目)입니다. 포해(脯醢) 3품(品)은 포(脯)를 둘로 하고 해(醢)를 하나로 하거나, 아니면 포 하나 해 둘로 해서 이를 합쳐 셋으로 하는 것인 듯합니다. 그렇지만 송(宋)나라 때는 오늘날의 풍속과 완전히 다르니, 그런 것까지 꼭 일일이 본떠서 따를 것이 뭐가 있겠습니까.

〔문〕 부부 공동으로 탁자 하나에다 합설한다면 반잔(盤盞 밑에 받침이 있는 음기(飮器))과 반갱(飯羹 밥과 국)에 차이가 없어야 할 것인데, 반잔은 실제로 각설(各設)하지 않을 수 없다고 하더라도, 반갱은 합설하는 것이 지극히 옳습니다. 속제(俗制)에는 남자와 여자의 반기(飯器)에 각각 그 제도가 있지만, 별도로 만들 때에는 남기(男器)와 여기(女器)의 제도 가운데 어느 하나에도 치우치지 않게 한 뒤에야 쓸 수 있을 것입니다.

〔답〕 반기는 그저 시속에서 사용하는 그릇 가운데 행기(行器)[67]의 종류

67 행기(行器) : 밖으로 나갈 때 가지고 가는 명기(明器)를 말한다.

를 택하여 조금 높고 크게 만들되 고상하고 질박하게 되도록 힘써야 할 것입니다. 집사(執事)는 평소에 물건을 새로 만들어 내는 재주가 있으니, 뜻에 맞게 제작한 뒤에 그 제도를 상세히 가르쳐 주어 모방할 수 있게 해 주는 것이 어떻겠습니까? 밥을 일단 한 그릇에 담기로 한다면, 시저(匙筯 수저와 젓가락)도 따로 하나를 만들어서 쓰는 것이 마땅할 것입니다.

〔문〕 기일(忌日)에 고비(考妣)를 함께 제사 지내는 것에 대하여

〔답〕 기제(忌祭)는 상여(喪餘 상사(喪事)의 여분(餘分))의 제사이니, 《가례》에서 당위(當位 해당하는 신위)에게만 제사 지내도록 한 것이 지극히 당연합니다. 우리 집에서도 예전부터 합설을 해서 갑자기 고치기 어려운 점이 있기에, 나의 기제부터 고쳐서 하라고 아이들에게 말하였습니다.

내제 윤유문[68]에게 답하는 글 을축년(1745, 영조21)

答內弟尹孺文 乙丑

이름은 동승(東昇)이다.

〔문〕〈사상례(士喪禮)〉의 치대(緇帶)에 대해서

〔답〕〈잡기(雜記)〉에 나오는 주록(朱綠)의 대(帶)는 바로 의복의 소대(小帶)이지 혁대(革帶)가 아닙니다. 혁대는 죽어서도 가죽을 쓰니 생시와 다르지 않은데, 소(疏)에서 "제후의 예(禮)이고 보면 사대부에게도 이 예가 있어야 마땅하다.……" 한 것은 이를 말한 것입니다. 따라서 주록의 소대가 제후의 예라면 사대부에게도 이 소대가 있어야 할 터인데, 그 색깔로 현화(玄華)와 치비(緇辟)[69]를 써야 하니, 이는 생시의 대대(大帶)와 동일한 것입니다. 그리고 사(士)를 습(襲)하는

68 윤유문(尹孺文) : 유문은 윤동승(尹東昇, 1718~1773)의 자로, 유문(幼文)이라고도 한다. 1746년(영조22)에 급제하여 도승지·대사성·대사헌 등의 벼슬을 역임하였다.

69 현화(玄華)와 치비(緇辟) : 현화는 대부의 잡대(雜帶)의 테두리를 장식할 때 흑색〔玄〕을 밖으로 하고 황색〔華〕을 안으로 하는 것을 말하고, 치비는 사(士)의 잡대의 테두리를 온통 검은색〔緇〕으로만 하는 것을 말한다. 잡대는 잡복(雜服)의 띠라는 뜻으로 연거(燕居)할 때 의복에 사용하는 것을 말하고, 비(辟)는 비(紕) 즉 테두리 장식을 말한다. 《예기》〈옥조(玉藻)〉에 나오는 말을 설명을 덧붙여 소개하면 다음과 같다. "천자나 제후의 잡대의 테두리를 두를 때는 주(朱)를 위로 하고 녹(綠)을 아래로 한다. 대부의 잡대의 테두리는 현(玄)을 밖으로 하고 화(華)를 안으로 한다. 사에게는 대대(大帶)와 잡대의 구별이 없고 그 테두리 색깔에도 안팎의 차이가 없이 모두 치색(緇色)으로 하는데, 넓이가 2치이니 두 번 허리를 두르면 4치가 된다."

대(帶)는 두 가지 색깔〔二采〕인데도[70] 여기에서는 치대(緇帶)를 쓴다고 하였으니, 이것은 제후의 사(士)에 해당하는 것으로 저 천자(天子)의 사와는 같지 않은데, 이 내용은 〈잡기〉의 주소(註疏)에 상세히 보입니다.

〔문〕 소료(宵燎)[71]에 대해서
〔답〕 "불이 땅에 있으면 요라고 하고, 손에 쥐면 촉이라고 한다.〔在地曰燎 執之曰燭〕"라는 말이 대렴조(大斂條)의 주에 보입니다. 그리고 〈상대기(喪大記)〉의 주에 "문밖에 세우면 대촉이라고 하고, 문 안에 세우면 정료라고 한다.〔樹於門外曰大燭 於門內曰庭燎〕"라고 하였습니다. 그러고 보면 대개 이 세 가지는 하나의 물건인데 대소와 내외의 차이가 있을 따름입니다.

〔문〕 "변두실구설개건지(籩豆實具設皆巾之)"[72]에 대하여
〔답〕 정씨(鄭氏 정현(鄭玄))의 뜻은 대개 "변두에 담을 것을 갖추면 동쪽에다 음식을 놓는데, 그때에 반드시 모두 보(褓)로 덮는다."라고 하는

70 사(士)를……색깔인데도 : 《예기》 〈잡기 상(雜記上)〉에 "율대의 경우, 제후와 대부에게 사용하는 것은 다섯 가지 색깔이고 사에게 사용하는 것은 두 가지 색깔이다.〔率帶諸侯大夫皆五采 士二采〕"라는 말이 나온다. 율대는 유체(遺體)에 사용하는 띠를 말한다. 율(率)은 율(繂)로, 꼬기만 하고 바느질을 가하지 않는 것을 말한다.

71 소료(宵燎) : 《의례》 〈기석례(旣夕禮)〉 기(記)의 "습을 마친 뒤에 날이 어두워지면 뜰에 불을 피워서 밝힌다.〔旣襲 宵爲燎于中庭〕"라는 말을 간추린 것이다.

72 변두실구설개건지(籩豆實具設皆巾之) : 《의례》 〈기석례〉 기(記)에 나오는 말이다. 보통은 "변과 두에 담을 것을 갖추어 진설하고 모두 보(褓)로 덮는다."로 해석한다.

것입니다. 여기에서 '모두〔皆〕'라는 것은, 조전(祖奠)과 견전(遣奠)[73] 등속을 통틀어 가리켜 말한 것입니다. 그런데 소(疏)에서는 '실(實)'을 찬(饌)으로 보고 '설(設)'을 전(奠)으로 보고서, 음식을 놓는 곳과 전을 올리는 두 곳에 모두 보를 씌우는 것으로 해설하였으니, 너무도 지리멸렬하여 의거할 수가 없습니다. 더군다나 '덮어서 올리는 보〔冪奠之袱〕'[74]는 애당초 변두에 갖추는 것과는 관계가 없는 데야 더 말할 것이 있겠습니까. 주에 "소렴(小斂) 때에는 보를 씌우지 않는다."[75]라고 한 말을 살펴보더라도, 오로지 동쪽에 둔 음식을 가리키는 것임을 알 수 있습니다.

〔문〕 좌(髽)[76]에 대하여

〔답〕 좌의 제도에 대해서는 주소(註疏) 등 제설(諸說)이 분분하여 일치

73 조전(祖奠)과 견전(遣奠) : 조전은 발인 하루 전날 노신(路神)에게 올리는 제전(祭奠)을 말하고, 견전은 발인할 때 문 앞에서 지내는 제전을 말한다.

74 덮어서 올리는 보(袱) : 《의례》 〈사상례(士喪禮)〉에 "동쪽 당 아래에다 음식을 놓는다. 포・육장〔醢〕・단술〔醴〕・술〔酒〕은 공포를 사용하여 '덮어서 올리되', 단에 넣어서 음식 동쪽에 둔다.〔饌于東堂下 脯醢醴酒 冪奠用功布 實于簞在饌東〕"라는 말이 나온다. 공포(功布)는 잿물에 삶고 두드려 씻은 베이다.

75 소렴(小斂)……않는다 : 전문을 소개하면 다음과 같다. "변과 두를 짝수로 하는 것이 갖추는 것〔具〕이고, 갖추면 음식에다 보를 덮는다. 보를 덮는 것은 장식을 가함이니, 소렴 때에는 1두 1변으로서 보를 씌우지 않는 것을 밝힌 것이다.〔籩豆偶爲具 具則於饌巾之 巾之 加飾也 明小斂一豆一籩不巾〕"《儀禮 旣夕禮》

76 좌(髽) : 남자가 상투를 트는 것처럼, 여자가 상중(喪中)에 머리를 틀어 올려 쪽 찌는 것을 말한다. 우리말로 북상투 혹은 복머리라고 한다. 정현(鄭玄)의 주에는 "좌(髽)는 노계(露紒)이니, 남자가 괄발(括髮)하는 것과 같다."라고 하고, 또 "참최에서 괄발을 마로 하고 보면, 좌 역시 마를 쓰는 것이다.〔斬衰括髮以麻 則髽亦用麻〕"라고 하였다. 《儀禮 喪服》

하지 않고, 〈상복도식(喪服圖式)〉을 보아도 정론(定論)이 없으니, 지금 자세히 알 수가 없습니다. 그러나 나의 생각으로는, 좌(髽)는 단지 계사(笄纚)[77]를 제거하고서 머리카락을 가지고 대계(大紒)[78]를 만드는 것일 뿐, 애당초 마(麻)나 포(布)로 묶는 것이 없고, 성복(成服)을 하기 전이나 뒤나 차이가 또한 없는데, 다만 성복을 한 뒤에는 비녀〔笄〕를 하고 좌를 하는 것이 다를 뿐이라고 여겨집니다.

대개 정(鄭 정현)이 "마(麻)와 포(布)를 쓴다.……"라고 말한 것은, 실로 〈소기(小記)〉의 "남자는 문을 하고 부인은 좌를 한다.〔男子免而婦人髽〕"[79]라는 말에 기초한 것으로, 좌(髽)를 문(免)의 짝으로 여겼기 때문에, 마침내 부인의 좌도 남자의 문처럼 포를 써야 하는 것으로 추측한 것입니다. 그리고 그 위에 또 "머리를 마로 묶는다.〔髺髮以麻〕"라는 경문(經文)이 있기 때문에 참최(斬衰)의 부인 역시 마(麻)를 써서 남자의 괄발(髺髮)과 짝이 되게 해야 한다고 또 추측한 것입니다.

그러나 지금 〈소기〉의 글을 자세히 살펴보건대, 단지 "남자는 관을 제거하고 문을 하며, 부인은 계사를 제거하고 좌를 한다."라고 하여 이것을 짝으로 하였을 뿐, 애당초 그 제도가 꼭 같아야 한다고 제시한 것은 없습니다. 대저 길시의 관(冠)과 계(笄)가 이미 같지 않다면, 어

77 계사(笄纚) : 비녀와 머리카락을 감싸는 비단 즉 머리싸개를 말하는데, 소리가 비슷한 탓으로 계사(鷄斯)라고 잘못 쓰기도 한다.

78 대계(大紒) : 머리를 남자의 상투처럼 크게 쪽 찌는 것을 말한다. 노계(露紒)라고도 한다.

79 남자는……한다 : 《예기》 〈상복소기(喪服小記)〉에 "평소에 남자는 관을 쓰고 여자는 비녀를 꽂으며, 상을 당하면 남자는 문을 하고 여자는 좌를 한다.〔男子冠而婦人笄 男子免而婦人髽〕"라는 말이 나온다.

찌 유독 흉시에만 꼭 같아야 하겠습니까.

상고해 보건대, 남전 여씨(藍田呂氏)가 말하기를 "문은 포로 권책을 만들어, 사방으로 늘어뜨린 짧은 머리카락을 묶어 주고 그 상투는 드러내는데, 관례에서는 그것을 규항이라고 한다. 관자는 반드시 먼저 이 규항을 착용한 뒤에 관을 가하는 것이다. 그래서 옛날에 죄를 지었을 경우에는 관을 벗기고 규항만 남겼으므로 면이라고 한 것이다.……〔免以布爲卷幘以約四垂短髮而露其髻 於冠禮謂之缺項 冠者必先著此缺項而後加冠 故古者有罪免冠而缺項獨存 因謂之免……〕"[80] 하였습니다.-〈도식(圖式)〉에 보입니다.- 이 설이 어떤 글을 근거로 해서 나온 것인지는 모르겠습니다만, 문의 뜻에 비추어 볼 때 그 해설이 매우 합당하니, 반드시 근거한 바가 있을 것입니다. 그렇다면 부인이 규항에 무슨 해당 사항이 있겠습니까.

〈단궁(檀弓)〉에 의하면, 남궁도(南宮縚)의 아내가 시어머니의 상을 당했을 때 공자(孔子)가 그녀에게 좌(髽)에 대해 가르쳐 주면서 "너는 너무 높게도 하지 말고, 너무 넓게도 하지 말아라.〔爾毋縱縱爾 爾毋扈扈爾〕"라고 한 뒤에, 단지 좌의 제도에 대해서만 말해 주고 그 위에 포로 묶는다는 말은 다시 하지 않았으니,[81] 이를 통해서도 사실을 확인할 수가 있습니다. 모르겠습니다만 어떻게 생각하십니까?-정씨(鄭氏)도

80 문(免)은……것이다 : 이 뒤에 "그런데 이 면과 면변의 면의 음이 서로 같아서 헷갈리기 때문에 면의 음을 고쳐서 문으로 한 것이다.〔免與冕弁之冕 其音相亂 故改音問〕"라는 말이 이어진다. 규항(缺項)은 관을 쓸 적에 벗겨지지 않게 비녀 대신 목에 매는 끈을 말하는데, 이에 대해서 정현은 "《시경》에 나오는 '유규자변(有頍者弁)'의 '규(頍)'로 읽어야 한다."라고 하였다.

81 남궁도(南宮縚)의……않았으니 : 《예기》〈단궁 상(檀弓上)〉에 나온다. 남궁도는 노(魯)나라의 공족(公族)으로 자는 자용(子容)인데, 공자의 형의 딸과 결혼했다. 그의 아내는 공자의 조카딸인 셈이다.

물론 경(經)의 본의를 잃었습니다만, 가소(賈疏)가 성복(成服)의 전후를 나누어 해석한 것은 또 정씨의 본의를 잃은 것입니다. 좌(髽)는 하나일 뿐이니, 어떻게 별의별 설을 죄다 허여할 수 있겠습니까.-

〔문〕 "전을 다른 곳으로 옮길 적에 방을 나가지 않는다.〔辟奠不出室〕"[82]의 주에 "방을 나가지 않고 서의 서남쪽에 설한다.〔不出於室 設於序西南〕"라고 한 것에 대하여

〔답〕 '불(不)' 자는 서남(西南)까지 걸어서 해석해야 합니다.[83] 대개 전을 철거하고서 서의 서남쪽에 설하곤 하는데, 이번의 경우에는 그렇게 하지 않기 때문에 이렇게 말한 것입니다. "염을 마치고 나서……〔旣斂……〕"라고 한 대목을 보더라도 "염을 마치면 시신을 받들어 당에 안치한다.〔旣斂 而奉尸 俠于堂〕"라고 말하고는 그 뒤에 또한 서의 서남쪽에 설한다고 하지 않았으니, 이는 일을 끝내고 나서 곧바로 방에서 제거하는 것을 의미합니다. 소(疏)의 설은 글이 분명하지 못하고, 《통해(通解)》는 내용이 생략되어서 더욱 독해할 수가 없으니, 어쩌면 탈자나 오자가 있지 않나 싶습니다.

〔문〕 철유(徹帷)에 대하여

〔답〕 "임금이 사람을 시켜서 조문하면 철유한다.〔君使人弔徹帷〕"라고

82 전(奠)을……않는다 : 소렴(小斂)을 행할 때 불편하지 않게 하려고, 그 전에 상(牀)이나 시신 옆에 놔두었던 전물(奠物)을 치울 때의 일을 말하는데, 《의례》〈기석례(旣夕禮)〉의 기(記)에 이 말이 나온다.

83 불(不) 자는……합니다 : "방을 나가서 서(序)의 서남쪽에 설치하지 않는다."로 해석해야 한다는 말이다.

하였는데, 그 주에 "철유는 유막(帷幕)을 걷어 올리는 것이니, 일이 끝나면 다시 내려놓는다.〔徹帷扆之 事畢則下之〕"라고 하였습니다. 그런데 그 아래에 철유를 말한 것이 한둘이 아닌데도 다시 주석을 가하지 않았으니, 철유라고 말한 것은 모두 이 주석을 적용해야 함을 알 수 있습니다.

증자(曾子)가 "소렴을 행한 뒤에는 철유한다.〔小斂而徹帷〕"라고 말한 것[84]은, 단지 소렴에만 국한하여 유당(帷堂 당에 유막을 설하는 것)과 철유의 일을 말한 것일 뿐이지, 소렴 뒤에 유막을 완전히 철거한다는 뜻으로 말한 것이 아닙니다. 그래서 정주(鄭註)에서 "염을 하는 것은 시신을 동요시키는 것이다.〔斂者動搖尸〕"라고 하였으니, 대렴(大斂) 때에도 시신을 동요시키게 되는 만큼 당연히 유당을 해야 한다는 뜻이 그 속에 들어 있음을 알 수 있습니다. 또 〈잡기(雜記)〉의 "조석으로 곡할 때에는 유막을 치지 않는다.〔朝夕哭不帷〕"라는 경문의 주에는 "곡을 하고 나간 뒤에는 걷어 올린 것을 해제한다.〔旣出則施其扆〕"라고 하였고, "구가 없어진 뒤에는 유막을 치지 않는다.〔無柩者不帷〕"라는 경문의 주에는 "이미 매장을 하였으므로 마침내 유막을 철거하는 것이다.〔旣葬遂去帷〕"라고 하였으니, 이에 의거하면, 대렴의 일이 끝난 뒤에는 또다시 유당을 한다는 것, 조석곡(朝夕哭)의 때에 이르면 걷어

84 증자(曾子)가……것 : 《예기》 〈단궁 상(檀弓上)〉에 "시신에 아직 설식을 하지 않았기 때문에 유당을 하는 것이니, 소렴을 행한 뒤에는 유막을 걷는다.〔尸未設飾 故帷堂 小斂而徹帷〕"라는 증자의 말이 나온다. 이에 대해서 정현(鄭玄)은 "염을 하는 것은 시신을 동요시키는 것이다. 유막을 둘러치는 것은 사람들이 더럽게 여기기 때문이다.〔斂者動搖尸 帷堂 爲人褻之〕"라고 주를 달았다. 설식(設飾)은 사자(死者)에게 옷을 입히고 화장을 하는 등 꾸민다는 뜻으로, 곧 염습(斂襲)을 하는 것을 말한다.

올리고 내리는 일을 반복한다는 것, 곧바로 계빈(啓殯)[85]을 한 뒤에 이르러서야 비로소 유막을 철거한다는 것을 또 알 수 있습니다.-〈사상례(士喪禮)〉에 "처음 죽었을 때 당(堂)에다 유막을 설치한다."라고 하고, 〈잡기(雜記)〉에 "구가 없어진 뒤에는 유막을 치지 않는다."라고 한 것이 바로 유막의 처음과 끝입니다. 그래서 정(鄭)이 '철유(徹帷)'에 주를 낼 때에는 "걷어 올리는 것이다.〔扆之〕"라고 하고, '무구불유(無柩不帷)'에 주를 낼 때에는 "유막을 철거한다.〔去帷〕"라고 하였으니, 이것도 상호 발명해 주는 것이라고 하겠습니다.-

〔문〕 '주인을 등지지 않는 것〔不背主人〕'에 대하여

〔답〕 서면위의(西面委衣)[86]의 자리에서 곡을 하지 않고, 서계(西階)의 동쪽으로 돌아와 곡을 하는 것이 주인을 등지지 않는 것입니다.

〔문〕 건(巾)에 대하여

〔답〕 건에는 두 가지가 있습니다. 하나는 동쪽에 음식을 둘 적에 보(褓)를 씌우는 것이니 이는 바로 변건(籩巾)이라고 하는 것으로서 변두(籩豆)에 내용물을 갖추어 덮는 것이고, 또 하나는 '전물(奠物)을 덮어서 올리는 보〔羃奠〕'이니 이는 바로 공포(功布)라고 하는 것으로서 생육(牲肉)에 먼지가 앉지 않게 하려는 것입니다. 따라서 변두에 내용물이 갖추어지면 반드시 생육이 있어서 찬(饌 음식을 둔 곳)이나 전(奠 전물을

85 계빈(啓殯) : 발인하기 전에 빈소를 열고 관을 꺼내 오는 것을 말한다.

86 서면위의(西面委衣) : 서쪽을 향해 서서 옷을 시신 옆에 놓는다는 뜻이다. 《의례》〈사상례(士喪禮)〉에 "조문객이 서계를 통해 당에 올라와서, 시신의 발이 있는 쪽으로 나와 서쪽을 향해 서서, 증정할 의복을 시신 동편의 상(牀)에 놓는다.〔賓升自西階 出于足 西面委衣〕"라는 말이 나온다.

올린 곳)에 모두 보를 씌우니 예컨대 대렴전(大斂奠)과 조견전(祖遣奠 조전(祖奠)과 견전(遣奠)) 같은 것이 이것이고, 변(籩)과 두(豆)가 각각 하나이면서〔一籩一豆〕 생육이 있을 경우에는 찬에는 씌우지 않고 전에는 씌우니 소렴전(小斂奠)이 이것이고, 일변일두(一籩一豆)이면서 생육이 없을 경우에는 전에도 씌우지 않으니 조석전(朝夕奠)이 이것입니다. 그런데 조조전(朝祖奠)의 경우에는 또한 생육이 없어도 전에 보를 씌우는데, 이는 당(堂)에 있는 풍진(風塵) 때문에 특별히 보를 씌우는 것입니다. 〈특생궤식(特牲饋食)〉의 주에 "존자를 우대하는 것이다.……〔優尊者……〕" 한 것은, 과실에 껍질과 씨가 많기 때문에 변건을 두어서 껍질과 씨를 쌀 수 있게 하는 것을 말하는 듯합니다.

내제 윤유문에게 답하는 글

答內弟尹孺文

〔문〕 진습구조(陳襲具條)의 "들메끈을 종에 계한다.〔綦繫于踵〕"라는 경문에 대해서, 소설(疏說)은 "만약 신발을 신을 때라면 들메끈을 발에다 맨다."라고 해석한 것 같은데, 이는 뒤에 나오는 습조(襲條)의 "들메끈을 발등에 맨다.〔綦結于跗〕"의 경문과 서로 모순이 되는 듯합니다.

〔답〕 '계우종(繫于踵)'은 들메끈을 신발의 뒤축〔跟後〕에 붙이는 것을 말합니다. 그런데 소(疏)에서는 '계(繫)'의 뜻을 매듭짓는 것〔作結〕으로 잘못 보았는데, '종(踵)' 자가 아래의 '부(跗)' 자와 모순이 되자, 그만 억지로 해석하기를 "각부종족지상(脚跗踵足之上)"이라고 하여, 하주(下註)의 '족상(足上)'의 훈(訓)과 맞춰 보려 하였으니, 정말 우습기만 합니다. 하소(下疏)에서 '족상'을 '발등〔足背〕'이라고 해석하였고 보면, 여기서 '종족지상(踵足之上)'이라고 말한 것은 발뒤축〔足後〕을 가리키지 않는 것이 분명합니다. 대개 '종' 자를 '족(足)' 자와 연결해서 '종족지상'이라고 말했고 보면, 그 뜻이 또한 발등을 가리켜서 말한 것 같기도 합니다만, 아무래도 말이 되지 않습니다. 그리고 '각부(脚跗)'도 무슨 뜻인지 알 수가 없습니다.

〔문〕 "결은 좋은 왕극을 쓴다.〔決用正王棘〕"[87]의 소(疏)에서 "이 두

87 결은……쓴다 : 《의례》 〈사상례(士喪禮)〉의 "결은 좋은 왕극이나 택극을 써서 끈으로 묶는다. 솜으로 만든 극은 두 가닥으로 한다.〔決用正王棘若檡棘 組繫 纊極二〕"라

개를 결과 함께 보조 도구로 삼는다.〔此二者與決爲藉〕"라고 한 것을 잘 모르겠습니다. 대개 극(極)은 결(決)의 보조 도구〔藉〕가 아니고, 식지와 중지와 무명지에 부착하는 것이기 때문에, 산 자를 위해서는 붉은 가죽을 써서 세 개를 만드는 것이니, 《의례》〈대사례(大射禮)〉에서 "붉은 가죽으로 극 세 개를 만든다."라고 한 것이 이것입니다. 지금 극을 결의 보조 도구라고 한다면, 결은 단지 엄지손가락에 끼는 것이니, 어떻게 둘을 쓸 수 있겠습니까.

는 말을 발췌한 것이다. 정약용(丁若鏞)은 '결용정(決用正)'에서 구두를 떼었다. 본문의 이해를 돕기 위하여 주소(註疏)를 소개하면 다음과 같다. 주(註)에서는 "결은 개와 같으니, 활을 끼고 가로로 활시위를 잡는 도구이다. 정은 선이다. 왕극과 택극은 결이 좋고 단단하고 질겨서 모두 결을 만들 수 있다. 극은 활시위를 놓는 도구이다. 손가락에 걸어서 활시위를 놓을 때 손가락이 걸리지 않게 하는 것이다. 산 자를 위해서는 붉은 가죽으로 세 가닥을 만드는데, 죽은 자를 위해서는 솜을 사용하고 또 두 가닥으로 하니, 이는 실제로 쓰지 않는 것을 보임이다.〔決猶闓也 挾弓以橫執弦 正善也 王棘與檡棘 善理堅刃 皆可以爲決 極猶放弦也 以沓指放弦 令不挈指也 生者以朱韋爲之而三 死用纊又二 明不用也〕"라고 하였고, 소(疏)에서는 "결은 활시위를 당기는 도구이니, 왕극과 택극에서 하나만 쓴다. 손가락에 걸어서 활시위를 놓을 때 걸리지 않게 한다고 주에서 말했는데, 이것은 이 두 개를 결과 함께 보조 도구로 삼음으로써 활시위를 놓을 때 손가락이 걸려 상하지 않게 하려는 것이다.〔決是闓弦之物 王棘檡棘 秖用其一 云以沓指放弦 令不挈也者 謂以此二者與決爲藉 令弦不決挈傷指耳〕"라고 하였다. 그리고 〈대사례(大射禮)〉의 주에서는 "극은 손가락을 감아서 활시위를 놓기에 편리하게 하는 도구이다. 붉은 가죽을 써서 세 가닥으로 만드는 것은 식지와 장지와 무명지에 사용하기 때문이다. 극이 없으면 활시위를 놓을 때 이 손가락들에 걸리고 많이 하다 보면 아프게 된다. 소지는 짧아서 사용하지 않는다.〔極所以韜指 利放弦也 以朱韋爲之三者 食指將指無名指 無極 放弦挈於此指 多則痛 小指短不用〕"라고 하였다. 명나라 오계공(敖繼公)은 결(決)과 극(極) 모두 오른손에 끼는 깍지의 일종으로, 살아서는 뼈와 가죽으로 만들어 엄지손가락에 결을 끼고 다른 손가락에 극을 낀다고 하였다.

〔답〕 위와 아래의 주(註)를 자세히 살펴보면, 극(極)과 결(決)의 자(藉)는 분명히 두 개의 물건으로, 극은 솜〔纊〕을 쓰고 자는 가죽〔韋〕을 쓰는데, 단지 위의 주에 "산 자를 위해서는 붉은 가죽으로 만든다.〔生者以朱韋爲之〕"라는 말이 있기 때문에 소(疏)에서 오인하여 하나의 물건으로 만든 것입니다. 내설(來說)에서 "결은 단지 엄지손가락에 끼는 것이니, 어떻게 둘을 쓸 수 있겠는가."라고 말한 것이 제대로 파악한 것입니다.

〔문〕 "군주가 와서 대렴의 예를 참관한다.〔君視斂〕"의 조목에서 "이에 전을 올린다.〔乃奠〕"라고 하였는데, 이 전(奠)은 군주가 온 것을 영광스럽게 여기는 은전(殷奠 성대한 전)입니까, 아니면 대렴전(大斂奠)입니까?

〔답〕 이 전은 대렴전입니다. 〈상대기(喪大記)〉에 의거하면, 빈소를 차린 뒤에 군주가 오면 은전이 있다고 하였습니다.

〔문〕 '명기를 바치는〔獻明器〕' 조목의 소(疏)에서 "곽의 재목이 너무 많다.〔椁材既多〕"[88]라고 한 것에 대하여

〔답〕 정곽(井椁)[89]도 바치는 것입니다. 다만 곽(椁)은 항상 틀을 짜

88 곽의……많다 : "곽의 재목이 너무 많기 때문에 바칠 필요 없이 단지 둘러보기만 하는 것이다.〔椁材既多 故不須獻 直還觀之而已〕"라는 말을 줄인 것이다. '椁'은 '槨'과 같은 글자이다.

89 정곽(井椁) : 이 명칭의 유래에 대해서는, 곽의 틀을 짜 맞추는 것을 '정(井)' 자 형태로 하기 때문이라는 설과 우물과 같은 광중(壙中)에 넣기 때문이라는 설 등 해석이 다양한데, 녹문은 곽을 짜 맞춰서 우물 '정' 자의 모양으로 밖에다 놔두기 때문이라는 해석을 제시하고 있다.

맞춰서 놔두기 때문에 정(井)이라고 말한 것이고, 명기(明器)는 바치고 나서 곧바로 철거하기 때문에 헌(獻)이라고 말한 것입니다. 소(疏)에서 "곽의 재목이 너무 많기 때문에 바칠 필요가 없다.……" 한 것은 억지 주장입니다. 재목의 가부(可否)를 확인해 보려면, 열흘이 지나서 펴 놓을〔旬而布〕 때 모두 이미 확인했을 터이니,[90] 바칠〔獻〕 때까지 기다릴 것도 없는 것입니다.

〔문〕 복장일조(卜葬日條)[91]의 소(疏) 끝에 "가까운 곳을 취하여 높은 자리로 삼는다.〔取近爲尊〕"라고 한 말에 대하여

〔답〕 행사(行事)하는 곳과 가까운 곳을 높이 여기기 때문에 동쪽을 윗자리로 삼는 것입니다.

〔문〕 복장일조에 "초돈은 초[92]에 놓는다.〔楚焞置于燋〕"라고 하였는데, 그 뜻을 잘 모르겠습니다. 대개 초는 거(炬)이고, 초돈은 이 초의 불씨를 옮겨 붙여 불길을 세게 해서 거북 등을 태우는 것인데, 이 '치(置)'라는 글자가 무엇을 의미하는 것인지 모르겠습니다.

90 재목의……터이니 : 《예기》 〈단궁 상(檀弓上)〉에 "빈소를 설치하고 나서 열흘이 지나면 곽(郭)의 재목과 명기(明器)의 재목을 벌여 펴 놓아 건조시킨다.〔旣殯 旬而布材與明器〕"라는 말이 나온다.

91 복장일조(卜葬日條) : 《의례》 〈사상례(士喪禮)〉 맨 끝에 나온다.

92 초(燋) : 마른 쑥이나 갈대처럼 불붙기 쉬운 재료를 써서 인화(引火)하는 화거(火炬)를 말하는데, 이 불씨를 보존해 두었다가 가시나무〔荊木〕 가지로 만든 초돈(楚焞) 즉 계(契)에 다시 불을 옮겨 붙여서 거북 등을 굽는다고 한다. 불씨를 만들 때에는 양수(陽燧)와 같은 금속 공구를 이용하여 태양빛을 한데 모아 불을 일으킨다고 한다.

〔답〕 이것은 계(契)를 초(燋) 위에 놓는 것을 의미합니다. 초는 불을 붙일 때 쓰고 계는 거북 등을 구울 때 쓰는데, 초는 크고 계는 작습니다.

〔문〕 "복인포귀초선전귀서수초재북(卜人抱龜燋先奠龜西首燋在北)"에 대해서, 주소(註疏)는 모두 "복인이 귀와 초를 함께 지닌다.〔卜人兼抱龜燋〕"라고 하였으나,[93] 내 생각에는 그렇지 않을 듯하니, '포귀(抱龜)'에서 구두를 떼어야 할 듯하고 '초선(燋先)'에서도 구두를 떼어야 할 것 같습니다. 대개 초(燋)를 잡고 돗자리〔席〕를 잡는 일에는 별도로 사람이 있어서 숙(塾 침문(寢門)의 옆방)의 서쪽에 대기하는데, 돗자리를 잡은 자가 얼(闑 문지방) 서쪽에 돗자리를 펴고 나면 초를 잡은 자가 이르는 것이니, 이는 초를 잡고 오는 것이 거북〔龜〕보다 앞서는 것입니다. 그리고 복인이 거북을 안치하기를 기다렸다가 거북의 북쪽에 초를 놓으면, 종인(宗人)이 마침내 돗자리 위에서 거북을 취하여 이복(涖卜)[94]에게 고(高)[95]를 보여 주는 것입니다. 여기에서 '초선'은 마치 전(奠)을 올릴 때 촛불이 먼저 들어온다는 것〔燭先〕[96]과 같은 종류입니다. 만약 실제로 주소(註疏)의 설과 같이 한다

93 주소(註疏)는……하였으나 : 복장일조(卜葬日條)에 나오는 이 말을 주와 소에서는 '卜人抱龜燋 先奠龜 西首 燋在北'으로 구두를 떼었다는 말이다. 이에 따르면 "복인이 거북과 초를 가지고 와서 먼저 거북을 놓되 머리가 서쪽을 향하게 하고 초는 거북의 북쪽에 놓는다."로 해석된다.

94 이복(涖卜) : 점복(占卜)을 감독하는 사람을 말하는데, 보통 족장(族長)이 담당한다.

95 고(高) : 거북의 복갑(腹甲) 위에 불쑥 튀어나온 곳으로, 이곳을 구워서 길흉을 점친다.

96 전(奠)을……것 : 〈사상례(士喪禮)〉의 조석곡조(朝夕哭條)에 "촛불이 먼저 방안에 들어온다.〔燭先入〕"라는 말이 나온다.

면, 위에서 초(燋)를 잡은 자는 필경 하는 일이 없게 되고 말 것입니다. 그리고 예(禮)의 본뜻은 아무리 작고 사소한 일이라도 반드시 집사(執事)를 별도로 두어서 받들게 하는 것인데, 더군다나 거북이 존귀한 데다 초와 계(契)가 또 꽤나 크니, 어떻게 그 둘을 함께 지니고 있을 수 있겠습니까. 초를 자리에 놓고 나서 다시 거북을 잡는다는 설은 전적으로 하문의 "종인이 거북을 받는다.〔宗人受龜〕"라는 말을 감안해서 나온 것인데, 이 설 역시 참으로 맞는 말인지 모르겠습니다.

〔답〕 내설(來說)이 매우 옳습니다. 다만 주(註)는 당초에 잘못 해설한 것이 없는데, 단지 소가(疏家)가 그 뜻을 어지럽혔을 뿐입니다. 주의 뜻은 대개 "초를 지닌 자가 그것을 자리에 놓은 뒤에, 복인(卜人)이 다시 자리에 놓을 거북을 가지고 와서 종인에게 준다."라는 것이니, 하문의 "종인이 복인에게서 거북이를 받는다.〔宗人受卜人龜〕"라고 말한 것을 가지고 살펴보면 "복인이 거북을 가지고 대기한다."라는 것을 알 수 있습니다. 내설에서 "종인이 돗자리 위에서 거북을 취한다."라고 한 것은 옳지 않을 듯합니다.

〔문〕 "명귀[97]를 하고 일어나서 복인에게 거북을 준다.〔命龜興授卜人龜〕"라는 경문의 주에 "술명[98]과 명귀는 다르다.〔述命命龜異〕"라고 하였고, 소(疏)에서는 "술명은 서쪽을 향해 앉아서 명귀하는 것과는 다르

97 명귀(命龜) : 점괘를 잘 보여 주도록 거북에게 고하는 것을 말한다. 시초점(蓍草占)을 칠 때에는 명서(命筮)라고 한다.

98 술명(述命) : 명귀(命龜)의 말에 입각해서 거듭 거북에게 고하는 것을 말한다. 정주(鄭註)에 '술(述)'은 '순(循)'의 뜻이라고 하였다.

다.〔述命與西面命龜異〕"라고 하였습니다. 명귀(命龜)하는 내용을 경(經)에서 말하지는 않았지만, 요컨대 그것도 술명(述命)의 내용과 똑같을 것입니다. 다만 모르겠습니다만, 대부(大夫) 이상에는 술명이 있고 또 명귀가 있는 것입니까? 아니면 사(士)의 명귀는 바로 대부의 술명인데, 조금 그 내용을 감쇄(減殺)하여 그 이름을 달리하고는, 술명의 내용이 있으므로 자연히 명귀하지 않는 것입니까? 〈소뢰(少牢 소뢰궤식례(少牢饋食禮))〉를 상고해 보아도 서쪽을 향해서 술명을 하는 대목이 있는데, 주소(註疏)에서 왜 다르다고 했는지 알 수가 없습니다.

〔답〕 경(經)에서 이미 "종인(宗人)이 허락하고는 술명을 하지 않고 몸을 돌려 자리에 나아가 서쪽을 향해 앉아서 명귀를 한다.……〔許諾 不述命還 卽席西面坐 命龜……〕" 하였고 보면, 대부 이상은 허락한 뒤에 바로 술명을 하고, 술명을 한 뒤에야 비로소 자리에 나아가 서쪽을 향해 앉아서 명귀를 한다는 것을 알 수 있으니, 이것이 바로 이른바 "술명과 명귀는 다르다."라고 하는 것입니다. 〈소뢰〉의 경우는, 서(筮)가 경(輕)하기 때문에 허락한 뒤에 바로 서쪽을 향하고는 술명과 명서(命筮)를 합쳐서 하나로 하는 만큼 복(卜)과는 원래 같지 않으니, 저것을 가지고 이것을 의심해서는 안 될 것입니다. 대저 대부(大夫) 이상의 복(卜)에는 수명(受命)[99]·술명·명귀 등 모두 세 가지 일〔三事〕이 있고, 서(筮)에는 술명과 명귀를 합쳐서 하나로 하고 여기에 수명을 더해서 모두 두 가지 일〔二事〕이 있습니다. 이에 비해서 사(士)의 복에는 단지 수명과 명귀의 두 가지 일이 있을 뿐 술명은 없고, 서에는 또 명서(命筮)도 없이 단지 수명하는 하나의 일이 있을 뿐입니다. 이것이 바로 양자의 차이점입니다.

99 수명(受命) : 명귀할 말을 접수하는 것을 말한다.

내제 윤유문에게 답하는 글

答內弟尹孺文

〔문〕 "내교(來敎)에서는 소설(疏說)이 정주(鄭註)의 본지(本旨)를 잃었다고 했지만, 정주를 다시 상세히 살펴보건대 주(註)의 뜻도 애당초 소(疏)의 뜻과 같지 않은 것이 없었다.……" 한 데 대하여

〔답〕 좌(髽)[100]를 하는 것에 여러 가지 설을 허용하는 것은 끝내 지리멸렬하여 아무 의미도 없다는 느낌을 받게 됩니다. 어떤 상복이든지 간에 원래 정해진 제도가 있는 법입니다. 그렇다면 좌라는 이름이 있는 이상, 어찌 마포(麻布)로 묶기도 하고 마포를 제거하기도 한다는 등 분분하게 일치하지 않을 리가 있겠습니까. 괄발(髻髮)은 산발(散髮)을 잡아맨다는 뜻이니, 마포로 묶는 것은 당연한 일입니다. 그러나 좌는 머리싸개〔纚〕를 제거하고 대계〔大髻〕를 만든다는 뜻이고 보면, 노계(露髻)라는 두 글자가 바로 그 바른 뜻이니, 마포를 거기에 더한다면 군더더기가 되지 않겠습니까.

대개 부인의 계(笄 비녀)는 남자의 관(冠)과 상대되는 것으로, 사람이 처음 죽었을 적에 남자가 관을 제거하고 계사(笄纚)를 하면 부인은 계를 제거하고 사(纚)를 하는 것이고, 소렴을 마치고 나서 남자가 계사를 제거하고 괄문(髻免)을 하면 부인은 사를 제거하고 좌(髽)를 하는

100 좌(髽) : 여자가 상중(喪中)에 머리를 쪽 찌는 것으로, 북상투 혹은 복머리라고 한다. 281쪽 주76 참조.

것입니다. 그런데 관은 그 아래에 규항(缺項)[101]이 있으므로 괄문하는 것으로 관을 제거한 것을 상징하고 규항을 홀로 남겨 두는 반면에, 계(笄)는 그 밖에 다른 물건이 없는 만큼 상징할 수 있는 물건이 없으므로 그저 계(髻)를 조금 높이고 크게 하여 문식(文飾)을 할 따름인 것입니다.

그리고 참최(斬衰)의 좌가 가장 크고 자최(齊衰)의 좌가 그다음인데 "너무 높게도 하지 말고, 너무 넓게도 하지 말라."[102]라고 한 가르침을 살펴보면, 좌를 하는 것에 원래 제도가 있다는 것을 알 수 있습니다. 소렴 뒤의 좌도 이와 같고 성복 뒤의 좌도 이와 같은데, 다만 성복 뒤에는 남자가 관을 쓰기 때문에 부인도 계(笄)를 한 상태에서 그대로 좌를 하는 것이고, 계빈(啓殯)할 때에 이르러서는 또 계를 제거하여 소렴 뒤의 좌와 같게 하기 때문에, 다시 좌에 대한 일을 기록해서 남자와 부인이 다시 초상 때의 문(免)과 좌를 적용하는 것을 보여 준 것일 뿐이니, 이 기록에 구애되어 잘못 보면 안 될 것입니다.

"대공(大功) 이하에는 좌(髽)가 없다."라고 하면서 운운한 단락으로 말하면, 〈소기(小記)〉의 공소(孔疏 공영달(孔穎達)의 해설)의 주장이 바로 이와 같습니다만, 대공(大功) 이하에서 성복 전에 남자가 모두 문을 하고 보면, 부인이 사(纚)를 제거하지 않는 이런 이치는 없을 듯하니, 정가(鄭賈 정현(鄭玄)과 가공언(賈公彥))의 설이 제대로 된 것인 듯합니다. 그리고 "자최 이상은 비녀를 꽂을 때까지 여전히 좌를 한다.〔齊衰以上

101 규항(缺項) : 남자가 관을 쓸 적에 벗겨지지 않게 비녀 대신 목에 매는 끈을 말이다. 283쪽 주80 참조.

102 너무……말라 : 《예기》 〈단궁 상(檀弓上)〉에 나오는 공자의 말이다.

至笄猶髽〕"라고 하였고 보면, 대공 이하에서는 성복 뒤에 계(笄)를 하고 사(纚)를 한다는 것을 알 수 있습니다. 만약 그렇다면 계빈을 한 뒤에 좌를 하는 것은 대공을 통틀어 말한 것임을 더욱 의심할 것이 없습니다. 다만 대공 이하에서는 부인의 계에 문식이 없으니, 〈상복도식(喪服圖式)〉에서 "길계에 머리 부분이 없다.……〔吉笄無首……〕" 한 것이 옳은 것 같지 않습니까?

〔문〕 여기에 서자(庶子)의 모친이 있습니다. 그녀는 본래 기녀(妓女)에 속한 자로서 당초 솔축(率畜)[103]의 신분도 아닌데 그 집에서 죽었습니다. 이 서자의 입장에서는 가출모(嫁出母)[104]의 상복으로 기년복(期年服)을 입어야 하겠습니다만, 서자에게 자식이 있다면 그 조모(祖母)를 위해서 무슨 복을 입어야 합니까? 가출(嫁出)한 조모의 상복은 경(經)에 보이지 않습니다. 혹자는 말하기를 "일단 분명한 조문이 없다면, 의례(儀禮)대로 기년복을 입어야 한다."라고 하고, 혹자는 말하기를 "그 부친이 이미 가출의 예를 적용해서 강복(降服)을 하였는데, 그 아들이 거꾸로 본복(本服)을 입는 그런 이치는 없으니, 경(經)에 복(服)이 보이지 않으면 복을 입지 말아야 한

103 솔축(率畜) : 솔거노비(率居奴婢)를 첩으로 삼는 것을 말한다. 솔거노비는 사노비(私奴婢)의 하나로, 주인의 집에서 같이 살거나 그 근처에 거주하면서 직접 노동력을 제공하는 종을 말하는데, 가솔노비(家率奴婢)라고도 한다.

104 가출모(嫁出母) : 가모(嫁母)와 출모(出母)의 합칭이다. 가모는 친모(親母)로서 부친이 죽은 뒤에 타인에게 재가한 모친을 말하고, 출모는 친모로서 부친으로부터 축출당한 자를 말하는데, 이들에게는 자식이 자최장기(齊衰杖期)에 심상삼년(心喪三年)의 복을 입었다.

다."라고 하는데, 이 두 설 중에 어느 것이 옳은지 모르겠습니다.

《통전(通典)》을 살펴보건대, 보웅(步熊)이 '조후(祖後)가 된 자가 쫓겨난 조모〔出祖母〕를 위해서 입는 복'을 허맹(許猛)에게 묻자, 허맹이 답하기를 "모자(母子)는 지친(至親)이라서 끊어지는 도리가 없다. 그렇다면 모자가 아닌 경우는 당연히 끊어지는 것이다. 경(經)에 쫓겨난 조모의 복이 없으니, 복이 없어야 마땅하다.……"[105] 하였습니다. 그러나 이것은 조후가 된 자가 입을 복에 대해서 대답한 것이고 보면, 조후가 아닌 자의 쫓겨난 조모에게는 이 예(例)가 적용되지 않을 듯싶습니다. 그리고 《의례문해(儀禮問解)》에서 사옹(沙翁 김장생(金長生))이 이것을 인용하여 복이 없는 증거로 삼았는데, 그러면서도 또 '처(妻)의 출모(出母)에게도 복이 있는 것'을 가지고 문득 의심하여 말하기를 "쫓겨난 조모에게 복이 없는 것은 미안한 듯하다.……" 하였습니다.[106]

〔답〕《의례》〈상복(喪服)〉의 전(傳)에 "은의(恩義)가 단절된 족에게는 복을 입는 것이 없고, 오직 지친인 모자 사이에만 이어진다.〔絶族無

105 모자(母子)는……마땅하다 : 《통전(通典)》의 원문을 소개하면 다음과 같다. "모자는 지친이라서 끊어지는 도리가 없다면, 모자가 아닌 경우는 축출되면 끊어지는 것이다. 그래서 경문에 출조모에 대한 복이 보이지 않는 것이니, 참으로 복이 없다면 조부의 존망과는 관계가 없는 것이다.〔母子至親無絶道 則非母子者 出則絶矣 是以經文不見出祖母之服 若苟無服 則無繫祖存亡〕"

106 그러면서도……하였습니다 : 이는 사계(沙溪) 김장생(金長生)의 의견이 아니라, 혹자의 주장을 소개한 것인데, 그 내용을 소개하면 다음과 같다. "혹자는 말하기를 '처의 출모에게도 복이 있다면, 쫓겨난 외조모에게도 복이 있는 것이 분명하다. 이를 유추하면 쫓겨난 조모에게 복이 없는 것은 미안한 듯하다.'라고 한다.〔或云 妻出母亦服 則出外祖母有服 明矣 推此則出祖母無服 似未安〕"

施服 親者屬〕”라고 하였는데, 허맹의 대답은 대개 여기에서 나온 것입니다. 쫓겨난 조모를 위한 복이 없는 것은 또한 승중(承重)했는지의 여부에 차이가 없습니다. 사옹이 ‘처의 출모에게도 복이 있는 것’을 가지고 의심한 것은 감히 알지 못할 점이 있습니다. 처모(妻母)는 단지 처의 소생이라는 이유로 복을 입는 것일 뿐이요, 가출(嫁出)의 여부는 따질 필요가 없으니, 본종(本宗)의 복제와는 그 의례(義例)가 크게 같지 않습니다.

홍자직에게 답하는 글 을축년(1745, 영조21) 6월

答洪子直 乙丑六月

이름은 익필(益弼)이다.

〈증자문(曾子問)〉에 이르기를 "장사는 경상을 먼저 하고 중상을 뒤에 하며, 전을 설하는 것은 중상을 먼저 하고 경상을 뒤에 하는 것이 예이다.〔葬先輕而後重 其奠也先重而後輕 禮也〕"라고 하였는데,[107] 그 소(疏)에 "우제도 전을 설하는 종류이다. 따라서 그것도 중상을 먼저 하고 경상을 뒤에 한다.〔虞亦奠之類 故亦先重後輕也〕"라고 하였으니, 그렇다면 우제뿐만 아니라 삭전(朔奠)과 월반전(月半奠) 등도 모두 이와 같이 해야 할 것입니다. 또 〈증자문〉에 "계빈(啓殯)에서부터 장사 지낼 때까지는 전을 설하지 않는다.〔自啓及葬不奠〕"라고 하였는데, 그 주에 "전을 설하지 않는 것은 장사 지내는 일에 힘써야 하기 때문이다.〔不奠

107 증자문(曾子問)에……하였는데 : 〈증자문〉은 《예기》의 편명이다. 부친상과 모친상 등 상사(喪事)가 한꺼번에 겹칠 경우에〔竝有喪〕, 어느 쪽을 먼저 하고 어느 쪽을 나중에 해야 하는지 묻는 증자의 질문에 공자가 대답한 말을 발췌한 것인데, 본문의 이해를 돕기 위하여 대답한 내용을 소개하면 다음과 같다. "장사는 모친 즉 경상(輕喪)을 먼저 하고 부친 즉 중상(重喪)을 뒤에 하며, 전을 올리는 것은 부친에게 먼저 하고 모친에게는 뒤에 하는 것이 예이다. 모친의 계빈(啓殯)에서부터 장사할 때까지는 부친에게 설전(設奠)하지 않으며, 모친의 영구가 장지를 향해 나아갈 때에도 부친을 생각해서 애곡(哀哭)하지 않는다. 장사에서 돌아와서는 곧 부친의 빈소에 설전한 뒤에 내빈들에게 부친의 계빈에 대한 일을 고하고 부친의 장사 준비에 들어간다. 그리고 우제(虞祭)는 부친을 먼저 하고 모친을 뒤로 하는 것이 예이다.〔葬先輕而後重 其奠也 先重而後輕 禮也 自啓及葬不奠 行葬不哀次 反葬奠而后辭於殯 遂脩葬事 其虞也 先重而後輕 禮也〕"

務於當葬者]"라고 하였으니, 대개 모친의 빈소(殯所)를 일단 연 뒤에는 마음과 뜻을 집중해서 장사에 힘써야 하기 때문에, 부친의 빈소에 올리는 조석전(朝夕奠)도 임시로 폐하는 것입니다. 이 두 조목에 의거하면, 전일에 질문했던 것은 굳이 변론하지 않아도 해명이 될 것입니다.

대개 삭망(朔望)에 전을 설하는 것은 그야말로 응당 행해야 할 일인데 그것도 행할 수 없다고 한다면, 더군다나 행하면 안 될 조석전이야 더 말할 나위가 있겠습니까. 경상(輕喪)을 계빈한 뒤에는 비록 중상(重喪)이 빈소에 있더라도 전을 행할 수 없다고 한다면, 더군다나 중상을 아직 장사 지내지 못한 상태에서 경상을 이미 장사 지낸 뒤에 조석전을 거꾸로 설해서야 되겠습니까. 전일에 내가 답변드릴 적에 이러한 내용이 대략 기억나긴 했지만 옆에 서적이 없어서 검토할 수가 없기에 단지 대체적으로만 대답을 하였는데, 이제야 비로소 추가로 알려 드리게 되었습니다.

대저 전(奠)을 올리는 것과 관련하여 반드시 중상을 먼저 하고 경상을 뒤에 하는 이유를 살펴보건대, 하나는 제례(祭禮)라는 것은 정(情)을 펴는 일이기 때문이요, 또 하나는 경상의 장사를 마친 뒤에는 응당 돌아와서 부친의 빈소에 전을 올리고 급급히 장사를 행하느라 경상에는 전을 올릴 겨를이 없기 때문이라고 여겨집니다.

홍자직에게 답하는 글
答洪子直

보내신 글을 잘 받아 보았습니다. 이는 심오한 의리도 아닌데, 여태 귀일(歸一)되지 않고 있으니, 그쪽이 침체되지 않았다면 이쪽이 미혹되었을 것이기에 부끄러움과 탄식을 금할 수 없습니다. 그러나 보내온 글에서 '사실(事實)'이라는 두 글자를 말한 그 뜻이 더욱 심각해서 밑바닥까지 곧장 파헤쳤다고 말할 만하니, '사실'이라는 용어에 나아가서 이 설을 마무리한다면 그래도 귀일될 수 있지 않을까 하는 기대를 가져 봅니다.

대저 심상(心喪)이라는 것은 그 복(服)을 입을 적에 최마(衰麻)로 하는 사실이 원래 없고, 그 복을 벗을 적에도 제사를 행하는 사실이 없이, 단지 현공(懸空 가설(假設))하고 의의(擬議 유추)해서 스스로 삼년복을 입는 자의 달수에 맞춘 것일 뿐입니다. 대개 제사를 지내거나 제사를 지내지 않는 사실이 있은 뒤에야 비로소 사실을 가지고 결정할 수 있는 것인데, 지금은 애당초 제사를 지내고 안 지내는 것을 말할 만한 것이 없이, 단지 다른 상(喪)에서 제사 지내는 것을 취하여 준한(準限)으로 삼는 것일 뿐입니다. 이것이 바로 '당제(當祭)'라는 두 글자가 나오게 된 소이이니, 부득불 다른 상에서 제사 지내는 달을 따라 진퇴(進退)하며 신축(伸縮)할 따름인 것입니다. 지금 만약 원래 그런 사실 없이 현공하고 의의한 이 가운데에 나아가서 갑자기 '사실'이라는 두 글자를 끼워 넣어 왜 제사 지내지 않느냐고 따진다면, 너무 동떨어진 생각이 아니겠습니까.

가령 삼년복에서 담제(禫祭)를 지낼 중월(仲月)을 만났을 경우에는 즉시 제사를 지내야 마땅한데, 무슨 일이 있어서 제사를 지내지 못한 채 달을 넘겼다면, 그 제사를 지내기 이전에는 길복(吉服)을 미리 입을 수 없으니, 그 이유는 무엇이겠습니까? 그것은 제사를 지내야 하는 사실이 있기 때문입니다. 그러나 심상의 경우로 말하면, 본래 허국(虛局 빈 바둑판)인 만큼 단지 그 허국에 맞춰서 준의(準擬 견주어 흉내 내는 것)하면 되는 것일 뿐이니, 사실에 입각해서 논할 성질의 것은 아니라고 하겠습니다.

이심원[108]에게 보내는 글 무자년(1768, 영조44) 7월

與李深遠 戊子七月

이름은 유수(惟秀)이다. 이때 금백(錦伯)이었다.

옥천(沃川)에 있을 때 부고(訃告)를 전하는 일로 부산한 중에 몇 글자를 써서 인편에 붙였는데 바로 도달했으리라고 생각합니다. 그 뒤에 돌아와서 보니 수서(手書)가 책상에 놓여 있었는데, 종이 가득 애도하는 마음이 언어 밖에 넘쳐 났으므로 서한을 읽고 나서 비통한 눈물을 금하지 못하였습니다.

요즈음 언뜻 서늘해지는〔乍涼〕 8월에 대감의 기거가 더욱 신명의 호위를 받으리라고 삼가 생각합니다. 나는 이 형(兄)[109]의 죽음을 곡한 뒤로 바보가 된 것 같기도 하고 술에 취한 것 같기도 하여 산재(山齋)에 돌아와 누워 있을 뿐, 온갖 생각이 재처럼 식어 버린 가운데 한밤중에

108 이심원(李深遠) : 심원은 이유수(李惟秀, 1721~1771)의 자이다. 이유수의 본관은 전주이고, 호는 완이(莞爾)이며, 시호는 정익(貞翼)이다. 정시 문과(庭試文科)에 장원하여, 정언·응교·관찰사·대사헌·형조 판서를 지냈다. 금백(錦伯)은 충청도 관찰사의 별칭이다.

109 이 형(兄) : 송명흠(宋明欽, 1705~1768)을 말한다. 송명흠의 호는 역천(櫟泉)이고, 자는 회가(晦可)이며, 시호는 문원(文元)이다. 송준길(宋浚吉)의 후손으로, 이재(李縡)의 문인이다. 1755년(영조31)에 옥과 현감(玉果縣監)으로 나아갔다가 모친상을 당해 사직하였고, 1764년에 경연관(經筵官)이 되어 정사를 논하다가 파직되었다. 저서에 《역천집(櫟泉集)》과 《역천소말조진(逆天疏末條陳)》이 있다. 녹문과는 이종사촌 간으로 녹문보다 6년 연상이었으며, 동생인 송문흠(宋文欽, 1710~1752)과 함께 외암(巍巖) 이간(李柬)이 주장한 인물성구동(人物性俱同)의 낙론(洛論)을 지지하였다.

가슴을 치며 곧장 하늘에 호소하고 싶어도 그렇게 할 수가 없습니다.

대개 그가 청명(淸明) 온수(溫粹)하고 공성(公誠) 탄탕(坦蕩)한 것으로 말하면, 오늘날 세상 전체에서 구하여도 실로 그 짝을 찾기 어려울 것입니다. 그런데 나는 어려서부터 그와 함께 공부한 데다 만년에는 더욱 서로 믿게 되었으며, 이 지방에 우거한 뒤로는 종유하는 것이 더욱 빈번해졌으므로, 정리로는 동기(同氣)와 같고 의리로는 사우(師友)를 겸할 정도가 되었습니다. 지금 비록 세도(世道)가 여지없이 되고 말았다 하더라도, 먹히지 않는 과일〔不食之果〕[110]이 되리라고 기대하였는데, 지금 홀연히 이 지경에 이르렀으니 이것이 무슨 천리(天理)란 말입니까. 이제 사문(斯文)은 의탁할 곳이 없게 되고 세도는 의지할 곳이 없게 되었는데, 실로 하늘이 이렇게 만들어 놓았으니, 이것을 또 어떻게 한단 말입니까.

돌아보건대 나는 달려가 병문안할 때를 놓치는 바람에, 병세가 이미 어떻게 해 볼 수 없게 되어 말도 제대로 하지 못하는 상태였습니다. 생각건대 그의 가슴속에는 필시 토로하고 싶은 말이 많이 응어리져서, 이것이 더더욱 비통하고 한스럽게 심부(心腑)에 맺혔을 것이기에, 매양 이런 생각을 하노라면 그저 눈물로 얼굴을 적실 따름이었습니다. 그런데 편지를 받고 보니 이를 언급하셨기에 대략 이렇게 심정을 하소

110 먹히지 않는 과일 : 《주역(周易)》 〈박괘(剝卦) 상구(上九)〉의 "큰 과일은 먹히지 않는다.〔碩果不食〕"라는 말에서 나온 것인데, 이는 다섯 개의 효(爻)가 모두 음(陰)인 상태에서 맨 위의 효 하나만 양(陽)인 것을 석과(碩果)로 비유한 것으로, 하나 남은 양의 기운이 외로운 것처럼 보이지만 결코 끊어지지 않고 계속 이어진다는 뜻을 보인 것이다. 이는 송명흠(宋明欽)이 장차 조정에 들어가서 국가의 원기를 회복할 인물이 될 수 있으리라는 뜻으로 비유한 것이다.

연하게 되었는데, 아마도 이를 보시면 또 창연(愴然)한 느낌이 더해질 것입니다. 장차 장문(狀聞)을 하신다는 말씀을 들었는데, 지금쯤은 이미 상달(上達)했으리라고 여깁니다. 무슨 지휘(指揮)가 있었는지 모르겠는데 알려 주시면 고맙겠습니다.

순행(巡行)을 떠나는 것은 언제쯤이나 될는지요? 그 길이 만약 회덕(懷德)을 거쳐서 동창(東倉)의 길을 취한다면, 나의 집이 큰길에서 불과 몇 리 거리에 있습니다. 그런데 전서(前書)에서는 순행하는 길이 아니라고 말씀하셨는데, 어쩌면 미처 상세히 살피지 못한 것이 아니겠습니까. 역형(櫟兄)을 잃은 뒤로 이 몸이 더욱 외톨이가 된 것을 느끼고 있는데, 어떻게 하면 가까운 시일에 한번 만나서 울적한 이 심정을 풀어 볼 수 있을는지요.

김존오[111]에게 답하는 글

答金存吾

이름은 이헌(履獻)이다.

〔문〕 소상(小祥)과 대상(大祥)의 축사(祝辭)에 대하여

〔답〕《의례(儀禮)》 부제(祔祭)의 축(祝)에 "조심하고 두려워하며 몸을 게을리하지 않는다.〔小心畏忌 不惰其身〕"라는 말이 있는데 소대상(小大祥)에서 모두 이를 답습하였으니, 그렇다면 소상에서만 이 말을 쓰고 대상에서는 이를 생략하면 안 될 것이다. 《비요(備要)》에서 "소상에서는……〔小祥則……〕"이라고 한 것이 단순히 소상만을 가리킨 것 같지만, 그 본래의 뜻을 살펴보면 대개 소상 이후부터는 이 말이 들어 있다고 하는 의미이니, 이러한 곳은 하나의 말 때문에 전체의 의미를 놓치지 않도록 해야 할 것이다.

111 김존오(金存吾) : 존오는 김이헌(金履獻)의 자이다. 김이헌은 1758년(영조34) 7월에 휘령전(徽寧殿)의 대축(大祝)이 되었고, 교서관 정자로 특별히 임명되었다. 《英祖實錄 34年 7月 6日, 10日》 또 녹문이 지은 백부(伯父) 임선(任選)의 묘지명 중에, 백부의 장남인 임찬주(任贊周)의 딸이 수찬 김이헌에게 출가하였다는 기록이 있다. 《鹿門集 卷23 伯父明陵參奉府君墓誌銘》

김존오에게 보내는 글 정축년(1757, 영조33) 9월

與金存吾 丁丑九月

한번 급제한 것이 존오(存吾)의 입장에서야 기쁠 것이 없을 수도 있겠지만, 이 말을 언뜻 듣기만 해도 사람이 기뻐하지 않을 수 없게 되는 것은 원래 속정(俗情)으로 볼 때 필연적인 일이라고 할 것이다. 앞에서 견심(見心)이 급제하고 뒤에서 존오가 급제한 것이야말로, 한 가닥 양(陽)의 기운이 중음(重陰)의 밑바닥에서 싹트는 것과 같으니, 그렇다면 또 어떻게 내가 참으로 기뻐서 '잠을 이루지 못하는 것〔喜而不寐〕'[112] 이 아닐 수가 있겠는가.

그렇긴 하지만 세도가 이미 여지없이 되었으므로, 사대부가 한번 발을 내딛는 순간에 뒤집어지고 넘어져서 낭패를 당하지 않으면 바로 그들과 하나로 동화되곤 하니, 이렇게 되면 한 가닥 양의 기운이라는 것도 믿을 수 없게 되고, 오늘날의 기쁨이 뒷날의 근심이 되지 않으리라는 보장도 없는 것이다. 이것이 바로 내가 글을 써 보려고 하면서도 뭐라고 말을 해야 좋을지 몰랐던 소이라고 하겠는데, 이에 대해서 존오는 어떻게 생각할지 모르겠다.

요즈음 맑은 가을날에 영광스러운 기거가 모두 아름다운 가운데 이미 당후(堂后 승정원 주서(注書))에 들어갔으리라고 생각하는데, 세간의

112 잠을……것 : 노(魯)나라가 악정자(樂正子)에게 정사를 맡기려 하자, 맹자가 그는 선을 좋아하는 사람이라면서 "내가 이 말을 듣고 기뻐서 잠을 이루지 못했다.〔吾聞之喜而不寐〕"라고 소회를 토로한 고사가 《맹자》 〈고자 하(告子下)〉에 나온다.

자미(滋味)를 맛보니 과연 어떠하던가? 이 먼 곳에 앉아서 소문을 엿들을 길이 없기에 그저 마음만 간절히 치달릴 따름이다. 여기는 돌아갈 계획을 이미 결정해 놓고서도 여태 이렇게 미적거리기만 할 뿐, 가을철 농사일이 날로 번다한 가운데 공연히 갈수록 바빠져서 혼자 탄식할 따름이다.

윤사장[113]에게 보내는 글 갑신년(1764, 영조40)

與尹士章 甲申

이름은 면헌(勉憲)이다.

봄추위가 아직 가시지 않았는데, 작별한 뒤로 벼슬하시는 체후가 어떠한지 모르겠습니다. 다만 춘방(春坊)에 다시 들어가셨다는 말을 듣고는 기쁘고 위로되는 심정이 평소보다 갑절이나 되었습니다.

그런데 계방(桂坊)[114]의 동료가 알려 준 바에 따르면, 좌하(座下)가 천신(賤臣)의 거취(去就)를 가지고 서연(書筵)[115]에서 진품(陳稟)한 바가 있다고 하였는데, 실제로 뭐라고 말씀하셨는지 자세히 알 수는 없지만 놀랍고 의혹되는 심정이 극에 달하였습니다.

내가 좌하와 교분을 맺은 것이 비록 늦긴 하였지만, 돈독하게 우호를 맺고 멀리 기대하며 바라는 것으로 말하면 실로 세속적인 교분과는 감히 비교할 수 없다고 생각하였는데, 지금 이 소식을 듣고는 크게 실망하였습니다.

113 윤사장(尹士章) : 사장은 윤면헌(尹勉憲, 1725~1767)의 자이다. 본관은 파평(坡平)이다. 1757년(영조33) 정시 문과(庭試文科)에서 병과(丙科)로 급제하였다. 《홍재전서(弘齋全書)》 제1권 〈춘저록(春邸錄)〉에 〈승지 윤면헌의 부음을 듣고 애도하여 읊다〔聞承旨尹勉憲訃 悼惜有唫〕〉라는 제목으로 정조가 세자 시절에 읊은 칠언절구가 수록되어 있다.

114 계방(桂坊) : 세자익위사(世子翊衛司)의 별칭이다. 세자시강원(世子侍講院)인 춘방(春坊)과 함께 보통 춘계방(春桂房)으로 불리곤 한다.

115 서연(書筵) : 왕세자가 경서를 강론하는 자리를 말한다.

어찌 좌하께서 내가 대오의 줄이나 따라다니며 우물쭈물 왔다 갔다 하면서도 보도(輔導)하고 계옥(啓沃)하는 직책을 제대로 수행하고 함양(涵養)하고 훈도(熏陶)하는 유익한 일을 의논할 수 있으리라고 생각해서 그런 것이겠습니까. 내가 비록 우둔하기 그지없다 하더라도, 좌하의 뜻이 분명히 그렇지 않으리라는 것은 잘 알고 있습니다. 그럼에도 불구하고 나를 끌어당겨 잡아매 둠으로써 진퇴(進退)를 낭패스럽게 만든 것은 도대체 어떻게 설명해야 하겠습니까?

더군다나 나의 병세가 갈수록 고질화되어 분주히 직무를 수행할 희망이 없고, 실우(室憂)[116]가 위독하여 한 시각도 혼자 놔두기 어려운 형세에 놓여 있는데, 이는 실로 친지들이 다 함께 안타깝게 여기는 바이니 좌하께서도 익히 알고 계실 것입니다. 군자는 도덕에 입각해서 사람을 사랑하지 고식적으로 하지 않는 법인데,[117] 지금 좌하가 나를 대하는 것은 도덕이 아니라 고식에 가까운 것이 아니겠습니까.

돌아보건대 나처럼 소원한 천신으로서는 군신(君臣)이 교제하는 의리에 대해서 더불어 논하기에 부족하겠지만, 그래도 강연(講筵)에 출입한 것이 또한 여러 차례나 되었으니, 내가 목을 빼고 기대하는 정성으로 말하면, 실로 조금이라도 더 오래 살아서 성취하는 것을 보고자 하는 소원이 있는 것도 사실입니다. 더군다나 지금 "우선 머물러 있으라.〔姑留〕"라는 예교(睿敎)가 비록 좌하의 제품(提稟)에 인연한 것이

116 실우(室憂) : 아내가 병든 것을 말한다. 형우(荊憂)라고도 한다.

117 군자는……법인데 : 《예기》 〈단궁 상(檀弓上)〉에 "군자는 도덕에 입각해서 사람을 사랑하는 반면, 소인은 그저 고식적으로 사람을 좋아한다.〔君子之愛人也以德 細人之愛人也以姑息〕"라는 말이 나온다.

라고 하더라도, 사지(辭旨)가 정녕(丁寧)하여 '멀리 내버리지 않겠다. 〔遐遺〕'라는 성의(盛意)를 또한 볼 수 있으니, 참으로 나에게 조금이라도 나아갈 수 있는 길이 있다면, 어찌 분주히 명에 응하여 덕의(德意)를 떠받들고 싶지 않겠습니까.

그러나 공적으로 보면 자취가 미천하고 사람이 하찮으니 비록 이따금 눈먼 말씀을 올린다고 하더라도 문구나 응하고 자리나 채우는 정도에 불과할 것이고, 사적으로 보면 우병(憂病 실우(室憂)와 나의 병)이 마음을 태우니 비록 경저(京邸)에 계속 머물러 있더라도 항상 두려워하며 불안해하는 자신의 뜻을 느낄 것이니, 이를 어떻게 하겠습니까? 이러한데도 은총을 탐내고 작위에 연연한 나머지 망설이고 머뭇거리면서 직무를 수행한다면, 이는 임금을 참되게 섬기지 않는 것이 되고 자기를 너무 박하게 대우하는 것이 될 것입니다. 좌하가 저군(儲君 왕세자)을 위하여 인재를 추천하면서, 또 어떻게 이처럼 구차하고 염치없는 인간을 취해서야 되겠습니까.

이에 감히 번거롭고 외람된 혐의를 피하지 않고 나의 속마음을 죄다 토로하였으니, 아무쪼록 곡진히 양찰하여 더 이상 미련을 두지 않으시면 다행이겠습니다. 그리고 우병이 절급하여 직무를 수행할 길이 없기에 황공한 심정으로 항상 잊지 못한다는 뜻으로 연중(筵中)에서 조용히 말씀해 주시어, 큰 죄를 면하고 천한 분수를 편안하게 해 주시기를 천번 만번 간절히 앙망하는 바입니다.

김중회[118]에게 답하는 글 정미년(1787, 정조11) 10월

答金仲晦 丁未十月

이름은 광묵(光默)이다.

한번 정독(旌纛 관찰사의 깃발)이 남쪽으로 내려간 뒤로 성광(聲光)이 아득해졌을 뿐만 아니라 음문(音聞)도 신빙하기 어렵기에 혼자 생각으로만 치달릴 뿐이었습니다. 그런데 홀연히 생각지도 않게 하문(下問)하는 글을 삼가 받고는 반복해서 음미하노라니, 흡사 다시 만나서 다정하게 얘기하는 것만 같았습니다. 그리고 서리를 밟는 이 시절에 영감의 기거가 신명의 도움을 받는다는 것과 가내(家內)가 두루 경사스럽다는 것을 알게 되었으니, 내 마음이 또 얼마나 위로되었겠습니까.

이제는 부임한 뒤로 시간도 조금 지났고 부곡(部曲)을 순행(巡行)하는 일도 이미 끝났을 터이니, 사속(士俗)과 이습(吏習)이나 읍폐(邑弊)와 민막(民瘼) 등이 큰마음으로 요량하는 가운데에 모두 들어와 있으리라고 짐작됩니다. 오직 바라는 바는, 작별할 당시에 글로 적었던 뜻을 잊지 말고 심흉(心胸)을 더욱 넓혀서 '충심으로 유익하게 하는〔忠益〕' 말들을 널리 받아들였으면 하는 것입니다. 그리하여 남의 말을

118 김중회(金仲晦) : 중회는 김광묵(金光默, 1730～?)의 자이다. 본관은 청풍(淸風)이다. 1767년(영조43)에 춘당시(春塘試)에 급제하였으며, 벼슬이 이조 참판에 이르렀다. 그는 송문흠(宋文欽, 1710～1752)의 사위인데, 경상 감사로 있던 1788년(정조12)에 장인의 문집인 《한정당집(閒靜堂集)》을 간행하였다. 송문흠은 송준길(宋浚吉)의 현손(玄孫)으로 녹문과 교분이 깊었다.

들을 적에는 이이(訑訑)한 안색[119]이 없게끔 하고, 정사(政事)에 임할 적에는 휴휴(休休)한 도량[120]을 소중히 여겨서, 아래로는 먹여 주기를 바라는 사방 천 리의 백성들을 구제하고, 위로는 남쪽 지방을 돌아보시는 구중궁궐의 걱정을 덜어 준다면, 지구(知舊)의 대열에 끼어 있는 자도 더불어 영광스럽게 될 것입니다.

일이 공정한 데에 가깝더라도 집착을 하면 거꾸로 도리를 해치게 되고, 사람이 본래 악하지 않더라도 편파적으로 들으면 곧장 어지럽게 되는 법입니다. 그런데 내가 나름대로 근래의 일을 살펴보건대, 내외와 대소를 막론하고 언의(言議)와 정사(政事)가 대체로 모두 '사(私)'라는 글자 하나 때문에 엉망이 되곤 합니다. 따라서 중하게 간택을 받고 세도(世道)를 떠맡게 된 자로서는 아무래도 자신부터 십분 갈고닦지 않으면 안 될 것인데, 그렇게 하면 혹 절반이라도 구할 수가 있게 될 것입니다.

나를 후하게 대해 주는 성의에 보답할 길이 없던 차에, 이렇게 붓을 든 기회에 공연한 말을 언급하면서 짧은 말이나마 그 속에 긴 뜻을 담아 보고자 하였는데, 이는 대개 지난겨울 금주(錦州 금산(錦山))의 등잔불 앞의 대화를 잊지 못해서 그런 것이니, 혹 넓은 아량을 베풀어 때때로 검토해 주신다면 이보다 큰 다행이 어디에 있겠습니까. 세기(世

119 이이(訑訑)한 안색 : 자만하는 얼굴빛이라는 뜻인데, 《맹자》〈고자 하(告子下)〉의 "자만하는 목소리와 얼굴빛이 사람들을 천 리 밖에서부터 막아 버려 오지 못하게 할 것이다.〔訑訑之聲音顔色 距人於千里之外〕"라는 말에서 나온 것이다.

120 휴휴(休休)한 도량 : 타인의 훌륭한 점을 자기 일처럼 기뻐하며 포용하는 아름다운 덕을 말하는데, 《서경》〈진서(秦誓)〉의 "그 마음씨가 아름다워 남의 재능을 포용하는 것과 같은 점이 있다.……〔其心休休焉 其如有容焉……〕"라는 말에서 나온 것이다.

記 세교(世交)가 있는 나)는 여름 사이에 한바탕 사경(死境)을 헤매다가 요즈음 요행히 조금 살아났는데, 남은 증세가 때때로 발작하여 현재도 먹지 못한 채 신음하고 있으니, 이러고서도 어떻게 오래 살아 있기를 바라겠습니까.

맹양여[121]에게 답하는 글 병신년(1776, 영조52) 2월

答孟養汝 丙申二月

이름은 지대(至大)이다.

〔문〕 "고애자(孤哀子)가 친상(親喪) 삼년이 끝나기 전에 또 장자(長子)의 참최(斬衰)를 만났습니다. 지금 친상의 대상(大祥) 날짜가 머지않았는데, 대상 뒤에는 복색을 어떻게 해야 합니까? 그리고 세상 사람들은 장자의 참최에 으레 거친 흑립(黑笠)을 쓰는데, 고애자는 패랭이〔平凉子〕나 초립(草笠)[122]을 쓰고 싶습니다. 다만 패랭이나 초립은 공조(公朝)에서는 쓸 수 없으니, 이 하나의 의절(儀節)이 구애됩니다.……" 한 것에 대해서

〔답〕 패랭이나 초립이 제일 온당할 것 같습니다. 대개 흑립에 마대(麻帶)를 쓰는 것이 근일 통행하는 속제(俗制)이긴 하지만, 끝내 온당치 못한 점이 있습니다.-선배들은 패랭이와 초립을 많이 썼고, 더러 백립(白笠)도 썼습니다.- 공조에 나아갈 때에는 임시로 흑립에 포대(布帶)를 착용한다

121 맹양여(孟養汝) : 양여는 맹지대(孟至大, 1730~1793)의 자이다. 본관은 신창(新昌)이다. 1752년(영조28) 사학 유생(四學儒生)의 소두(疏頭)로서 송시열(宋時烈)과 송준길(宋浚吉)의 문묘 배향을 청하는 소를 올렸으며, 1773년 문과에 급제한 뒤 병조 참의와 승지를 거쳐 강릉 부사(江陵府使)를 지냈다.

122 초립(草笠) : 대나무를 가늘게 쪼개 만든 갓〔笠〕의 일종으로, 패랭이〔平凉子〕에서 발전한 것이며, 여기에서 또 갓〔黑笠〕으로 옮겨 갔다. 조선 초기에는 사서인(士庶人)의 구별 없이 초립을 썼는데, 사족은 대나무 결이 곱고 가는 것으로 만들었고, 상민(常民)은 굵고 거친 것으로 만들었다. 이 초립은 그 뒤에 갓이 출현함에 따라 패랭이와 함께 상민이 전용하였다.

해도 무슨 방해가 되겠습니까. 그리고 친상의 대상 때에는 백립과 백포 직령(白布直領)과 백포대(白布帶) 차림으로 제사를 지내고, 제사를 지낸 다음에는 바로 참최복을 입는 것이 타당합니다.

이평서[123]에게 답하는 글 계사년(1773, 영조49) 6월

答李平瑞 癸巳六月

이름은 규위(奎緯)이다.

〔문〕 "강절(康節 소옹(邵雍)의 시호(諡號))의 병이 위독할 때 '생강(生薑)이 나무 위에서 나고 죽는다.'라고 말했다.……" 한 것에 대하여

〔답〕 이 문제에 대해서 일찍이 섬촌(蟾村 민우수(閔遇洙))에게 질문하였더니 "생강은 풀이 땅속에서 알을 품는 것인데, 지금 나무 위에서 난다고 하면, 이는 바로 이치에 닿지 않는 말이다. 그러나 내가 병중(病中)이라서 강변(強辯)하기 어려우니, 그저 그대가 말한 대로 따를 수밖에 없다. 이런 뜻으로 강절이 응대한 것이다."라고 대답하였습니다. 그런데 지금 다시 귀하가 보여 준 강절의 말을 가지고 살펴보건대, 섬촌의 설은 그다지 통하지 않는 것처럼 보입니다.[124]

123 이평서(李平瑞) : 평서는 이규위(李奎緯, 1731~1788)의 자이다. 본관은 한산(韓山)으로, 실학자인 흡재(翕齋) 이사질(李思質)의 아들이다. 1763년(영조39) 문과에 급제한 뒤 예문관 검열에 올랐다가 삭탈관직을 당하였고, 1765년 흑산도(黑山島)에 위리안치(圍籬安置)되었다가 두 달 뒤에 특별히 방면되었으며, 그 뒤에 장령과 대사간을 거쳐 곡산 부사(谷山府使)로 있을 때 구례현(求禮縣)에 귀양 갔다가 2년 뒤에 풀려났고, 경기도 양근(楊根)에 은거할 적에 덕원부(德源府)에 정배되었으며, 1787년(정조11)에 병조 참의에 제수되었으나 한사코 사양하며 벼슬하지 않았다.

124 이 문제에……보입니다 : 생강이 나무 위에서 난다는 것은 마치 토끼 머리에 뿔이 난다는 것처럼 아예 말이 안 된다는 뜻으로 쓴 것이다. 소옹(邵雍)의 이 말과 관련하여 《이정유서(二程遺書)》 권18에는 "그대는 생강이 나무 위에서 난다고 말하고 있는데,

나의 의견은 이렇습니다. 무릇 만물의 취산(聚散)과 생사(生死)에는 모두 일정한 기수(氣數)가 있어서 바뀔 수 없다고 하는 것이 바로 강절의 소견인데, 이천(伊川 정이(程頤)의 호)은 이런 의견을 한결같이 믿지 않으니, 가령 우레는 '일어나는 데에서 일어난다.〔起於起處〕'라고 하면서[125] 거꾸로 강절을 알지 못하는 사람으로 취급한 것이 그것입니다. 강절의 병이 위독해졌을 때 이천이 또 이야기하다가 이 일을 언급하자 강절이 농담 삼아서 "만약 정숙(正叔 정이의 자)의 설과 같다면, 만물이 나오는 것에 일정한 이치가 없고 죽는 것 또한 그러할 것이니, 이는 마치 생강이 곧 나무 위에서 날 수도 있고 나무 위에서 죽을 수도 있다는 것과 같다."라고 말한 것이라고 생각됩니다. 이는 대개 이치상 그런 일은 반드시 없다는 뜻으로 이천을 힐난한 것인데, 모르겠습니다만 어떻게 생각하십니까?-강절의 말을 기록한 것에 2본(本)이 있어서 그중에 하나를 각자 꺼내어 거론하는데, 섬촌(蟾村)의 설과 비슷한 본이 그래도 나을 듯하니, 시험 삼아 다시 검토해 보는 것이 어떻겠습니까?-

〔문〕 정숙(正叔)이 말하기를 "체회(體會)하는 것을 심(心)이 아니라

그렇다면 나도 그대의 말을 따를 수밖에 없다.〔你道生姜樹上生 我亦只得依你說〕"라고 되어 있고, 《이정문집(二程文集)》 부록 권상(卷上)에는 "정숙은 생강이 나무 위에서 난다고 말할 수도 있겠지만, 그렇다면 필시 그 생강은 나무 위에서 죽고 말 것이다.〔正叔可謂生薑樹頭生 必是生薑樹頭死也〕"라고 되어 있는데, 섬촌 민우수(閔遇洙)는 《이정유서》의 말에 의거하였고, 이평서는 《이정문집》의 말을 제시한 것으로 보인다.

125 우레는……하면서 : 소옹이 정이의 총명함을 시험해 보려고 우레가 어디에서 일어나느냐고 물어보자 정이가 곧장 한마디로 대답하며 반격한 말인데, 《이정유서(二程遺書)》 권21상(上)에 이 내용이 자세히 나온다.

고 하면 안 된다."[126]라고 하였습니다.

〔답〕 '체회'는 체인(體認)하여 이회(理會)한다는 말과 같습니다. 인심의 체(體)는 끝 간 데가 없고 내외도 없어서, 구해(九陔 구주(九州))와 팔굉(八紘 팔방의 극지(極地))이 모두 그 울타리 안에 있으므로, 비록 천지가 크고 사물이 많다고 하더라도 한번 체회하기만 하면 그 순간에 바로 그것과 함께 융통(融通)하게 되는 것입니다. 이는 대개 그것이 본래 나와 일체이기 때문에 그런 것이니, 이것을 가지고 저것을 체(體)하거나 나를 가지고 다른 것을 회(會)하는 것이 아닙니다. 그런데 다만 이런 이치를 알지 못하고서, 오로지 방촌(方寸) 사이에서 지각을 할 수 있는 곳만을 심(心)으로 여긴 나머지, 체회하여 미치는 것들을 모두 자기와 관련짓지 않기 때문에 "심은 작고 성은 크다.〔心小性大〕"라는 주장을 하는 것입니다.

〔문〕 요즈음 정자(程子)의 글을 읽다 보니 얼마쯤 소득이 있는 것도 같습니다. 그 책에서 "오늘날의 세상에 살면서 오늘날의 법령을 편안하게 여기지 않는다면 의가 아니다. 모름지기 지금의 법도 안에서 마땅하게 처리하여야 비로소 의에 합하는 것이다.〔居今之時 不安今之法令 非義也 須於今之法度內 處得其當 方爲合義〕"[127]라고

126 체회(體會)하는……된다 : 정이(程頤)의 "체회하는 것을 심이 아니라고 하면 안 된다. 체회하는 것을 심이 아니라고 여기기 때문에, 심은 작고 성은 크다는 주장을 하는 것이다.……심을 지식의 측면에 국한하여 구하기 때문에, 거꾸로 심을 작게 여기는 것이다.〔不當以體會爲非心 以體會爲非心 故有心小性大之說……將心滯在知識上求 故反以心爲小〕"라는 말을 인용한 것이다. 《二程遺書 卷2上》《明儒學案 卷48》 심소성대(心小性大)는 장재(張載)의 설이다.

하였고, 또 "예를 행할 때에는 전적으로 옛날의 예에 구애받으면 안 되고, 모름지기 시대의 풍기가 원래 같지 않은 것을 살펴야 한다. 그러므로 처리하는 것이 옛날과 다르지 않을 수 없는 것이다.〔行禮不可全泥古 須當視時之風氣自不同 故所處不得不與古異〕"[128]라고 하였습니다. 이 가르침을 보고서 스스로 반성하게 되었는데, 그것은 즉 옛날의 법만을 고수하고 시대의 의리를 생각하지 않는 것이야말로 오늘날의 세상에 살면서 옛날의 법도로 돌아가려다가 자기 몸에 재앙이 미치게 하는 소이라는 것이었습니다. 학문은 넓게 하지 않으면 안 되고 시대는 겪어 보지 않으면 안 된다는 것을 비로소 알았습니다.

〔답〕 이 말이 물론 옳기는 합니다만, 줄곧 이 말대로만 해도 안 될 것입니다. 대저 견식(見識)이 중요하니, 견식이 도저(到底)하면 옛것을 따르든 현재의 의리를 따르든 모두 곡진하게 응할 수 있을 것입니다.

〔문〕 정자(程子)가 "사람들이 나를 벙어리 어사라고 말해도 좋다. 임금의 마음을 바로잡기만 하면 그만이다.〔使人謂之啞御史猶可 且只是格君心〕"[129]라고 말했는데, 장황하게 늘어놓으며 입으로 시비를 다투는 것은 임금을 섬기는 제일의 도리가 아니라는 것을 이제야 비로소 알았습니다. 모르겠습니다만, 이 뜻이 과연 어떻

127 오늘날의……것이다 : 《이정유서(二程遺書)》 권2상에 나오는 정호(程顥)의 말을 발췌한 것이다. 《근사록(近思錄)》 〈정사(政事)〉에도 실려 있다.

128 예를……것이다 : 정이(程頤)의 말인데, 역시 《이정유서(二程遺書)》 권2상에 나온다.

129 사람들이……그만이다 : 정이의 말인데, 《이정유서》 권2하에 나온다.

습니까?

〔답〕 이것이 물론 지론(至論)이긴 합니다만, 자기 몸이나 처자를 보전하는 구실이 될까 그것도 걱정이 되니, 맨 위의 단락을 함께 참작해서 보아야 할 것입니다.

〔문〕 "병아리를 관찰하면 인(仁)을 알 수 있다."[130]라고 하였는데, 병아리가 어떻기에 인을 알 수 있다는 말입니까?

〔답〕 병아리가 처음 나왔을 적에 피부가 얇고 몸이 여려서 생의(生意)가 애연(藹然)히 밖으로 드러나고 있으니, 이런 것이 바로 인이라는 말입니다.

〔문〕 평소에 이해되지 않는 두 가지 일이 있습니다. 예로부터 성인들이 한마디 말로 '인(仁)' 자를 명쾌하게 해석해 주지 않았는데, 이것이 첫 번째로 이해되지 않는 점입니다. 안자(顏子)가 즐긴 것이 얼마나 특별한 일입니까. 그런데 정주(程朱)도 명확하게 말해 주지 않고서 매양 학자 자신이 찾게 하는데, 정주가 말해 주지 않은 것을 학자 중에 그 누가 자득할 수 있겠습니까. 이것이 두 번째로 이해되지 않는 점입니다.

〔답〕 공맹(孔孟)이 언제 '인' 자를 설파하지 않은 적이 있으며, 정주가 언제 공안(孔顏 공자와 안회(顏回))의 낙(樂)을 설파하지 않은 적이 있습니까. 오직 이미 말한 곳에 나아가서 익히 읽고 깊이 체득하면서 참되

130 병아리를……있다 : 《이정자초석(二程子抄釋)》 권2에 "병아리를 관찰하면 여기에서 인을 알 수 있다.〔觀鷄雛 此可觀仁〕"라는 정호(程顥)의 말이 실려 있다.

게 쌓아 가며 오래도록 노력한다면〔眞積力久〕,[131] 저절로 융해(融解)되는 곳이 있게 될 것입니다. 대저 도체(道體)는 정미(精微)해서 말로는 다 할 수가 없으니, 오직 말 없는 가운데 인식해야만 그 의미를 알 수 있을 것입니다.

131 참되게……노력한다면 : 《순자(荀子)》 〈권학(勸學)〉에 "참되게 쌓아 가며 오래도록 노력하면 학문의 길에 들어서게 되는데, 학문이란 죽음에 이른 뒤에야 그만두는 것이다.〔眞積力久則入 學至乎沒而後止也〕"라는 말이 나온다.

이평서에게 답하는 글 무술년(1778, 정조2)

答李平瑞 戊戌

〔문〕《시경(詩經)》〈소아(小雅)〉 편제(篇題)의 주(註)에서 공씨(孔氏)가 "변아는 모두 체음에 따른다.〔變雅皆由體音〕"라고 한 것에 대하여

〔답〕'체음(體音)'은 본래 '음체(音體)'로 되어 있는데,[132] 이는 음절(音節)의 체(體)라는 말입니다. 〈대아(大雅)〉와 〈소아〉의 음절이 각기 다르기 때문에, 변아는 그 일이 크고 작은 것을 막론하고 단지 그 음절의 체를 가지고 분류하여 붙이는 것입니다. 따라서 〈대아〉의 음절의 체가 있으면 〈대아〉에 붙이고, 〈소아〉의 음절의 체가 있으면 〈소아〉에 붙인다고 말한 것입니다.

〔문〕주자(朱子)의 글에 나오는 "염추수불(拈搥竪拂)"에 대하여

〔답〕'추(搥)'는 금옥(金玉)을 단련하는 물건이고 '불(拂)'은 먼지를 쓸고 파리를 잡는 도구인데, 모두 선가(禪家)에서 가르침을 베풀 때 쓰는 것들입니다.

132 체음(體音)은……있는데 : 당나라 공영달(孔穎達)의 《모시정의(毛詩正義)》에 "왕정이 쇠해진 뒤에 변아가 함께 일어났는데, 〈대아〉의 음을 취하여 그 정사가 변한 것을 노래하면 그것을 변대아라고 하였고, 〈소아〉의 음을 취하여 그 정사가 변한 것을 노래하면 그것을 변소아라고 하였다. 그러므로 변아에서 찬미하고 풍자한 것은 모두 음체에 대소가 있는 데에 따른 것이지 정사의 대소를 중복해서 따른 것이 아니다.〔王政既衰 變雅兼作 取大雅之音 歌其政事之變者 謂之變大雅 取其小雅之音 歌其政事之變者 謂之變小雅 故變雅之美刺 皆由音體有小大 不複由政事之大小也〕"라는 말이 나온다.

〔문〕 주자(朱子)가 봉사(封事)를 작성하다가 둔괘(遯卦)를 만나서 초고(草藁)를 불살랐습니다. 바야흐로 자신도 당적(黨籍) 안에 포함되어 아침저녁으로 죄를 기다리고 있는 처지에서 그만 당화(黨禍)에 들어 있는 사람을 구하려 하였으니, 이 일을 어떻게 생각해야 할지 모르겠습니다.

〔답〕 초고를 불사른 것은 경원(慶元) 1년에 있었던 일입니다.[133] 이때 당화가 일어나기 시작하여 조 승상(趙丞相 조여우(趙汝愚))이 유배되었는데 선생에게는 아직 화가 미치지 않았으므로, 선생이 충분(忠憤)을 이기지 못한 나머지 이렇게 상소의 초고를 작성하는 거조(擧措)가 있게 된 것입니다. 그러나 어묵(語默)의 절조(節操)에 비추어 볼 때 끝내 흡당(恰當)하지 못한 점이 있었으므로 점을 쳐서 둔(遯)의 점사(占辭)를 얻은 것입니다. 이것이 바로 선생이 성인(聖人)에 미치지 못하는 대목인데, 2년 이후였다면 필시 이런 일이 없었을 것입니다.

133 초고를……일입니다 : 송 영종(宋寧宗) 경원(慶元) 연간에 한탁주(韓侂胄)와 조여우(趙汝愚)가 권력 쟁탈전을 벌일 때 주희(朱熹) 등이 조여우의 편을 들었는데, 한탁주가 득세한 뒤에 승상 조여우 이하 59인을 모조리 몰아내는 한편, 도학(道學)을 위학(僞學)이라고 규정하고는 주희의 학문을 일체 금지시키도록 하였다. 이때 주희가 수만 언의 봉사(封事)를 작성하여 조여우를 변호하려고 하였는데, 문인 채원정(蔡元定)이 점을 쳐 보니 둔괘(遯卦)가 동인괘(同人卦)로 변하였으므로, 주희가 잠자코 초고를 불사르고는 마침내 둔옹(遯翁)이라고 호를 바꿨다는 기록이 전한다. 《周易箋述 卷8》《吹劍錄外集》 위학은 거짓된 학문이라는 뜻으로, 욕망에 따라 자기 뜻대로 살려고 하는 것이야말로 인간의 진정한 속성인 만큼, 이를 단속하여 굳이 수양하게 하려는 주희의 학문은 허위라고 한탁주가 주장하면서 도학을 배척하는 명분으로 삼았다. 이 사건을 경원당금(慶元黨禁)이라고 한다. 《宋史 卷434 儒林列傳 蔡元定, 卷474 姦臣列傳 韓侂胄》

이평서에게 답하는 글 기해년(1779, 정조3)

答李平瑞 己亥

옛날에 고종(瞽宗)[134]에서 제사 지내는 대상은 단지 선사(先師)들 중에 기(夔)와 같은 사람처럼 도가 있고 덕이 있는 이들뿐이었습니다. 후세에 학교에서 제사 지내는 대상이 비록 점차 확대되었다고 하더라도, 전대(前代)의 제왕(帝王)에 미친 적은 일찍이 없었습니다. 이는 대개 전대의 제왕은 학교의 제생(諸生)이 제사 지낼 수 있는 대상이 아니었기 때문입니다. 당(唐)나라 초기에 주공(周公)과 공자(孔子)를 함께 제사 지내라는 조칙(詔勅)이 있긴 하였지만, 곧바로 개정하여 주공은 그만두고 부자(夫子)만 제사 지내게 하였으니, 그 이유는 주공은 현달하여 도를 행해서 제왕과 다름이 없었기 때문이 어찌 아니겠습니까.

우리 동방에 기성(箕聖 기자(箕子))이 있는 것은 중국에 희황(羲黃 복희(伏羲)와 황제(黃帝))·요순(堯舜)·문무(文武 문왕과 무왕)·주공 등의 성인이 있는 것과 같습니다. 희문(羲文 복희와 문왕)의 《역(易)》과 주공의 《주례(周禮)》, 그리고 요순의 십육언(十六言)[135]과 오교(五敎

134 고종(瞽宗) : 은(殷)나라 학교의 이름인데, 보통 최고학부를 가리키는 말로 쓰인다. 《주례》 〈춘관(春官)〉 대사악(大司樂)에 "도가 있고 덕이 있는 사람에게 가르치게 하고, 그가 죽으면 악조로 받들어 고종에서 제사 지낸다.〔凡有道有德者使教焉 死則以爲樂祖 祭於瞽宗〕"라는 말이 나오고, 《예기》 〈명당위(明堂位)〉에 "고종은 은나라 학교이고, 반궁은 주나라 학교이다.〔瞽宗 殷學也 頖宮 周學也〕"라는 말이 나온다.

135 십육언(十六言) : 《서경》 〈대우모(大禹謨)〉의 "인심은 위태하고 도심은 은미하

오륜)가 어찌 기자(箕子)의 구주(九疇)[136]와 팔교(八敎)[137]에 뒤처지겠습니까마는, 뭇 성인들의 제사는 우진기송(虞陳杞宋)[138]의 경우처럼 각기 해당하는 나라에서만 지낼 뿐, 당초에 상서(庠序 학교)에서 지낸 적은 있지 않았습니다. 그렇다면 기자를 구도(舊都 평양)에서 제사 지내는 것이야말로 예(禮)의 뜻에 합치한다는 것을 의심할 것이 뭐가 있겠습니까. 지금 한때의 억견(臆見)으로 이런 황당무계한 대전례(大典禮)를 주창했다가는 뒤에 잘 마무리하지 못할 걱정이 있으니, 아무쪼록 신중히 해야 할 것입니다.

염려되는 두 구절의 말씀을 올립니다.–우락(憂樂)의 심지(心志)는 혹 급하게 진취(進取)할 염려가 있고, 굴강(倔強)한 성격은 시속(時俗)과 맞지 않을 염려가

니, 오직 정밀하고 일관되게 하여 그 중도를 진실로 잡아야 한다.〔人心惟危 道心惟微 惟精惟一 允執厥中〕"라는 16자(字)를 말한다. 이는 순(舜)이 우(禹)에게 선위(禪位)할 때 당부한 말로 되어 있는데, 주희(朱熹) 등 송유(宋儒)가 이것을 요(堯)·순(舜)·우(禹) 세 성인이 서로 도통(道統)을 주고받은 십육자심전(十六字心傳)이라고 강조한 뒤로부터, 개인의 도덕 수양과 치국의 원리로 숭상해 왔다.

136 구주(九疇) : 기자가 주 무왕에게 가르쳐 주었다는 정치와 도덕의 아홉 가지 원칙으로, 《서경》〈홍범(洪範)〉에 자세한 내용이 나온다.

137 팔교(八敎) : 기자가 평양에 도읍하고 반포했다는 범금팔조(犯禁八條)를 말하는데, 이 중에서 사람을 죽인 자는 죽인다〔相殺償以命〕, 사람을 상하게 한 자는 곡물로 보상한다〔相傷以穀償〕, 도둑질한 자는 적몰하여 그 집의 노비로 삼는다〔相盜者沒爲其家奴婢〕는 3개 조목만 전해진다.

138 우진기송(虞陳杞宋) : 우는 하우(夏禹)가 순(舜)의 아들 상균(商均)을 봉해 준 나라이고, 진은 주 무왕(周武王)이 은주(殷紂)를 멸한 뒤에 다시 순의 후손을 구하여 순의 제사를 받들도록 봉해 준 나라이고, 기와 송 역시 주 무왕이 하(夏)의 우왕(禹王)과 은(殷)의 탕왕(湯王)을 각각 제사 지내게 하기 위해 세워 준 나라이다.

있습니다.-

들려드리고 싶은 두 구절의 말씀을 올립니다.-자신의 뜻대로 된 곳에서는 '퇴(退)'라는 한 글자를 잊지 마시고, 통쾌하게 된 곳에서는 '손(遜)'이라는 한 글자를 잊지 마시기 바랍니다.-

이평서에게 보내는 글

與李平瑞

자식 아이가 전하는 말을 듣건대, 부인(婦人)의 수제(首制)를 위에서 변통하실 뜻이 있지만 대체할 만한 아름다운 제도를 얻지 못했기 때문에 어렵게 여기신다고 하였는데, 이 말이 사실입니까?

왕년에 가체(加髢)를 금할 적에, 우리 집에서 우연히 사행(使行)에서 사 가지고 온 가발(假髮)이라고 일컫는 것을 얻었는데, 만든 모양이 작으면서도 매우 아담하였습니다. 이는 대개 철사(鐵絲)나 동사(銅絲)로 틀을 만든 위에 다리〔髢〕를 입힌 것인데, 역형(櫟兄 송명흠(宋明欽))이 이것을 보고는 대수계(大手髻)라고 하면서 서로 의논하여 행하기로 하였습니다. 이것은 중화(中華)의 제도인 것이 분명한데, 다리를 그 위에 입혔어도 만듦새가 아담하기 때문에 부녀자들도 꽤나 편안하게 여기고 있습니다.

지금 만약 이러한 내용으로 상달(上達)해서 반행(頒行)하게 한다면 매우 좋을 것인데, 혹 입시(入侍)하였을 때 다른 일을 진언하는 끝에 이 일을 진달하면 안 되겠습니까? 그 제도를 보고 싶으시면 계실(溪室)에 왕복할 적에 가져다 보아도 좋을 것입니다. 전해 들은 말이 과연 사실이라면 이때를 놓치면 안 되겠기에 대략 언급하였으니, 만약 괜찮다고 여긴다면 그 설을 이 기회에 마무리하는 것이 좋을 것입니다.

이평서에게 보내는 글 임인년(1782, 정조6)

與李平瑞 壬寅

성은(聖恩)이 망극하여 어디를 가나 호탕(浩蕩)하니, 영해(嶺海)가 비록 멀다 하더라도 돌아보면 임석(衽席)의 위에 있는 것과 무엇이 다르겠습니까. 삼가 생각건대, 천은(天恩)을 떠받들고 성수(聖壽)를 축원하면서 죽을 곳을 알지 못하리라고 여겨집니다.

요즈음 막 선선해지는 때에 곤고(困苦)한 상황에 처해서도 형통하여 기거가 청건(淸健)하리라고 생각합니다. 기거하고 있는 곳은 해변에서 얼마나 떨어졌습니까? 풍토는 어떠하며 인심은 어떠합니까? 인근의 수재(守宰) 중에 혹 유의(留意)하여 돌아보며 도와주는 자가 있기는 합니까? 그렇지 않다면 날마다 쓰는 생활필수품을 어떻게 조달합니까? 늘 염려하는 마음에 거의 먹지도 숨을 쉬지도 못할 정도입니다.

그러나 옛사람 중에는 적소(謫所)에 거하면서도 옥성(玉成)[139]한 자가 많이 있으니, 오직 바라건대 동심인성(動心忍性)[140]하고 통렬히 자신을 반성하여 전긍임리(戰兢臨履)[141]에 마음을 두고 부귀이달(富貴利

139 옥성(玉成) : 완전하게 성취하는 것을 말한다. 송(宋)나라 장재(張載)의 〈서명(西銘)〉에 "가난과 비천과 걱정과 근심은 하늘이 장차 그대를 옥으로 만들어 주려 해서이다.〔貧賤憂戚 庸玉汝於成也〕"라는 말이 나오는데 여기에서 유래한 것이다.

140 동심인성(動心忍性) : 마음을 격동시키고 성질을 참음으로써 예전에 잘하지 못했던 일을 더욱 잘하게 된다는 뜻으로, 시련을 견디며 더욱 발전하는 것을 비유하는 말인데, 《맹자》 〈고자 하(告子下)〉에 이에 대한 내용이 자세히 나온다.

141 전긍임리(戰兢臨履) : 조심스러운 마음으로 매사를 신중히 처리하는 것을 말한

達)에는 생각을 끊었으면 합니다. 그리고 이렇게 한가한 날을 얻은 기회에 글을 읽고 역사를 상고하며 전심(專心)으로 내면에 집중하여, 능각(稜角 모나고 꼿꼿한 성격)을 가라앉혀 숨기고 덕성(德性)을 항상 사용함으로써, 천리(天理)가 밝게 드러나고 사욕(私欲)이 물러나 명령을 듣게 한다면, 뒷날 사면을 받고 돌아올 적에 근원이 깊어져 흐름이 커지고 체(體)가 순해지며 용(用)이 편리해진 결과, 어느 곳에서나 부당한 것이 없게 되고 어느 상황에서나 자득하지 못함이 없게 되리니, 참으로 입신보과(立身補過)[142]하고 목숨을 바쳐 국은에 보답하는〔致命報國〕 바탕으로 삼을 수 있을 것입니다. 깊이 아끼다 보니 이렇게까지 속마음을 토로하게 되었으니, 너그럽게 양찰하여 경청해 주시면 다행이겠습니다.

나는 그동안 위급한 병을 앓고 나서 최근에 요행히 조금 살아났습니다만, 정신과 기력이 또 몇 층이나 아래로 떨어졌는지 모르겠으니, 이런 상태로 오래 가기를 바랄 수 있겠습니까. 그저 천명(天命)에 맡길 따름입니다.

다. 《시경》 〈소아(小雅) 소민(小旻)〉의 "전전긍긍하여 심연에 임하듯 얇은 얼음을 밟듯 한다.〔戰戰兢兢 如臨深淵 如履薄冰〕"라는 말에서 나온 것이다.

142 입신보과(立身補過) : 부모에게 효도하고 임금에게 충성을 다하는 것을 말한다. 《효경(孝經)》 〈개종명의장(開宗明義章)〉의 "자신의 몸을 바르게 세우고 바른 도를 행하여 이름을 후세에 드날림으로써 부모님을 드러나게 하는 것이 효의 마지막이다.〔立身行道 揚名於後世 以顯父母 孝之終也〕"라는 말과 〈사군장(事君章)〉의 "군자가 임금을 섬길 적에는, 나아가서는 충성을 다할 것을 생각하고, 물러나서는 허물을 보완할 것을 생각한다.〔君子之事上也 進思盡忠 退思補過〕"라는 말을 발췌한 것이다.

이평서에게 답하는 글 3월

答李平瑞 三月

〔문〕 은공(隱公)이 즉위하지 않고 스스로 섭정(攝政)을 하였다면, 국인(國人)이 어떻게 군(君)이라고 칭하고 신(臣)이라고 칭했겠으며, 사관(史官)이 어떻게 공(公)이라고 썼겠습니까.

〔답〕 즉위하는 예(禮)를 행하지 않았다고 하더라도, 이미 조묘(朝廟)를 하고 고삭(告朔)을 하였으며,[143] 개원(改元 연호를 바꾸는 것)을 하고 정위(正位 지위를 확정하는 것)를 하였으니, 그렇다면 어떻게 섭정이라고 말할 수 있겠습니까. "도구(菟裘)에서 노년을 보내려 한다."[144]라는 말을 살펴보면, 호전(胡傳 호안국(胡安國)의 《춘추》 해설서)에서 "양위이지 섭정이 아니다.〔讓而非攝〕"라고 말한 것이 실상을 파악했다고 할 만합니다.

〔문〕 '왕정월(王正月)'[145]이라고 기록한 것이 《춘추(春秋)》의 글 중

143 조묘(朝廟)를……하였으며 : 조묘는 종묘에 제전(祭奠)을 올리는 것을 말하고, 고삭(告朔)은 초하룻날에 종묘에 고유(告由)하는 것을 말한다.

144 도구(菟裘)에서……한다 : 《춘추좌씨전(春秋左氏傳)》 은공(隱公) 11년에 "우보가 환공을 죽이기를 청했으니, 이는 장차 그 공으로 태재의 벼슬을 구하려 함이었다. 이에 은공이 말하기를 '내가 임금이 된 것은 조카가 어렸기 때문이니, 이제는 내가 장성한 그에게 자리를 물려주고자 한다. 그러고는 도구에 집을 짓고 거기에서 나의 노년을 보내려 한다.'라고 하였다.〔羽父請殺桓公 將以求大宰 公曰 爲其少故也 吾將授之矣 使營菟裘 吾將老焉〕"라는 말이 나온다. 여기서 조카는 환공(桓公)을 가리킨다.

145 왕정월(王正月) : 춘왕정월(春王正月)의 준말이다. 춘왕정월은 '어느 해 봄 주(周)나라 왕이 쓰는 달력으로 정월'이라는 뜻으로, 《춘추》에 통용된 연대 표기 방식인

에서 제일 의심됩니다.

〔답〕 왕양명(王陽明)이 곧장 《춘추》의 경문(經文)에 의거하여 단안을 내린 그 말이 직절(直截)하고 명쾌해서 더 이상 여지가 없게 하였으니, 그 사람 때문에 그 말까지 무시하면 안 될 것입니다. 그리고 그 밖에도 명백하게 증거가 되는 것들이 한두 가지가 아니니, 예컨대 《서경》 〈태서(泰誓)〉에서 '무왕(武王) 즉위 13년 봄에〔十有三年春〕'라고 하고, 《예기》 〈명당위(明堂位)〉에서 "노(魯)나라 임금이 맹춘에 천제(天帝)를 제사 지냈다.〔孟春祀帝于郊〕"라고 하고, 〈잡기(雜記)〉에서 "정월 동지에 상제에게 제사 지낸다.〔正月日至 有事於上帝〕"라고 한 것 등이 그것입니다.

〔문〕 환공(桓公) 11년의 경문에 '정나라 채중〔鄭祭仲〕'이라고 기록하였는데, 그 임금의 이름을 아래에다 기록하고 그 신하의 자(字)를 위에 기록한 것에 대한 호전(胡傳)의 설이 과연 옳은 것 같지는 않습니다.-이것은 환공 2년에 공보(孔父)의 이름을 기록한 것과도 다릅니다.-

데, 주희는 상(商)나라가 월(月)을 개정하지 않은 것에 의거하여, 주(周)나라도 개정하지 않은 증거로 삼으려 하였는데, 왕양명(王陽明)은 곧장 《춘추》의 경문(經文)에 의거하여 단안을 내리면서 "상나라가 월을 개정했다면 〈이훈(伊訓)〉에서 분명히 '원사 12월'이라고 쓰지 않았을 것이고, 진나라가 시를 개정했다면 《사기》에서 분명히 '원년 겨울 10월'이라고 쓰지 않았을 것이고, 주나라가 월과 시를 개정하지 않았다면 《춘추》에서 또한 분명히 '춘왕정월'이라고 쓰지 않았을 것이다. 따라서 《춘추》에서 춘왕정월이라고 썼다면, 주나라가 월과 시를 바꾼 것을 의심할 것이 뭐가 있겠는가.〔夫商而改月 則伊訓必不書曰元祀十有二月 秦而改時 則史記必不書曰元年冬十月 周不改月與時也 則春秋亦必不書曰春王正月 春秋而書曰春王正月 則其改月與時 已何疑焉〕"라고 하는 등 구체적으로 논거를 제시하며 명쾌하게 해명하였다. 《王文成全書 卷24 論元年春王正月》

〔답〕 '채중(祭仲)'은 채중족(祭仲足)을 줄인 말입니다. 채중이라고 칭하기도 하고 채족(祭足)이라고 칭하기도 하는데, 모두 이름을 칭한 것이지 자를 칭한 것이 아니니, 두주(杜註 두예(杜預)의 《춘추좌씨전》 해설)에서 '중(仲)'을 이름이라고 한 해설이 옳습니다.

돌(突)과 홀(忽)[146]이라고 이름을 칭한 것은 규(糾)와 소백(小白)[147]의 경우와 똑같은 예(例)입니다. 홀을 백(伯)이라고 칭하지 않은 것은 나이가 차지 않아서 임금의 조건을 채우지 못했기 때문입니다. 호전에서 "임금 노릇을 못했기 때문이다.〔不能君〕"라고 한 것이나 두주에서 "정나라 사람들이 천시하여 이름을 기록해 통고했기 때문이다.〔鄭人賤之 以名赴〕"라고 한 것은 모두 천착(穿鑿)했다는 비평을 면치 못할 것입니다. 임금이 되느냐 못 되느냐는 단지 나이를 채웠는지를 가지고 판단해야 할 것이니, 조(曹)나라 기(羈)를 군(君)으로 칭하지 않은 것-장공(莊公) 24년-과 태자 악(惡)에 대한 기록-문공(文公) 18년-과 '위자거경(衛子莒慶)'에서 위자라고 자(子)를 칭한 것-희공(僖公) 25년- 등에서 확인할 수

146 돌(突)과 홀(忽) : 홀은 정 장공(鄭莊公)의 태자로서, 모친은 등만(鄧曼)이다. 장공이 죽자 채중(祭仲)의 추대를 받고 임금이 되니, 이 사람이 소공(昭公)이다. 돌은 홀의 아우로서, 모친은 옹길(雍佶)인데, 소공의 자리를 뺏고 즉위하니 이 사람이 여공(厲公)이다. 소공은 위(衛)나라로 망명했다가 채중의 도움으로 귀국한 뒤에 사냥터에서 고거미(高渠彌)에게 사살되었고, 여공은 채중을 죽이려다 실패한 뒤에 역읍(櫟邑)으로 피신해서 17년 동안 있다가 도성으로 돌아와 복위하였다. 《史記 卷42 鄭世家》

147 규(糾)와 소백(小白) : 규는 춘추 시대 제 양공(齊襄公)의 아우이고, 소백은 제 환공(齊桓公)의 이름인데, 규의 아우라는 설과 양공의 아들이라는 설이 있다. 황음무도한 양공을 피해 두 사람 모두 국외에 망명해 있다가, 공손무지(公孫無知)가 양공을 시해하고 혼자 즉위했다가 살해당하자, 각자 군대를 이끌고 돌아와 왕위 쟁탈전을 벌인 끝에, 소백이 승리하여 규를 죽이고 왕위에 올랐다.

있습니다. 장례(葬禮)의 전후를 기준으로 해서 해설한 것은 잘못입니다.

〔문〕 장공(莊公) 32년에 경(經)에서 "공자 아가 졸하였다.〔公子牙卒〕"라고 기록하였는데, 제전(諸傳)에서 모두 "계우(季友)[148]를 어질게 여겼기 때문에, 계우가 독살한 것을 숨기고서 졸(卒)이라고 쓴 것이다."라고 말하였습니다. 대저 토역(討逆)해야 하는 대의(大義)에 비추어 볼 때, 현자(賢者)를 위해서 소사(小事)를 휘(諱)했다는 전(傳)의 설은 과연 어떻다고 하겠습니까?

〔답〕 《춘추》는 노(魯)나라 본국의 악(惡)에 대해서는 매양 표현을 미완(微婉)[149]하게 하였으니, 예컨대 은공(隱公)과 민공(閔公)이 훙(薨)했다고 한 것,[150] 자반(子般)이 졸(卒)했다[151]고 한 것, 부인(夫人)이

148 계우(季友) : 춘추 시대 노 환공(魯桓公)의 아들이요 장공(莊公)의 막내아우이다. 계우의 둘째 형인 숙아(叔牙) 즉 공자(公子) 아(牙)가 큰형인 경보(慶父)를 임금으로 세우려 하는 것을 장공이 알고서 근심하자, 계우가 겸계(鍼季)를 시켜서 숙아를 독살하게 하였으며, 장공이 죽자 장공이 총애하던 자반(子般)을 계우가 임금으로 세웠는데, 자반이 또 경보에게 살해되자 진(陳)나라로 망명했다가 경보가 거(莒)로 달아났을 때 민공(閔公)의 아우인 자신(子申)을 데리고 귀국해서 희공(僖公)을 세웠다. 춘추 시대 노나라의 집권자인 계손씨(季孫氏)는 바로 계우의 후예이다. 계자(季子)라고도 한다. 노나라 삼환(三桓)의 하나인 숙손씨(叔孫氏)는 숙아의 후예이고, 맹손씨(孟孫氏)는 경보의 후예이다.

149 미완(微婉) : 은미하고 완곡하게 한다는 뜻인데, 《춘추좌씨전(春秋左氏傳)》 소공(昭公) 31년의 "《춘추》에서 칭한 것을 보면, 은미하면서도 밝게 드러나게 하고 완곡하면서도 분명히 구별되게 한다.〔春秋之稱 微而顯 婉而辯〕"라는 말에서 나온 것이다.

150 은공(隱公)과……것 : 《춘추》 은공 11년과 민공 2년의 경문에 "공이 훙했다.〔公薨〕"라고 하였다.

151 자반(子般)이 졸(卒)했다 : 《춘추》 장공(莊公) 32년 경문에 보인다. 자반은 장공

제(齊)나라로 손(孫)했다[152]고 한 것이 모두 그것입니다. 미완하게 표현한 그 속에 토역의 뜻이 자연히 들어 있으니, 공자 아가 졸했다고 기록한 것도 이와 같습니다. 그런데 그렇게 기록하여 계자(季子)의 의(義)를 인정해 줌으로써, 친한 이를 친하게 대하는〔親親〕 의리를 보존하였으니, 정자(程子)가 "의리(義理)의 편안함과 문질(文質)의 알맞음과 관맹(寬猛)의 마땅함과 시비(是非)의 공정함"[153]이라고 말한 것이 바로 이와 같은 경우에 해당할 것입니다. 모르겠습니다만 어떻게 생각하십니까?

(莊公)이 맹임(孟任)의 딸인 맹녀(孟女)를 총애하여 낳은 아들로, 반(斑)이라고도 한다. 계우(季友)에 의해서 임금이 된 뒤에 얼마 지나지 않아 경보(慶父)의 사주를 받은 낙(犖)에게 살해되었다.

152 부인(夫人)이 제(齊)나라로 손(孫)했다 : 문강(文姜)이 노(魯)나라에서 도망쳐서 친정인 제(齊)나라로 피신한 것을 말한다.《春秋 莊公元年》 문강은 제나라 희공(僖公)의 딸로, 노나라 환공(桓公)의 부인이요 장공(莊公)의 모친이다. 환공이 문강과 함께 제나라에 갔을 적에 문강이 오빠인 양공(襄公)과 사통(私通)을 하자 환공이 노하여 꾸짖었는데, 문강이 이 사실을 양공에게 고해바치자 양공이 공자(公子) 팽생(彭生)을 시켜 수레 위에서 환공을 죽이게 하였다.《史記 卷33 魯周公世家》 '손(孫)'은 손(遜) 즉 양위(讓位)의 뜻으로, 국내의 일은 휘(諱)한다는 공자(孔子)의 《춘추》 사관(史觀)에서 나온 것이다.

153 의리(義理)의……공정함 : 정이(程頤)의 〈춘추전 서문(春秋傳序文)〉에 "《춘추》는 혹은 억누르고 혹은 풀어 주며, 혹은 허여하고 혹은 탈취하며, 혹은 나아가게 하고 혹은 물러나게 하며, 혹은 은미하게 하고 혹은 드러나게 하여, 의리의 편안함과 문질의 알맞음과 관맹의 마땅함과 시비의 공정함을 얻었으니, 이는 바로 일을 제단하는 저울이요 도를 헤아리는 표준이다.〔或抑或縱 或與或奪 或進或退 或微或顯 而得乎義理之安 文質之中 寬猛之宜 是非之公 乃制事之權衡 揆道之模範也〕"라는 말이 나오는데, 《근사록(近思錄)》 권3 〈치지(致知)〉에도 소개되어 있다.

〔문〕 소공(昭公) 20년의 경문에 "도적이 위후의 형 칩을 죽였다.〔盜殺衛侯之兄縶〕"라고 하였는데, 이에 대해 전(傳)에서는 부자(夫子)의 말[154]을 인용하여 종로(宗魯)에게 귀옥(歸獄)[155]을 하였습니다. 종로가 과연 이 사건의 장본(張本)이 되는 것이 타당합니까?

〔답〕 무릇 의롭지 못한 일로 작란(作亂)하여 살해한 자는 모두 도(盜)라고 칭하는 것입니다. 따라서 좌씨(左氏)가 "좋은 이름을 얻고 싶어 해도 그렇게 되지 못하게 한다."[156]라고 말한 것도 물론 천착(穿鑿)한 것이라고 하겠지만, 호전(胡傳)에서 부자의 말에 근거하여 종로에게 귀옥을 한 것 또한 너무 지나치게 추리한 것이라고 하겠습니다. 부자가 자개(子開)로 하여금 조문하지 않게 한 것이 어찌 귀옥을 하는 뜻이었겠습니까. 성인(聖人)의 뜻은 본래 간명하고 평이한데도 제유(諸儒)가 천착하여 복잡하게 해설을 하니, 이것이 바로 《춘추》를 읽기 어렵게

154 부자(夫子)의 말 : 위(衛)나라의 종로(宗魯)가 죽었다는 소식을 듣고 금장(琴張)이 조문을 가려고 하자, 공자가 "제표가 작란(作亂)하여 살해하고 맹칩이 살해당한 그 사건에 종로가 관계되었는데, 네가 무슨 이유로 조문을 한단 말이냐.〔齊豹之盜 而孟縶之賊 女何弔焉〕"라고 하면서, 군자의 사람됨에 대해 이야기해 준 내용이 《춘추좌씨전(春秋左氏傳)》 소공(昭公) 20년 전문(傳文)에 나온다. 금장은 공자의 제자로 위나라 사람인데, 자를 자개(子開) 혹은 자장(子張)이라고 하였다.

155 귀옥(歸獄) : 죄를 돌린다는 뜻의 귀죄(歸罪)와 같은 말로, 어떤 사건에 대해 일차적인 책임을 묻는 것을 말한다.

156 좋은……한다 : 《춘추좌씨전》 소공(昭公) 31년 전문(傳文)에 "혹 좋은 이름을 얻고 싶어 해도 그렇게 되지 못하게 하고, 혹 나쁜 이름을 감추고 싶어 해도 그 이름이 더욱 드러나게 하는데, 이는 모두 불의를 징계하기 위함이다. 제표는 위나라 사구의 관직에 있었고, 대대로 대부를 지낸 가문의 사람이었는데도, 그 행위가 의롭지 못하였으므로 '도'라고 쓴 것이다.〔或求名而不得 或欲蓋而名章 懲不義也 齊豹爲衛司寇 守嗣大夫 作而不義 其書爲盜〕"라는 말이 나온다.

하는 이유라고 하겠습니다.

〔문〕 희공(僖公) 23년에 송공(宋公)이 졸(卒)한 것만 기록하고 장례(葬禮)에 대해서는 기록하지 않았는데, 이에 대한 《공양전(公羊傳)》과 《곡량전(穀梁傳)》의 해설은 과연 옳은 것입니까?[157]

〔답〕 송 양공(宋襄公)의 장례를 기록하지 않은 이유는 노(魯)나라가 장례에 참석하지 않았기 때문이라고 보는 것이 마땅합니다. 《공양전》과 《곡량전》의 설은 천착하고 또 천착한 것으로서 말이 되지 않습니다.

〔문〕 소공(昭公) 13년의 경문에 "채후 여가 채나라로 돌아갔다.〔蔡侯廬歸于蔡〕"라고 하였고, "진후 오가 진나라로 돌아갔다.〔陳侯吳歸于陳〕"라고 하였습니다. 이 두 사람은 모두 세자(世子)의 아들의 신분으로 초(楚)나라에 포로로 잡혀 있었는데, 안으로는 계승한 일이

157 희공(僖公)……것입니까 : 《춘추》 희공 23년 경문(經文)에 "송공 자보가 졸하였다.〔宋公玆父卒〕"라고 하여 송 양공(宋襄公)의 죽음을 기록하였는데, 이에 대해 《춘추공양전》은 "어째서 장례를 기록하지 않았는가? 휘한 것을 채우기 위해서이다.〔何以不書葬 盈乎諱也〕"라고 하였고, 《춘추곡량전》은 "자보의 장례를 언급하지 않은 것은 어째서인가? 민심을 잃었기 때문이다. 민심을 잃은 것은 어째서인가? 백성들에게 전투를 가르치지 않았기 때문이니, 이는 그 군대를 버린 것이다. 임금이 되어서 그 군대를 버린다면, 어떤 백성이 그를 임금으로 여기겠는가.〔玆父之不葬何也 失民也 其失民何也 以其不教民戰 則是棄其師也 爲人君而棄其師 其民孰以爲君哉〕"라고 하였다. 《춘추공양전》에서 "휘한 것을 채우기 위해서이다."라고 한 뜻은, 양공의 부친인 환공(桓公)이 죽어서 아직 장사를 지내기 전인데도 양공이 제후들과 회합을 가졌던 기록이 희공 9년에 나오는데, 그때 《공양전》에서 "어찌하여 환공의 장례를 기록하지 않았는가. 양공을 위해서 휘한 것이다.〔何以不書葬 爲襄公諱也〕"라고 하였으므로, 아들인 양공의 죽음에 대해서도 부친과 똑같은 예를 적용해서 장사 지낸 것을 기록하지 않았다는 말이다.

없고 위로는 명을 받은 일이 없으며 또 아직 입국하지도 못한 자들입니다. 그런데도 그들에게 작호(爵號)를 써 주었는데, 이에 대한 전(傳)의 해설이 과연 옳은지 모르겠습니다.

〔답〕 진(陳)과 채(蔡)의 나라와 작위(爵位)는 천자(天子)에게서 받는 것이니, 초(楚)나라가 멸망시킬 수 있는 것도 아니고, 초나라가 봉(封)해 줄 수 있는 것도 아닙니다. 따라서 초나라가 멸망시킨 것 자체가 원래 대악(大惡)이니, 그들이 돌려준 것은 바로 전군(前君)의 악(惡)을 메우려고 옛 땅을 돌려준 것이지, 새로 땅을 주면서 독자적으로 분봉(分封)한 것이 아닙니다.

경문에서 "모후(某侯)가 모(某)로 돌아갔다."라고 하여, 마치 두 임금 자신이 작위를 가지고 스스로 귀국한 것처럼 하였으니, 이것이 바로 성인(聖人)의 권형(權衡)이 지극히 정미(精微)한 것으로, 천리(天理)에도 합당하고 인심(人心)에도 타당하여 왕법(王法)이 그 가운데에서 행해지고 있으니, 정밀하게 연구하며 깊이 완미하지 않으면 그 맛을 알 수가 없습니다. 좌씨(左氏)의 '예(禮)' 자[158]가 매우 좋고, 또 호전(胡傳)에서 "초가 멸망시킨 것을 인정하지도 않고, 초가 봉한 것을 인정하지도 않은 것이다.〔不與楚滅 不與楚封〕"라고 말한 것도 성인의 뜻을 얻었다고 할 만합니다.

158 좌씨(左氏)의 예(禮) 자 : 초(楚)나라가 채(蔡)나라와 진(陳)나라를 멸망시켰으나, "주 평왕(周平王)이 즉위한 뒤에 멸망한 진과 채 두 나라를 봉하여 모두 복구시킨 것은 예에 맞는 일이었고, 채나라 은 태자의 아들 여를 채나라로 돌려보낸 것은 예에 맞는 일이었고, 진나라 도 태자의 아들 오를 진나라로 돌려보낸 것은 예에 맞는 일이었다.〔平王卽位 旣封陳蔡 而皆復之 禮也 隱大子之子廬歸于蔡 禮也 悼大子之子吳歸于陳 禮也〕"라고 좌구명(左丘明)이 말한 것을 가리킨다. 《春秋左氏傳 昭公13年》

이사심[159]에게 답하는 글

答李士深

이름은 홍재(洪載)이다.

〔문〕 재종(再從)과 삼종(三從)의 처(妻)가 만약 종자(宗子)의 처라면 시마복(緦麻服)을 입어야 합니까?

〔답〕 만약 대종(大宗)의 처라면 자최삼월복(齊衰三月服)을 입어야 하고, 그렇지 않으면 복이 없습니다.

〔문〕 제일(祭日)은 정해(丁亥)를 써야 하는데, 정(丁)과 해(亥)에 일이 있으면 신일(辛日)로 대체하는 것이 어떻습니까?

〔답〕 신일만이 아니라, 유일(柔日)[160]이면 모두 쓸 수 있습니다.

159 이사심(李士深) : 사심은 이홍재(李洪載, 1727~1794)의 자이다. 호는 일선(一蟬)이며, 본관은 한산(韓山)이다. 1774년(영조50) 문과에 급제한 뒤 성균관 대사성·이조 참의·대사헌·대사간 등을 거쳐 1794년(정조18)에 강화부 유수(江華府留守)로 부임했다가 임지에서 죽었다. 성리학과 예론(禮論)에 밝았고, 시에도 능하였다. 저서에 《일선와고(一蟬窩稿)》가 있다.

160 유일(柔日) : 천간(天干) 중에서 을(乙)·정(丁)·기(己)·신(辛)·계(癸)를 만나는 날을 말하는데, 모두 우수(偶數)에 속하기 때문에 우일(偶日)이라고도 한다. 반면에 기수(奇數)에 속하는 갑(甲)·병(丙)·무(戊)·경(庚)·임(壬)의 5일은 양강(陽剛)에 속하기 때문에 강일(剛日) 혹은 단일(單日)이라고 한다.

녹문집

제8권

書서

심일지[1]에게 답하는 글 기해년(1779, 정조3)

答沈一之 己亥

이름은 정진(定鎭)이다.

〔문〕《역(易)》〈곤괘(坤卦)〉의 정전(程傳)에 "팔이 되면 양이 생겨난다.〔八則陽生〕"[2]라고 한 것은 무슨 뜻입니까?

〔답〕정자(程子)는 말하기를 "선유(先儒)가 육(六)을 노음(老陰)이라고 하고, 팔(八)을 소음(少陰)이라고 한 것은 원래 옳지 않다. 개보(介甫 왕안석(王安石))는 '군자를 진출시키고 소인을 퇴출시키는 것이니, 이는 성인이 의리를 얼마간 안배한 것이다.'라고 하였지만, 이것은 음과 양의 수를 정하려 하는 것인데, 어떻게 문득 의리를 설할 수가 있겠는가. 구(九)와 육(六)은 단지 순음(純陰)과 순양(純陽)에서 취한 것이

1 심일지(沈一之) : 일지는 심정진(沈定鎭, 1725~1786)의 자이다. 일지(一志)라고도 한다. 호는 제헌(霽軒)이고, 본관은 청송(青松)이다. 1774년(영조50)에 부솔(副率)이 되어 세손인 정조를 보살폈고, 1776년에 중부 도사(中部都事)와 호조 좌랑을 거쳐 회덕 현감(懷德縣監)을 역임하였다. 이때 송준길(宋浚吉)이 만든 향약(鄕約)을 주민에게 시행하였으며, 1781년에 병으로 사직한 뒤에는 그 향약을 다시 다듬어서 전국적으로 실시할 것을 상소하기도 하였다. 그 뒤에 사어(司禦)를 거쳐 동지중추부사(同知中樞府事)로 오위장(五衛將)을 겸하였다. 저서에 《제헌집(霽軒集)》과 《미호언행록(渼湖言行錄)》 등이 있다.

2 팔이……생겨난다 : 《주역》〈곤괘(坤卦) 초육(初六)〉의 효사(爻辭)에 대한 정이(程頤)의 해설에 "음효를 육이라고 칭하는 것은 음이 성해서이다. 팔이 되면 양이 생겨나니 순수하게 성한 것이 아니다.……〔陰爻稱六 陰之盛也 八則陽生矣 非純盛也……〕"라고 하였다.

니, 오직 육만이 순음이 되는 것이다. 단지 〈하도(河圖)〉의 수(數)를 취해서 그것을 살펴보더라도, 육을 지나면 하나의 양이 생겨나니, 팔에 이르면 곧 순음이 아닌 것이다.〔先儒以六爲老陰 八爲少陰 固不是 介甫以爲進君子而退小人則是聖人旋安排義理也 此且定陰陽之數 豈便說得義理 九六只是取純陰純陽 惟六爲純陰 只取河圖數見之 過六則一陽生 至八便不是純陰〕"라고 하였습니다.-《이정유서(二程遺書)》의 〈양준도록(楊遵道錄)〉에 보입니다.-

정자의 뜻은 대개 〈하도〉의 육이 곤방(坤方)에 거하고 팔이 이방(離方)에 거하며 곤(坤)과 이(離)의 사이가 바로 진(震)이기 때문에, 육을 지나면 일양(一陽)이 생겨나니-진(震)을 가리킵니다.- 팔에 이르면 바로 순음이 되지 못한다는 것입니다. 말하자면 팔이 비록 음이긴 하지만, 일양이 이미 생겨났기 때문에 순음이라고 말할 수 없다는 것인데, 예전에 정자의 설을 볼 때에는 이와 같이 해석하였습니다.

그런데 지금 다시 상세히 살펴보건대, 소자(邵子 소옹(邵雍))의 선천(先天)의 설은 주자(朱子)에 와서야 비로소 발휘되었으니, 정자의 경우는 그가 이해한 정도가 꼭 여기까지 미쳤다고 할 수는 없다고 여겨집니다. 그리고 이 단락의 상문에서 이미 노음과 소음의 설을 인정하지 않았고 보면, 이것을 가지고 해석하기도 어려울 듯싶습니다.

주자의 〈역도설(易圖說)〉을 상고해 보건대 "유목(劉牧)으로부터 〈하도〉와 〈낙서(洛書)〉 두 상(象)이 그 이름을 바꾸었는데, 제가(諸家)가 그것을 그대로 썼다."[3]라고 하였으니, 이에 의거하면 정자는 또

3 유목(劉牧)으로부터……썼다 : 대본에는 '自劉牧河圖洛書 兩易其名而諸家因之'로 되어 있는데, 이 부분에 관한 《주역전의대전(周易傳義大全)》〈주역주자도설(周易朱子

지금의 〈낙서〉를 〈하도〉로 여겼던 것 같기도 합니다. 따라서 육(六)·일(一)·팔(八)이라고 말한 것은 바로 〈낙서〉 아래의 한 층에 비껴 보이는 숫자들이니, 이와 같이 볼 경우에는 "육을 지나면 일양이 생겨나고 팔에 이르면 순음이 못 된다."라고 말한 것과 서로 들어맞는 것도 같은데, 이 생각이 어떨는지 모르겠습니다. 하지만 이것은 잠깐 정자의 뜻을 이해해 보려고 한 것일 뿐이요, 《역(易)》의 용구(用九)와 용륙(用六)[4]은 〈하도〉와는 상관이 없으니, 그 뜻이 통할 수 없는 것은 여전합니다.

圖說)〉의 내용을 소개하면 "하도와 낙서의 상에 대해서는, 한나라의 공안국과 유흠, 위나라의 관랑자명으로부터 송나라의 강절 선생 소옹 요부에 이르기까지 모두 이와 같이 말해 왔다. 그러다가 유목에 와서 비로소 두 상의 이름을 바꾸었는데, 제가가 그것을 그대로 썼다.〔圖書之象 自漢孔安國劉歆 魏關朗子明 有宋康節先生邵雍堯夫 皆謂如此 至劉牧始兩易其名 而諸家因之〕"로 되어 있다. 이 말은 주희가 채원정(蔡元定)의 말을 인용한 것인데, 그 뒤에 바로 "그래서 내가 지금 복구하여 모두 옛것을 따르기로 하였다.〔故今復之悉從其舊〕"라는 주희 자신의 결론이 이어지고 있다. 유목(劉牧)은 송나라 역학자(易學者)로, 진단(陳摶)의 문도(門徒)인 충방(种放)에게서 역을 배워 이른바 도서파(圖書派)를 창시하였다. 자는 선지(先之)이고, 호는 장민(長民)이다. 그의 저서 중에 현재 《역수구은도(易數鉤隱圖)》 1권이 전한다.

4 용구(用九)와 용륙(用六) : 〈건괘(乾卦)〉의 여섯 개의 효(爻)가 모두 양효(陽爻)인 것과 〈곤괘(坤卦)〉 여섯 개의 효가 모두 음효인 것을 가리키는데, 건과 곤 두 괘의 점사(占辭)에만 사용되는 특수 용어이다.

이임지[5]에게 답하는 글 갑자년(1744, 영조20)

答李任之 甲子

이름은 상진(商進)이다.

학이 學而

〔문〕 '부자가 어떤 나라에 이르면〔夫子至於是邦〕' 장(章)의 《이동조변(異同條辨)》[6]에 "자금의 뜻은 단지 '구(求)' 자에 있었고, '여(與)' 자는 '구' 자에 부수적으로 나온 것이기 때문에, 자공이 '여' 자에

5 이임지(李任之) : 미상이다. 1761년(영조37)에 동몽교관(童蒙敎官), 1769년에 익찬(翊贊)과 부솔(副率), 1774년에 정언(正言), 1775년에 사서(司書), 1776년(정조 즉위년)에 부사과(副司果)를 지냈다는 기록 등이 《실록》과 《일성록》에 전한다. 또 이극연(李克淵, 1742~?)이 1774년 생원시에 입격할 당시에, 그의 부친인 이상진이 통훈대부(通訓大夫)의 품계로 대구진 병마첨절제사(大丘鎭兵馬僉節制使)의 관직에 있었다는 기록도 전한다. 그러나 양자 모두 본문의 당사자인지 확실하지 않다.

6 이동조변(異同條辨) : 《사서주자이동조변(四書朱子異同條辨)》의 준말이다. 《주자사서이동조변(朱子四書異同條辨)》이라고도 한다. 청(淸)나라 도량(都梁) 사람인 이패림(李沛霖)이 초고를 작성하고, 그의 동생인 이정(李禎)이 교정하여 40권으로 만들었다. 주자의 집주(集注)와 장구(章句), 그리고 《사서혹문(四書或問)》과 《주자어류(朱子語類)》 등을 차례로 실은 뒤에, 송(宋)·원(元)·명(明)의 학자들의 설을 분별하여, 주자와 같으면 '동(同)' 자의 아래에, 주자와 다르면 '이(異)' 자의 아래에 각각 나누어 수록하였으며, 마지막으로 '변조(辨條)' 아래에 이패림 자신의 안설(按說)을 기록하여 종합적으로 평가하였다. 이패림의 자는 대운(岱雲)이며, 행적은 미상이다. 이 책은 조선 후기 유학자들에게 상당한 영향을 끼쳤는데, 이패림은 이도량(李都梁)으로, 이정(李禎)은 소도량(小都梁)으로 칭해지기도 하였다.

대해서는 다시 변론하지 않은 것이다.〔子禽之意只在求字上 而與字却從求字轉出 故子貢不更辨與字〕"라고 하였는데, 모르겠습니다만 이에 대해서 어떻게 생각하십니까?

〔답〕 자공(子貢)이 자금(子禽)에게 대답한 말의 의미는, 대개 "부자가 반드시 그 나라의 정사(政事)에 대해서 듣게 되는 것은 부자가 요구해서〔求之〕 그런 것이 아니요 바로 임금이 들려주어서〔與之〕 그런 것이다. 그렇지만 임금이 들려주는 것도 임금 자신이 알아서 들려주는 것이 아니요, 바로 성인(聖人)의 덕용(德容)이 이와 같기 때문에 존경하고 미더워서 즐겨 고하는 것일 뿐이다."라는 것입니다. 그래서 자금의 '구(求)' 자를 차용하여 되돌려 말해 줌으로써, 부자가 비록 요구하는 것은 아니지만 실제로는 임금이 그렇게 하도록 시키는 점이 있음을 밝힌 것이니, 집주(集註)에서 "스스로 그 정사를 가지고 찾아와서 물었을 뿐이다.〔自以其政就而問之〕"라고 한 단락이 바로 '여(與)' 자의 뜻을 설파한 것입니다.

〔문〕 '예의 용은 화가 귀함이 된다.〔禮之用和爲貴〕' 장(章)의 주에서 절문(節文)과 의칙(儀則)을 이미 체(體)와 용(用)으로 나누었으니, 그렇다면 성(性)과 정(情)으로 나눌 수도 있는 것입니까?

〔답〕 절문과 의칙에 대해서 농암(農巖 김창협(金昌協))과 도암(陶庵 이재(李縡)) 모두 말하기를 "오로지 예문(禮文)에 나아가서 설한 것이지 예(禮)의 성(性)을 새긴 것이 아니다."라고 하였으니, 그렇다면 성정(性情)과 체용(體用)으로 나누어 보아서는 안 될 듯합니다. 단지 천리(天理)의 입장에서 말하면 절문이라고 하고, 인사(人事)의 입장에서 말하면 의칙이라고 하는 것이니, 결국은 절문과 의칙이 하나일 뿐입니다.

〔문〕《이동조변(異同條辨)》에서 “이의 자연이 바로 천리의 절문이요, 예의 전체가 바로 인사의 의칙이다.〔理之自然 卽天理之節文 禮之全體 卽人事之儀則〕”라고 하였습니다만, 내 생각으로는 인사의 의칙도 이(理)의 자연인 것이고, 천리의 절문도 예(禮)의 전체인 것이니, 분리할 수는 없다고 여겨집니다.

〔답〕 절문(節文)과 의칙(儀則)이 엄(嚴)과 절(節)인 것이고, 종용(從容)과 불박(不迫)이 태(泰)와 화(和)인 것이니, 이 두 가지가 바로 이(理)의 자연이고 예(禮)의 전체입니다.[7] 《이동조변》의 설은 지극히 지리멸렬해서 말이 안 되고, 변어(辨語) 역시 불완전합니다.

위정 爲政

〔문〕 ‘내가 안회(顔回)와 이야기를 함에〔吾與回言〕’ 장(章)과 관련하여, 《어류(語類)》에서 “부자가 물러나 안자의 사적인 행동을 살펴본 것이다.〔夫子退而察顔子之私〕”라고 하고, 또 “물러난 것은 부자가 물러난 것이 아니고 바로 안자가 물러난 것이다.〔退非夫子退 乃顔子退〕”라고 하는 등, 두 개의 설이 같지 않습니다.

〔답〕 ‘물러 나와 그가 사적으로 하는 행동을 살펴보면〔退而省其私〕’이라고 한 그 문세(文勢)를 상세히 살펴보면, 주자(朱子)의 첫 번째 설이 더 좋을 듯한데, 모르겠습니다만 어떻게 생각하십니까?

7 절문(節文)과……전체입니다 : 예지용장(禮之用章)의 주희의 해설 중에 “엄하면서도 태연하고 화하면서도 절제하는 이것이 이의 자연이요 예의 전체이다.〔嚴而泰 和而節 此理之自然 禮之全體也〕”라는 말이 나온다.

이임지에게 답하는 글
答李任之

학이 學而

〔문〕 교언영색장(巧言令色章)의 주에 "단적으로 드물다고 말씀하셨고 보면, 절대로 없다는 것을 알 수 있다.〔專言鮮則絶無可知〕"라고 한 것에 대하여

〔답〕 상장(上章)의 '선(鮮)' 자는 '있지 않다.〔未之有〕'에 상대되는 말인 만큼 본시 '드물다〔鮮少〕'라는 뜻이 되겠지만, 이 장(章)의 경우는 단독으로 '선' 자를 설하였으니 '절대로 없다.〔絶無〕'는 것임을 알 수 있습니다. 다만 성인(聖人)의 말씀은 박절하지 않기 때문에 단지 '선' 자로 표현한 것일 뿐이니, 《어류(語類)》에서 "단지 단독으로 설하면 곧 아무것도 없는 것이다.〔若只單說 便是無了〕"라고 말한 것이 바로 이 뜻입니다.

〔문〕 예지용장(禮之用章)에서 체(體)가 되고 용(用)이 된다고 말한 것은 성(性)과 정(情)의 측면에서 설한 것입니까? 《어류》에서는 "경과 화는 대덕·소덕과 같다.〔敬與和 猶大德小德〕"라고 하였고, 또 "경은 미발의 중이요, 화는 중절의 화이다.〔敬是未發之中 和是中節之和〕"라고 하였습니다.

〔답〕 절문(節文)과 의칙(儀則)이 체(體)이고, 사람이 이 절문과 의칙을 행하는 것이 용(用)이니, 이는 성정(性情)의 설과는 같지 않을 듯합

니다. 《어류》의 소덕(小德)·대덕(大德)이나 미발(未發)·이발(已發)은 단지 '경(敬)'과 '화(和)' 두 글자에 대해서 유추하여 말하다 보니 이렇게 언급한 것일 뿐이요, 이 장(章)의 '체(體)'와 '용(用)' 자를 정식으로 해설한 것은 아닙니다.

위정 爲政

〔문〕 '봉록을 구하는 방법을 배우고자 하였다.〔學干祿〕' 장(章)에 대하여, 《어류(語類)》에서 "농사는 본래 배부르려고 하는 것이지만 그중에 바로 굶주림이 들어 있기도 하다. 학문은 본래 몸을 세우려고 하는 것이지만 그 속에 바로 봉록을 얻는 길이 있다.〔耕本要飽 然便有餒在其中 學本要立身 而便有得祿之道〕"[8]라고 한 이것은 봉록을 얻는 증험이고, 집주(集註)에 나오는 정자(程子)의 설은 봉록을 얻지 못하는 증험입니다.

〔답〕 정자가 "농사를 지어도 그중에 굶주림이 들어 있다.〔耕也餒在其中〕"라고 한 것은, 대개 농사가 본래 먹을 것을 구하려고 하는 것이지만 꼭 먹을 것을 얻지는 못하니, 학문을 해도 때때로 봉록을 얻지 못하는 것 역시 괴이하게 여길 것이 없다는 뜻으로 말한 것일 뿐이니, 《논어》의 본문에서 "녹재기중(祿在其中)"에 상대하여 말한 것[9]과는 그 뜻이

8 농사는……있다 : 《주자어류(朱子語類)》 권24에 나오는 내용 중에서 중요한 부분만 발췌한 것이다.

9 논어의……것 : 《논어(論語)》 〈위령공(衛靈公)〉의 "군자는 도를 도모하고 먹을 것을 도모하지 않는다. 농사를 지어도 그중에 굶주림이 들어 있는 법이요, 학문을 하여도 먹을 봉록이 그 속에 들어 있는 것이다. 그래서 군자는 도가 행해지지 못할까 근심하고

같지 않습니다. 그리고 인용하신 주자(朱子)의 설로 말하면, 바로 본문의 뜻에 입각해서 말한 것일 뿐입니다. 이것 역시 도암(陶庵 이재(李縡))의 설입니다.

〔문〕 "백성을 대하기를 장엄하게 한다.〔臨之以莊〕"라고 했을 때, 이 '장(莊)'은 용모의 측면에서 말한 것입니다. 그런데 효자(孝慈)하지는 못하면서 단지 용모상으로만 단엄(端嚴)하게 한다면, 이는 곧 색장(色莊)[10]의 위선이 될 것입니다.

〔답〕 백성을 대하기를 장엄하게 하는 것은 본래 이치로 볼 때 당연한 것입니다. 그 당연한 것을 보고서 이와 같이 성실하게 한다면 이는 곧 위선이 아닌 것입니다.

〔문〕 십세가지장(十世可知章)에서, '가지(可知)'라는 두 글자가 어떤 것은 인(因)한 것과 손익(損益)한 것을 아울러 받기도 하고, 어떤 것은 단순히 손익한 것만을 받기도 하였으며, 위와 아래의 '가지'에도 조금 다른 점이 있습니다.[11]

가난할까 근심하지 않는 것이다.〔君子謀道不謀食 耕也 餒在其中矣 學也 祿在其中矣 君子憂道不憂貧〕"라는 공자의 말을 가리킨다.

10 색장(色莊) : 얼굴색만 장엄하게 하는 것으로, 겉과 속이 다른 것을 말한다. 《논어》 〈선진(先進)〉의 "언론이 독실한 사람을 평가한다면, 그를 군자라고 할 것인가, 겉만 장엄한 자라고 할 것인가?〔論篤是與 君子者乎 色莊者乎〕"라는 공자의 말에서 나온 것이다.

11 십세가지장(十世可知章)에서……있습니다 : 자장(子張)이 '십세의 일을 알 수 있는 것인지〔十世可知也〕' 물어보자, 공자가 "은나라는 하나라의 예를 '인'하였으니 무엇을 '덜고 보태었는지' 알 수가 있고, 주나라는 은나라의 예를 인하였으니 무엇을 덜고

〔답〕 이미 "은나라는 하나라의 예를 인하였으니 무엇을 덜고 보태었는지 알 수 있다.……〔殷因於夏禮 所損益可知……〕" 하였고 보면, 이른바 손익(損益)했다고 하는 것은 바로 인(因)한 것 중에서 '조금 덜고 조금 보탠 것〔小損小益〕'일 뿐입니다. 그렇다면 '가지(可知)'라는 두 글자가 오로지 손익한 것만을 가리키는 것 같지만, 사실은 인(因)한 것도 그 안에 포함되어 있으니, 하문의 '가지'와 다른 점이 있는 것을 보지 못하겠습니다.

공야장 公冶長

〔문〕 '정은 욕심이 있다.〔棖也慾〕' 장(章)을 보건대, 인정(人情)이 욕심을 내는 것은 본래 악(惡)이라고 단정할 수 없기 때문에, 주(註)에서 "기욕이 많다.〔多嗜慾〕"라는 말을 첨가하였는데, 정자(程子)와 사씨(謝氏)는 오로지 '욕(慾)'이라는 한 글자를 가지고 말하였으니, 그 이유는 무엇입니까? 그리고 '으스대며 잘난 체하는 것〔悻悻自好〕'을 곧장 '욕(慾)'이라고 말할 수 있습니까?

〔답〕 "기욕이 많다."라고 한 것은 바로 '욕(慾)'이라는 한 글자를 해석하기 위한 것이니, 의심할 만한 점이 보이지 않습니다. 행행자호(悻悻自好)는 비록 강직한 것 같이 보여도, 사실은 '거짓으로 꾸며 명예를 구하는 것〔矯情干譽〕'이니, 그래서 곧 욕(慾)이 되는 것입니다.

보태었는지 알 수가 있다. 따라서 혹시 주나라를 잇는 자가 있다면, 비록 백세의 뒤라도 알 수가 있다.〔殷因於夏禮 所損益可知也 周因於殷禮 所損益可知也 其或繼周者 雖百世可知也〕"라고 대답한 내용을 거론한 것이다. 《論語 爲政》

〔문〕 '부자의 문장은〔夫子之文章〕' 장(章)에서 문장(文章)과 성(性)과 천(天)을 모두 '문(聞)'이라고 말하였는데, '문'이라는 글자 속에는 지득(知得 이해)과 영득(領得 납득)의 뜻도 내포되어 있는 만큼, 오로지 귀로 들었다〔耳聞〕는 뜻만 있는 것이 아닌데, 집주(集註)에서 이 점을 언급하지 않은 것은 무엇 때문입니까?

〔답〕 '문(聞)'은 단지 귀로 들은 것만을 의미합니다. 내서(來書 보내온 글)에서 "지득과 영득의 뜻도 내포되어 있는 만큼, 오로지 귀로 들었다는 뜻만 있는 것이 아니다."라고 말한 뜻이 좋지 않은 것은 아니지만, 자공(子貢)의 본의와는 상당히 차이가 있을 듯싶습니다. 상구(上句)의 '문' 자는 바로 이렇게 말함으로써 하구의 '문' 자를 불러내려고 한 것일 뿐입니다. 지금 만약 "문장은 볼 수 있지만, 성과 천도는 들을 수 없다.〔文章可見 性與天道不可聞〕"라고 한다면 어떻게 말이 되겠습니까.

〔문〕 계문자장(季文子章)의 내용과 관련하여, 《혹문(或問)》에서는 정자(程子)의 시진(使晉)에 대한 설(說)을 편협하다고 하였는데,[12] 집주(集註)에서는 그 설을 인정하였으니, 그 이유는 무엇입니까?

〔답〕 정자가 해설하면서 오로지 시진의 일을 가지고 말한 것은 물론 편협하다고 할 것입니다. 그런데 집주에서는 "그 일도 하나의 예이다.〔亦其一事也〕"라고 말하였고 보면, 이는 이 하나의 일을 가지고 다른

12 정자(程子)의……하였는데 : 주희가 지은 《논어혹문(論語或問)》 권10에 이 내용이 나온다. 시진(使晉)에 대한 설이란, 계문자(季文子)가 '진(晉)나라에 사신으로 갈〔使晉〕' 적에 그 나라 임금의 상(喪)을 만났을 경우에 사신으로서 행해야 할 예법을 미리 알아보고 길을 떠난 것을 정이(程頤)가 비평한 것을 말한다.

일의 증거로 삼은 것일 뿐이니, 그 어세(語勢)가 《혹문》과는 원래 같지 않습니다.

〔문〕 영무자장(甯武子章)의 정주(程朱)의 해설에서 다른 점이 보이지 않습니다.

〔답〕 주자(朱子)는 '어렵고 험한 일을 피하지 않은 것〔不避艱險〕'을 그의 어리석음으로 여겼고, '자기 몸을 보전하고 임금을 구제한 것〔保身濟君〕'을 남이 따를 수 없는 점이라고 하였으며, 정자(程子)는 곧장 '자신을 드러내지 않아 화를 면한 것〔沈晦以免患〕'을 남이 따를 수 없는 그의 어리석음으로 삼았으니, 두 선생의 설이 조금 같지 않습니다.

〔문〕 집주(集註)에서 '광간(狂簡)'을 풀이하면서 "뜻이 크지만 일에 소략한 것〔志大而略於事〕"이라고 하고, 또 "광사는 뜻이 높고 멀다.……〔狂士志意高遠……〕" 하였을 뿐[13] '간(簡)' 자에 대해서는 언급하지 않았는데, 그 이유는 무엇입니까?

〔답〕 나누어서 말하자면 뜻이 큰 것〔志大〕은 광(狂)에 속하고 일에 소략한 것〔略於事〕은 간(簡)에 속하며, 합해서 말하자면 광하면서 간하지 않은 경우는 있지 않은 것입니다. '지의고원(志意高遠)' 네 글자 속에 이미 '약어사(略於事)'의 뜻이 포함되어 있으니, 깊이 완미하면 자연히 볼 수 있을 것입니다.

13 집주(集註)에서……뿐 : 《논어》 〈공야장(公冶長)〉 자재진장(子在陳章)의 주희의 해설에 나온다.

이임지에게 답하는 글

答李任之

위정 爲政

〔문〕 '관기소유(觀其所由)'에 대한 혹자(或者)의 설과 집주(集註)의 설[14]이 다른 점을 알지 못하겠습니다.

〔답〕 도암(陶庵 이재(李縡))은 말하기를 "'소이행기소위(所以行其所爲)'는 '행한 일〔所行之事〕'을 가리킨다. 그 대체가 선인지 악인지를 보고 나서 다시 그가 행한 일에 대하여 하나하나 자세히 고찰하는 것이다."라고 하였습니다.

이인 里仁

〔문〕 '인을 이롭게 여기는 것〔利仁〕'을 곧장 소득이 없다고 말할 수 있습니까?[15] 소득이 없다면 어떻게 인을 이롭게 여기겠습니까.

14 관기소유(觀其所由)에……설 : 《논어》 〈위정(爲政)〉에 공자가 "그 소이를 보며, 그 소유를 보며, 그 편안히 여기는 바를 보면, 사람이 어찌 숨길 수 있으랴.〔視其所以 觀其所由 察其所安 人焉廋哉 人焉廋哉〕"라고 한 말이 있는데, '관기소유'에 대해서 주희는 "유는 종, 즉 '~로부터'이다. 일은 비록 선한 일을 하더라도, 뜻이 나온 것 즉 동기가 선하지 않은 점이 있으면 역시 군자가 될 수 없다.〔由從也 事雖爲善 而意之所從來者有未善焉 則亦不得爲君子矣〕"라고 해석하였고, 혹자는 "유는 행이니, 그가 하는 것을 행하는 소이를 말한다.〔由行也 謂所以行其所爲者也〕"라고 해석하였다.

15 인을……있습니까 : 《논어》 〈이인(里仁)〉의 "인자는 인을 편안히 여기고 지자는 인을 이롭게 여긴다.〔仁者安仁 知者利仁〕"라는 공자의 말에 대한 사씨(謝氏) 즉 상채

〔답〕 대개 이인(利仁)은 나와 인(仁)이 둘이고, 안인(安仁)은 나와 인이 하나입니다. '득(得)' 자에도 역시 얕고 깊은 뜻이 있으니, 얕게 말하면 이인이라도 소득이 없다고 말할 수 없지만, 깊이 말하면 반드시 안인의 지위에 이른 뒤에야 거기에 해당할 수 있는 것입니다.

〔문〕 "의에 밝다.〔喩於義〕"[16]라고 할 때의 그 '의(義)' 자를 해석할 적에 '마땅함의 이〔宜之理〕'라고 하기도 하고 '이의 마땅함〔理之宜〕'이라고 하기도 한 것은 어째서입니까? 그리고 '인정의 하고자 하는 바〔人情所欲〕'가 모두 악(惡)이라고 단정할 수 없는데, 이 장(章)에서는 오로지 소인(小人)으로 말한 것은 어째서입니까?

〔답〕 의지리(宜之理)는 성(性)의 측면에서 말한 것이고, 이지의(理之宜)는 사(事)의 측면에서 말한 것입니다. '인정지소욕(人情之所欲)'의 이 '욕(欲)' 자는 오로지 형기(形氣)의 측면에서 말한 것이니, 그렇다면 바로 악인 것입니다. 그런데 하물며 거기에 밝은 것이야 더 말할 나위가 있겠습니까.

〔문〕 희구(喜懼)에 대해서 "장수하시는 것이 기쁘지만, 또 노쇠하신 것이 두려운 것이다.〔旣喜其壽 又懼其衰〕"라고 하였는데,[17] 이렇게

(上蔡) 사양좌(謝良佐)의 해설을 비평한 것이다. 나와 인이 하나이고 둘이라는 녹문의 답변 역시 사씨의 해설에 기초한 것이다.

16 의에 밝다 : "군자는 의에 밝고, 소인은 이에 밝다.〔君子喩於義 小人喩於利〕"라는 공자의 말을 발췌한 것이다. 《論語 里仁》

17 희구(喜懼)에……하였는데 : 《논어》 〈이인(里仁)〉의 "부모의 나이는 기억하지 않으면 안 되니, 한편으로는 기쁘고 한편으로는 두렵다.〔父母之年 不可不知也 一則以喜

하면 두려워하는 것이 '앞으로 모실 날이 많지 않음〔來日之無多〕'에 있지 않게 됩니다. 《어류(語類)》에서 이미 이 점을 언급하였는데, 또 그대로 놔둔 것은 무엇 때문입니까?

〔답〕 연세가 높아지면 높아질수록 기력이 더욱 쇠해지니, 이것이 바로 앞으로 모실 날이 많지 않다는 것입니다. 《어류》에 비록 "약간 차이가 있다.〔微差些〕"라는 말이 있기는 하지만, 잘 살펴보면 꼭 병통이 되지는 않기 때문에 그냥 놔두고 고치지 않은 것이 아닐까 합니다.

一則以懼〕"라는 공자의 말에 대해서, 주희가 "장수하시는 것이 기쁘지만, 또 노쇠하신 것이 두려운 것이다.〔既喜其壽 又懼其衰〕"라고 집주(集註)에서 해설하였다. 그런데 《주자어류(朱子語類)》 권27 부모지년장(父母之年章)을 보면, "'일즉이희 일즉이구'라는 말은, 단지 이 하나의 일에 대해서 이미 장수하시는 것을 기뻐하고 나서 다시 이렇게 장수하시는 만큼 또 앞으로 모실 날이 많지 않음을 두려워하는 것이다. 그런데 집주에서 '기희기수 우구기쇠'를 인용한 것은 약간 차이가 있으니, 그렇게 하면 두 가지 일이 되고 만다.〔一則以喜 一則以懼 只是這一事上 既喜其壽 只這壽上 又懼其來日之無多 註中引既喜其壽 又懼其衰 微差些 如此 卻是兩事矣〕"라는 내용이 있다.

이임지에게 답하는 글

答李任之

학이 學而

〔문〕 입즉효장(入則孝章)에서, 형을 섬기는 것이 "들어와서는 효도한다.〔入則孝〕"의 구(句) 안에 들어 있으니, "나가서는 공경한다.〔出則弟〕"라는 구는 단지 어른을 섬기는 것을 말한 것입니다. 그런데 혹자는 말하기를 "형제를 부모와 상대해서 말한 것이니, 부모가 내(內)가 되고 형제가 외(外)가 된다."라고 하는데, 이 설이 어떻습니까?

〔답〕 위의 설이 나은 것 같습니다.

위정 爲政

〔문〕 '관기소유(觀其所由)'에 대해서 "그 대체(大體)가 선인지 악인지를 보고 나서 하나하나 자세히 고찰한다는 뜻이 또 그 속에 들어 있다."라고 한다면, 이것이야말로 중복되는 설이 아니겠습니까?

〔답〕 나의 글에서 "그 대체가 선인지 악인지를 보고 나서〔旣視其大體善惡〕"라고 말한 것은 바로 상구(上句)의 '시기소이(視其所以)'를 가리켜서 말한 것입니다. 이는 대개 그 대체를 먼저 살펴서 실제로 그가 선을 행하는 사람일 경우에는 다시 그가 행한 일에 나아가서 하나하나 상세히 관찰하여 증험한다는 것입니다. 이렇게 해석해도 문의(文義)는 역시 통합니다만, 그래도 그 위에 제시한 해설이 더욱 절실한 것보다는

못하기 때문에, 혹설(或說)을 자료로 제공한 것입니다.

이인 里仁

〔문〕 부여귀장(富與貴章)에 대해서, 내유(來喩)에서는 "부귀와 빈천을 취사(取舍)하는 분별이 크고, 성찰(省察)하고 존양(存養)하는 공부는 작다."라고 하셨는데, 이에 대해서 상세한 말씀을 듣고 싶습니다.

〔답〕 부귀와 빈천을 취사하는 이 분별이야말로 사군자(士君子)가 마음을 세우는 제일의(第一義)요 학문을 하는 대본령(大本領)이니, 공자가 '위기(爲己) 위인(爲人)'[18]과 '유의(喩義) 유리(喩利)'[19]를 말하고, 맹자가 '순척(舜跖) 선리(善利)'[20]와 '대체(大體) 소체(小體)'[21]를 말한 것이 모두 이것입니다. 여기에 대해서 혹시라도 명확하게 분변하지 못한다면, 이는 참으로 주자가 "다시 무슨 격물치지(格物致知)나 성의

18 위기(爲己) 위인(爲人) : 《논어》 〈헌문(憲問)〉에 "옛날의 학자들은 자신을 위한 학문을 하였는데, 오늘날의 학자들은 남에게 보여 주기 위한 학문을 한다.〔古之學者爲己 今之學者爲人〕"라는 공자의 말이 나온다.

19 유의(喩義) 유리(喩利) : 《논어》 〈이인(里仁)〉에 "군자는 의에 밝고, 소인은 이에 밝다.〔君子喩於義 小人喩於利〕"라는 공자의 말이 있다.

20 순척(舜跖) 선리(善利) : 《맹자》 〈진심 상(盡心上)〉에 "순 임금과 도척(盜跖)의 구분을 알고 싶은가? 그것은 다름이 아니라 단지 이익을 탐하고 선행을 좋아하는 그 사이에 있을 뿐이다.〔欲知舜與跖之分 無他 利與善之間也〕"라는 맹자의 말이 나온다.

21 대체(大體) 소체(小體) : 《맹자》 〈고자 상(告子上)〉에 "대체를 따르면 대인이 되고, 소체를 따르면 소인이 된다.〔從其大體爲大人 從其小體爲小人〕"라는 맹자의 말이 나오는데, 주희(朱熹)는 "대체는 마음을 가리키고 소체는 이목(耳目) 등의 기관을 가리킨다."라고 해설하였다.

정심(誠意正心)을 설하겠는가.〔更說甚格致誠正〕"라는 격이 되고 말 것입니다.

"한 끼 밥을 먹는 사이에도 인(仁)에서 떨어지지 않는다.〔終食不違〕"라는 말을 살펴보건대, 그렇게 할 경우에 공부는 물론 더욱 세밀해지겠지만, 이것은 단지 일상의 자질구레한 일에 나아가서 말한 것일 뿐입니다. 이것을 자하(子夏)가 말한 대덕(大德)과 소덕(小德)[22]으로 말한다면, 부귀와 빈천을 취사하는 것은 대덕이 되고, 한 끼 밥을 먹는 사이에도 떨어지지 않는다는 것은 소덕이 되니, 이 사실은 매우 명백해서 의심할 것이 없습니다. 내가 매양 이 대목을 읽을 때마다 미상불 여러 차례 반복하면서 감개(感慨)하는 마음을 일으키곤 하는데, 이는 실로 소소(小小)한 문의(文義)에 비할 바가 아니니, 다시 깊이 생각하기 바랍니다.

공야장 公冶長

〔문〕'정은 욕심이 있다.〔棖也慾〕' 장(章)에서, 천리(天理)와 인욕(人慾)을 상대적으로 말한다면 인욕이 오로지 악(惡)이 되겠지만, 단지 인욕만 가지고 말한다면 오로지 악이 된다고 단정할 수 없을 것입니다.

〔답〕욕(欲)과 욕(慾)은 구별해야 할 점이 있습니다. 욕(欲)이라고

22 자하(子夏)가……소덕(小德) : 《논어》 〈자장(子張)〉에 "큰 덕이 한계를 넘지 않으면 작은 덕은 드나듦이 있더라도 괜찮다.〔大德不踰閑 小德出入可也〕"라는 자하의 말이 나온다.

하면 물론 오로지 악이라고 단정할 수 없겠지만, 욕(慾)이라고 하면 어찌 악이 아닌 욕이 있겠습니까. 그러므로 집주(集註)에서 '다기(多嗜)'라는 두 글자를 첨가했어도 그것이 군더더기가 되지 않는 것이고, 경문(經文) 및 정자(程子)와 사씨(謝氏 사양좌(謝良佐))가 단지 '욕(慾)'이라는 글자 하나만 설했어도 그것이 미흡한 것이 되지 않으니, 이에 대해서는 의심할 것이 없을 듯합니다. 그리고 상채(上蔡 사양좌)의 설을 해석하신 것도 이해할 수가 없습니다. '으스대며 잘난 체하는 것〔悻悻自好〕'은 강직〔剛〕한 것같이 보여도 사실은 욕심〔慾〕인 것입니다. 상채가 "이것이 바로 욕이 되는 까닭이다.〔此其所以爲慾〕"라고 말한 것은, 행행자호(悻悻自好)하는 이것이 바로 욕(慾)이라는 것이지, 행행자호하는 이외에 별도로 욕이 있다는 말이 아닙니다.

옹야 雍也

〔문〕 거간장(居簡章)의 주(註)에서 정자(程子)가 "경에 거하면 행하는 것이 저절로 간소해진다.〔居敬則所行自簡〕"라고 말한 것에 대하여

〔답〕 무릇 집주(集註)의 예(例)는, 선유(先儒)의 설이 바른 뜻에 합치하면 권(圈) 안에 인용하고, 바른 뜻에 합치하지 않더라도 드러내 밝힌 것이 있으면 권(圈) 밖에 배열합니다. 이 장(章)의 정자(程子)의 해설로 말하면, 중궁(仲弓)의 본의에 약간 합치하지 않는 것 같기도 하지만, 그가 "경에 거하면 마음속에 외물이 없기 때문에 행하는 것이 저절로 간소해진다.〔居敬則心中無物 故所行自簡〕"라고 말한 것이 지극히

친절하여 맛이 있으니, 언의의 밖에서 터득한 점이 있지 않다면, 그 누가 여기에 참여할 수 있겠습니까. 대저 그렇다면 또 어떻게 이 해설을 놔두고 인용하지 않을 수 있겠습니까.

〔문〕 경귀신장(敬鬼神章)에서 집주(集註)와 정자(程子) 모두 도사(禱祠)의 종류로 귀신을 말했는데, 《혹문(或問)》에서는 그렇게 하지 않았습니다.

〔답〕 이 귀신은 바로 귀신의 바른 뜻을 가지고 말한 것일 뿐인데, 집주와 《혹문》 모두 그러하니 같지 않은 점을 보지 못하겠습니다.

〔문〕 박시장(博施章)에 대하여, 《어류(語類)》에서 욕립욕달(欲立欲達)과 극기복례(克己復禮)를 하나는 마음의 덕〔心之德〕이라고 하고 하나는 사랑의 이치〔愛之理〕라고 한 것은 어째서입니까?

〔답〕 욕립욕달은 남에게 미치는〔及人〕 곳을 가지고 말하였고, 극기복례는 나의 마음〔吾心〕에 나아가서 설하였으니, 이것이 하나는 애지리(愛之理)가 되고 하나는 심지덕(心之德)이 되는 까닭입니다. 그러나 애지리와 심지덕에 편전(偏全)과 광협(廣狹)의 차이가 있는 것처럼 보이지만, 사실은 하나일 뿐입니다. 인욕(人欲)이 모두 깨끗해져서 천리(天理)가 혼연해지면 '충일(充溢)하게 만물을 살리려는 마음〔盎然生物之心〕'이 어찌 다시 나의 속에서 온전해지지 않겠으며, '자기를 미루어 남에게까지 미치게 해서〔以己及人〕' 인애(仁愛)가 널리 퍼지게 되면 털끝만큼이라도 인욕의 사(私)가 어찌 다시 그 사이에 간여하겠습니까. 이것이 바로 주자(朱子)가 각각 나누어 소속시킨 뒤에 계속해서

또 "다만 이것이 하나의 물사임을 인식해야 할 것이다.〔但要認得是一箇物事〕"[23]라고 말한 까닭입니다.

태백 泰伯

〔문〕 흥어시장(興於詩章)에 대하여

〔답〕 이 세 절목[24]은 '지도(志道) 거덕(據德) 의인(依仁)'[25]과 비교해 볼 때 그 지위(地位)와 시절(時節)이 대개는 서로 비슷합니다. 다만 후자는 덕성과 도리의 측면에 나아가서 그 공부의 하수처(下手處)를 말한 것인 반면에, 전자는 시(詩)와 예(禮)와 악(樂)의 측면에 나아가서 그 공효의 득력처(得力處)를 말한 것이 다를 뿐입니다. 이것이 바로 주자가 일단 "또한 차이가 크지는 않다.〔也不爭多〕"라고 말해 놓고는, 다시 "단지 유어예(遊於藝)에 대한 하나의 주각(註脚)일 뿐이다.〔却有游藝一脚者也〕"라고 말한 까닭이니,[26] 이는 대개 '유어예'의 한 절목이 본디

23 다만……것이다 : 《주자어류(朱子語類)》 권33에 이 말과 함께 자세한 내용이 나온다.

24 이 세 절목 : 공자가 "시에서 일어나고, 예에서 서며, 악에서 완성한다.〔興於詩 立於禮 成於樂〕"라고 말한 것을 가리킨다. 《論語 泰伯》

25 지도(志道) 거덕(據德) 의인(依仁) : 《논어》 〈술이(述而)〉의 "도에 뜻을 두며, 덕에 근거하며, 인에 의지하며, 예에 노닐어야 한다.〔志於道 據於德 依於仁 遊於藝〕"라는 공자의 말을 발췌한 것이다.

26 이것이……까닭이니 : 주희가 "'지도(志道) 거덕(據德) 의인(依仁)'이 '흥어시(興於詩) 입어예(立於禮) 성어악(成於樂)'과 서로 표리(表裏)가 되느냐?"라는 질문을 받고는, "또한 차이가 크지는 않다. 이것은 단지 유어예(遊於藝)에 대한 하나의 주각(註脚)일 뿐이다.〔也不爭多 此却有遊藝一脚子〕"라고 대답한 내용이 《주자어류(朱子語類)》 권35에 나온다.

'지도 거덕 의인'의 삼자(三者)의 가운데를 관통하고 있기 때문입니다.

자한 子罕

〔문〕 '권을 함께 행할 수는 없다.〔未可與權〕' 장(章)에 대하여

〔답〕 "경(經)은 하나의 대강(大綱)이요, 권(權)은 곡절(曲折)이 정미(精微)한 곳이다.……"[27] 한 것이 바로 경과 권을 분별해서 말한 것입니다. 그리고 수익(嫂溺)[28]의 설로 말하더라도, 남녀 간에 직접 주고받지 않는 것은 예(禮)의 떳떳함〔常〕으로서 이것이 대강이고, 제수가 물에 빠졌을 때 손으로 건져 주는 것은 의(義)의 방편〔權〕으로서 이것이 곡절이 정미한 것입니다.

그러나 권이지만 도(道)에 합치한다면 그것은 경과 어긋나지 않는 것이니, 이렇게 본다면 경과 권에 비록 차이가 있다고 하더라도 사실은 미상불 하나인 것입니다. 이런 시각에서 말한다면, 정자(程子)와 주자(朱子) 두 선생의 설도 처음부터 뚜렷하게 상이한 점이 있는 것은 아닌데, 다만 정자의 설은 조금 곡절이 부족할 따름입니다.

경에 반한다〔反經〕는 말을 집주(集註)는 물론 따르고 정자는 배척하

27 경(經)은……곳이다 : 《주자어류(朱子語類)》 권37에 "경은 단지 하나의 대강일 뿐이요, 권은 그 정미한 곡절이 있는 곳이다.〔經只是一箇大綱 權是那精微曲折處〕"라는 말이 나온다.

28 수익(嫂溺) : 물에 빠진 제수(弟嫂)를 구해 준다는 뜻으로, 임시방편을 써서 고난에 빠진 사람을 구제하는 것을 말한다. 《맹자》 〈이루 상(離婁上)〉의 "남녀 간에 직접 주고받지 않는 것은 예이고, 제수가 물에 빠졌을 때 손으로 건져 주는 것은 권이다.〔男女授受不親 禮也 嫂溺援之以手 權也〕"라는 말에서 나온 것이다.

였습니다만, 《어류(語類)》의 설을 보면, 단지 "잘 살펴보면 매우 잘못된 지경에 이르지는 않았다."라는 뜻으로 말한 것일 뿐이니, 지금 이를 살피지 못하고서 곧장 "반경(反經)을 잘못으로 여기지 않았다."라고 말한다면, 선생의 뜻을 오해한 것일 듯도 한데, 이에 대해 어떻게 생각하십니까?

이임지에게 답하는 글

答李任之

공야장 公冶長

〔문〕 '그 어리석음은 미칠 수 없다.〔其愚不可及〕' 장(章)의 주(註)에 대하여

〔답〕 어렵고 험한 일을 피하지 않는 것〔不避艱險〕은 담당한다는 의사이고, 자신을 드러내지 않는 것〔沈晦〕은 도회(韜晦)하고 염장(斂藏)한다는 뜻이니, 두 설이 같지 않은 것이 분명합니다.

집주(集註)에서는 불피간험(不避艱險)하는 것을 어리석음〔愚〕이라고 하고는, 그 불피간험하는 속에 나아가서 또 침회(沈晦)하여 자기 몸을 보전한 것에 미칠 수 없다고 하였으니, 이는 대개 불피간험했다고 하더라도 혹 침회하지 못한 나머지 끝내 화환(禍患)을 면하지 못했다면, 이것도 진선(盡善)하지 못하기 때문입니다. 반면에 정자(程子)는 불피간험의 한 절목을 생략해 버리고는 오로지 침회하여 화를 면한 것만을 가지고 미칠 수 없는 그의 어리석음으로 삼았기 때문에, 비간(比干)의 고사를 인용하여 설명하였으니, 이것이 주자(朱子)의 해설과 같지 않은 점입니다. 만약 주자의 뜻으로 말한다면, 비간은 바로 불피간험하긴 했지만 시대를 만난 것이 불행하여 침회하지 못한 자일 뿐입니다.

태백 泰伯

〔문〕 "능하면서 불능한 자에게 묻는다.〔以能問於不能〕"에 대하여

〔답〕《혹문(或問)》에서 인용한 홍씨(洪氏)의 설이 연평(延平)의 설과 서로 어긋나는 점을 보지 못하겠습니다.[29] 그가 "나는 물론 능하다.…… 〔吾固能矣……〕" 한 것은, 안자(顏子)의 마음이 진짜로 피차의 장단(長短) 사이에서 교혈(較絜 계교(計較))했다는 말이 아닙니다. 단지 의리가 무궁하다는 것을 깊이 알았기 때문에, 자기에게 있는 것은 비록 '많고 능하다.〔多且能〕'고 하더라도 항상 부족함을 느끼고, 남에게 있는 것은 비록 '적고 불능하다.〔寡且不能〕'고 하더라도 그에게서 취하여 선(善)을 행하는 것을 싫어하지 않았다고 말한 것일 뿐입니다. 이는 대개 또한 그 사람의 입장에서 말한 것이니, 독자로서는 하나의 문구 때문에 전체의 뜻을 잘못 해석하지 말아야 할 것입니다. 그리고 주자(朱子)가 말한 '착력(著力)'[30]은 바로 '자기의 능을 끼고서 일부러 물어보는 것〔挾其能而故問〕'을 가리킨 것인 만큼, 학자가 '힘들여 공력을 쓰는 것〔著力

29 혹문(或問)에서……못하겠습니다 : 주희의 스승인 연평(延平) 이통(李侗)의 설은 "안자는 의리가 무궁하다는 것을 깊이 알고서, 오직 하나의 선이라도 미진할까 두려워하였다. 그래서 비록 능해도 불능한 자에게 기꺼이 물었고, 비록 많아도 적은 자에게 기꺼이 물어서, 무궁한 의리를 극진히 하려고 구한 것일 뿐이니, 자기의 능을 끼고서 일부러 물어본 것이 아니다.〔顏子深知義理之無窮 惟恐一善之不盡 故雖能而肯問於不能 雖多而肯問於寡 以求盡乎義理之無窮者而已 非挾其能而故問也〕"라는 것이고, 홍씨(洪氏) 즉 홍흥조(洪興祖)의 설은 "나는 물론 능하다. 그러나 어찌 아직도 불능한 점이 없겠는가. 그는 물론 불능하다. 그러나 이것은 불능해도 저것은 능할 수도 있다.……이 때문에 낮추어 물어보면서 어렵게 여기지 않은 것이다.〔吾固能矣 然豈不猶有所不能 彼固不能矣 然或不能於此而能於彼也……是以下問而不以爲難〕"라는 것이다. 《四書或問 卷13》

30 주자(朱子)가 말한 착력(著力) : 주희의 "안자는 바로 착력하고 착력하지 않는 사이에 있다. 이는 이곳에서만 볼 수 있는 것이 아니라, 또 그가 종사한 데에 나아가서 보기만 해도 분명히 알 수 있다.〔顏子正在著力不著力之間 非但此處可見 又只就從事上看便分明〕"라는 말 속의 착력을 말한다. 《晦菴集 卷57 答陳安卿》《四書集義精要 卷15》

用功〕'과는 그 뜻이 절로 다르니, 이것을 가지고 저것을 의심하면 안 될 듯합니다.

자한 子罕

〔문〕 '공자가 시냇가에서〔子在川上〕' 장(章)에 대하여

〔답〕 "가는 것이 이와 같다.〔逝者如斯〕"[31]라고 한 것은 "도체(道體)가 무궁한 것에 이와 같은 점이 있다."라고 말한 것과 같습니다. '사(斯)' 자는 바로 시냇물이 흘러가는 것을 가리켜 말한 것인 만큼, '여(如)' 자도 비유의 뜻으로 보면 안 될 것이니, 단지 혼륜(渾淪)하게 보아 가노라면[32] 절로 의심이 없어질 것입니다. 대개 물〔水〕도 도(道) 가운데의 일물(一物)이니, 이것을 보면 다른 것도 알 수가 있는 것입니다.

자로 子路

〔문〕 '염자가 조정에서 물러 나오자〔冉子退朝〕' 장(章)에 대하여

31 가는……같다 : 공자가 시냇가에서 "가는 것이 이와 같구나. 밤이고 낮이고 멈추는 법이 없도다.〔逝者如斯夫 不舍晝夜〕"라고 탄식한 적이 있는데, 이 말을 발췌한 것이다. 《論語 子罕》

32 혼륜(渾淪)하게 보아 가노라면 : 부분적으로 분석해서 해석하지 않고, 전체를 한 덩어리로 통틀어 이해하는 것을 말한다. 《주자어류(朱子語類)》 권33에 "정자(程子)의 설은 완전한 하나의 집과 비슷하다고 한다면, 나의 설은 그 집을 나누어 선반을 얹어 놓은 것과 같다.〔程說似渾淪一箇屋子 某說如屋下分間架爾〕"라는 말이 나온다. 혼륜은 혼륜(渾侖)으로 쓰기도 한다.

〔답〕 "염자퇴조(冉子退朝)"의 소주(小註)에, '조(朝)' 자를 쓴 것을 참람하다고 하였습니다만, 《사기(史記)》〈항우본기(項羽本記)〉에 "아침에 상장군에게 조회하였다.……〔晨朝上將軍……〕"[33] 한 말이 있고 보면, 옛날에 '조' 자를 상하에 통용했을 가능성도 있을 법한데, 감히 질언(質言 단언(斷言))하지는 못하겠습니다.

헌문 憲問

〔문〕 '완전한 사람〔成人〕'에 대하여

〔답〕 정자(程子)는 공작(公綽)과 장무중(臧武仲)과 변장자(卞莊子)를 지인용(知仁勇)의 삼달덕(三達德)에 나누어 소속시켰습니다. 이로써 보면 운봉(雲峯)이 공작을 덕(德)으로 하고 삼자(三子)를 재(才)로 한 것[34]은 분변할 것도 없이 엉터리임을 알 수 있습니다. 대개 재는 덕에서 나오는 것으로, 덕이 갖추어질수록 재가 더욱 온전해지는 것이

33 아침에 상장군에게 조회하였다 : "항우가 아침에 상장군 송의를 조회할 적에, 그의 장중에 나아가서 송의의 머리를 베고는 나와서 군중에 명령을 내렸다.〔項羽晨朝上將軍宋義 卽其帳中斬宋義頭 出令軍中〕"라는 말을 인용한 것이다. 《史記 卷7 項羽本紀》

34 운봉(雲峯)이……것 : 《논어》〈헌문(憲問)〉의 소주(小註)에 "공작의 불욕은 단지 덕일 뿐 그 재는 미비하고, 장무중의 지와 변장자의 용과 염구의 예는 단지 재일 뿐 그 덕은 미비하니, 모두 잘하는 것 하나로 이름을 이룬 자취가 있다.〔公綽之不欲 只是德而其才未備 武仲之知 卞莊子之勇 冉求之藝 只是才而其德未全 皆有一善成名之迹〕"라는 운봉 호씨(雲峯胡氏)의 해설이 나온다. 운봉 호씨는 원(元)나라의 학자인 호병문(胡炳文)으로, 자는 중호(仲虎)이다. 주희(朱熹)의 사서(四書) 장구(章句)와 집주(集註) 연구에 주력하여 《사서통(四書通)》을 지었으며, 미진한 뜻을 상당히 드러내 밝혔다는 평가를 받고 있다.

니, 재와 덕을 둘로 나누면 안 될 듯합니다. 이는 "군자는 그릇처럼 하나의 용(用)에만 국한되지 않는다.〔君子不器〕"의 훈(訓)을 살펴보아도 알 수 있습니다.[35]

35 이는……있습니다 : 《논어》〈위정(爲政)〉의 '군자불기(君子不器)'의 집주에 "덕을 이룬 선비는 체가 미비한 점이 없으므로 용도 미비함이 없으니, 단지 하나의 재나 하나의 예만 되는 것이 아니다.〔成德之士 體無不具 故用無不周 非特爲一才一藝而已〕"라는 말이 나온다.

이임지에게 답하는 글 을축년(1745, 영조21)

答李任之 乙丑

위정 爲政

〔문〕 '법도를 넘지 않았다.〔不踰矩〕'에 대하여

〔답〕 불유구(不踰矩)가 물론 지극한 경지이긴 합니다만, 성인(聖人)으로 하여금 다시 수십 년을 더하여 순숙(純熟)한 것이 더더욱 순숙해지게 하고 신묘(神妙)한 것이 더더욱 신묘해지게 하였더라면, '남들은 미처 알지 못해도 자기 혼자 발전한 것을 느낀 것〔人不及知而獨覺其進〕' 중에 또 어찌 '그 근사한 것을 인하여 스스로 이름을 붙일 만한 것〔因其近似以立名〕'이 없었겠습니까. "헤아려 알 수 없는 것을 신(神)이라 한다."라고 말한 것이, 물론 성인의 위에 다시 한 등급의 신인(神人)이 있는 것이 아니긴 합니다만,[36] 잘 살펴보기만 하면 나누어 말하더라도 원래 해가 될 것이 없습니다. 그리고 불사불면(不思不勉)과 같은 것도 똑같이 하늘의 도〔天道〕인데, 어찌 이순(耳順)의 경지를 얻고 나서 10년이 지난 뒤에야 비로소 불유구를 잘할 리가 있겠습니까.[37] 이는 단지 성인의 마

36 헤아려……합니다만 : 《맹자》 〈진심 하(盡心下)〉에 "대인으로서 자취 없는 화의 경지에 들면 성인이라고 하고, 성인으로서 헤아려 알 수 없는 경지에 이르면 신인이라고 한다.〔大而化之之謂聖. 聖而不可知之之謂神〕"라는 맹자의 말이 나오는데, 이에 대해서 정자(程子)가 "성인의 위에 다시 한 등급의 신인이 있는 것이 아니다.〔非聖人之上 又有一等神人也〕"라고 해설하였다.

37 불사불면(不思不勉)과……있겠습니까 : 불사불면은 '불사이득(不思而得) 불면이

음이 이에 이르러 비로소 자신하게 된 것일 뿐입니다. 그리고 전서(前書)에서 "성(聖)은 헤아려 알 수 없다.……" 하였습니다만, 이것도 부자(夫子)가 필시 이것으로 이름을 붙였을 것이라는 말이 아니라, 단지 가설(假說)해서 말한 것일 뿐입니다. 따라서 잘 보기만 하면 의심할 것이 없을 듯한데, 이에 대해서 어떻게 생각하십니까?

공야장 公冶長

〔문〕《어류(語類)》에서 "백이(伯夷)와 숙제(叔齊)는 도시 중용(中庸)이 되지 못한다.〔夷齊都不是庸了〕"[38]라고 하였습니다. 그러나 공자가 "원래 인을 얻으려고 추구하다가 그 인을 얻었다.〔求仁而得仁〕"[39]

중(不勉而中)'을 줄인 말이다. 《중용장구(中庸章句)》 제20장에 "성 그 자체는 하늘의 도요, 성해지려고 노력하는 것은 사람의 도이다. 성의 경지에 이르면 굳이 애쓰지 않고도 중도를 행하며 생각하지 않고도 터득하여 자연스럽게 도에 합치되니, 이런 분이 성인이다.〔誠者天之道也 誠之者人之道也 誠者 不勉而中 不思而得 從容中道 聖人也〕"라고 하였는데, 이순(耳順)을 해설한 주희의 주에 "아는 것이 지극해서 생각하지 않아도 터득하는 것이다.〔知之之至 不思而得也〕"라는 말이 나온다.

38 백이(伯夷)와……못한다 : 《논어》 〈옹야(雍也)〉의 중용지위덕장(中庸之爲德章)과 관련하여, 주희가 "요순과 공자는 단지 중용일 뿐이다. 그러나 백이와 숙제가 행한 일은 도시 중용이 되지 못한다.〔堯舜孔子只是庸 夷齊所爲都不是庸了〕"라고 설명한 말이 《주자어류(朱子語類)》 권33에 나온다. 이임지는 아마도 〈공야장(公冶長)〉의 "백이와 숙제는 남이 예전에 저지른 잘못을 마음에 담아 두지 않았다. 그래서 원망하는 사람이 드물었다.〔伯夷叔齊 不念舊惡 怨是用希〕"라는 말을 보았기에 이런 질문을 한 것이 아닌가 한다.

39 원래……얻었다 : 공자가 백이와 숙제에 대해서 "원래 인을 얻으려고 추구하다가 그 인을 얻었으니, 어찌 또 원망을 했겠는가.〔求仁而得仁 又何怨〕"라고 평한 말이 《논어》 〈술이(述而)〉에 나온다.

라고 말하였는데, 그렇다면 인(仁)한데도 중용이 되지 못하는 경우가 있습니까?

〔답〕 주자(朱子)가 일찍이 태백(泰伯)의 일을 논하여 말하기를 "그 마음은 바로 백이와 숙제가 상(商)나라를 정벌하려는 무왕(武王)의 말고삐를 잡고 간했던 그 마음이다.……〔其心卽夷齊叩馬之心……〕"[40] 하였고, 또 태백에 대해서 "군신과 부자의 변고에 대처함에 중용을 잃지 않았다.〔處君臣父子之變 而不失乎中庸〕"[41]라고 평하였으며, 《어류(語類)》에서 또 "무왕과 백이숙제의 도는 서로 어긋나지 않고 나란히 행할 수 있다."라는 뜻으로 많이 설하였으니, 내유(來諭)에서 거론한 "도시 중용이 되지 못한다."라는 말과는 같지 않습니다. 감히 단언을 하지는 못하겠습니다만, 어쩌면 '임금답지 않으면 섬기지 않고, 뒤돌아보지도 않고 떠난 것〔非其君不事 望望然去〕'[42]과 같은 종류를 가리킨 것이 아니겠습니까.

자로 子路

〔문〕 '번지가 농사일을 배우려고 한 것〔樊遲學稼〕'에 대하여

〔답〕 주자(朱子)가 "허행……(許行……)"이라고 한 것[43]은 내서(來書)

40 그 마음은……마음이다 : 《논어》 〈태백(泰伯)〉 1장의 집주(集註)에 이 해설이 나온다.

41 군신과……않았다 : 《사서혹문(四書或問)》 권13 논어 태백조(泰伯條)에 실려 있다.

42 임금답지……것 : 맹자가 백이에 대해서 평한 말을 발췌한 것인데, 《맹자》 〈공손추 상(公孫丑上)〉에 자세한 내용이 나온다.

43 주자(朱子)가……것 : 《주자어류》 권43 〈번지청학가장(樊遲請學稼章)〉에 "번지가 농사짓는 일을 배우려고 할 당시에 원래 일종의 설화가 있었을 것이니, 그것은 예컨대 신농씨(神農氏)의 학설을 행한다는 허행의 군민병경의 설과 같은 종류일 것이다.〔樊

의 뜻과는 같지 않으니, 바로 부자(夫子)가 "사방의 백성들이 자식을 포대기에 업고 올 것이니, 농사짓는 일을 어디에다 쓰겠는가.……〔四方之民將襁負其子而至矣 焉用稼……〕"라고 대답한 내용을 가지고 유추해 보면, 그것이 이와 같다는 것을 알 수 있습니다. 대개 번지(樊遲)가 질문할 당시에 만약 군민병경(君民竝耕)의 설이 없었다면, 부자의 이 답변은 근사하지 않게 될 것이기 때문입니다.

자장 子張

〔문〕 자하지문인장(子夏之門人章)의 소주(小註)에 대하여

〔답〕 정의입신(精義入神)은 사(事)요 의(義)와 신(神)은 바로 그 소이연(所以然)이라는 요씨(饒氏)의 이 설[44]은 착오가 많은데, 이것을 이해했는지 모르겠습니다.

遲學稼 當時須自有一種說話 如有爲神農之言許行君民竝耕之說之類〕"라는 말이 나온다. 군민병경(君民竝耕)은 치자(治者)와 피치자(被治者)가 모두 평등하게 농사를 지어야 한다는 것인데, 《맹자》〈등문공 상(滕文公上)〉에 이 설에 대하여 맹자가 반박한 내용이 자세히 실려 있다.

44 정의입신(精義入神)은……설 : 《논어》〈자장(子張)〉 12장의 "자하지문인소자……(子夏之門人小子……)"의 소주(小註)에 나오는 요씨(饒氏)의 설을 요약해서 소개한 것이다. 정의입신은 "의리를 정밀하게 연구하여 신묘한 경지에 진입한다."라는 뜻으로, 《주역》〈계사전 하(繫辭傳下)〉에 나오는 말이다. 요씨는 송유(宋儒)인 요로(饒魯)를 가리킨다. 어려서 주희의 문인(門人)인 면재(勉齋) 황간(黃榦)에게 배웠다. 그가 거했던 석동서원(石洞書院) 앞에 산봉우리 두 개가 서 있는 것을 보고는 쌍봉(雙峯)이라고 자호(自號)하였으므로, 세상에서 그를 쌍봉 요씨라고 부르게 되었다.

요왈 堯曰

〔문〕 부지명장(不知命章)에 대하여

〔답〕 이와 같은 대목은 지(知)를 설명하거나 행(行)을 설명할 필요가 없이, 단지 자기에게 돌이켜 묵묵히 성찰하여, 어떤 것이 명(命)이고 어떤 것이 예(禮)이며 어떤 것이 말을 아는 것〔知言〕인지 속속들이 구명한 뒤에, 급급(汲汲)히 체득해서 실행하기만 하면 될 것입니다.

이임지에게 답하는 글

答李任之

인(人)을 가지고 천(天)에다 견준다면, 심(心)은 신(神)이고 성(性)은 태극(太極)인데, 신이라는 것은 능히 그렇게 하는 것을 말하고, 태극이라는 것은 소이연(所以然)을 말하는 것입니다.

그러나 이는 단지 하나의 지두(地頭)[45]에 나아가서 억지로 나눈 것일 뿐이지, 실제로 두 개의 물건이 있는 것이 아닙니다. 그래서 정자(程子)가 말하기를 "주재하는 입장에서 말할 때에는 상제라 하고, 묘용의 시각에서 말할 때에는 신이라 하고, 성정의 측면에서 말할 때에는 건이라 한다.〔以主宰謂之帝 以妙用謂之神 以性情謂之乾〕"[46]라고 한 것이고, 또 말하기를 "심과 성과 천은 하나이다. 이의 입장에서 말하면 천이라 이르고, 품수한 입장에서 말하면 성이라 이르고, 사람에게 보존된 입장에서 말하면 심이라 이른다.〔心也性也天也一也 自理而言謂之天 自稟受而言謂之性 自存諸人而言謂之心〕"[47]라고 한 것입니다. 이것이 바로 명

45 지두(地頭) : 지보(地步)와 같은 말로, 문맥에 따라 장소, 위치, 처지, 측면, 차원, 영역, 지경 등으로 번역된다.

46 주재하는……한다 : 《주역》 〈건괘(乾卦)〉 괘사(卦辭)의 정전(程傳)을 발췌한 것이다.

47 심과……이른다 : 《맹자》 〈진심 상(盡心上)〉의 "요절하거나 장수하거나 동요되지 않는 가운데, 몸을 닦고 천명을 기다리는 것이 명을 세우는 것이다.〔殀壽不貳 脩身以俟之 所以立命也〕"에 대한 정자(程子)의 해설이다. '心也性也天也一也'가 집주(集註)에는 '心也性也天也一理也'로 되어 있다.

(命)의 전체(全體)이고 인(人)의 전덕(全德)이니, 《대학(大學)》에서 말한 명덕(明德)이 바로 이 물건입니다.

그러고 보면 비록 심과 성을 합쳐서 말한다고 하더라도, 사실은 합(合)이라는 글자를 내려놓는 순간에 벌써 어색한 느낌을 갖게 되는 것이니, 배우는 자가 이에 대해서 묵계(默契)하는 점이 있으면, 명(命)을 설하고 덕(德)을 설하고 심을 설하고 성을 설하면서 단언(單言)으로 하든 겸언(兼言)으로 하든 모두 막혀서 통하지 않는 점이 없게 될 것입니다.

천명(天命)의 성이 비록 온전히 이(理)를 설한 것이라 하더라도, 이 뜻을 통하게 되면 심도 어찌 이것을 떠나서 다른 데에서 구할 수 있겠습니까. 그렇다면 《대학(大學)》의 명(命)과 《중용(中庸)》의 명이 비록 같지 않은 것 같지만 사실은 미상불 같다고 해야 할 것입니다.

소주(小註)에서 운운한 것으로 말하더라도, 《어류(語類)》에서 명덕을 설명할 적에 왕왕 성만 가지고 말하곤 하였으니, 명명(明命)에 대해서만 그렇게 한 것이 아닙니다. 이는 대개 성이 심의 체(體)인 만큼, 성으로 설명하지 않으면 명덕의 실상을 드러낼 길이 없기 때문입니다.

이임지에게 답하는 글

答李任之

내설(來說)이 대개는 모두 맞습니다만, 이른바 성형(成形)의 기(氣)[48]에 대해서 심기(心氣)와 형기(形氣)를 통틀어 말하며 운운한 것은 혹 온당하지 못할 듯도 싶습니다.

《대학혹문(大學或問)》을 상고해 보건대, 인의예지(仁義禮智)와 오장백해(五臟百骸)를 나누어 말하면서도, 허령통철(虛靈洞徹)을 설할 때에는 바로 만리함비(萬理咸備)와 합쳐서 나란히 말하였습니다. 또 '본체지전(本體之全)'이라는 네 글자는 곧 인의예지의 성(性)을 가리키는데, 그 아래에 허령(虛靈)에 관한 한 단락을 삽입한 뒤에는 또 본체(本體)라는 글자만 덧붙였을 뿐 다시 간별(揀別)하지 않았습니다. 이를 통해서도 심(心)과 성은 결코 둘로 나누면 안 된다는 것을 알 수 있습니다.

그리고 심은 단지 형기의 신(神)인 만큼, 이 형기의 밖에 따로 심의 기가 있어서 형기와 상대(相對)하여 서 있는 것이 아닙니다. 따라서 심기라는 두 글자를 설하는 순간에 벌써 그것은 심을 모르는 것이 되고 맙니다.

48 성형(成形)의 기(氣) : 형체를 이루는 기라는 뜻이다. 《중용장구》 제1장에서 주희가 "하늘이 명한 것을 성이라고 한다.〔天命之謂性〕"라는 경문을 "하늘이 음양오행으로 만물을 화생함에 기로써 형체를 이루고 이를 또한 부여한다.〔天以陰陽五行 化生萬物 氣以成形 理亦賦焉〕"라고 해설하였다.

그리고 '지정지통(至正至通)'이라는 네 글자가 비록 율옹(栗翁 이이(李珥))에게 뿌리를 두고 있다고 하더라도, 《대학혹문》에 의거하면 정통(正通)은 단지 기질을 설하는 것일 뿐입니다. 심체(心體) 위에는 단지 허령(虛靈)이나 신명(神明) 등의 글자를 두어야지, 정통이라는 글자를 두어서는 안 됩니다.

이임지에게 답하는 글 무진년(1748, 영조24)
答李任之 戊辰

〔문〕 심(心)과 성(性)과 기질(氣質)에 대하여

〔답〕 이 조목에 대해서는 경사(敬思)[49]의 설이 명백하고 상세하여 거의 여지가 없게 하였으니, 지극히 탄복할 만합니다.

대저 나누어서 말을 한다면, 성이 이(理)이고 심이 신(神)이고 기질이 기(氣)이니, 애매모호하게 뭉뚱그려서〔囫圇〕 구별하지 않고 말하면 안 될 것입니다. 그러나 합해서 말을 한다면, 심은 단지 기의 영(靈)이니만큼 동정(動靜) 승강(升降)과 조촉(照燭) 운용(運用)을 함에 있어서 기를 의지하여 응용하지 않는 것이 없기 때문에 심을 기에 합하여 마침내 기라고 말하는 경우도 있고, 또 심은 성과 혼연일체가 되는 만큼 똑같이 형적(形迹)이 없고 똑같이 방체(方體)가 없어서 미(微)와 현(顯)의 차이도 없고 통(通)과 국(局)의 구별도 없이 다 함께 만물의 체(體)가 되고 다 함께 만변(萬變)의 주체가 되기 때문에 심을 성에 합하여 똑같이 이(理)라고 말하는 경우도 있습니다. 이와 같은 곡절(曲折)에 대해서 정밀하게 살피고 명확하게 분변해서 융회(融會)하며 관통(貫通)하면 이(理)라고 하든 기(氣)라고 하든 나누어 말하든 합해서 말

49 경사(敬思) : 이상목(李商穆)의 자이다. 본관은 전주(全州)이고, 현감 이황중(李黃中)의 아들이며, 호는 평호(萍湖)이다. 김원행(金元行)의 《미호집(渼湖集)》 권6에 〈답이경사(答李敬思)〉라는 제목으로 경학(經學)을 논한 편지 두 통이 들어 있으며, 송명흠(宋明欽)의 《역천집(櫟泉集)》 권9 〈답김원지(答金遠之)〉에도 외척인 그가 가학(家學)인 성리학을 잘 잇고 있다는 말이 보인다.

하든 종횡으로 뚫고 나가 어디든지 통하지 않는 곳이 없게 될 것입니다.

그런데 지금 임지(任之)는 '기(氣)' 자에 너무 비중을 둔 나머지 마냥 끙끙거리며 "단지 기(氣)라고 해야 옳지, 이(理)라고 하면 안 된다."라고 말하기만 할 뿐, 옛사람이 이(理)와 합해서 말한 대목에 대해서는 알지 못하니, 가령 "신은 만물 속에서 묘하게 작동한다.〔神妙萬物〕"[50]라고 말하고, "심은 태극이다.〔心爲太極〕"[51]라고 말하고, "귀신이 보이지 않고 들리지 않는 것이 은이다.〔鬼神之不見不聞爲隱〕"[52]라고 말한 것들에 대해서는 어떻게 요리할 것입니까.

그리고 천지(天地)의 심이 인(人)의 심과 같은 것인지 다른 것인지 한번 말해 보십시오. 다르다고 말을 한다면 천(天)과 인(人)이 판연히 다르게 될 것이요, 같다고 말을 한다면 선유(先儒)가 천지의 심을 설할 때에는 거의 모두 인(仁)을 거기에 해당시켰고, 경전(經傳) 중에 천이라고 하고 제(帝)라고 하고 신(神)이라고 하고 심이라고 한 것 모두가 단지 하나의 지두(地頭)에 나아가 억지로 나눈 것일 뿐인데, 이러한 곳은 또 어떻게 할 것입니까. 바라건대 다시 깊이 생각하시고, 한갓 선입견에만 빠지지 말기 바랍니다.

50 신은……작동한다 : 주돈이(周敦頤)의 《통서(通書)》 제16 〈동정(動靜)〉에 "동하면 정이 없고 정하면 동이 없는 것은 물이다. 동하되 동하지 않고 정하되 정하지 않는 것은 신이다. 물은 국한되어 통하지 못하지만, 신은 만물 속에서 묘하게 작동한다.〔動而無靜 靜而無動者 物也 動而無動 靜而無靜者 神也 物則不通 神妙萬物〕"라는 말이 나온다.

51 심은 태극이다 : 소옹(邵雍)의 《황극경세서(皇極經世書)》 권14 〈관물 외편 하(觀物外篇下)〉에 나오는데, 바로 그다음에 "도는 태극이다.〔道爲太極〕"라는 말이 또 이어진다.

52 귀신이……은이다 : 《중용장구》 제16장 귀신장(鬼神章)의 주희의 해설에 나온다.

〔문〕 미발(未發)의 기질(氣質)에 대하여

〔답〕 이 조목에 대한 나의 의견으로는, 지두(地頭)와 시절(時節)로 나누어 살펴보는 것이 타당하지 않을까 싶습니다. 지두를 가지고 말을 한다면, 미발의 시기에 이 심(心)의 전체가 형연(瑩然)히 소철(昭澈)하고 수연(粹然)히 완구(完具)하여 털끝만큼도 불선(不善)의 묘맥(苗脈)이 없으며, 모든 기질의 청탁(淸濁)과 수박(粹駁)이 원래 교섭하지 않고 있으니, 자사(子思)가 말한 천하의 대본(大本)이라는 것[53]이 바로 이 대목을 가리켜 말한 것입니다. 한편 시절을 가지고 말을 한다면, 비록 미발의 시기라 할지라도 이른바 기질이라고 하는 것에 어찌 대번에 혼화(渾化)하는 이치[54]가 들어 있겠습니까. 안으로 장부(臟腑)로부터 밖으로 백체(百體)에 이르기까지 박(駁)한 것은 원래 박하고 탁(濁)한 것은 원래 탁할 뿐인데, 다만 골란(汨亂)하는 것이 징청(澄淸)하고 유탕(流蕩)하는 것이 영일(寧一)해서 천군(天君)이 탁연(卓然)하고 만리(萬理)가 찬연(燦然)한 것일 뿐이니, 그렇게 되면 이른바 박한 것과 탁한 것 역시 모두 다소곳이 퇴청(退聽)하여 본체에는 스스로 간여하지 않으므로 천하의 대본이 되는 데에 해가 되지 않는 것입니다.

53 자사(子思)가……것 : 《중용장구》 제1장의 "중은 천하의 대본이다.〔中也者 天下之大本〕"라는 말을 가리킨다. 《중용》은 자사가 지었다고 전해진다.

54 대번에 혼화(渾化)하는 이치 : 사재(渣滓) 즉 찌꺼기를 빠른 시간 안에 완전히 가라앉혀서 정화(淨化)하는 것을 말한다. 혼화는 완전히 변화시키는 것을 의미한다. 《심경부주(心經附註)》 〈예악불가사수거신장(禮樂不可斯須去身章)〉에 "자질이 아름다운 자는 밝히기를 극진히 하면 찌꺼기가 바로 완전히 변화하여 천지와 체가 같아지고, 그다음 사람은 오직 장엄하고 공경하는 자세로 붙잡아 기를 뿐이지만, 그 귀결점은 하나이다.〔質美者明得盡 查滓便渾化却 與天地同體 其次惟莊敬持養 及其至則一也〕"라는 정호(程顥)의 말이 나온다.

임지(任之)는 스스로 "심과 기질의 분변에 대해서 명확한 소견을 지니고 있다."라고 말할지 모르지만, 정작 심이라고 인식하고 있는 그것은 실제로 기질의 울타리를 벗어나지 못하는 것으로서, 이 심의 본체가 영롱(玲瓏)하고 쇄락(灑落)한 경지에 대해서는 전혀 파악하지 못하고 있습니다. 그래서 탁이나 박이라는 글자를 놓기만 하면 곧장 심체(心體)에 누를 끼친다고 의심을 하여 마침내 쉬쉬하면서 감추는 일을 면하지 못한 채, 혹은 혼화(渾化)를 말하기도 하고 혹은 "기의 본체는 선하지 않은 적이 없다.〔氣之本體未嘗不善〕"라고 말하기도 합니다. 외면(外面)에서 살펴보면 기뻐할 일이 아닌 것도 아니겠지만, 사실은 혼화라고 말하고 미상불선(未嘗不善)이라고 말하는 그 속에는 무한한 악근(惡根)이 숨어 있습니다. 이것은 상단(上段)과 함께 단지 하나의 병근이 될 뿐이니, 남당(南塘 한원진(韓元震))의 설과 매우 다른 것 같이 보여도 사실은 크게 같은 것입니다.

신원발[55]에게 답하는 글

答申元發

이름은 광온(光蘊)이다.

〔문〕 〈태극도(太極圖)〉의 "무극이면서 태극이다.〔無極而太極〕"의 주(註)에 "조화는 음양오행을 가지고 말한 것이고, 품휘는 남녀 만물을 가지고 말한 것이다.〔造化以陰陽五行而言 品彙以男女萬物而言〕" 라고 하여, 추뉴(樞紐)와 근저(根柢)를 나누어서 도상(圖上)에 붙여 설명했습니다마는,[56] 나의 생각에는 상하를 아울러 포함한 것 같습니다. 대개 음양오행이 비록 추뉴를 위주로 하더라도 양(陽)을 내고 음(陰)을 내는 것은 역시 근저를 의미하고, 남녀 만물이 비록 근저를 위주로 하더라도 인극(人極)이 확립되는 것은 역시 추뉴를 의미하기 때문입니다. 이에 대해서는 응당 어떻게 보아야 합니까?

〔답〕 기(氣)가 유행(流行)하는 측면에서 말한다면 "위대하도다 건원이

55 신원발(申元發) : 원발은 신광온(申光蘊, 1735~1785)의 자이다. 본관은 평산(平山)이며, 역천(櫟泉) 송명흠(宋明欽)의 재종제인 송익흠(宋益欽)의 사위이다. 송명흠은 송준길(宋浚吉)의 현손으로, 이재(李縡)의 문인이며, 녹문과는 이종사촌 간으로 녹문보다 6년 연상이었다. 원발은 또 연암(燕巖) 박지원(朴趾源)과 젊었을 때부터 친하게 지내며 금강산을 함께 유람하기도 하였다. 1762년(영조38)에 진사시에 입격하였으며, 사복시 첨정(司僕寺僉正)과 판관(判官)을 지냈다.

56 조화는……설명했습니다마는 : 〈태극도설(太極圖說)〉 첫머리의 '무극이태극(無極而太極)'에 대한 주희의 해설 중에 나오는 "조화의 요체요 만물의 근저가 된다.〔造化之樞紐 品彙之根柢〕"라는 말을 쌍봉 요씨(雙峰饒氏) 즉 요로(饒魯)가 발췌하여 설명한 것이다.

여, 만물이 여기에서 나오도다.〔大哉乾元 萬物資始〕"라고 하고 "지극하도다 곤원이여, 만물이 여기에서 생장하도다.〔至哉坤元 萬物資生〕"라고 한 것[57]은 조화(造化)에 속해야 마땅하고, 분(分)이 일정한 측면에서 말한다면 "음으로 나뉘고 양으로 나뉘매 양의가 확립되었다.〔分陰分陽 兩儀立焉〕"라고 하고 "오행이 생겨나매 각기 그 성을 하나씩 간직하였다.〔五行之生 各一其性〕"[58]라고 한 것은 또한 품휘(品彙)에 속해야 마땅합니다. 요씨(饒氏)가 음양오행과 남녀 만물을 조화와 품휘에 나누어 소속시킨 것이 대체로 보면 맞는 말이지만 완전히 갖추지는 못한 것 같습니다. 그리고 내유(來諭) 역시 대개는 옳지만, 단지 인극(人極)은 다시 인(人)의 분상(分上)에 나아가서 별도로 근저와 추뉴의 뜻을 논해야 마땅하니, 그냥 이처럼 뭉뚱그려서 말하면 안 될 것입니다.

57 위대하도다……것 : 《주역》 〈건괘(乾卦) 단사(彖辭)〉에 "위대하도다 건원이여, 만물이 여기에서 나오나니, 이에 하늘의 일을 총괄하도다.〔大哉乾元 萬物資始 乃統天〕"라는 말과 〈곤괘(坤卦) 단사〉에 "지극하도다 곤원이여, 만물이 여기에서 생장하나니, 이에 하늘의 뜻을 받들어 따르도다.〔至哉坤元 萬物資生 乃順承天〕"라는 말이 나온다. 단사는 공자가 지었다고 전해진다.

58 오행이……간직하였다 : 〈태극도설(太極圖說)〉의 본문에 나오는 말이다.

어떤 사람에게 답하는 글

答或人

〔문〕 설치(楔齒)[59]에 대하여

〔답〕 설치는 생략할 수 없습니다. 지금 세상에서는 혹 접지(摺紙 종이를 접은 것)로 대신하기도 하는데, 일에 매우 편당(便當)합니다.

〔문〕 〈소기(小記 상복소기(喪服小記))〉에 "죽은 자를 위해서 대공복을 입어야 할 사람이 주인(主人 상주) 역할을 하는 상(喪)의 경우에, 죽은 자의 가족 가운데 삼년복을 입는 자가 있으면 그들을 위해서 반드시 소상(小祥)과 대상(大祥)의 두 제사를 지내야 한다. 붕우가 주인 역할을 할 경우에는 우제(虞祭)와 부제(祔祭)만 지내면 된다.〔大功者主人之喪 有三年者則必爲之再祭 朋友虞祔而已〕"라고 하였는데, 이에 대해서 응씨(應氏)는 "사람이 죽었는데 대공복 입을 사람이 없다면 소공복 입을 사람이 좌시(坐視)해서는 안 된다. 사람이 죽었는데 붕우도 없다면 인구(鄰舊 오랜 이웃)가 방관해서는 안 된다. 연상(練祥 소상과 대상)은 꼭 대공복 입는 사람만 지내는 것이 아니니, 친당이라면 모두 거부해서는 안 된다.〔不幸而無大功則小功不可坐視 不幸而無朋友則鄰舊不可恝然 練祥不必大功 親黨皆不可得辭〕"[60]라고 하였습니

59 설치(楔齒) : 반함(飯含)을 할 적에 입이 닫히지 않게 하려고 각사(角柶)를 사용하여 미리 치아를 괴어 두는 것을 말한다. 각사는 뿔로 만든 숟가락이다.

60 사람이……안 된다 : 금화 응씨(金華應氏)의 설을 발췌해서 인용한 것인데, 《예기

다. 만약 응씨의 설과 같이 한다면, 대공(大功) 소공(小功)과 붕우(朋友) 인구(鄰舊)를 논할 것 없이, 그들이 주인이 되는 상에서 만약 죽은 자의 처(妻)나 어린 아들과 시집 안 간 딸이 있을 경우에는 모두 그들을 위해서 연상(練祥)의 두 제사를 지내야 할 것입니다.……

〔답〕〈소기〉에서 대공을 입을 자를 붕우에 상대해서 설했고 보면, 대공 이하는 모두 대공 안에 포함되는 것 같습니다. 마찬가지로 인구와 정친(情親)인 사람들도 당연히 붕우 가운데에 똑같이 포함될 것입니다.

〔문〕〈잡기(雜記)〉에서 "고모와 자매는 그 남편이 죽었을 때, 처의 친족이 비록 친해도 상주가 될 수 없다.……〔姑姊妹夫死 妻之黨雖親不主……〕" 한 것[61]에 대하여

〔답〕주자(朱子)가 이미 "별실(別室)에서 제사 지내도 된다."[62]라고 말

집설(禮記集說)》 권82에 수록되어 있다. 응씨의 이름은 용(鏞)이고, 자는 자화(子和)이며, 송나라 난계(蘭溪) 사람으로 관직이 개주 지사(開州知事)에 이르렀다. 저서로 《서약의(書約義)》와 《예기찬의(禮記纂義)》 20권이 있다.

61 잡기(雜記)에서……것 : 독자의 이해를 돕기 위하여 《예기》〈잡기 하(雜記下)〉의 본문을 부연해서 설명하면 다음과 같다. "고모와 자매가 시집가서 남편도 죽고 자식도 없이 죽었는데, 남편의 친족으로서 형제도 없는 경우에는 남편의 다른 족인에게 상주를 맡게 한다. 처의 친족은 비록 친한 사람이라도 상주가 될 수 없다. 남편에게 다른 족인도 없으면, 앞뒤의 집이나 동서의 이웃에 부탁해서 상주를 맡게 하고, 그것도 없으면 마을의 이장(里長)이 상주 역할을 행한다. 일설에는 부득이하면 처의 친족이 상주가 되고, 부제(祔祭) 때에 남편의 집안에 들인다고 한다.〔姑姊妹 其夫死 而夫黨無兄弟 使夫之族人主喪 妻之黨 雖親弗主 夫若無族矣 則前後家東西家 無有則里尹主之 或曰主之 而附於夫之黨〕"

62 별실(別室)에서……된다 : 주희의 제자인 섭하손(葉賀孫)이 "저의 고모가 친부모의 집으로 돌아왔으나 이미 늙었고, 뒷날 집안의 형제와 조카 외에는 제사 지내 줄 사람도 없습니다. 다만 모르겠습니다만 이미 부할 곳이 없는 상황에서, 어찌 차마 그

했고 보면, 초상을 당해서 상주를 맡는 것은 더더욱 논할 것도 없습니다. 대저 일이 부득이한 지경에 이르면 권의(權宜)로 처리하는 도리가 자연히 있게 마련입니다.

〔문〕 대공복(大功服)을 입을 사람이 연제(練祭)와 상제(祥祭)를 지내는 것과 붕우가 우제(虞祭)와 부제(祔祭)를 지내는 것은 모두 주인 대신에 섭주(攝主)[63]를 하는 것입니다. 그 일이 이미 섭주를 하는 것이라면, 죽은 자의 아들이 비록 유소(幼小)하더라도, 응당 유자(幼子)의 이름으로 죽은 자에게 섭주를 한다고 고해야 할 것입니다. 그런데 아들이 없을 경우에는, 죽은 자의 처는 부인이라서 제사를 주관하는 예법이 없으니, 형제나 붕우 자신이 제사를 주관해야 합니까?

〔답〕 이런 경우는 예(禮)에 의거하여 모친(某親) 모(某) 혹은 우인(友人) 모(某)가 섭사(攝事)를 한다는 내용으로 미리 궤연(几筵)에 고하고, 당일(當日)의 축(祝)은 곧장 섭사를 하는 자의 이름으로 고해야 할 것입니다. 그런데 혹자는 "모(某)가 주부(主婦) 모씨(某氏)를 위하여……"라고 하는 것이 좋을 것 같다고도 합니다.

혼령이 귀의할 곳이 없게 하겠습니까.〔賀有姑 反歸父母家 既耆耋 他日舍兄弟姪之外無爲主者 但不知既無所祔 豈忍其神之無歸乎〕"라고 묻자, 주희가 "옛날의 예법이 이미 없어진 상황에서, 이웃집이나 이장이 타인의 친족을 기꺼이 제사 지내 주려고도 하지 않을 것이니, 그렇다면 편리할 대로 별실에서 제사를 지내도 괜찮을 것이다.〔古法既廢 隣家里尹決不肯祭 他人之親則從宜而祭之別室 其亦可也〕"라고 대답한 내용이 《회암집(晦菴集)》 권58에 나온다.

63 섭주(攝主) : 대리하여 일을 주관하는 사람, 혹은 그렇게 하는 것을 말한다.

〔문〕 친상(親喪)에 피발(被髮)을 하는 것은 서원(西原) 지역 만족(蠻族)의 풍속입니다.[64] 구경산(丘瓊山)은 "오늘날의 망건(網巾)이 머리싸개〔纚〕와 서로 비슷하다. 초상(初喪) 때에 관모(冠帽)를 벗고 망건과 골계(骨笄)를 노출했다가, 괄발(括髮)할 때 제거해야 한다.……" 하였는데,[65] 이 의논이 실로 고례(古禮)의 계사(鷄斯)의

64 친상(親喪)에……풍속입니다 : 청나라 서건학(徐乾學)의 《독례통고(讀禮通考)》 권118 이속예하(異俗禮下) 서원만조(西原蠻條)에 "이 만족의 풍속을 보건대, 친상을 당한 처음에 '머리카락을 푼 채' 항아리를 가지고 물가에 가서 통곡을 하며 동전과 지전을 물에 던진 뒤에 물을 길어 와서 시신을 목욕시키는데, 이를 '물을 사 온다.'라고 한다. 이렇게 하지 않으면 이웃 사람들이 불효라고 말한다.〔蠻俗 親始死 被髮持甁甕慟哭於水濱 擲銅錢紙錢於水 汲歸浴尸 謂之買水 否則隣里謂之不孝〕"라는 말이 나온다. 송(宋)나라 주거비(周去非)의 《영외대답(嶺外代答)》 식용(食用) 매수고수조(買水沽水條)에도 이에 대한 내용이 소개되어 있다.

65 구경산(丘瓊山)은……하였는데 : 경산은 명나라 구준(丘濬)의 호이다. 이 인용문은 그의 《가례의절(家禮儀節)》 〈문상(問喪)〉에 나오는 내용을 발췌한 것인데, 전문을 소개하면 다음과 같다. "'친상을 당한 처음에 계사(雞斯)를 한다.'라는 말이 있는데, 이는 대개 어버이가 돌아가신 처음에 효자가 관을 벗고 계사(笄纚)를 노출하되 아직 제거하지 않다가, 머리카락을 잡아 묶을 때에 이르러 비로소 제거함을 의미하는 것이지, 이를 상복으로 삼음을 말하는 것이 아니다. 고례를 두루 고찰해 보건대, 모두 피발을 말한 것은 없고, 오직 당나라의 《개원례》에만 그 기록이 있는데, 사마온공(司馬溫公)은 《개원례》를 따랐다. 내가 살펴보건대, 지금 사람들에게 머리카락을 싸는 머리싸개〔纚〕가 없긴 하나 실제로는 비녀〔笄〕로 머리카락을 꿰고 있고, 지금 그것을 감싸는 망건이 머리싸개와 꽤나 비슷하다. 이제 초상에 곧장 관모를 벗고 망건과 골계를 노출하였다가 괄발할 때에 이르러 비로소 제거한다면, 또한 고례의 뜻과 같을 듯도 한데, 내 의견이 옳다고 할 수 없기에 우선 여기에다 기록해 둔다.〔親始死雞斯 蓋謂親始死 孝子去其冠露出其笄纚 而未及去 至括髮乃去之 非謂以之爲喪服也 歷考古禮 竝無有所謂被髮者 惟唐開元禮有之 溫公從開元禮 愚按今人雖無韜髮之纚 然實用笄以貫髮 今其包網巾與纚頗相似 今擬初喪 卽去冠帽 露出網巾骨笄 至括髮時 始去之 似亦同古意 然不敢自是 姑記

뜻에 들어맞습니다.

〔답〕 그 일이 비록 비례(非禮)라고 하더라도, 그렇게 행해 온 것이 이미 오래되었으니, 어떻게 감히 마음대로 고치겠습니까. 반드시 조가(朝家)에서 예제(禮制)를 정하여 혁파한 뒤에야 가능할 것입니다.

〔문〕 시신을 상(床)에 옮기고 머리를 남쪽으로 두는 것에 대하여, 《예기》 〈단궁(檀弓)〉의 주(註)에서 "차마 어버이를 귀신으로 대하지 못하기 때문이다."라고 하였는데,[66] 주자(朱子)는 "시신은 반드시 남쪽으로 머리를 두어야 한다는 설은 정경에서 상고할 수가 없다. 다만 〈상대기(喪大記)〉의 대렴조(大斂條)를 보면 옷을 뜰에 벌여 놓을 때 임금은 깃을 북쪽으로 하고, 《의례(儀禮)》에서 사는 깃을 남쪽으로 하니, 이것을 가지고 유추하건대, 국군 이상은 머리를 북쪽으로 하지 않나 싶다.……〔尸必南首 無正經可考 只喪大記大斂陳衣君北領 儀禮士南領 以此推之 恐國君以上北首……〕" 하였습

于此〕" 계사(雞斯)는 계사(笄纚) 즉 비녀와 머리카락을 감싸는 비단 즉 머리싸개를 말하는데, 소리가 비슷한 탓으로 계사(雞斯)라고 잘못 쓴 것이다.

66 시신을……하였는데 : 《예기》 〈단궁 하(檀弓下)〉에 "북쪽의 땅에다 매장하고 머리를 북쪽으로 두는 것이 하은주(夏殷周) 삼대에서 통용하던 예법인데, 이는 귀신이 그윽하고 어두운 곳으로 가기 때문이다.〔葬於北方北首 三代之達禮也 之幽之故也〕"라고 하였는데, 당나라 공영달(孔穎達)의 소(疏)에 "국도의 북쪽에 매장하고 머리를 북쪽으로 두는 것은, 귀신이 그윽하고 어두운 곳을 좋아해서 그곳으로 향해 가기 때문이다. 그러나 빈소를 차릴 적에 그대로 남쪽으로 머리를 두는 것은, 효자가 그래도 어버이를 살아 있는 것처럼 여겨서 차마 귀신으로 대하지 못하기 때문이다.〔言葬於國北及北首者 鬼神尙幽闇 往詣幽冥故也 殯時仍南首者 孝子猶若其生 不忍以神待之也〕"라고 하였다.

니다.[67] 〈단궁〉의 주의 설을 이와 같이 상고할 수 있는데, 주자가 상고할 수가 없다고 한 것은 어째서입니까?

〔답〕《의례》〈사상례(士喪禮)〉의 반함조(飯含條)에 "상축(商祝 의식을 주관하는 자)이 창문 쪽에서 북쪽을 향해 서서, 베개를 치우고 수건을 챙기고 설치(楔齒)를 빼내고 계패(笄貝)를 받아서 시신 서쪽에 올린다.〔商祝當牖北面 徹枕設巾 徹楔受貝 奠于尸西〕"라고 하였는데, 시신이 남쪽으로 머리를 두었기 때문에 축(祝)이 북쪽을 향하여 베개를 치우고 수건을 진설하는 것이지, 만약 시신이 북쪽으로 머리를 두었다면 축이 남쪽을 향할 것이니, 어떻게 북쪽을 향했다고 말할 수 있겠습니까. 그래서 정현(鄭玄)의 주에서도 "상축이 종사하는 위치로 보면, 시신의 머리가 남쪽을 향하는 것이 분명하다.〔如商祝之事位 則尸南首明矣〕"라고 말한 것입니다. 지금 인용한 주자의 설 중에서 정경에서 상고할 수 없다고 말한 것은 의심스러우니, 어쩌면 기록이 잘못되지 않았나 싶습니다. 〈상대기〉의 "시신을 당상(堂上)에 안치하고 나서는〔旣正尸〕"의 주에 "정시(正尸)는 시신을 창문 아래에 옮기고 남쪽으로 머리를 두는 것을 말한다.〔正尸謂遷尸牖下南首〕"라고 하였는데, 이것은 바로 인군(人君)의 경우를 두고 말한 것입니다.

〔문〕 부인(婦人)의 습복(襲服)에 대하여

〔답〕 부인의 습복에 대해서 〈사상례(士喪禮)〉의 내용을 가지고 나름대

67 주자(朱子)는……하였습니다 : 《주자전서(朱子全書)》 권37과 《회암집(晦菴集)》 권63 남수조(南首條)에 나오는 내용을 발췌한 것인데, 거기에는 '尸必南首'가 '尸當北首'로 되어 있다.

로 유추해 보건대, 단의(褖衣)를 쓰는 것이 타당하다고 여겨집니다. 단의라는 것은 바로 사(士)의 처(妻)가 제사를 도울 때 입는 옷이니, 〈특생(特牲)〉에서 말한 소의(宵衣)[68]가 바로 이것입니다. 그 제도는 상세히 알 수 없으나, 일단 상(裳)과 다르지 않다고 말했고 보면, 오늘날의 심의(深衣)의 제도와 대체로 같다고 하겠는데, 단지 그 색깔이 흑색일 뿐입니다.

우옹(尤翁 송시열(宋時烈))이 "응당 심의를 써야 한다."라고 말한 것은 여기에 근거한 것인 듯합니다만, 만약 이것을 근거로 하여 마침내 "부인의 상(喪)에는 장부(丈夫)가 착용하는 심의를 응당 써야 한다."라고 말한다면, 그것은 감히 알지 못할 점이 있습니다.-단의는 바로 현단(玄端)을 상의(上衣)와 하상(下裳)에 잇댄 것입니다. 그래서 〈사상례〉의 세 벌의 옷[69] 중 세 번째 옷에서도 단의를 쓴 것입니다. 반면에 심의는 원래 부인에게도 통용한다는 예문(禮文)이 없습니다.- 대개 단의와 심의가 그 제도는 비록 같다고 하더라도, 그 색깔이 이미 다르고 그 명칭도 이미 다르니, 그렇다면 어떻게 구별하지 않고 혼동할 수가 있겠습니까.

68 소의(宵衣) : 흑색의 생사(生絲)로 만든 비단옷으로, 고대에 부녀(婦女)가 제사를 도울 때 입었다. 소(宵)는 소(綃)와 통한다. 《의례(儀禮)》〈특생궤식례(特牲饋食禮)〉의 "주부가 비녀와 머리싸개와 소의 차림으로 방 가운데에 서서 남쪽을 향한다.〔主婦纚笄宵衣 立於房中 南面〕"라는 경문에 대한 정현(鄭玄)의 주에 "소는 비단 종류이다. 이 옷은 흑색으로 물들이는데, 그 비단의 본래 이름이 소이다.……부인이 제사를 도울 때 입는 옷도 이 옷과 같다.〔宵 綺屬也 此衣染之以黑 其繒本名宵……婦人助祭者同服也〕"라고 해설하였다.

69 사상례의……옷 : 검은 상의〔衣〕에 분홍빛 하의〔裳〕인 작변복(爵弁服)과 흰 베로 만든 상의에 흰색 하의인 피변복(皮弁服)과 검은 상의와 하의에 붉은 가선을 두른 단의(褖衣)를 말한다.

그리고 〈증자문(曾子問)〉의 "포심의(布深衣)와 흰 명주 조각으로 머리털을 묶어……"라고 한 것[70]과 같은 것은, 단지 '친영(親迎)하여 길에 있다가 상(喪)의 소식을 들은 자가 단의를 포심의로 갈아입고 그 상에 달려가는 것'을 말한 것일 뿐입니다. 오늘날 부인의 상복(喪服)도 포심의이니, 어찌 그 내용을 가지고 마침내 "부인은 길시(吉時)에도 심의를 입어야 하니, 이 복장으로 송종(送終 장례)을 행한다."라고 말할 수 있겠습니까.-흉시(凶時)에 포심의는 남녀가 똑같이 입지만, 길시(吉時)에 단의는 장부(丈夫)의 심의와 원래 구별됩니다.-

원삼(圓衫)의 제도가 어떤 글에 나오는지는 모르겠습니다만, 진(晉)나라와 당(唐)나라 이래로 의복의 제도가 수시로 변천하는 과정에서, 이것 역시 중국의 유제(遺制)가 동방으로 건너온 것이라고 생각됩니다. 소매가 크고 넓은 것〔侈袂〕을 보면, 이른바 대수(大袖 장의(長衣))라는 것과 서로 근사한 것 같기도 한데, 역시 확실히는 알지 못하겠습니다. 그런데 오늘날 세상에서 귀천을 막론하고 길흉의 예(禮)에 통용하고 있으니, 그것을 써도 무방할 듯합니다. 대(帶)도 세상 풍속을 따라서 붉은색의 대대(大帶)를 쓰고 소대(小帶)로 묶는 것이 좋겠습니다.

대저 고대의 단의(褖衣)를 모방하여 검은색의 주견(紬絹)과 능기

70 증자문(曾子問)의……것 : 《예기》 〈증자문〉에, 증자가 "친영하여 여자가 시집으로 오는 도중에 사위의 부모가 죽으면 어떻게 합니까?〔親迎 女在塗 而壻之父母死 如之何〕"라고 묻자, 공자가 "여자는 시집가는 화려한 옷을 고쳐서, 포심의와 흰 명주 조각으로 머리털을 묶고는 분상(奔喪)한다.〔女改服 布深衣縞總 以趨喪〕"라고 대답하였다. 포심의는 마의(麻衣)와 같다. 채색으로 가선을 하면 심의(深衣)라고 하고, 베〔布〕로 가선을 하면 마의 혹은 포심의라고 하고, 흰 베〔素〕로 가선을 하고 소매가 길며 밖에 있으면 장의(長衣)라고 한다.

(綾綺) 등속으로 따로 만들어서 쓰고 대(帶)도 흰 바탕〔素質〕의 치비(緇辟)[71]를 쓰면 물론 좋겠습니다만, 단지 〈사혼례(士昏禮)〉의 훈염(纁袡)[72]은 상복(常服)이 아니니 써서는 안 될 것입니다. 그런데 상복의 단의의 가선〔緣〕은 무슨 색으로 하는지 상고할 수가 없는데, 어쩌면 그것도 흑색을 쓰는 것인지 모르겠습니다. 이것을 쓰기 어려우면 그냥 세상에서 하는 대로 원삼만 쓸 수도 있는데, 모르겠습니다만 이에 대해서 어떻게 생각하십니까?

〔문〕 악수(握手)[73]는 오로지 손을 감싸기 위해서 만든 것인데, 손의 손바닥〔掌〕과 손목〔掔〕의 위아래 및 엄지손가락〔拇指〕이 손을 감싸는 가운데에 들어 있지 않다면, 〈기(記 사상기(士喪記))〉에서 "피부에 닿게 감싼다.〔裹親膚〕"라고 말한 뜻이 과연 어디에 있다고 하겠습니까. 유씨(劉氏)가 "손바닥 안쪽에 둔 길이 1척 2촌의 중앙 부분을

71 치비(緇辟) : 대부의 잡대(雜帶)의 테두리를 장식할 때 온통 검은색〔緇〕으로만 하는 것을 말한다. 잡대는 잡복(雜服)의 띠라는 뜻으로 연거(燕居)할 때 의복에 사용하는 것을 말하고, 비(辟)는 비(紕) 즉 테두리 장식을 말한다.

72 훈염(纁袡) : 분홍색 천으로 가선〔緣〕을 두른 옷이다. 훈(纁)은 진홍색이고, 염(袡)은 치마 아래의 가선이다. 새색시가 혼례(婚禮) 때에 입는 활옷이다.

73 악수(握手) : 죽은 자의 손을 감싸는 염의(斂衣)인데, 포백(布帛)을 꿰매어서 만들며, 모양은 자루와 비슷하다. 《의례》 〈사상례(士喪禮)〉에 "악수는 검은색 비단을 쓰고 안에는 붉은색 비단을 댄다. 길이는 1척 2촌이고 너비는 5촌이며, 중앙 부분의 양쪽 가에서 안쪽으로 1촌씩 줄인다. 겉감과 안감 사이에 솜을 채워 넣으며, 귀퉁이에 실끈을 매단다.〔握手 用玄 纁裏 長尺二寸 廣五寸 牢中旁寸 著組繫〕"라고 하였는데, 가공언(賈公彦)의 소(疏)에 "이 염의를 악이라고 이름 붙인 것은 손에 있기 때문에 악수라고 한 것이지, 손으로 잡아서 악수라고 한 것이 아니다.〔名此衣爲握 以其在手故言握手 不謂以手握之爲握手〕"라고 하였다.

기준으로 해서 손등을 덮으면 가까스로 서로 마주하게 된다.……〔據從手內置之長尺二寸中 掩之手纔相對也……〕" 한 것[74]에 대해서, 그 문세를 살펴보면 경소(經疏)를 오인하고서 용일(用一)의 설[75]을 위주로 한 것이 분명합니다. 《의례(儀禮)》의 본조(本條)에 "오른손에는 단지 하나의 끈만 있고, 왼손에는 양쪽 끝에 모두 끈이 있다.〔右手則只一繫 左手兩端皆有繫〕"라고 하였는데, 왼손과 오른손에 하나의 끈과 두 개의 끈의 구별이 있는 것은 어째서입니까? 지금은 왼손 오른손을 막론하고 양쪽 끝에 모두 끈이 있어서 옛날과는 다르게 되어 있는데, 고봉(高峯 기대승(奇大升))이 "지금은 깍지가 없는 것을 따른다.……〔今從無決……〕" 한 것도 매우 이해가 되지 않습니다. 그리고 경문(經文)에서 단지 "겉감과 안감 사이에 솜을 채워 넣으며, 귀퉁이에 실끈을 매단다.〔著組繫〕"라고만 말했고 보면, 어디에 묶어 매는 것인지 위와 가운데와 아래를 지적하지 않았는데, 지금은 단지 하각

74 유씨(劉氏)가……것 : 유씨는 유장(劉璋)을 가리킨다. 명나라 남평(南平) 사람으로, 자는 정신(廷信)이다. 천순(天順)의 진사로, 태자소보(太子少保)로 치사(致仕)하였으며, 주희의 《가례(家禮)》에 대한 주석서인 《가례보주(家禮補註)》를 지었다. 그의 소(疏)에 "손바닥 안쪽에 둔 길이 1척 2촌의 중앙 부분을 기준으로 해서 손등을 덮으면 가까스로 서로 마주하게 된다. 양쪽 끝에 각각 끈이 있는데, 먼저 한쪽 끝을 손목에 한 바퀴 둘렀다가 되돌아오면 위에서 자연히 꿰어지고, 또 한쪽 끝은 위로 향하여 중지에 걸었다가 되돌려서 손목을 두른 것과 합쳐서 손바닥 뒤의 마디 가운데에서 잡아맨다.〔據從手內置之長尺二寸中 掩之手纔相對也 兩端各有繫 先以一端繞擊一匝 還從上自貫 又以一端向上鉤中指, 反與繞擊者, 結於掌後節中〕"라고 하였는데, 녹문은 유씨의 설을 따르는 입장을 취하였다. 유씨의 소에는 과친부(裹親膚)가 이친부(裏親膚)로 되어 있다. 그러면 "악수의 안쪽 면이 피부에 닿게 한다."라는 해석이 된다.

75 용일(用一)의 설 : 죽은 자의 두 개의 손에 각각 하나씩 두 개의 악수를 쓰지 않고, 합쳐서 하나의 악수만 쓴다는 설을 말한다.

(下角 아래쪽 모서리)에만 묶기 때문에, 위쪽과 가운데 사이가 실로 견실하지 않은 근심이 있게 되었으니, 이것도 이해가 되지 않습니다.……

〔답〕 손바닥은 안을 향하고 손가락은 또 손의 끝 부분이기 때문에, 악수를 설치하는〔設握〕 뜻은 손등을 보호하는 데에 중점이 있습니다. 오른손은 깍지의 띠〔決帶〕와 연결되었기 때문에 단지 끈이 하나일 뿐이고, 왼손은 깍지가 없기 때문에 끈이 두 개인 것인데, 지금 깍지를 쓰지 않고 보면 오른손이라도 끈 두 개를 쓰는 것이 당연합니다. 내서(來書)에서 인용한 유씨의 설은 바로 〈사상기(士喪記)〉의 가소(賈疏 가공언(賈公彦)의 소)의 설입니다. 그 의미는 "손바닥 안쪽에 둔 길이 1척 2촌의 중앙 부분을 기준으로 해서 악수의 양쪽 끝을 가지고 손등을 덮으면 손과 악수의 양쪽 끝이 제대로 들어맞아서 남거나 모자라는 것이 없게 된다."라는 것인데, 그 상문에서 이미 왼손과 오른손을 나누어 설명했고 보면 용일의 뜻이 아닌 것을 알 수 있습니다. 그리고 끈이 비록 하각에 있다고 하더라도, 하나는 손등을 한 번 돌아서 저절로 꿰어지고, 하나는 위쪽으로 중지에 걸어 손목에서 합쳐서 잡아매니, 어찌 견실하지 못할 걱정이 있겠습니까. '과친부(裹親膚)'의 '과(裹)'가 《통해(通解)》에는 '이(裏)'로 되어 있는데, 이것은 바로 경문에서 "안에는 붉은색 비단을 댄다.〔纁裏〕"라고 한 그 '이(裏)'이니, 응당 이를 따라야 할 듯싶습니다.

〔문〕 〈사상례(士喪禮)〉의 엄(掩)[76]에 대하여

76 엄(掩) : 관(冠)을 대신하여 비단으로 죽은 자의 머리를 싸매는 것을 말하는데, 홑겹으로 하고 안감은 없다.

〔답〕 경(經)에서는 단지 "그 끝을 가른다.〔析其末〕"라고만 말하였을 뿐 양쪽 끝〔兩頭〕을 모두 가른다는 글은 없습니다. 정주(鄭註)에서 "장차 턱 아래에서 매고, 또 돌려서 목덜미 가운데에서 매기 위해서이다.〔爲將結於頤下 又還結於項中〕"라고 말한 것은, 가른 끝 부분을 이마 앞에서 내려뜨려 턱 아래에서 먼저 묶고, 진(瑱)[77]과 명목(瞑目)[78]을 마친 다음에 그 끝의 나머지 부분을 돌려서 목덜미 뒤에서 묶으면, 뒤에 비록 끈이 없더라도 엄(掩)이 자연히 견고해진다는 뜻입니다.

가소(賈疏)에서는 복두(幞頭)를 인용하여 해설하면서 "양쪽 끝을 모두 가른다.〔兩頭皆析〕"라고 하였습니다. 그가 "살아 있는 사람과 다르다.……〔與生人異……〕" 한 것은, 복두는 앞의 두 끈〔前二脚〕을 머리 뒤에서 묶고 뒤의 두 끈〔後二脚〕을 상투 앞에서 묶는 반면에, 엄은 뒤의 두 끈을 턱 아래에서 묶는 것이 복두와 다르다고 하는 것이니, 이는 대개 정주의 '환결(還結)'이라는 문구를 잘못 본 소치입니다.

그런데 다시 살펴보건대, 정주에서 해석한 것이 물론 경(經)의 본의를 얻은 것 같기도 합니다만, 경에 이미 분명한 글이 없는 상황에서, 가소에서 말한 복두사각(幞頭四脚)의 설이 일에 매우 편할뿐더러 훨씬 완고(完固)하다고 여겨집니다. 따라서 만약 네모난 모단(毛緞)의 한 폭을 가지고, 사각의 제도에 의거해서, 앞의 두 모서리〔前兩角〕에는 큰 띠 두 개를 꿰매고, 뒤의 두 모서리〔後兩角〕에는 작은 띠 두 개를

77 진(瑱) : 죽은 자의 귀를 막는 것을 말하는데, 흰 솜을 쓴다. 충이(充耳) 혹은 색이(塞耳)라고도 한다.

78 명목(瞑目) : 죽은 자의 얼굴을 가리는 것을 말하는데, 비단을 쓴다. 명(瞑)은 부(覆)의 뜻이다.

꿰매고는, 앞 변(邊)은 이마에 대고서 큰 띠를 머리 뒤에서 매고, 다시 후각(後脚)을 거두어서 작은 띠 두 개를 턱 아래에서 매면 좋을 듯한데, 모르겠습니다만 어떻게 생각하십니까?

〔문〕 근세에는 습(襲)과 소렴(小斂)을 한꺼번에 병행하니, 그렇다면 모(冒)[79]를 사용하지 않더라도 시신의 모습이 드러나지 않습니다.
〔답〕 질(質)과 쇄(殺)가 이미 경(經)에 실려 있고 일에도 매우 편리하니, 사력(事力)이 미친다면 모를 사용하는 것이 좋습니다.

〔문〕 〈사상례(士喪禮)〉에 의하면, 복(復)을 하는 자가 내려오고 나서 설치(楔齒)와 철족(綴足)[80]을 하면 즉시 시신의 동쪽에다 포해(脯醢)와 술을 올린다고 하였는데, 이는 이른바 여각(餘閣)의 전(奠)[81]

79 모(冒) : 습을 하고 나서 소렴을 행하기 전에 시신을 싸는 것으로, 곧은 자루 모양으로 되어 있다. 상반신을 싸는 것을 질(質)이라고 하고 하반신을 싸는 것을 쇄(殺)라고 하는데, 하늘과 땅을 본떠서 위는 검은색〔玄〕으로 하고 아래는 분홍색〔纁〕으로 하며, 위아래로 띠를 매달아〔綴旁〕 매듭을 지어 묶는다. 《예기》 〈잡기 하(雜記下)〉에 "모는 무엇인가? 시신을 덮는 것이다. 습의 의식에서 소렴의 의식에 이르기까지 모를 사용하지 않으면 시신이 노출되어 보기 흉하기 때문에, 습을 한 뒤에는 모를 사용하는 것이다.〔冒者何也 所以揜形也. 自襲以至小斂 不設冒則形 是以襲而后設冒也〕"라는 말이 나온다. 습은 습의(襲衣), 즉 죽은 자의 옷을 벗기고 새 옷으로 갈아입히는 것을 말한다.

80 설치(楔齒)와 철족(綴足) : 설치는 반함(飯含)을 할 적에 입이 닫히지 않도록 뿔숟가락을 이와 이 사이에다 물리는 것을 말하고, 철족은 발이 비틀어져서 신발을 신기지 못하는 것을 예방하기 위해 미리 연궤(燕几)에다 발을 잡아매는 것을 말한다. 연궤는 평소에 몸을 기대던 궤를 말한다.

81 여각(餘閣)의 전(奠) : 찬장에 남아 있는 음식으로 올리는 전을 말한다. 《예기》 〈단궁 상(檀弓上)〉에 "사람이 막 죽었을 때 올리는 전(奠)은 각(閣)에 남아 있는 음식

입니다.

〔답〕 사람이 막 죽었을 때 전을 올리는 예(禮)의 뜻이 매우 미묘하니, 즉시 행하지 않으면 안 됩니다.

〔문〕 반함(飯含)에 대하여

〔답〕 착건(鑿巾)[82]을 하고 반함을 하는 것을 지금 행하면 안 됩니다. 부모의 상(喪)은 물론 말할 것도 없고, 다른 상에서도 모두 상주가 행하는 것이 옳습니다. 이른바 빈(賓)이 반함을 했다고 하는 것은, 옛날에 대부(大夫) 이상에는 가신(家臣)이 있었으니, 빈은 바로 가신인 것입니다.

으로 한다.〔始死之奠 其餘閣也與〕"라는 증자(曾子)의 말이 나오는데, 그 주(註)에 "각은 기각(庋閣) 즉 찬장으로, 거기에 남아 있는 음식을 말한다.〔閣庋藏食物〕"라고 하였고, 소(疏)에 "살았을 때 기각에 남겨 둔 포해로 전을 올리는 것이다.〔以生時庋閣所餘脯醢爲奠也〕"라고 하였다.

82 착건(鑿巾) : 시신의 얼굴을 덮은 천 가운데에서 입에 해당하는 부분을 잘라 구멍을 뚫는 것을 말하는데, 고대에 대부(大夫) 이상의 상례(喪禮) 때에는 이 구멍을 통해서 반함(飯含)을 하였다. 《예기》〈잡기 하(雜記下)〉에 "착건하고 반함하는 것을 공양가가 행하였다.〔鑿巾以飯 公羊賈爲之也〕"라고 하였는데, 정현(鄭玄)의 주(註)에 "대부 이상은 빈이 반함을 행하였는데, 그때는 착건이 있었다.〔大夫以上 賓爲飯焉 則有鑿巾〕"라고 하였고, 공영달(孔穎達)의 소(疏)에 "대부 이상은 신분이 귀했으므로 빈으로 하여금 직접 반함하게 하였는데, 시신을 빈이 더럽게 여겨서 싫어할까 봐 천으로 시신의 얼굴을 덮고는 입 부분에 구멍을 뚫고 반함을 하여 입에 들이도록 하였다.〔大夫以上貴 故使賓爲其親含 恐屍爲賓所憎穢 故設巾覆屍面而當口鑿穿之 令含得入口也〕"라고 하였다. 공양가가 사(士)의 신분으로서 어버이에게 반함을 하면서 착건을 한 것은 어버이를 더럽게 여겨 싫어한 것으로 예(禮)를 잃은 것이라는 설명이다.

〔문〕 우암(尤庵)이 멱건(幎巾)[83]을 묻는 어떤 사람의 질문에 대답하기를 "주(註)에 '혐오하는 것이 있을까 꺼려서이다.'라고 하기도 하고, 또 '반함을 할 때 쌀이 얼굴에 떨어지기 때문이다.'라고 하기도 하는 등, 주설이 같지 않은데 그 뜻을 자세히 알 수가 없다.……〔註或云嫌有惡 又曰爲飯之遺落米也 註說不同未詳其義……〕"[84] 하였습니다. 그런데 〈사상례(士喪禮)〉의 본문을 상고해 보건대, "포건은 환폭[85]으로 하고 구멍을 뚫지 않는다.〔布巾環幅不鑿〕"의 주에 "구멍을 뚫지 않는 것은, 사(士)의 경우엔 아들이 직접 반함을 하면서 그 수건을 뒤집을 뿐이기 때문이다. 그러나 대부(大夫) 이상의 상에서 빈이 반함을 할 경우에는 입이 있는 곳에 구멍을 뚫는데, 이는 혐오하는 것이 있을까 꺼려서이다.〔不鑿者 孝子之親含 反其巾而已 賓爲之含 當口鑿之 嫌有惡〕"라고 하였습니다. 대개 멱건을 만든 목적은 본래 '쌀이 얼굴에 떨어질까 염려해서 그런 것〔爲遺落米設也〕'[86]이니 이에 대한 주설(註說)은 멱건을 설(設)하는 뜻을 해설한 것이고, "혐오함이 있을까 꺼려서이다.……〔嫌有惡……〕" 한 것은 단지 그 빈(賓)이 반함을 할 때 입 부분에 구멍을 뚫는 뜻을 해설한 것입니다. 따라서 주해

83 멱건(幎巾) : 시신의 얼굴을 가리는 수건을 말한다. 멱목(幎目)이라고도 한다.

84 주(註)에……없다 : 《송자대전(宋子大全)》 권100 〈답유필경(答兪弼卿)〉에 이 내용이 실려 있다.

85 환폭(環幅) : 정방형(正方形)의 베수건〔布巾〕을 말한다. 멱목은 가로와 세로가 모두 2척 2촌이다.

86 멱건을……것 : '습(襲) 내반함(乃飯含)' 항목의 전우시서조(奠于尸西條)의 주(註)에 이 내용이 나온다. 그 소(疏)에도 "쌀이 얼굴에 떨어질 염려가 있기 때문에 얼굴을 덮는 것이다.〔恐有遺落米在面上 故覆之也〕"라고 하였다.

(註解)에 비록 두 항목의 해설이 있다고 하더라도 각각 해당하는 바가 있어서 의심할 것이 없는데, 우암이 자세히 알지 못하겠다고 한 것은 어째서입니까? 혹시 다른 뜻이 별도로 있는 것입니까?

〔답〕 내설(來說)이 매우 명백합니다. 우옹(尤翁)이 운운한 것은 우연히 검토를 잘못한 것인 듯싶습니다.

〔문〕 〈단궁(檀弓)〉에 "명은 정을 본떠서 명백하게 표시하는 것이니, 죽은 사람은 구별할 수 없기 때문에 그 기로 표시하는 것이다.〔銘明旌也 以死者不可別已 故以其旗識之〕"[87]라고 하였습니다. 그리고 《대전(大全)》에도 "옛날에는 정에 등급이 있었기 때문에 명에도 등급이 있었다. 그러나 지금은 정이 없어졌으니, 온공의 제도와 같이 하면 된다.〔古者 旌既有等 故銘亦有等 今既無旌則如溫公制〕"[88]라고 하였습니다. 그런데 사계(沙溪 김장생(金長生)) 선조(先祖)는 이르기를 "〈단궁〉에 의거하면 명과 정은 하나의 물건인데, 지금은 그만 그것을 둘로 나누었으니, 그 뜻을 잘 모르겠다.……〔據檀弓則銘旌自是一物 而今乃二之者 未詳其義……〕"[89] 하였습니다.

87 명은……것이다 : 《예기》 〈단궁 하(檀弓下)〉에 나온다. 바로 그 뒤에 "사랑하므로 그의 이름을 기록하고, 공경하므로 그 도리를 극진히 하는 것이다.〔愛之 斯錄之矣 敬之 斯盡其道焉耳〕"라는 말이 이어진다.

88 옛날에는……된다 : 《주자대전(朱子大全)》 권37 〈답곽자종(答郭子從)〉에 나온다. 바로 그 뒤에 "그렇게 해도 시의에 맞으니, 의아하게 생각할 필요가 없다.〔亦適時宜 不必以爲疑也〕"라는 말이 이어진다.

89 단궁(檀弓)에……모르겠다 : 《사계전서(沙溪全書)》 권27 〈가례집람(家禮輯覽)〉 상례(喪禮) 명정조(銘旌條)에 나온다.

〔답〕 정(旌)이라는 것은 천자(天子) 이하가 상시(常時)에 세우는 깃발〔旗〕입니다. 명(銘)이라는 것은 죽고 나서 상시에 세우는 것을 본떠 만들어서 그 영구(靈柩)의 신원을 표시하는 것입니다. 비록 "각각 그에 맞는 물로 한다.〔各以其物〕"[90]라고 하였으나, 강(杠 명정을 매다는 깃대)의 장단이 일단 같지 않고 보면, 백(帛)의 광무(廣袤 너비와 길이)도 반드시 차이가 있기 때문에, 〈단궁〉의 소(疏)에서 "다만 척촌을 바꾼다.〔但以尺寸易之〕"[91]라고 하였으니, 진짜로 상시에 세우던 깃발을 사(肂 관을 묻는 구덩이)에 두는 것이 아닙니다. 주자(朱子)가 "정(旌)에 등급이 있었기 때문에 명(銘)에도 등급이 있었다.……" 한 것이 흡당(恰當)한데, 사옹(沙翁)이 이를 의심하다니 감히 이해하지 못하겠습니다.

〔문〕 아직 성인(成人)이 안 된 남녀의 명정(銘旌)에 대하여

〔답〕 아직 성인이 안 된 남자는 '동자(童子) 모군(某君)'이라고 하고, 아직 성인이 안 된 여자는 '처녀(處女) 모씨(某氏)'라고 하면 될 것입니다.

90 각각……한다 : 《의례》 〈사상례(士喪禮)〉에 "명을 만들 때에는 각각 그에 맞는 물로 하는데, 없으면 검은 비단으로 한다.〔爲銘 各以其物 亡則以緇〕"라고 하였는데, 이에 대해서 주희가 해설하기를 "각각 그에 맞는 물이라는 것은, 천자・제후・대부・사가 각각 생존 시에 세웠던 물로 명을 만드는 것이니, 정기를 가리킨다. 사는 생존 시에 정이 없으므로 길이 1척 되는 검은 비단을 쓴다.〔各以其物者 天子諸侯大夫士 各以生時所建之物 爲銘 指旌旗也 士生時無旌 故用緇長一尺〕"라고 하였다.

91 다만 척촌을 바꾼다 : 독자의 이해를 돕기 위하여 이 소(疏)의 내용을 자세히 소개하면 다음과 같다. "〈사상〉에 '왕은 태상을 세우고, 제후는 기를 세우고, 고경은 전을 세우고, 대부와 사는 물을 세운다.'라고 하였으니, 그렇다면 명정도 그러한 것이다. 다만 명정의 경우는 척촌을 바꿀 뿐이니, 사는 길이가 3척이고, 대부는 5척이다.〔司常云 王建太常 諸侯建旂 孤卿建旜 大夫士建物 則銘旌亦然 但以尺寸易之 士長三尺 大夫五尺〕"

〔문〕 여러 서적을 상고해 보건대, 설혼백조(設魂帛條)에 하나도 상(箱 궤)을 쓴다는 문구가 없습니다.

〔답〕 세속을 따라 상(箱)을 써도 무방합니다만, 혼백(魂帛)은 신주(神主)와는 같지 않으니, 항상 상 안에 눠어 놓았다가 제사 지낼 때에만 그 파(帕 보자기)를 열어야 할 것입니다. 우옹(尤翁)의 설이 이와 같은데, 도암(陶庵 이재(李縡))의 《사례편람(四禮便覽)》도 이 설을 따랐다고 합니다.

〔문〕 고례(古禮)를 상고해 보건대, 습(襲)을 행하고 나서 소렴(小斂)을 행하기 전에 조문을 하는 자는 길복(吉服)을 착용하는데, 이는 대개 주인이 아직 변복(變服)을 하지 않았기 때문입니다. 그렇다면 《서의(書儀)》의 습후조의(襲後弔儀)에서는 어째서 화성(華盛)한 복식을 바꿔야 한다고 말한 것입니까? 《가례비요(家禮備要)》에서는 모두 심의(深衣)를 입어야 한다고 하였는데, 이 심의라는 것은 준채(純采)[92]의 심의를 말하는 것입니까? 그렇다면 대(帶)도 심의에 속하는 준채의 대를 써야 합니까?

〔답〕 자유(子游)의 석구(裼裘)와 습구(襲裘)[93]는 소렴의 전후를 기준

92 준채(純采) : 순수한 채색 단을 두르는 것을 말한다. 《예기》 〈곡례 상(曲禮上)〉에 "아들 된 자는 부모가 살아 계시면 갓과 옷에 흰 단을 두르지 않으며, 고자로서 아버지의 뒤를 잇는 자는 갓과 옷에 순수한 채색 단을 두르지 않는다.〔爲人子者 父母存 冠衣不純素 孤子當室 冠衣不純采〕"라는 말이 나온다.

93 석구(裼裘)와 습구(襲裘) : 석구는 웃옷〔上衣〕을 벗어서 갖옷〔裘〕의 아름다움이 밖에 드러나게 하는 것을 말하고, 습구는 갖옷 위에 웃옷을 겹쳐 입어서 아름다움이 밖에 드러나지 않게 하는 것을 말하는데, 남을 조문할 적에 주인이 변복(變服)을 하기

으로 합니다. 석구는 길복이고 습구는 장식을 제거한 것이니, 여기에는 길(吉)에서 흉(凶)으로 향하는 뜻이 들어 있습니다. 《서의》에서 화성한 복식을 바꾼다고 한 것은 대개 습구의 뜻을 모방한 것인데, 다만 소렴을 행하기 전에 주인이 아직 변복을 하지 않았을 때에는 그렇게 하는 것이 타당하지 않습니다. 《가례》의 심의도 《서의》의 뜻과 같습니다마는, 심의가 서인(庶人)의 길복이고 보면 소렴을 행한 뒤에 이것을 그대로 써서 조복(弔服)으로 삼는 것은 역시 고제(古制)에 어긋나는 점이 있을 듯싶습니다. 지금 만약 소렴 전에는 길복을 착용하고, 소렴 뒤에는 《서의》에 의거하여 화성한 복식을 제거하고 소대(素帶)를 착용한다면, 온당하게 될 듯싶습니다.

〔문〕 〈사상례(士喪禮)〉에 의하면, 습의(襲衣)를 진설할 때에는 옷깃을 서쪽으로 향하게 하되 남쪽에서부터 차례로 놓고〔西領南上〕, 소렴과 대렴의 염의(斂衣)를 진설할 때에는 옷깃을 남쪽으로 향하게 하되 서쪽에서부터 차례로 놓는데〔南領西上〕, 습의와 염의를 진설하는 것이 같지 않은 데에는 또 무슨 언급할 만한 의의가 있는 것입니까? 그리고 〈상대기(喪大記)〉에 의하면, 소렴의 옷을 진설할 때에는 옷깃을 서쪽으로 향하게 하되 북쪽에서부터 차례로 놓고〔西領北上〕, 대렴의 옷을 진설할 때에는 옷깃을 서쪽으로 향하게 하되 남쪽에서부터 차례로 놓으니〔西領南上〕,[94] 이는 또 〈사상례〉와 같지

이전이면 길복(吉服)인 석구 차림을 하고, 변복을 한 뒤에는 습구 차림을 하는 것이 고대의 예법이었다. 《예기》 〈단궁 상(檀弓上)〉에 증자(曾子)와 자유(子游)가 논란했던 '습구와 석구'에 대한 고사가 실려 있다.

않습니다. 어떤 것을 바르다고 해야 합니까?

〔답〕 서령남상(西領南上)하고 남령서상(南領西上)하는 것은 시신이 서쪽에 있으면서 머리를 남쪽에 두고 있기 때문입니다. 습의와 염의의 진설이 다른 이유는 잘 모르겠습니다마는, 어쩌면 습과 염의 일이 같지 않기 때문에 진설하는 것도 그에 따라 달리하는 것이 아니겠습니까. 〈상대기〉에 의하면, 소렴과 대렴 때에 군(君)의 경우는 서(序)의 동쪽과 뜰에다 옷을 진설하면서 혹은 서령북상(西領北上)하고 혹은 북령서상(北領西上)하는데, 이것도 시신이 있는 곳을 높이는 것인 만큼 본래 의심할 것이 없습니다. 그러나 대부(大夫)와 사(士)의 경우는, 방 가운데와 서(序)의 동쪽에다 옷을 진설할 적에, 방 가운데의 것은 서령북상하고 서의 동쪽의 것은 서령남상하는데 이때 서령(西領)하는 것은 옳습니다마는, 방에 진설할 때에는 시신이 남쪽으로 머리를 두고 있는 만큼 당연히 남상(南上)을 해야 할 텐데 거꾸로 북상(北上)을 하고, 서의 동쪽에 진설할 때에는 시신이 실(室)에 있는 만큼 당연히 북상을 해야 할 텐데 거꾸로 남상을 하는 것이 의아하게 여겨지기도 합니다. 이에 대해서 소(疏)에서 "잡기에 편리해서 그렇다.〔取之便〕"라고 하였

94 상대기(喪大記)에……놓으니 : 〈상대기〉는 《예기》의 편명이다. 관련 부분의 내용을 소개하면 "대부는 옷을 서의 동쪽에다 50벌을 진설하는데, 옷깃을 서쪽으로 향하게 하되 남쪽에서부터 차례로 놓고, 사는 옷을 서 동쪽에다 30벌을 진설하는데, 옷깃을 서쪽으로 향하게 하되 남쪽에서부터 차례로 놓는다.〔大夫陳衣于序東五十稱 西領南上 士陳衣于序東三十稱 西領南上〕"라고 하였는데, 그 주에 "〈사상례〉에서는 '대렴 때에는 옷을 방에다 진설하는데 옷깃을 남쪽으로 향하게 하되 서쪽에서부터 차례로 놓는다.'라고 하여 대부와 다르게 되어 있는데, 지금 여기서는 사의 옷을 진설하는 것이 대부와 같으니, 이 사는 아마도 천자의 사일 것이다.〔士喪禮 大斂陳衣於房 南領西上 與大夫異 今此士陳衣 與大夫同 蓋天子之士〕"라고 하였다.

는데, 이치로 보면 혹 그럴 듯도 합니다. 그리고 〈대기(大記)〉에서 말한 사(士)는 천자(天子)의 사입니다. 그래서 〈사상례〉와 다른 것입니다.

〔문〕 "〈상대기(喪大記)〉에는 '옷섶을 왼쪽으로 여미고 효를 묶되 고를 만들지 않는다.〔左衽結絞不紐〕'라고 하였고, 《가례(家禮)》에서는 '옷섶을 왼쪽으로 여미고 고를 만들지 않는다.〔左衽不紐〕'라고 하였다.……" 한 것에 대하여

〔답〕 〈상대기〉에 이르기를 "소렴과 대렴 때에 제복(祭服)을 거꾸로 입히지 않고 모두 옷섶을 왼쪽으로 여미며 효를 묶되 고를 만들지 않는다.〔小斂大斂 祭服不倒皆左衽 結絞不紐〕"[95]라고 하였으니, 좌임(左衽)은 제복(祭服)에 속하고 불뉴(不紐)는 결효(結絞)에 속합니다. 그런데 정씨(鄭氏 정현(鄭玄))가 이 글을 잘못 인용하여, 〈사상례(士喪禮)〉의 삼칭(三稱 습의(襲衣) 세 벌)에 대해 주를 내기를 "무릇 죽은 자에게 옷을 입힐 때에는 옷섶을 왼쪽으로 여미고 고를 만들지 않는다.〔凡衣死者左衽不紐〕"라고 하였습니다. 이렇게 되면 '좌임불뉴(左衽不紐)' 네 글자는 모두 의(衣)에 속하게 됩니다만, 좌임을 하면 자연히 소대(小帶)를 쓰지 않으니 '불뉴'라는 두 글자는 해당하는 곳이 없게 됩니다. 그런데 《가례》에서 습(襲)에는 좌임의 문구를 쓰지 않다가 소렴 때에 와서 그만 "나머지 옷으로 시신을 덮고 옷섶을 왼쪽으로 여미며 고를 만들지

95 소렴과……않는다 : 대본에는 '小斂大斂 祭服不倒必左衽 結絞不紐'로 되어 있으나, '必'은 '皆'의 잘못이기에 바로잡아 번역하였다. 효(絞)에 대해서 이황(李滉)은 염을 할 때의 베〔斂布〕라고 하고, 옷고름〔襟系〕으로 해석하는 것은 잘못이라고 하였다.

않는다.〔以餘衣掩尸 左衽不紐〕"라고 하였으니, 이는 대개 정주(鄭註)에 나오는 네 글자를 이곳에 옮겨 오면서 미처 그 잘못을 살피지 못한 것입니다. 지금 만약 '불뉴' 두 글자를 아래에 나오는 대렴조(大斂條)의 "머리를 가리고 효를 묶는다.〔掩首結絞〕"의 아래에 옮겨 보충한다면 타당하게 될 것입니다.

〔문〕〈문상(問喪)〉에 "관(冠)을 쓴 사람은 육단(肉袒)을 하지 않는다. 관은 높은 것이니 육단을 한 몸에 쓸 것이 아니다.……"[96] 한 것에 대하여

〔답〕관을 쓰고서 육단을 하는 것은 잘못입니다. 그러나 길사(吉事)의 경우에는 비록 육단을 했더라도 관을 쓰니, 〈교특생(郊特牲)〉에서 임금이 육단을 하고 희생을 벤다고 한 것[97]이 이것입니다.

〔문〕〈사상례(士喪禮)〉의 주를 상고해 보건대, 사람이 막 죽었을 때에 참최복(斬衰服)을 입을 사람은 계사(雞斯 머리싸개)를 하고 자최복(齊衰服)을 입을 사람은 소관(素冠 흰색의 관)을 쓰다가, 소렴(小

96 관(冠)을……아니다 : '관을 쓴 사람은 육단을 하지 않는 이유가 무엇이냐.〔冠者不肉袒何也〕'는 질문에 대해서 "관은 지극히 높은 것이니 육단을 한 몸에 쓸 것이 아니다. 그래서 이 때문에 문을 하는 것으로 대신하는 것이다.〔冠至尊也 不居肉袒之體也 故爲之免以代之也〕"라고 대답하는 내용이 《예기》〈문상(問喪)〉에 나온다. 육단은 왼쪽 소매를 벗어서 한쪽 어깨를 드러내는 것을 말하고, 문(免)은 관(冠)을 벗고 괄발(括髮)하며 한 치 넓이의 흰 베 조각을 둘러 고깔 모양으로 만드는 것을 말한다.

97 교특생(郊特牲)에서……것 : 《예기》〈교특생〉에 "임금이 신(神) 앞에서 두 번 절하고 머리를 조아리며, 육단을 하고 친히 희생을 베는 것은, 신에 대한 지극한 공경의 표시이다.〔君再拜稽 肉袒親割 敬之至也〕"라는 말이 나온다.

斂)할 때에 와서 주인은 계사를 제거하고 괄발(括髮 머리카락을 묶는 것)을 하며 중주인(衆主人 상주의 형제들)은 관을 벗고 문(免)으로 대신한다고 하였습니다. 이것을 보면 고례(古禮)에서는 자최(齊衰) 기년복(期年服)과 공복(功服) 이하는 사람이 막 죽었을 때에 관을 제거하지 않다가 장차 문을 할 때 비로소 제거하였는데, 지금은 오세(五世)를 같이하는 단문(袒免)의 친척들이 사람이 막 죽었을 때에도 더러 관을 제거하곤 하니, 이는 옳지 않은 듯합니다.

〔답〕 논한 것이 타당합니다. 그러나 우옹(尤翁 송시열(宋時烈))이 어떤 사람에게 답한 글에서 백건(白巾)의 설을 극력 주장하였으니, 지금은 이를 준행해야 할 것입니다.

〔문〕 예(禮)에 의하면, 소관(素冠)에 환질(環絰)[98]을 한 것은 습질(襲絰)[99]을 할 때에 와서야 제거하니, 그러고 보면 단(袒)을 하고 괄발(括髮)을 할 때에는 아직 제거하면 안 되는 것입니다. 그렇다면 괄발을 할 때를 당하여 백건(白巾)에 환질을 하는 것은 벗었다 입었다〔脫著〕하는 절목의 혐의를 면치 못할 듯한데, 어떨지 모르겠습니다.

〔답〕 〈단궁(檀弓)〉의 소(疏)와 〈상복도식(喪服圖式)〉에 의거하건대, 장차 소렴을 행하려 할 적에 대부 이상은 흰색 작변(爵弁)을 쓰고, 사(士)-천자(天子)의 사입니다.-는 흰색 위모(委貌)를 쓴 위에 환질을 더한 복장으로 염(斂)하는 것을 살펴보다가 염이 끝나면 빙시(憑尸)[100]를

98 환질(環絰) : 삼 한 가닥을 고리처럼 둥글게 꼬아서 머리 위에 얹는 것을 말한다.

99 습질(襲絰) : 벗었던 것을 다시 착용하고, 수질(首絰)과 요질(腰絰) 등을 두르는 것을 말한다.

합니다. 그러고는 변(弁)과 질(絰)을 제거하고 단과 괄발을 하고 나서 시신을 받들어 당(堂)에 안치한〔俠堂〕 뒤에 습질을 하며, 대렴 때에 와서는 또 당연히 변과 질을 착용하는 것입니다.

〔문〕 "소렴의 전(奠)을 올릴 때에 《가례(家禮)》에서 비유자(卑幼者) 모두 재배(再拜)하도록 하였으니, 그렇다면 효자(孝子)도 그 안에 들어 있어야 할 텐데, 《구의(丘儀)》[101]에서는 '효자는 절하지 않는다.〔孝子不拜〕'라고 하였고, 《비요(備要)》에도 정론(定論)이 없다.……" 한 것에 대하여

〔답〕 고례(古禮)에 절하는 것이 없더라도, 지금은 《가례》에 따라 행해야 할 것입니다. 비유자 모두 재배해야 한다고 일단 말한 이상 효자도 그 안에 포함되어야 할 것입니다.

〔문〕 《가례》에 비록 대렴의 옷과 이불〔衣衾〕을 진설한다는 설이 있기는 합니다만, 거기에서 '의(衣)'라고 말한 것은 단지 대렴조(大斂條) 아래의 '빈 곳에다 옷을 말아서 채우는〔卷衣塞空缺〕' 그 옷〔衣〕일 뿐이고, 거기에서 '금(衾)'이라고 말한 것은 단지 거관조(擧棺條) 아래의 '이불을 관 안에 펴 놓되 그 끝자락이 사방 밖으로 드리워지게 하는〔置衾棺中 垂裔四外〕' 그 이불〔衾〕일 뿐입니다. 또 비록 "머리를 가리고 효로 묶는다.〔掩首結絞〕"라는 문구가 있기는 합니다만, 거기

100 빙시(憑尸) : 몸을 구부려 시신에 몸을 기대고서 죽은 자와 고별하는 의식을 말한다. 빙시(馮尸)라고도 한다.

101 구의(丘儀) : 명나라 구준(丘濬)이 지은 《가례의절(家禮儀節)》을 말한다.

에서 엄수결효(掩首結絞)라고 말한 것은 바로 소렴(小斂) 때 미처 묶지 못하고 미처 가리지 못한 효(絞)와 금(衾)일 뿐입니다. 이것을 가지고 살펴보건대, 《가례》에서 옷을 진설하고 이불을 진설한다고 말한 것은 모두 염례(斂禮)의 의칭(衣稱)[102]이 아니고, 엄수결효하는 것도 대렴 때 별도로 설(設)하는 것이 아니니, 그렇다면 예경(禮經)에서 "효(絞)와 금(紟 홑이불)과 의(衣)와 금(衾)을 설치하여 대렴의 예(禮)를 행한다."라고 말한 내용을 행할 도리가 없습니다. 이와 같은 잘못은 모두 대렴 때 소렴의 일을 마무리하고 관(棺) 위에서 대렴을 행함으로써, 소렴과 대렴의 구별이 없게 되고 대렴과 입관(入棺)이 하나의 일이 되기 때문에 빚어진 일인 듯합니다. 만약 소렴 때 소렴의 일을 마무리하면 대렴 때 효금(絞紟) 등속을 자연히 별도로 설치해야 할 것이요, 또 만약 상(床) 위에서 대렴을 하면 입관하기 전에 의금(衣衾) 등속을 또 자연히 별도로 갖추어야 할 것인데, 온공(溫公 사마광(司馬光))이 《서의(書儀)》에서 "미처 효로 묶지 못하고 얼굴을 가리지 못했으므로 관 위에서 대렴을 한다.〔未結絞未掩面棺上大斂〕"라는 등의 절목을 새로 만들어 내어 후인(後人)이 예(禮)를 그르치게 만들었습니다. 《가례》는 주부자(朱夫子)가 초년에 지은 미완성의 글이라서 그냥 《서의》를 따른 것일 뿐이니, 지금은 고례(古禮)를 의거하고 《구의(丘儀)》 및 《비요(備要)》를 참작하여, 소렴 때 결효(結絞)하는 것으로부터 대렴의 절목에 이르기까지 《가례》에 구애받지 말고 행하는 것이 어떨지 모르겠습니다.

102 염례(斂禮)의 의칭(衣稱) : 습의(襲衣) 일습(一襲)을 말한다. 칭(稱)은 옷 한 벌을 나타내는 단위이다.

〔답〕 논한 내용이 지극히 명백하고 정당합니다. 다만 진설하는 금(衾)이 대렴의 금이 아니라고 말한 것은 그렇지 않습니다. '관 안에 펴 놓되 끝자락이 사방 밖으로 드리워지게 하는' 그것이 바로 대렴의 금인 것입니다. 이제는 일체 《비요》의 주에 따라서 행해야 할 것이요, 관 위에서 대렴을 행한다는 한 절목은 없애 버려야 할 것입니다.

〔문〕 《가례》에 이르기를 "효대 한 가닥은 크기가 요질의 반이다. 가운데를 접어서 두 가닥을 합치면 그 크기가 질과 같다.〔絞帶一條大半腰絰 中屈合之 其大如絰〕"라고 하였는데, 《어록(語錄)》을 보면 또 "효대는 요질보다 작다.〔絞帶小於腰絰〕"라는 글이 있습니다. 어느 쪽을 따르는 것이 옳습니까?

〔답〕 효대는 혁대를 상징하는데, 《예기》 〈옥조(玉藻)〉에 의거하면, 혁대가 2촌이고 대대(大帶)가 4촌이니, 그렇다면 효대가 요질의 반이 되어야 할 듯합니다.

〔문〕 오복(五服)의 의상(衣裳)의 솔기〔縫〕에 밖을 향하고 안을 향하는 구별이 있는 것은 무슨 뜻입니까?

〔답〕 최의(衰衣)는 삭폭(削幅)을 밖으로 하는데,[103] 이는 길복과 구별하기 위해서이니, 상관(喪冠)을 바깥으로 마무리하는 것〔外畢〕과 같은

103 최의(衰衣)는……하는데 : 최복(衰服)의 상의는 베의 폭(幅)을 꿰매어 줄어든 부분이 밖으로 나오게 한다는 말이다. 삭폭(削幅)은 원래의 포폭(布幅)보다 감쇄(減殺)된 부분을 말한다. 삭(削)은 쇄(殺)와 같다. 《의례》 〈상복(喪服)〉에 "최의는 삭폭을 밖으로 하고, 하의는 삭폭을 안으로 한다.〔凡衰 外削幅 裳內削幅〕"라는 말이 나온다.

종류입니다. 하의를 바꾸지 않는 것[104]은 상의에 비해 비중이 가볍기 때문입니다.

〔문〕 "〈상복(喪服)〉의 소(疏)에서 '참최의 임(衽)은 앞에서 뒤를 가리고, 자최의 임은 뒤에서 앞을 가린다.'라고 하였다.……"[105] 한 것에 대해서

〔답〕 앞에서 가리고 뒤에서 가리는 것은 또한 음(陰)과 양(陽)의 뜻이라고 해야 할 것이니, 이는 질(絰)의 뿌리를 좌우로 하는 것[106]과 같습니다. 이 내용은 경문(經文)에 나오는 것도 아니니, 깊이 연구할 필요는 없겠습니다.

〔문〕 〈상대기(喪大記)〉에 "죽은 자의 아들 모두가 지팡이를 사용하지만, 지팡이를 짚고 자리로 나아가지는 않는다.〔子皆杖 不以卽位〕" 라고 하였는데, 그 주에 "적자가 하는 일을 피하기 위함이다.〔避嫡子

104 하의를……것 : 상의〔衣〕와는 달리 하의〔裳〕는 여전히 솔기가 안을 향하게 하는 것을 말한다.

105 상복(喪服)의……하였다 : 《상례비요(喪禮備要)》에서 "참최의 임은 앞에서 그 뒤를 가리고, 자최의 임은 뒤에서 그 앞을 가린다.〔斬衰衽 前掩其後 齊衰衽 後掩其前〕" 라고 하면서 《의례》 〈상복〉의 소에 나온다고 하였으나, 상복 소에는 이 내용이 보이지 않는다. 《상례비요》는 원래 광해군 때 신의경(申義慶)이 지었는데, 그 뒤에 김장생(金長生)이 증보하였고, 그의 아들 김집(金集)이 다시 수정하여 개판(改版)하였다. 임(衽)은 양 겨드랑이의 아래로 제비 꼬리처럼 드리워 치마 곁의 가장자리를 가리게 한 옷깃이다.

106 질(絰)의……것 : 참최의 수질(首絰)은 삼의 뿌리 부분이 머리의 왼쪽에 오게 하고〔左本〕, 자최의 수질은 오른쪽에 오게 하는〔右本〕 것을 말한다.

也〕"라고 하였습니다. 그런데 지금 사람들은 비록 적자가 있어도, 아들 모두가 지팡이를 짚고 자리에 나아가니, 이는 예(禮)가 '말세에 잘못된 것〔末失〕'입니까?

〔답〕 고례(古禮)는 그렇습니다만, 상을 당했을 때에는 형식적으로 잘 치르기보다는 차라리 마음속으로 애통해하는 심정을 가져야 하는 법이니,[107] 비록 하나하나 예법대로 행하지 못한다 하더라도 크게 문제될 것이 뭐가 있겠습니까. 이런 대목은 《가례》에서 모두 생략하였으니, 후현(後賢)이 덜고 보탠〔損益〕 그 뜻을 또한 알 수 있습니다.

〔문〕 예(禮)에, 동자(童子)가 당실(當室)[108]을 하지 않으면, 문(免)을 하지 않고 지팡이를 짚지 않으며 시마복(緦麻服)을 입지 않는다고 하였는데, 동자라고만 말하였을 뿐 연치(年齒)의 고하는 언급하지 않았습니다. 그런데 《통전(通典)》에서 "미성인을 위해서 상복을 제정하지 않은 것은 그 마음 씀씀이가 전일하지 못하기 때문이다. 그러나 복을 입을 수 있는 경우에는 또한 최와 질을 금하지 않는다.〔不爲未成人制服者 爲其用心不能一也 其能服者 亦不禁衰絰〕"라고 하

107 상을……법이니 : 형식적인 예법보다는 마음속에서 우러나오는 애통함을 더 중히 여겨야 한다는 말이다. 《논어》 〈팔일(八佾)〉에 "예를 행할 때에는 사치스럽게 하기보다는 차라리 검소하게 해야 하고, 상을 당했을 때에는 형식적으로 잘 치르기보다는 차라리 마음속으로 애통해하는 심정을 가져야 한다.〔禮與其奢也寧儉 喪與其易也寧戚〕"라는 공자의 말이 나온다.

108 당실(當室) : 부친이나 형 대신 집안일을 주관하는 것을 말한다. 고대에는 대부분 적자(嫡子)가 당실을 했으므로 적자의 별칭으로도 쓰인다. 《예기》 〈문상(問喪)〉에 "동자는 시마복을 입지 않지만, 당실일 경우에는 시마복을 입으며,……당실일 경우에는 문도 하고 지팡이도 짚는다.〔童子不緦 唯當室緦……當室則免而杖矣〕"라는 말이 나온다.

였는데, 이것이 지금까지의 통론(通論)입니다. 그러니 비록 당실의 동자라 할지라도 만약 나이가 어리고 무지해서 상을 감당하지 못할 폐단이 있을 경우에는 비록 참최(斬衰)의 중상(重喪)이 있더라도 최(縗)와 질(絰)의 등속을 어떻게 가할 수 있겠으며, 비록 당실의 동자가 아니라 하더라도 만약 나이가 차고 성취를 해서 스스로 상복을 입을 뜻이 있을 경우에는 비록 시마(緦麻)의 경상(輕喪)이 있더라도 상(裳)과 질의 등속[109]을 어떻게 금할 수 있겠습니까?

〔답〕 말씀하신 것이 옳습니다.

〔문〕 여행 중에 상을 당했을 적에 만약 길이 조금 멀어서 즉시 돌아갈 수 없을 경우에는, 상인(喪人)이 집에 있을 때의 예(例)에 의거하여 입관(入棺)을 하고 나서 그다음 날 바로 성복(成服)을 하고, 집에 있는 부녀(婦女)도 상을 듣고 나서 4일 뒤에 성복을 하는 것이 온당할 듯한데, 이렇게 하는 것이 어떨는지 모르겠습니다.

〔답〕 기억하건대, 예전에 도암(陶庵 이재(李縡))의 상을 당했을 적에, 이원명(李原明 이의철(李宜哲))이 〈증자문(曾子問)〉의 출강군훙장(出疆君薨章)[110]의 주에 나오는 "관구를 안돈(安頓)하지 못했으므로 차마 박

109 상(裳)과 질의 등속 : 《의례》 〈상복(喪服)〉의 소(疏)에 "《예기》 〈잡기〉에서 '동자는 지팡이를 짚지 않고 짚신을 신지 않는다.'라고 했고 보면, 그에게는 단지 최와 상과 질과 대만 있을 뿐이다.〔雜記云童子不杖不菲 則直有縗裳絰帶而已〕"라는 말이 나온다.

110 출강군훙장(出疆君薨章) : 《예기》 〈증자문(曾子問)〉에 "임금이 국경을 나갈 때에는 자기가 죽을 것에 대한 대비를 하여 내관(內棺)을 가지고 따라오게 하는 법인데, 임금이 국경 밖에서 죽으면 시신이 돌아올 적에 어떻게 해야 합니까?〔君出疆 以三年之

에서 성복하지 못하는 것이다.……〔棺柩未安 不忍成服於外……〕"의 내용을 인용하며 "집에 돌아간 뒤에 성복해야 한다."라고 말하자 다사(多士) 모두가 극력 찬동하였는데, 주인이 먼저 받아들인 설을 고집하여 끝내 그 말을 듣지 않고는 성복을 하고서 집에 돌아왔습니다. 그래서 사론(士論)이 지금까지 비난하고 있는데, 어찌 이 일에 대해서 듣지 못하였습니까. 돌아갈 기일이 비록 멀다고 해도, 집에 이르러 성빈(成殯)할 때까지 기다렸다가 성빈한 다음 날에 비로소 성복해야 할 것이요, 집에 있는 부녀도 앞질러서 멋대로 복을 입어서는 안 되고 상구(喪柩)가 이를 때까지 기다렸다가 주인과 동시에 성복해야 할 것입니다.

〔문〕 손이나 증손·현손이 승중(承重)했을 때, 처나 모·조모·증조모가 입어야 할 복(服)에 대해서는 예로부터 논한 것이 같지 않았습니다. 사계(沙溪) 선조(先祖)는 "현손이 승중했을 때에는 손의 처와 증손의 처도 모두 삼년복을 입어야 한다."라고 하였는데, 이것을 정론(正論)으로 삼아야 합니까? 이는 대개 '소종(所從)이 죽어도 상복을 입는' 의리[111]에 입각해서 살펴보면 그 모나 조모·증조모가 모두 복

戒 以椑從 君薨其入 如之何〕"라는 증자의 질문에 공자가 답한 내용으로 되어 있다. 본문의 인용문은 주(註)가 아니라 소(疏)에 나온다.

111 소종(所從)이……의리 : 《예기》 〈상복소기(喪服小記)〉에 "종복의 경우에는 소종이 죽으면 상복을 입지 않아도 된다. 그러나 속종의 경우에는 소종이 죽어도 상복을 입는다.〔從服者 所從亡則已 屬從者 所從雖沒也 服〕"라는 말이 나온다. 종복(從服)은 따라서 입는다는 뜻으로, 인친(姻親)이나 임금의 친속을 위해 상복을 입는 것을 말하는데, 정현(鄭玄)은 《예기》 〈대전(大傳)〉의 주(註)에서 "종복은 예컨대 남편이 아내의 부모를 위하거나, 아내가 남편의 친당을 위해 상복을 입는 것과 같은 것이다.〔從服若夫爲妻之父母 妻爲夫之黨服〕"라고 해설하였다. 소종은 종복을 하는 사람이 '따라서

을 입지 않을 수 없고, '남편이 승중하면 처가 종복을 하는' 의리[112]에 입각해서 살펴보면 승중한 자의 처도 복을 입지 않을 수 없어서일 텐데, 모르겠습니다만 이에 대해서 어떻게 생각하십니까?

〔답〕 말씀하신 것이 옳습니다.

〔문〕 부친에게 폐질(廢疾)이 있을 경우에 그 아들이 승중(承重)해야 하는지에 대한 문제는 예로부터 예가(禮家)의 큰 논란거리였습니다. 우암(尤庵)은 민신(閔愼) 집안의 변례(變禮)에 대해서 주 부자(朱夫子)의 〈상복차(喪服箚)〉 및 〈전중고묘문(傳重告廟文)〉에 의거하여 그 손자로 하여금 상(喪)을 대신 주관하게 하였습니다.[113]

입는 그 사람'이라는 뜻으로, 아내에게는 남편이 소종이 된다. 속종(屬從)은 종복이면서 친속 관계에 있는 사람을 말하는데, 공영달(孔穎達)은 소(疏)에서 '자식이 모친을 따라 모친의 친당의 복을 입는 것, 아내가 남편을 따라 남편의 친당의 복을 입는 것, 남편이 아내를 따라 아내의 친당의 복을 입는 것〔一子從母服母之黨 二是妻從夫服夫之黨 三是夫從妻服妻之黨〕' 등 세 가지 예를 들었다.

112 남편이……의리 : 남편이 조부나 증조나 고조를 승중했을 경우에, 처는 종복(從服) 참최 삼년이라고 《의례》 〈상복(喪服)〉의 정현(鄭玄)의 주에 나와 있다.

113 우암(尤庵)은……하였습니다 : 교관(敎官) 민업(閔業)이 죽었을 때, 우암 송시열이 "업의 아들 세익(世翼)은 정신병에 걸려서 상례를 주관할 수 없다."라고 하고는, 민세익의 아들 민신(閔愼)에게 참최복을 대신 입도록 한 것을 말한다. 이는 마치 부친이 죽어서 조부를 승중(承重)하는 것처럼 되었으므로 '생존한 부친을 죽은 사람 취급하고 조부를 부친으로 삼은 인륜의 막대한 변고'라는 비난을 초래하여, 결국 민신이 귀양을 가는 사태에까지 이르렀다. 이때 우암이 논거로 내세운 〈상복차(喪服箚)〉는 주희가 영종(寧宗)에게 건의하여 포의(布衣)와 포관(布冠) 차림으로 삼년상을 입게 한 글로 《회암집(晦菴集)》 권14에 〈걸토론상복차자(乞討論喪服箚子)〉라는 제목으로 실려 있고, 〈전중고묘문(傳重告廟文)〉은 주희가 치사(致仕)하고 나서 손자인 주감(朱鑑)에게

그런데 사계(沙溪 김장생(金長生)) 선생은 이상형(李尙馨)의 질문에 대답하기를 "송나라 효종의 상에 광종이 병이 들어서 집상을 하지 못하자, 조여우가 영종을 세워 삼년복을 입게 하였다. 그러나 사가는 제왕가와는 다르니, 단지 궤전을 대행하게만 할 뿐이요 삼년상을 주관하게 하면 안 된다.……〔宋孝宗之喪 光宗有病不能執喪 趙汝愚立寧宗爲三年服 然私家異於帝王家 只代行饋奠而已 不可爲三年喪……〕"[114] 하였습니다.

〈상복(喪服)〉을 상고해 보건대, 장자(長子)라도 삼년복을 입어 주지 않는 네 가지 가운데 하나가 '정(正)·체(體)이긴 하나 전중(傳重)하지 못한 경우'인데, 그 주에 '적자에게 폐질이 있어서 종묘를 주관할 수 없는 경우〔嫡子有廢疾不堪主宗廟〕'라고 하였으니,[115] 그

집안일을 전하며 가묘(家廟)에 고한 글로 《회암집》 권86에 〈치사고가묘문(致仕告家廟文)〉이라는 제목으로 실려 있다. 《예기》 〈곡례 상(曲禮上)〉에 "70세가 되면 노(老)라고 한다. 이 나이가 되면 집안일을 자식에게 전해 준다.〔七十曰老而傳〕"라는 말과 "대부는 나이 70이 되면 벼슬을 사양한다.〔大夫 七十而致事〕"라는 말이 나온다. 주감은 젊은 나이에 주희보다 먼저 죽은 큰아들 주숙(朱塾)의 아들이다. 뒤에 나오는 수지(受之)는 주숙의 자이다.

114 송나라……안 된다 : 《사계전서(沙溪全書)》 권42 〈의례문해습유(疑禮問解拾遺) 상례(喪禮) 초종(初終)〉에 이 내용이 나온다. 효종(孝宗)이 죽었을 때 그 아들 광종(光宗)이 심질(心疾)로 인해 집상(執喪)을 하지 못하자, 광종의 아들 가왕(嘉王)을 황태자로 삼아 복상(服喪)하게 하였는데, 이 가왕이 즉위하여 영종(寧宗)이 되었다.

115 상복(喪服)을……하였으니 : 가통(家統)을 이은 아들이라도 부모가 그를 위해 삼년복을 입지 않는 네 가지 경우 즉 사종설(四種說)과 관련하여 《의례소(儀禮疏)》 권29 〈상복(喪服)〉에 "비록 승중을 했어도 삼년복을 입지 않는 네 가지 종류가 있다. 첫째는 정·체이기는 하나 전중하지 못한 것이니 적자에게 폐질이 있어서 종묘를 주관할 수 없는 경우요, 둘째는 전중은 했으나 정·체가 아닌 것이니 서손이 뒤를 이은

설에 의거한다면 종묘의 중대한 일을 폐질자가 스스로 주관할 수 없다는 것이 분명합니다. 만약 선조(先祖 김장생(金長生))의 가르침과 같이 그 아들이 대행하기만 한다면, 이는 폐질자 자신이 실제로 주관하는 것인 만큼, 그 제주(題主 신주(神主)에 글자를 써넣는 것)와 축문(祝文) 등의 절목에 모두 폐질자의 이름을 써야 할 것입니다. 이는 일시적으로 일이 생겨서 아들에게 섭행(攝行)하도록 하는 예(禮)와 다를 것이 없으니, 어찌 '전중(傳重)하지 못해서 종묘를 주관하지 못하는 경우'라고 말할 수 있겠습니까. 주 부자(朱夫子)의 〈고문(告文 전중고묘문)〉을 가지고 살펴보건대 "차례에 따라 집안일을 계승해야 하겠기에, 그에게 제사를 받들게 했다.……〔次當承緒 屬之奉祀……〕" 한 것은 결코 섭행의 예(例)가 아니고, 〈상복차(喪服箚)〉를 가지고 살펴보건대 "천자로부터 서인에 이르기까지 귀천의 차이를 막론하고 대신하여 집상하는 것은 의리상 당연하다.……〔自天子達於庶人 無貴賤之殊 代之執喪 義當然也……〕" 한 것은 결코 제왕가만을 말한 것이 아닙니다. 그럼에도 선조가 논한 것이 이와 같으니, 그렇게 주장한 까닭을 이해할 수가 없습니다.

《어류(語類)》를 보면, 심간(沈僩)이 "나이 70의 노(老)가 되어 집안일을 자식에게 전하면, 적자와 적손이 제사를 주관하니, 이렇게 되면 사당 안의 신주를 모두 바꾸고 적자나 적손의 이름을 써서 제사

경우요, 셋째는 체이기는 하지만 정이 아닌 것이니 서자가 뒤를 이은 경우요, 넷째는 정이기는 하지만 체가 아닌 것이니 적손이 뒤를 이은 경우를 말한다.〔雖承重不得三年有四種 一則正體不得傳重 謂適子有廢疾不堪主宗廟也 二則傳重非正體庶孫爲後是也 三則體而不正立庶子爲後是也 四則正而不體立適孫爲後是也〕"라는 말이 나온다. 정(正)은 적장(嫡長)이라는 말이고, 체(體)는 그 몸이 부조(父祖)를 계승했다는 말이다.

를 받들어야 한다. 그러나 부모가 아직 살아 계시니, 그들의 마음에 편안하겠는가.〔七十老而傳則嫡子嫡孫主祭 如此則廟中神主都用改換作嫡子嫡孫名奉祀 然父母猶在 於心安乎〕"라고 묻자, 주자가 "이와 같은 것은 행하기 어려우니, 또한 자기 몸으로 직접 행해야 할 것이다.〔此等也難行 且得躬親耳〕"라고 대답하였습니다.[116] 또 논송조조묘의(論宋朝祧廟議)에서 주자가 말하기를 "지금 태상이 성수가 무강하여 바야흐로 천하의 봉양을 향유하고 있는데, 태묘에 일세의 자리를 거연히 비우면서 조금도 거리끼는 일이 없다면, 이것이 무슨 예란 말인가.……〔今太上聖壽無疆 方享天下之養 而於太廟遽虛一世 略無諱忌 此何禮也……〕"[117] 하였는데, 소위 태상은 바로 폐질에 걸린 광종(光宗)입니다. 그런데 우암(尤庵)은 "지금 적손이 부친을 대신하여 승중하더라도, 제주할 때에 와서 거연히 조손으로 일컫는다면, 이는 미리 고위(考位 부친의 신위)를 비워 두는 것으로서, 바로 주자가 기롱한 것과 같으니, 이렇게 하기는 난처한 일이다. 혹자는 '그 상을 대신하게만 하고 제주는 부친을 위주로 해야 한다.'라고 하는데, 이렇게 하면 온편하게 될 듯도 싶다.……〔今嫡孫雖代父承重 而至於題主 遽以祖孫稱之 則是預虛考位 正如朱子之所譏也 此便難處 或云只代其喪 而題主則以父主之云 如此則似爲穩便……〕"[118] 하였는데, 이에

116 심간(沈僴)이……대답하였습니다 : 《주자어류(朱子語類)》 권87에 이 내용이 실려 있다. 거기에는 '此等也難行 也且得躬親耳'라고 하여 '且' 앞에 '也' 한 자가 더 있다.

117 지금……말인가 : 《회암집》 권29 〈여조승상서(與趙丞相書)〉에 나온다. 조 승상은 조여우(趙汝愚)이다.

118 지금 적손이……싶다 : 《송자대전(宋子大全)》 권58 〈답민대수(答閔大受)〉에 이 내용이 나온다.

의거하면 손(孫)이 비록 승중하더라도 그 부친이 만약 살아 있으면 손의 이름으로 개제(改題)할 수도 없고 체천(遞遷)할 수도 없다는 말이 됩니다.

한편 현석(玄石 박세채(朴世采))은 "비록 적손의 이름으로 제주(題主)하더라도, 체천하는 일만은 폐질인이 죽어서 사당에 들어간 뒤에 행하는 것이 실로 정례(情禮)에 부합한다."라고 말하였는데, 이에 대해서 우암(尤庵)은 또 말하기를 "제주를 비록 적손으로 하더라도 체천만은 폐질인이 죽은 뒤를 기다려 행해야 한다고 말한 현석의 주장이 옳은 듯하다.〔題主雖以嫡孫而遞遷當俟廢疾人身後云者 玄石之論似得〕"[119]라고 하였으니, 이에 의거하면 제주는 적손으로 바꿔서 써야 하지만 체천은 해서는 안 된다는 논이 됩니다. 또 어떤 사람의 질문에 대답할 때에는 "당신이 보낸 글을 보면 '손으로 제주하는 것은 그 어버이를 차마 죽은 사람으로 취급하지 않는 의리와 서로 어긋난다.'라고 하였는데, 그렇다면 그 상을 대신 집행하는 것도 차마 그 부친을 죽은 사람으로 취급한다고 해야 하겠는가. 오직 체천하는 하나의 절목이 방애가 될 듯도 하다마는, 주자가 70세가 되어 전중하며 고묘한 글을 가지고 살펴본다면, 그렇게 하는 것도 다 이유가 있는 것이다.……〔來諭以以孫題主 與不忍死其親之意爲相戾 然則代執其喪 亦可以忍死其親乎 惟遞遷一節 似爲妨礙 然以朱子老而傳重 告廟之文見之 則似亦有說……〕"[120] 하였으니, 이것을 살펴보면 개제하

119 제주(題主)를……듯하다 : 《송자대전》 권116 〈답민정보(答閔定甫)〉에 이 내용이 나온다.

120 당신이……것이다 : 《송자대전》 권90 〈답이여구(答李汝九)〉에 이 내용이 나온다.

는 일뿐만 아니라 체천하는 일 역시 근거가 있을 수도 있다는 논이 됩니다.

대개 전중(傳重)하고 개제(改題)하고 체천(遞遷)하는 세 가지 절목으로 말하면 본시 처음과 끝이 하나로 꿰어지는 일입니다. 만약 전중하는 하나의 절목을 행하지 않는다면 모르지만, 일단 최초의 한 절목을 행한 이상에는 그 아래의 두 절목도 형세상 차례로 거행하지 않을 수가 없는 것입니다. 그런데 우암이 처음에는 적손이 승중하는 것을 옳다고 했다가 또 "제주는 부친을 위주로 해야 한다.〔題主則以父主之〕"라고 했으니, 이 또한 어찌 의심할 일이 아니겠습니까. 그러고는 다시 손(孫)의 이름으로 개제하는 것이 옳다고 했다가 또 "체천은 폐질인이 죽은 뒤에 해야 한다."라고 했으니, 이 또한 어찌 의심할 일이 아니겠습니까. 만약 부친의 이름으로 제주한다면 그 제축(祭祝)도 마땅히 '효자(孝子) 혹은 효손(孝孫) 모(某)가 자(子) 모(某)로 하여금……'이라고 해야 할 것이니, 이는 섭행하는 예(禮)일 뿐이요 승중이나 전중[121]이라고 말할 수 있는 것이 아닙니다. 만약 손(孫)의 이름으로 개제했는데도 다시 체천하지 않는다면, 사대봉사(四代奉祀)를 하는 집안에서 응당 최고의 자리에 오대조 오대손이라고 제(題)해야 할 것이니, 이렇게 되면 오대봉사를 하는 것이 됩니다. 그러니 이것이 비록 선현(先賢)의 주장이라고 하더라도 의혹이 자심(滋甚)하지 않을 수가 없는 것입니다.

121 승중이나 전중 : 전중(傳重)은 상제(喪祭)와 종묘(宗廟)의 중책을 자손에게 전하는 것을 말하는데, 조(祖)의 입장에서는 전중이라고 하고, 손(孫)의 입장에서는 승중(承重)이라고 한다.

그리고 주자가 논한 것도 두 갈래로 나뉘는 의혹을 면할 수 없습니다. 그가 〈상복차(喪服箚)〉 중에서 이미 "부친이 폐질에 걸려서 자리를 이을 수 없다면 적손이 승중하는 것이 의리상 당연하다.〔父有廢疾 不能襲位 嫡孫承重 義當然也〕"라고 했고 보면 조종(祖宗)의 중한 일은 그 손(孫)이 역시 주관해야 할 것입니다. 그런데 〈고묘문〉 중에서는 또 "쇠병이 침노하여 손자 주감(朱鑑)이 집안일을 계승해야 하겠기에 그에게 제사를 받들게 했다.〔衰病侵陵 孫鑑承緖 屬之奉祀〕"라고 하였으니, 그렇다면 주감의 부친인 수지(受之 주숙(朱塾))도 응당 대수(代數)를 밝혀서 사당에 들여야 할 것이고, 그 제주와 체천 등의 절목도 반드시 예법대로 행해야 할 것인데, 그렇게 되면 비록 자기가 직접 행하려 해도 자연히 직접 행할 수 없을 것이요, 비록 거연히 신위를 비워 두지 않으려 해도 자연 거연히 비워 두게 될 것입니다. 모르겠습니다만 이에 대해서 어떻게 생각하십니까? 후인이 준행할 수 있도록 삼가 가르침을 내려 주시기를 청합니다.

〔답〕 이 일에 대해서는 나 역시 매양 우옹(尤翁)의 설이 의심 없이 행할 수 있는 것이라고 생각하면서도, 개제와 체천의 일에 대해서는 조묘의장(祧廟議狀) 중에서 "일실의 자리를 거연히 비운다.……〔遽虛一室……〕" 한 것이 명백하고 엄정하니 어길 수 없는 것이 또한 분명하다고 여기는 바입니다.

대개 폐질에 걸려서 전중한 것-영종(寧宗)-과 노(老)가 되어 전중한 것-주감(朱鑑)-은 단지 그 부친과 조부를 대신해서 종사(宗祀)를 주관한 것일 뿐이니, 그가 받드는 대수와 조묘(祖廟)·예묘(禰廟)의 이름은 옛날 그대로 그 부조(父祖)를 따라 헤아리면 되는 것입니다. 예컨대 영종(寧宗)이 비록 종묘를 주관했더라도 그가 주관하는 묘(廟)는 옛날 그대로 효종(孝宗) 이상의 구묘(九廟)이니 효종이 예묘(禰廟)가 되는 것은 자연스러운 일이고, 주감(朱鑑)에게 비록 전중했다고 하더라도 그가 받드는 제사는 옛날 그대로 위재(韋齋 주희의 부친 주송(朱松)) 이상의 사세(四世)이니 위재가 예묘가 되는 것도 자연스러운 일입니다. 광종(光宗)이 바야흐로 살아 있으면서 천하의 봉양을 받는 처지이고 보면 어떻게 거연히 예묘를 비워 둘 수 있겠으며, 회옹(晦翁 주희)도 바야흐로 세상에 있으면서 더러 그 제사에 참여했고 보면 수지(受之 주희의 장남 주숙(朱塾))가 또 어떻게 정감(正龕)에 거연히 들 수가 있겠습니까. 전중을 했는데도 체천을 하지 않는 것이 비록 엉뚱한 것처럼 보일지라도, 사실은 나란히 행해도 서로 어긋나지 않는 것입니다. 다만 이는 중대한 전례(典禮)인 만큼, 혹시라도 민씨(閔氏)네처럼 이런 일을 당할 경우에는, 우옹의 설에 입각하여 문장(門長)이 예부(禮部)에 정장(呈狀)하여 임금님에게 보고하도록 하고, 그런 다음에 임금님이 유신(儒臣)에게 명하여 예가(禮家)에 널리 자문을 구하게 해야 할 것입니다. 그리하여 임금님의 분부를 받아 처단(處斷)을 해서 한 시대의 전례를 정하게 한다면, 허다한 분란도 자연히 없어질 것이요 그 일을 당한 자도 두려움 없이 믿고 행할 수 있게 될 것입니다.

〔문〕 장자(長子)를 위해 삼년복을 입는 것은 그 장자가 '조부와 부친과 자기〔祖禰己〕'의 삼세(三世)를 잇기 때문입니다. 그런데 부친의 뒤를 이은〔繼禰〕 장자라도 서자(庶子)의 장자에 비교하면 차이가 있을 뿐만이 아닌데, 이에 대해서는 어떻게 생각하시는지 모르겠습니다.

〔답〕 〈상복(喪服)〉의 전(傳)에 이르기를 "서자가 그의 장자를 위해 삼년복을 입을 수 없는 것은 그 서자가 조부의 뒤를 잇지 않았기 때문이

다.〔庶子不得爲長子三年 不繼祖也〕"라고 하였고, 〈소기(小記)〉에는 "조부와 부친의 뒤를 잇지 않았기 때문이다."[122]라고 하였습니다. 여기에 의거하면, 조부와 부친의 뒤를 모두 이은 경우에만 비로소 장자를 위해 삼년복을 입는 조목에 해당되는 것이 분명합니다.-대개 부친이 장자를 위해 삼년복을 입는 것이 비록 상하를 통틀어 말하는 것이라 하더라도, 실제로는 사(士)를 위주로 하는 것입니다. 그런데 상사(上士)는 2묘(廟)이고 관사(官士)는 1묘이지만 모두 조부까지 제사를 지내기 때문에, 그 몸이 조부와 부친을 이어서 제사를 주관하는 자라야 곧 '장자를 위해 삼년복을 입는' 경우에 해당하는 것입니다.-

〔문〕 조부상 중에 부친상을 당했을 경우에 승중(承重)하고 대복(代服)하는 절차에 대하여

〔답〕 우옹(尤翁 송시열(宋時烈))이 "조부를 위해 참최복을 입는 것은 부친상의 성복을 하는 날에 있어야 한다.……〔服祖斬衰 當在成父服之日……〕"[123] 한 것이 지극히 좋으니, 이는 백세 뒤에까지도 의혹되지 않을 정론입니다. 부친상이 대상(大祥) 이전에 있으면 비록 하루가 남았더라도 대복(代服)하지 않을 수 없지만, 대상 이후라면 그만두어도 좋을 것입니다.

〔문〕 〈상복(喪服)〉의 소(疏)에서 "부친이 죽고 3년 이내에 모친이

122 조부와…… 때문이다 : 《예기》 〈상복소기(喪服小記)〉에 "서자가 장자를 위해 참최복을 입지 않는 것은 그 서자가 조부와 부친의 뒤를 잇지 않았기 때문이다.〔庶子不爲長子斬 不繼祖與禰故也〕"라는 말이 나온다.

123 조부를……한다 : 《송자대전(宋子大全)》 권113 〈답박사원(答朴士元)〉에 이 내용이 나온다.

죽으면 그냥 기년복을 입는다.〔父卒三年內母卒則仍服期〕" 한 데 대하여

〔답〕〈상복(喪服)〉 자최삼년장(齊衰三年章)에 이르기를 "부친이 죽으면 모친을 위하여 입는다.〔父卒則爲母〕"라고 하였고, 장기장(杖期章)에 이르기를 "부친이 살아 있을 때 모친을 위해 입는다.〔父在爲母〕"라고 하였습니다. 따라서 지금 '졸(卒)'과 '재(在)' 두 글자를 가지고 단안(斷案)을 내려야 하니, 비록 하루 사이라도 부친이 먼저 죽으면 모친을 위해 삼년복을 입고, 모친이 먼저 죽으면 장기복(杖期服)을 입으면 될 것입니다. 혹자는 말하기를 "모친이 먼저 죽었더라도 성복(成服)하기 이전에 부친이 그 뒤를 이어 죽었을 경우에는 모친을 위해서 역시 삼년복을 입어야 한다."라고 하는데, 이 말도 일리가 있는 듯하니 다시 자세히 살펴볼 만합니다.

〔문〕 자사(子思)가 이르기를 "급(伋)의 아내가 아닌 사람은 백(白)의 어미가 아니다."[124]라고 하였습니다. 그렇다면 부친이 축출한 처에게는 장자(長子)와 중자(衆子)를 막론하고 모두 복(服)이 없어야 할 듯한데, 부후(父後)가 되지 않은 자는 모친을 위해서 장기(杖期)의 복을 입으니, 이는 무엇 때문입니까?

〔답〕 일단 축출되면 친족 관계가 끊어지기 때문에 백(白)의 모친이 되지 않는 것입니다. 그러나 자기를 길러 준 은혜는 갚지 않을 수 없기

124 급(伋)의……아니다 : 급은 자사(子思)의 이름이고 백(白)은 자사의 아들인데, 《예기》〈단궁 상(檀弓上)〉에 "나의 아내가 된 사람은 내 아들의 어미가 되고, 내 아내가 아닌 사람은 내 아들의 어미가 아니다.〔爲伋也妻者 是爲白也母 不爲伋也妻者 是不爲白也母〕"라는 자사의 말이 나온다.

때문에, 가륭(加隆)[125]의 삼년(三年)을 강등하여 단지 지친(至親)의 기년복(期年服)만 입는 것입니다. 그리고 부후가 된 자는 종묘의 중대한 일을 맡는 만큼, 감히 사은(私恩) 때문에 종묘의 제사를 폐하지 못하기 때문에 복을 입지 않는 것이니, 그 의리가 지극히 정밀하여 의심할 것이 없습니다.

〔문〕 부친이 죽고 모친이 개가했다면, 이는 부친이 끊은 것이 아닙니다. 위현성(韋玄成)은 말하기를 "부친이 죽었으면 모친에게는 출모(出母)의 의리가 해당되지 않으니, 만약 기년복을 입는다면 이는 자식이 모친을 폄하하는 것이다.〔父卒則母無出義 若服周則是子貶母也〕"라고 하였고, 유울지(庾蔚之)는 말하기를 "모친이 부친에게 죄를 얻었다 해도 기년복을 입는데, 만약 부친이 죽어서 모친이 개가했는데 오히려 복을 입지 않는다면, 이는 자식이 스스로 그 모친을 끊는 것이다.〔母得罪於父 猶服周 若父卒母嫁而反不服則是子自絶其母〕"라고 하였습니다.[126] 이 몇 가지 설을 보건대, 부친이 죽고 모친이 개가했을 경우에는 '부친이 죽으면 모친을 위해 자최삼년을 입는

125 가륭(加隆) : 융숭한 예(禮)를 가한다는 뜻으로, 부모의 삼년상을 비유할 때 쓰는 말이다. 《예기》 〈삼년문(三年問)〉의 "그렇다면 어찌하여 삼년으로 하는가? 융숭한 예를 가하려고 그렇게 하는 것이다.〔然則何以三年也 曰加隆焉爾也〕"라는 말에서 연유한 것이다.

126 위현성(韋玄成)은……하였습니다 : 인용된 이들의 말은 모두 《통전(通典)》 권89에 수록되어 있다. 위현성은 한 선제(漢宣帝) 때의 승상(丞相)인 위현(韋賢)의 아들로, 역시 명경(明經)으로 발탁되어 원제(元帝) 때에 승상의 지위에 올랐다. 황제의 특명을 받고 소망지(蕭望之) 및 제유(諸儒)를 상대로 석거각(石渠閣)에서 오경(五經)의 이동(異同)에 대해 토론한 고사가 유명하다. 유울지(庾蔚之)는 예론(禮論)에 밝아서 예에 관한 주석을 많이 낸 수(隋)나라의 학자이다.

것'과 똑같이 해야 할 텐데, 거꾸로 '출모에게 기년복을 입는 것'과 같이 하고, 또 부후(父後)가 되면 복을 입지 않기까지 하니, 이것이 어찌 스스로 그 모친을 폄하하며 스스로 그 모친을 끊는 것이 아니겠습니까. 이 점은 의아하게 생각됩니다.

〔답〕 개가한 모친이 비록 출모와는 차이가 있는 것 같지만, 남편이 죽자 개가한 것은 스스로 남편과의 관계를 끊은 것입니다. 따라서 친족 관계가 끊어진 것은 매한가지이니, 자식이 어떻게 삼년복을 입을 수 있겠으며, 부후가 된 자가 또 어떻게 제사를 폐하고 복을 입어 줄 수 있겠습니까. 위(韋)·유(庾) 등 제설(諸說)은 너무나도 경(經)과 배치되고 의리에 어긋납니다.

〔문〕 양씨(楊氏 양복(楊復))는 "자매가 시집간 경우에는 서로 부장기로 보복(報服)을 입는다.〔姊妹旣嫁 相服不杖期〕"라고 하였고, 주자(朱子)는 또 "자매가 시집간 경우에, 형제에 대해서는 강복하지만 자매에 대해서는 강복한 적이 없다.……〔姊妹旣嫁 於兄弟則降服 而於姊妹則未嘗降……〕" 한 것에 대하여

〔답〕《의례(儀禮)》 대공장(大功章)에 "딸자식이 여러 형제를 위해서 입는다.〔女子子爲衆昆弟〕"라고만 말하였을 뿐, 자매에 대해서는 말하지 않았기 때문에, 주자의 일설(一說)이 이와 같습니다마는, 자매도 여러 형제 중에 포함되어야 할 것입니다. 그리고 그 아래의 "친정 조카인 장부와 부인을 위하여 보복으로 입는다.〔姪丈夫婦人報〕"라는 글로 유추하건대, 고모〔姑〕가 이미 남녀 조카를 위해서 강등하여 복을 입었고 보면, 자매만 어떻게 유독 서로 강등하지 않겠습니까. 주자의 이설은 일시적으로 우연히 검토를 잘못한 것인 듯합니다.《가례(家禮)》

에는 본장(本章)에 비록 명문(明文)이 없습니다마는, 그 아래에서 "무릇 남자로서 남의 후사가 된 자와 여자로서 시집간 자는 그 사친을 위하여 복을 입을 경우에 모두 한 등급씩 내린다.〔凡男爲人後女出嫁者爲其私親皆降一等〕"라고 통틀어 말했고 보면, 자매가 또한 한 등급 내려야 한다는 것도 그 안에 들어 있는 것이 분명합니다. 만약 실제로 강등하지 않는다면, 조부모와 증조부모처럼 강등하지 않는 경우에 대해서 모두 장(章)마다 밝히고 있는데, 자매에 대해서는 어찌하여 유독 그렇게 하지 않았단 말입니까. 양씨(楊氏)의 설은 따를 수가 없습니다.

〔문〕 "고와 자매와 딸자식이 시집갔다가 남편과 자식도 없는 경우에는 돌아와서 본복인 기년복을 입는다.〔姑姊妹女子子適人 而無夫與子者 還服本服期〕"라고 한 것과 관련하여, 신재(愼齋 김집(金集))는 "남편의 전실(前室)의 아들 및 서자는 모두 자기가 낳은 것이 아니니 기년복을 입어야 하지만, 계후한 아들은 바로 자기가 낳은 것과 같기 때문에 강복을 하는 것이다.……〔夫之前室子及庶子皆非己出 當服期而繼後子卽同己出 故降服……〕" 하였는데, 모르겠습니다만 이에 대해서 어떻게 생각하십니까?

〔답〕 비록 자기가 낳은 아들이 없더라도 제사를 주관할 아들이 있으면 모두 강복을 해야 하는 것입니다. 신재의 설은 감히 이해하지 못하겠습니다.

〔문〕 《문해(問解)》[127]에서 "인후가 된 자가 본생부모의 상에 복차[128]

127 문해(問解) : 김장생(金長生)이 의문시되는 예(禮)를 풀이하여 정리한 《의례문해(疑禮問解)》를 말한다.

를 위주로 해서 앉는 것이 비록 미안하기는 하지만 예로 보면 당연한 것이다.……〔爲人後者 於本生父母之喪 以服次爲坐雖未安 然禮當然也……〕" 하였습니다. 복차를 위주로 한다면 비록 형의 위치에 있다고 하더라도 여러 아우〔諸弟〕의 아래에 앉아야 합니까? 그리고 그 복(服)을 논한다면 제부(諸父)·제종형(諸從兄)과 다를 것이 없는데, 그렇다면 존비(尊卑)를 위주로 해서 그 아래에 앉아야 합니까?

〔답〕 비록 부장기(不杖期)라고 하더라도 다른 기년복에 비하면 그 경중이 완전히 다른데, 어떻게 제부와 제종형제의 서열을 허여할 수 있겠습니까. 제제(諸弟)의 아래에 앉아야 한다고 말한 것은 옳습니다.

〔문〕 양첩(兩妾)의 아들은 서로 모친을 위해 시복(緦服)을 입는데, 그 모친은 다른 첩의 아들을 위해 기복(期服)을 입으니, 이는 서로 보복(報服)을 입는 의리가 아닐뿐더러, 모친은 경(輕)하고 아들은 중(重)한 혐의가 있습니다. 그 소이연(所以然)에 대해서 가르침을 듣고 싶습니다.

〔답〕 양첩의 아들이 서로 그 모친을 위해 복을 입을 때에는 그 모친이 부친의 첩이니 단지 서모(庶母)를 위한 시마복을 입을 수 있을 뿐이요, 첩이 다른 첩의 아들을 위해 복을 입을 때에는 그 아들이 군(君)의 중자(衆子)이니 응당 여군(女君 적처(嫡妻))과 같이 기년복을 입어야 합니다. 이 두 가지는 모두 중함이 부친에게 있는 것이니, 내유(來諭)에서 "모친은 경하고 아들은 중하다."라고 말한 것은 큰 잘못입니다.

128 복차(服次) : 상복의 경중 위주로 정한 서열을 말한다.

〔문〕《의례(儀禮)》〈상복(喪服)〉 소공장(小功章)에서 "인후가 된 자가 출가한 자매를 위해서 입는다.〔爲人後者爲其姊妹適人〕"라고 하였는데, 이는 재차 강복하는〔再降〕 복제(服制)를 따른 것입니다. 그렇다면 두 딸이 각기 출가하고 두 아들이 각기 인후가 되었을 경우에, 그들 사이에서는 유독 재강(再降)하지 않는 이유가 무엇입니까?

〔답〕 아들이 인후가 되고 여자가 출가한 것은 그 조건이 각기 다르니 재강하는 것이 당연합니다. 그러나 두 아들과 두 딸이 각기 집을 나간 것은 똑같이 인후가 되고 똑같이 출가한 것일 뿐으로 실로 재강하는 의리가 없으니, 정밀하게 생각해 보면 그 뜻을 알 수 있습니다. 〈상복〉 대공장(大功章) 질장부부인조(姪丈夫婦人條)의 소(疏)에 "고와 질은 집에 있을 때나 출가했을 때나 그 지위가 동일하다.〔姑與姪在室出嫁同〕"라고 한 이것이 바로 양녀(兩女)가 각기 출가한 경우에는 재강하지 않는 증거가 되는데, 양남(兩男)이 각기 인후가 된 경우도 이 예(例)에 준해야 할 것입니다. 그래서 《가례(家禮)》에서 그렇게 말한 것이니, 지금 그대로 따라야 할 것입니다.

〔문〕 첩(妾)은 여군(女君)을 위해 기년복을 입는데, 여군은 첩에 대해서 이에 상응하는 복을 입지 않습니다. 그런데 〈상복(喪服)〉의 주에 "여군이 첩에게 보복(報服)을 입으려니 무겁고, 강복을 하려니 혐의가 있어서 그렇다.〔女君於妾報之則重 降之則嫌〕"라고 하였는데, 혐의가 있다고 한 그 뜻을 잘 모르겠습니다. 그리고 여군을 위한 복이 국제(國制)에 없다면, 지금 입어서는 안 되는 것입니까?

〔답〕 강복을 하려니 혐의가 있다고 한 것에 대해서, 가소(賈疏 가공언(賈

公彦)의 소)에서 "만약 강등하여 대공·소공의 복을 입으면, 시부모가 며느리를 위해 입는 것과 같은 혐의가 있다. 그래서 복이 없게 한 것이다.〔若降之爲大小功 則嫌似舅姑爲婦 故使無服也〕"라고 하였습니다. 그리고 여군에 대한 복은 예경(禮經)에 분명히 실려 있으니, 어찌 준행하지 않을 수 있겠습니까.

〔문〕《의례》에 "증조와 고조를 위해서 모두 삼월복을 입는다.〔爲曾高祖皆服三月〕"라고 하였습니다. 그런데 위징(魏徵)의 주의(奏議)에 "증조부모를 위해서 자최오월을 입고, 고조부모를 위해서는 그대로 삼월복을 입어야 한다.〔爲曾祖父母服齊衰五月 爲高祖父母仍服三月〕"라고 하였고, 《가례》에서도 "증조부모를 위해서 오월복을 입는다.〔爲曾祖父母五月〕"라고 하였습니다. 그렇다면 〈양의(楊儀 양복(楊復)의 의례도(儀禮圖))〉의 부주(附註)에서는 어째서 계증조(繼曾祖)의 복을 삼월복 아래에다 덧붙여 놓은 것입니까?

〔답〕양씨(楊氏)의 설은 고례(古禮)에 입각해서 말한 것입니다. 지금은 응당 《가례》를 따라야 합니다.

〔문〕〈상복(喪服)〉의 전(傳)에서 "종자의 모친이 있으면 종자의 처를 위해 복을 입지 않는다.〔宗子之母在則不爲宗子妻服〕"[129]라고 하였는데, 이에 대해서 횡거(橫渠 장재(張載))가 말하기를 "종자의 모친이

129 종자의……않는다 : 《의례》〈상복(喪服)〉 자최삼월장의 "종자의 모친과 처를 위해 입는다.〔宗子之母妻〕"라는 조목에 나오는 전문(傳文)이다. 전문은 《의례》의 경문을 해설한 것으로, 자하(子夏)가 지었다고 전해진다.

있으면 종자의 처를 위해 복을 입지 않는다고 한 것은 잘못이다. 종자의 처는 종자와 함께 공동으로 종묘의 제사를 받드는 사람인데, 어떻게 부부의 복을 달리해서야 되겠는가. 그러므로 종자에게 비록 모친이 있더라도 종자의 처를 위해 복을 입어야 마땅하다.……〔宗子之母在 不爲宗子妻服非也 宗子之妻與宗子共事宗廟之祭者 豈可夫婦異服 故宗子雖母在 亦當爲宗子之妻服也……〕"[130] 하였습니다. 이 설이 바뀌지 않을 정론(正論)일 듯싶은데, 제서(諸書)의 복조(服條)를 상고해 보아도 모두 전(傳)의 "복을 입지 않는다."라는 글만 따를 뿐이니, 의아하게 생각됩니다.

〔답〕 횡거의 설이 정당(正當)한 듯합니다. 대개 집안을 계승하고 대수(代數)를 드러내는 것은 오직 아들을 위주로 하고, 부인은 그저 한결같이 그 남편의 예를 따라서 할 따름입니다. 그렇기 때문에 적자(嫡子)가 있으면 적손(嫡孫)이 없는 것이고, 적손이 없으면 적손부(嫡孫婦)도 없는 것이니,[131] 애당초 적부(嫡婦)에 대해서는 있고 없는 것을 따지지

130 종자의 모친이……마땅하다 : 생략된 부분의 내용을 소개하면 다음과 같다. "동쪽에서 희준(犧尊)과 상준(象尊)을 잔질하고 서쪽에서 뇌준을 잔질하는 것은 부부가 함께 받들어야 할 일이지, 어찌 모자가 함께 받들 일이겠는가.〔東酌犧象 西酌罍尊 須夫婦共事 豈可母子共事也〕"《張子全書 卷4 宗法》 희준과 상준과 뇌준은 각각 희생과 코끼리와 운뢰(雲雷)의 문양을 그려 넣은 술동이를 말하는데, 《예기》 〈예기(禮器)〉에 "남편은 동쪽으로 가서 희준과 상준을 잔질하고, 부인은 서쪽으로 가서 뇌준을 잔질한다.〔君西酌犧象 夫人東酌罍尊〕"라는 말이 나온다.

131 적자(嫡子)가……것이니 : 〈상복(喪服)〉 부장기(不杖期) 적손조(適孫條)에 "적자가 있으면, 적손은 없다. 손부 역시 그와 같다.〔有適子 無適孫 孫婦亦如之〕"라고 하였는데, 그 주에 "주나라의 도는 적자가 죽으면 적손을 세웠다. 그런데 이 적손은 장차 위로 조의 후사가 될 자이지만, 장자가 있으면 모두 서손일 따름이다. 손부 역시 그와

않는 것입니다. 그렇다면 〈상복(喪服)〉 적손의 전(傳)에서 “손부 역시 그와 같다.〔孫婦亦如之〕”라고 말한 것과 이 전(傳)에서 “종자의 모친이 있으면 종자의 처를 위해 복을 입지 않는다.”라고 말한 것은 모두 타당하지 않을 듯하니, 내유(來諭)에서 의심한 것이 옳습니다.

〔문〕 조부모(祖父母)와 백숙부모(伯叔父母)를 위해 기년복을 입는다면, 종조조부모(從祖祖父母)와 당숙부모(堂叔父母)를 위해서는 한 등급을 감쇄(減殺)하여 대공복을 입어야 마땅할 것 같은데, 그만 재강(再降)하여 소공복을 입는 것은 무엇 때문입니까.

〔답〕 지친의 상은 기년으로 단정하는 법이니〔至親以期斷〕,[132] 부모를 위한 본복(本服)은 기년에 해당하지만 가륭(加隆)[133]을 해서 삼년복을 입는 것입니다. 마찬가지로 조부모를 위한 본복은 대공에 해당하지만 지존(至尊)이기 때문에 기년복을 입는 것이고, 백숙부모를 위한 본복도 대공에 해당하지만 존자(尊者)와 일체이기 때문에 기년으로 하는 것입니다. 그러나 종조조부모와 종조백숙부모(從祖伯叔父母)는 종족 관계가 소원한〔屬疎〕 까닭에 단지 본복인 소공만을 입고 가복(加服)[134]은 하지 않는 것입니다.

같아서, 적부가 있으면 역시 서손의 처일 뿐이다.〔周之道 適子死 立適孫 是適孫 將上爲祖後者也 長子在 則皆爲庶孫耳 孫婦亦如之 適婦在 亦爲庶孫之婦〕”라고 하였다.

132 지친의……법이니 : 《예기》 〈삼년문(三年問)〉에 나오는 말을 인용한 것이다.

133 가륭(加隆) : 융숭하게 예(禮)를 더한다는 뜻이다. 426쪽 주125 참조.

134 가복(加服) : 본복(本服)의 기간을 늘리는 것을 말한다. 반대로 본복의 기간을 줄이는 것은 강복(降服)이라고 한다. 본복은 법전에 규정되어 있는 대로 본래 상복을 입는 기간을 말하는데, 정복(正服)이라고도 한다.

〔문〕 모친의 수양부모(收養父母)에게 외조부모의 예(例)에 의거해서 소공복을 입는 것에 대하여

〔답〕《의례(儀禮)》에 "자모는 모친과 같다.〔慈母如母〕"라고 하였습니다. 그런데 〈상복소기(喪服小記)〉의 "자모의 부모에게는 복이 없다.〔爲慈母之父母無服〕"의 주를 보면 "은애(恩愛)가 미치지 못하기 때문이다.〔恩不能及〕"라고 하였는데, -주의 설은 여기까지입니다.- 자모의 부모와 부모의 자모는 그 의리가 매한가지입니다. 그리고 《통전(通典)》을 보면 유울지(庾蔚之)가 "선유가 '부인은 자고에게 복을 입지 않는다.'라고 하였다. 부인은 남편을 따르는데도 오히려 복을 입지 않으니, 그렇다면 아들이 종복(從服 남을 따라서 복을 입는 것)을 하지 않는 것이 분명하다.〔先儒云婦人不服慈姑 婦從夫而尙猶不服 子不從服明矣〕"라고 말한 내용이 실려 있습니다.

〔문〕 "예(禮)에는 단지 '쫓겨난 모친〔出母〕의 일가에게 복을 입지 않는다.'라는 글만 있을 뿐, '개가(改嫁)한 모친의 일가에게 복을 입지 않는다.'라는 설은 없다.……" 한 것에 대하여

〔답〕 남편이 죽어서 모친이 개가했다면, 부친과의 관계가 자연히 끊어진 것입니다. "내 아내가 아닌 사람은 내 아들의 어미가 아니다.〔不爲伋也妻者 不爲白也母〕"[135]라고 하였으니, 그렇다면 아들이 어떻게 그 모친의 일가를 위하여 복을 입을 수 있겠습니까. 모친이 집에서 쫓겨났을 경우에는 계모(繼母)의 일가를 위하여 복을 입는데, 이는 바로 출모(出

135 내 아내가……아니다 : 《예기》 〈단궁 상(檀弓上)〉에 나오는 자사(子思)의 말이다. 425쪽 주124 참조.

母)의 일가를 위해서 복을 입을 수 없기 때문에 계모의 일가를 위해서 복을 입는 것입니다.

〔문〕《예기》〈복문(服問)〉에 이르기를 "모친이 죽으면 그 모친의 일가를 위해 복을 입는다. 그 모친의 일가를 위해 복을 입으면 계모의 일가를 위해 복을 입지 않는다.〔母死則爲其母之黨服 爲其母之黨服則不爲繼母之黨服〕"라고 하였는데, 그 주에 "모친이 죽었다는 것은 계모가 죽었다는 말이다. 그 모친은 출모를 말한다.……〔母死謂繼母死也 其母謂出母也……〕" 하였습니다.

〔답〕〈복문〉의 이 조목에 나오는 '모출(母出)'·'모사(母死)'와 두 개의 '기모(其母)' 등 네 개의 '모(母)' 자는 모두 소생모(所生母)를 가리키니, 진씨(陳氏 진호(陳澔))의 집주(集註)는 크게 착오를 범하였습니다. 친족 관계가 끊어지면 복제(服制)를 행할 수 없으니, 비록 계모의 일가를 위해 복을 입지 않는다 하더라도, 어떻게 다시 출모의 일가를 위해서 복을 입을 수 있겠습니까.

〔문〕첩의 아들〔妾子〕이 군모(君母)[136]의 일가를 위해 복을 입는 것은 일체 군모의 아들과 같습니다. 그렇다면 소생모(所生母)의 일가를 위해서 복을 입는 것도, 인후(人後)가 된 자가 본생모(本生母)의

136 군모(君母) : 서자(庶子)가 부친의 정처(正妻)를 부를 때의 칭호이다. 《의례》〈상복(喪服)〉 소공장(小功章)에 "군모의 부모와 자매를 위해 입는 복이다.〔君母之父母從母〕"라고 하였는데, 정현(鄭玄)의 주에 "군모는 부친의 적처이다.〔君母 父之適妻也〕"라고 하였다.

일가에게 강복(降服)하는 예(例)처럼 해야 합니까?

〔답〕 강복을 하는 것은 근거가 없습니다. 가소(賈疏 가공언(賈公彦)의 해설)에 "자기 모친의 부모를 위해서도 혹 겸하여 복을 입을 수 있다.〔己母之父母或亦兼服之〕"라고 하였는데, 이 설이 옳을 듯싶습니다. 대개 군모의 일가를 위해 복을 입을 경우에, 군모가 있으면 감히 입지 않을 수 없지만 군모가 있지 않으면 복을 입지 않는 것은 도종(徒從)[137]이기 때문이니, "외친은 두 계통이 없다.〔外親無二統〕"[138]라는 것과는 그 뜻이 다릅니다.

〔문〕 《의례(儀禮)》에서 "사는 서모를 위해 시복을 입는다.……〔士爲庶母緦……〕" 한 것에 대하여

〔답〕 정주(鄭註)에서 "자식이 있으면 시복을 입고, 자식이 없으면 그만둔다.〔有子則緦 無子則已〕"라고 한 것은 첩(妾)을 말한 것이지 서모를 말한 것이 아닙니다. 그런데 《의례》에서는 '사가 서모를 위해 입는 복'이라고 하였으니, 이는 자식이 있거나 없거나 따지지 않고 모두 시복을 입는 것입니다. 하지만 후세에는 첩잉(妾媵)이 워낙 많아서 죄다 복을 입기 어렵게 되었으니, 《가례(家禮)》에서 "자식이 있어야만 시복을 입는다.〔有子者方服緦〕"라고 한 것은 여기에 연유한 것인 듯합니다. -〈소기(小記)〉에서 "사는 첩이 자식을 두어야만 그녀의 복을 입는다."라고 했기

137 도종(徒從) : 종복(從服)의 하나로, 친족 관계는 없지만 그냥 남을 따라서 입는 복을 말한다. 종복은 인친(姻親)이나 군상(君上)의 친족을 위해 입는 상복으로, 모두 여섯 가지가 있는데, 《예기》 〈대전(大傳)〉에 그 내용이 실려 있다.

138 외친은……없다 : 정현(鄭玄)의 설이다. 본생(本生)의 모당(母黨)을 위한 상복은 《의례》에 분명한 조문이 없는데, 《개원례(開元禮)》를 만들 적에 정현의 이 설을 근거로 해서 한 등급 강복하는 제도를 만들었다.

때문에, 부친이 복을 입지 않으면 자식이 감히 입지 못하는 의리에 입각해서, 서모에게 자식이 없는 경우에도 감히 복을 입지 못하는 것이 아닐까 합니다.-

〔문〕《서의(書儀)》와 《가례》에서는 "처가 남편의 외숙을 위하여, 외숙이 생질의 처를 위하여, 모두 시마복을 입는다.〔妻爲夫舅 舅爲甥妻 皆服緦麻〕"라고 하였는데, 《어류(語類)》에서는 "외숙은 생질의 처에게 복이 있는데, 생질의 처는 남편의 외숙에게 복이 없으니, 이는 의심할 만한 일이다.……〔舅於甥之妻有服 妻於夫之舅無服 可疑……〕" 하였습니다. 《서의》와 《가례》에서 모두 복이 있다고 하였는데, 그렇다면 《어류》의 설은 어째서 이와 같은 것입니까? 그리고 남편의 외숙에게 복을 입는 것은 어느 시대부터 시작된 것입니까?

〔답〕《의례》에서 외숙과 생질이 서로 시마복을 입는다고 했고 보면, 생질의 처와 남편의 외숙에 대해서는 원래 복이 없는 것입니다. 그런데 당(唐)나라 때 종모(從母 모친의 자매)와 자매의 자식에게 복을 입는 것에 의거하여, 외숙과 생질에 대한 복을 소공(小功)으로 올렸기 때문에, 《개원례(開元禮)》에서 생질의 처와 남편의 외숙에게 모두 시마복을 입게 하였으니, 그 유례(類例)가 이와 같습니다. 따라서 《어류》에서 운운한 것은 기록이 잘못된 것인 듯싶습니다.

〔문〕처의 적모(嫡母)와 계모(繼母)를 위한 복(服)은 예서(禮書)에 명문(明文)이 없습니다. 그런데 사계(沙溪 김장생(金長生))는 "복이 없는 것은 미안할 듯하다.〔無服似未安〕"라고 하였고, 우암(尤庵 송시열(宋時烈))은 "복이 있어야 마땅하다.〔當有服〕"라고 하였습니다. 이에 대해서 어떻게 생각하시는지 모르겠습니다.

〔답〕 경(經)에 "처부모(妻父母)를 위해 시마복을 입는다."라고 하였는데, 군모(君母)와 계모는 모친이 아닙니까? 명문이 없다고 말한 것을 이해할 수 없습니다. 다시 〈상복소기(喪服小記)〉를 상고해 보건대, 모친의 군모를 위해 복을 입지만 모친이 죽으면 복을 입지 않는다고 하였으니, 이는 대개 도종(徒從)으로 여기기 때문에 그런 것입니다. 모친의 군모가 이미 도종이라면 모친의 계모도 응당 그럴 것이고, 모친의 군모와 계모가 이미 그러하다면 처(妻)의 군모와 계모도 이것과 똑같은 예(例)가 될 것입니다.

그런데 나의 생각으로는, 모친의 군모와 군모의 모친은 크게 같지 않으니, 군모의 모친은 물론 도종이라고 하겠지만, 모친의 군모는 도종이라고 하면 안 될 듯합니다. 대개 군모는 본래 골육(骨肉)의 친족이 아닌 만큼 그 일가에게 원래 복을 입어야 할 의리가 없으니 군모가 살아 있을 때에는 '임금이 상복을 입으면 근신(近臣)이 따라서 복을 입는〔君服斯服〕' 의리에 입각해서 감히 입지 않을 수 없지만 군모가 죽으면 복을 입지 않습니다. 그러나 모친의 군모의 경우로 말하면 바로 속종(屬從)[139]-〈대전(大傳)〉의 주에 모친의 일가〔母黨〕를 속종이라고 하였습니다.-으로서 자기에게 외조(外祖)의 적모(嫡母)가 되어 원래 소공(小功)의 친족에 해당하니, 애당초 모친의 생존 여부와는 관계가 없습니다.

그리고 하나의 설로 해명할 수가 있습니다. 무릇 부인은 남편의 자손

139 속종(屬從) : 친속 관계를 따져서 상복을 따라 입는 것으로, 따라 입는 그 사람〔所從〕이 죽어도 그대로 복을 입는다. 속(屬)은 골혈(骨血)이 이어져서 친족이 된다는 뜻으로, 속종에는 세 가지 종류가 있는데, 첫째는 아들이 모친을 따라 모친의 일가를 위해 입는 복이고, 둘째는 처가 남편을 따라 남편의 일가를 위해 입는 복이고, 셋째는 남편이 처를 따라 처의 일가를 위해 입는 복이다.

을 위하여 비록 자기 소생이 아니더라도 모두 남편과 같이 자손에 대한 복을 입으니, 그렇다면 모친의 군모와 계모도 자기에 대해서 자연히 외손의 복을 입어야 합니다.-단지 모친의 군모와 계모만 그럴 뿐 아니라, 비록 외조의 첩이라 할지라도 군(君)의 외손을 위하여 여군(女君)과 같이 시마복을 입어야 합니다.- 조모는 외손의 복으로 나의 복을 입어 주는데, 나는 조모를 행인처럼 간주하고 복을 입지 않는다면, 이것이 어찌 도리라고 하겠습니까.

이를 가지고 유추해 보건대, 처의 군모와 계모 역시 우옹(尤翁)이 말한 대로 복을 입어야 하는 것은 의심할 여지가 없을 듯합니다. 〈소기(小記)〉의 명문(明文)을 감히 따르지 않으면 안 될 듯도 하지만, 사리에 크게 어긋나는 점이 있어서 어떤 설도 통할 수가 없으니, 상세히 강구하여 잘 처리하지 않으면 안 될 듯한데, 모르겠습니다만 어떻게 생각하십니까?

〔문〕 〈소기(小記)〉에서는 "장부가 관례를 치렀거나 부인이 계례를 치렀으면 상[140]이 되지 않는다.〔丈夫冠婦人笄而不爲殤〕"라고 하였고, 《가례(家禮)》에서는 "남자가 장가들었거나 여자가 출가했으면 상이 되지 않는다.〔男子娶女子嫁而不爲殤〕"라고 하였습니다. 사계(沙溪)는 "관례와 계례를 치른 자와 출가하고 장가든 자는 모두 상으로 처리하면 안 될 듯싶다.〔冠笄嫁娶 恐皆勿殤〕"라고 하였고, 우암(尤庵)은 "남자가 관례를 치르고 여자가 계례를 치렀어도 모두 단연코 상이다.〔男冠女笄皆斷爲殤〕"라고 하였습니다. 〈소기〉와 《가례》

140 상(殤) : 미성년자의 죽음을 말하는데, 19세에서 16세까지를 장상(長殤)이라 하고, 15세에서 12세까지를 중상(中殤)이라 하고, 12세에서 8세까지를 하상(下殤)이라고 한다. 이것을 삼상(三殤)이라고 한다.

가 모두 같지 않을 뿐만 아니라, 사계와 우암의 가르침이 또 각각 다르니, 어느 쪽을 따르는 것이 옳은지 모르겠습니다.

〔답〕 당연히 고례(古禮)를 따라야 하겠습니다만, 지금 계례는 폐해졌으니, 여자는 출가(出嫁) 여부로 단안을 내리지 않을 수 없습니다.

〔문〕 〈단궁(檀弓)〉에 의하면, 낭(郎)에서 전투를 벌일 적에 동자(童子) 왕기(汪踦)가 전사하였는데, 노(魯)나라 사람이 상(殤)으로 처리하고 싶지 않아서 중니(仲尼)에게 질문을 하니, 중니가 "창과 방패를 잡고서 사직을 보위하였으니, 상으로 처리하지 않으려 해도 또한 괜찮지 않겠는가.……〔能執干戈以衛社稷 雖欲勿殤 不亦可乎……〕" 하였습니다.[141] 그렇다면 비록 관례(冠禮)를 행하지 않은 동자라도 만약 이른 나이에 성취(成就)하여 한 세상 사람들에게 신임을 받거나 가국(家國)에 공을 세우는 일이 있으면, 모두 이 의리를 적용하여 상(殤)으로 처리하지 말아야 합니까?

〔답〕 그래야 할 것 같습니다.

〔문〕 〈소기(小記)〉에 "살아서 조부모·제부·곤제를 보지 못했으면, 부친은 태상[142]을 하더라도 자신은 하지 않는다.〔生不及祖父母諸父昆弟 而父稅喪 己則否〕"라고 하였는데, 정주(鄭註)에는 "타국에서

141 낭(郎)에서……하였습니다 : 아동이 나라를 구한 전고로 전해지는 왕기위국(汪踦衛國)의 고사를 인용한 것인데, 《예기》 〈단궁 하(檀弓下)〉와 《춘추좌씨전(春秋左氏傳)》 애공(哀公) 11년에 실려 있다.

142 태상(稅喪) : 시일이 지나서 뒤늦게 복을 입는 것을 말한다. 태복(稅服) 혹은 추복(追服)이라고도 한다.

태어나 모두 알 기회가 없다가 지금 죽었다는 말을 들었어도 일월이 이미 지나갔다면 자기는 태복을 입지 않는다.〔生於他國 皆不及識之 而今聞其死 日月已過則己不稅服〕"라고 하였고, 북제(北齊)의 장량(張亮)은 "생불급이라는 것은 자기가 태어나기 전에 이미 죽었다는 말이다. 대개 생존한 시대가 다르니 후대의 자손이 선대의 친족에 대해서 다시 추복하지 않는 것이다.〔生不及者 是己未生前已沒 蓋生存異代 後代之孫 不復追服先代之親〕"라고 하였습니다. 두 설이 같지 않은데, 어느 설을 따라야 합니까?

〔답〕 정(鄭)과 장(張)의 두 설이 모두 통합니다. 예컨대 소무(蘇武)의 호부(胡婦 흉노 지역의 부인)의 자식이 태어나기 전에 그 조부인 소건(蘇建 소무의 부친)이나 그 제부(諸父)가 죽었는데 부음(訃音)이 전해지지 않다가 자식이 태어난 지 8, 9년 혹은 10여 년이 지나고 나서 처음으로 듣게 되는 것도 기이한 일이 아니니 이것은 바로 장(張)의 설이고, 혹 자식이 태어난 지 8, 9년 혹은 10여 년이 지나고 나서 그 조부나 제부가 죽었는데 삼년이 이미 지난 뒤에 부음을 들었다고 한다면 이것은 정(鄭)의 설이니, 두 설을 합쳐서 이야기하는 것이 좋겠습니다.

〔문〕 〈소기(小記)〉에서 "강복하여 시마나 소공에 해당할 경우에는 태복을 입는다.……〔降而在緦小功者稅之……〕" 한 것에 대하여

〔답〕 이미 증자(曾子)의 설[143]-〈단궁(檀弓)〉에 보입니다.-과 〈소기〉의 글이

143 증자(曾子)의 설 : 《예기》 〈단궁 상(檀弓上)〉에 나오는 "소공에 태복(稅服)을 입지 않는다면, 멀리 사는 형제에게는 마침내 복이 없게 될 것인데, 그렇게 해도 되겠는가.〔小功不稅 則是遠兄弟終無服也 而可乎〕"라는 증자의 말을 일컫는다.

있으니, 소공 및 강복하여 시마에 해당될 경우에는 모두 태복을 입고, 정복(正服)인 시마는 소(疏)의 설에 의거하여 태복을 입지 않는 것이 좋겠습니다.

지은이 **임성주(任聖周)**

1711년(숙종37)~1788년(정조12). 조선 후기의 학자로, 본관은 풍천(豐川), 자는 중사(仲思), 호는 녹문(鹿門)이다. 도암(陶庵) 이재(李縡)의 문인이며, 송명흠(宋明欽)·송문흠(宋文欽)·김원행(金元行) 등과 교유하였다. 1733년 사마시에 입격하였다. 1750년 익위사 세마가 되었고 이어 익위사 시직, 공조 좌랑, 임실 현감 등을 지냈다. 1758년 공주 녹문(鹿門)에 은거하였다. 1762년 익위사 위솔이 되어 세손이었던 정조(正祖)를 보도하였다. 이후 사옹원 주부, 전주 판관, 성주 부사 등을 역임하였다. 1774년 사직하고 공주 녹문, 원주 산호(山湖) 등지에서 은거하며 학문에 전념하였다. 초년에는 스승인 이재의 인물성동론(人物性同論)에 동조하였으나, 점차 기존 학설을 비판하고 이기동실(理氣同實)의 이기론(理氣論)을 정립하여 조선 성리학 6대가의 한 사람으로 일컬어진다. 1845년 대사헌 겸 성균관좨주에 추증되었다. 저서로 《녹문집》 등이 있다. 시호는 문경(文敬)이다.

옮긴이 **이상현(李相鉉)**

1949년 전주에서 태어났다. 서울대학교 종교학과를 졸업하고, 동국대학교 불교대학원 석사 과정을 마쳤으며, 민족문화추진회 국역연수원 상임연구부를 졸업하였다. 한국고전번역원 수석연구위원을 역임하였으며, 고전번역교육원에서 《제자선독》을 강의하고 있다. 저서로 《역사의 고향》, 논문으로 〈추사의 불교관〉 등이 있다. 조선왕조실록 번역에 참여하였으며, 문집 번역서로 《목은집》, 《택당집》, 《계곡집》, 《포저집》, 《간이집》, 《가정집》, 《도은집》, 《계원필경집》, 《고운집》, 《고산유고》, 《원감국사집》, 《대각국사집》, 《죽석관유집》, 《침굉집》, 《기암집》, 《부휴당대사집》, 《사명당대사집》 등이 있다.

녹문집 2

임성주 지음 | 이상현 옮김

2015년 12월 30일 초판 1쇄 발행

발행인 이명학 | 발행처 한국고전번역원
등록 2008. 3. 12. 제300-2008-22호
주소 (03000) 서울시 종로구 비봉길 1
전화 02-6263-0464 | 팩스 02-6339-0724 | 홈페이지 www.itkc.or.kr

번역 이상현
연구총괄 박재영 | 연구기획 장희성

책임편집 강옥순 | 편집진행 서인숙 · 박현애
편집교정 김상순 · 송숙희 | 조판 이순미 | 제작 김형석
디자인 써디자인 | 인쇄 ㈜삼우아트

ⓒ 한국고전번역원, 2015
Institute for the Translation of Korean Classics

값 20,000원
ISBN 978-89-284-0339-4 94810
978-89-284-0317-2 (세트)
* 이 책은 2015년도 교육부 고전번역사업비로 출간한 것임.